炼化企业现场安全管理

刘长伟　编著

中国石化出版社
·北京·

内 容 提 要

本书依据炼化企业现场安全管理之现状，提出解决方案，更有现场安全管理经验的总结。本书共分七章。第一章 安全管理基本概念；第二章 现场安全管理基本概念；第三章 安全教育与培训；第四章 行为安全管理；第五章 直接作业环节安全管理；第六章 现场安全管理方法；第七章 组织学习与安全管理。

本书适合石油化工行业以及其他制造类企业的现场安全管理，适用于基层管理者和基层员工阅读，也可作为企业员工培训教材。

图书在版编目(CIP)数据

炼化企业现场安全管理 / 刘长伟编著.
—北京：中国石化出版社，2017.10（2024.3 重印）
ISBN 978-7-5114-4684-8

Ⅰ.①炼… Ⅱ.①刘… Ⅲ.①石油炼制-工业企业管理-安全管理 Ⅳ.①F407.22

中国版本图书馆 CIP 数据核字（2017）第 245445 号

中国石化出版社出版发行
地址：北京市东城区安定门外大街 58 号
邮编：100011 电话：(010)57512500
发行部电话：(010)57512575
http://www.sinopec-press.com
E-mail:press@sinopec.com
北京富泰印刷有限责任公司印刷
全国各地新华书店经销
*
787 毫米×1092 毫米 16 开本 21.75 印张 524 千字
2017 年 10 月第 1 版 2024 年 3 月第 3 次印刷
定价：67.00 元

前　言

面对又一本即将出版的书稿，我再次想起了我这职场34年。

1983年大学毕业后，直到2009年，我一直在北京燕山石化公司化工一厂工作，从车间技术员、车间主任到副厂长、党委书记。当时的化工一厂是全国最大的化工厂，有八套化工装置，其中的乙烯装置是我国第一套30万吨乙烯装置。那里是企业生产经营的第一线，在那激情燃烧的岁月里，我曾经参与十次救火，我自诩是一个带兵打仗的人，并且时刻以此自勉，也不断积累着一线管理经验。

2009年我被任命为燕山石化公司发展研究中心副主任，并在2011年被公司聘为首席专家，我将石化企业的“三基”工作与现场管理作为我的研究课题，多年来一直不敢懈怠，每天忙碌在现场与课堂、著书与讲课之中，不仅体会到服务他人的快乐，并努力实现由一个带兵的人向一个教师、教练的转变。

2009年，我出版了《我们这样抓管理》一书，有读者这样评价：“字字是经验，句句是体会”、“此书的成功之处，是基于自己企业，又跳出自己的企业来谈企业管理”。

2013年，我又出版了《我们这样抓三基》和《我们这样抓现场》两本书，书中进一步就如何加强企业基础管理、现场基础管理提出了对策。其中，《我们这样抓现场》获得第25届全国石油石化企业管理现代化创新优秀著作(行业部级)三等奖。

2009年以来，在多年现场工作积累的基础上，我在全国各地知名企业讲授现场管理、三基工作、班组建设和安全管理等课程，仅2016年就达77场之多。从课堂回到企业，我又立刻奔赴工作现场，一边完成公司交付给我的现场指导任务，一边到生产经营一线继续汲取智慧和能量。

多年的现场经验和课堂教学使我深切体会到：“答案就在现场”。班组强、企业兴，班组是企业全部战斗力之所在，实现一线员工“第一时间发现问题、第一次就把事情作对、第一反应是正确的”基本功训练基本目标，是企业安全之本，只有这样，才能实现德鲁克所说的“管理好的企业总是波澜不惊的、没有任何惊心动魄的事情发生”。但事实并非如此。在很多企业还存在QHSE体系和现场安全管理的两层皮，重要原因是制度没有识别到岗位，关键是安全理念过于抽象，没有观点化，根本就不能转化为员工的岗位行为。针对这种情况，我产生了一种强烈的责任感，将自己积累多年对现场安全管理的认识和经验写成教材，而且是专门为一线班组长和车间管理人员写本教材，为企业现场安全管理做点事情。

管理越简单越好。《现场安全管理》这本书的出发点就是简单实用，让现场操作人员及管理人员拿来就用，不讲 QHSE 管理体系，讲管理方法；不讲管理理念，将管理理念观点化；不仅要讲怎么做是正确的，还要对典型案例深入剖析；不仅讲到人的不安全行为的控制，也讲到应用组织学习克服组织错误。

我希望通过这本书，将多年来生产一线管理工作的经验和成果，以及近年研究现场安全管理的所思所想与大家分享，为企业现场安全管理做一点实实在在的事，这也是自己多年的心愿。

新书付梓之际，回首一千多个为研究和授业而熟读精思的日夜，不胜慨叹。感谢我的妻、儿，他们是我工作的动力；感谢我为之奉献半生的企业——燕山石化，她给予我成长的平台；感谢给予我智慧的燕山石化一线员工和我的学员们，炼油厂的尤京梅、李辉、王鑫、倪前银、吕哲君，化工一厂的蔡京，他们真的很棒，经常给我感动，给我灵感；感谢刘瑷琴、柴艳娟、崔喜萍、于志东、蒋秀梅、王志芳、李春光、许鑫、武艳对书稿的精心校验，本书的出版凝聚着他们的心血。

说来也巧，这本书封笔之时，也和上次两本书一样，正值 4 月 23 日“世界读书日”。我再次想起了 96 岁高龄的翻译家许渊冲先生，自从在《朗读者》认识了许教授，他便成了我的榜样，每每埋首书稿至午夜，再也不觉得辛苦。最后，仍以那副老对联与大家共勉：“一等人忠臣孝子，两件事读书耕田”。我将继续努力。

由于时间仓促和能力所限，书中难免有不足和疏漏，欢迎读者批评指正，使我“知不足，然后能自反也，知困然后能自强也”，不胜感激。

目录

第一章　安全管理基本概念

第一节　安全、危险与风险

一、安全、危险与风险的定义

1. 安全

安全意味着可以容忍的风险程度。安全主要是指没有引起死亡、伤害、职业病或财产、设备的损失或损坏或环境的危害的条件；人类的整体与生存环境资源的和谐相处，互相不伤害，不存在危险、危害的隐患；安全是在人类生产过程中，将系统的运行状态对人类的生命、财产、环境可能产生的损害控制在人类能接受水平以下的状态。

安全是人们通过对系统的危险性和允许接受的限度相比较而确定，安全是主观认识对客观存在的反应。不同的发展时期、不同的人，对安全水平的接受程度是不一样，但绝对的安全是没有的，我们应努力使系统安全达到较高的水平。

安全工作就是要在主观认识能够真实反映客观的前提下，在允许的安全限度内，判断系统危险的程度。

安全是伴随着人们的一切活动过程，它表达了系统的一种状态，与时、空密切相关。

当然，我们也可以这样简单理解安全："安"字指不受威胁，没有危险等，可谓无危则安；"全"字指完满、完整、齐备或指没有伤害、无残缺、无损坏、无损失等，可谓无损则全。显然，"安全"通常是指免受人员伤害、疾病或死亡，或引起设备、财产破坏或损失的状态。事故致因的轨迹交叉理论告诉我们，人的不安全行为和物的不安全状态在某一时间和空间交叉就发生了事故。在生产现场，安全是指我们有效控制了人的不安全行为、物的不安全状态。

2. 危险

危险是可能导致意外事故的现有的或潜在的状况。危险主要是指存在着导致人身伤害、财产损失和环境破坏的可能性，而这种可能性会因某种(或某些)因素的激发或耦合为事故。

危险包含了各种隐患；包含尚未为人们所认识的以及虽为人们所认识但尚未为人们所控制的各种潜在危险；包含了安全与不安全这对矛盾斗争过程中某些瞬间突变所表现出来的事故结果。

为了定性、定量的评价和比较危险而引入风险的概念。所以说，危险是定性的概念，风险是定量的概念。

3. 风险

风险是指未来结果的不确定性和损失。(风险也叫危险度、危险指数或危险定量等)

不确定性表明当风险存在时，至少有两种结果，只是面对风险时无法确定哪种结果将出现。这里的损失是广义的，可能是经济的损失，人员的伤亡、设备的损坏、人的精神或心理方面的痛苦。

风险的大小可以用下式表示：

$$R = P \times L$$

式中 R——风险；

P——风险发生的可能性（概率），是指某种危险事件或显现为事故的总得可能性（可分为频繁、很可能、有时、极少、不可能五种）；

L——危险的严重度，是指某种危险引起事故的可能性的最严重的估计（可分为灾难性的、严重的、轻度的或临界的、轻微的或可忽视的四个等级）。

危险的严重度可以用颜色加以区分。如自然灾害预警可分为红色、橙色、黄色、蓝色预警。这些颜色的图标一般都有 蓝、黄、橙、红四种颜色等级，严重程度依次加重，分别表示一般、较重、严重、特别严重，蓝色为最低级别预警，红色为最高级别预警。

风险水平与风险发生概率与后果严重度如图 1-1 所示。

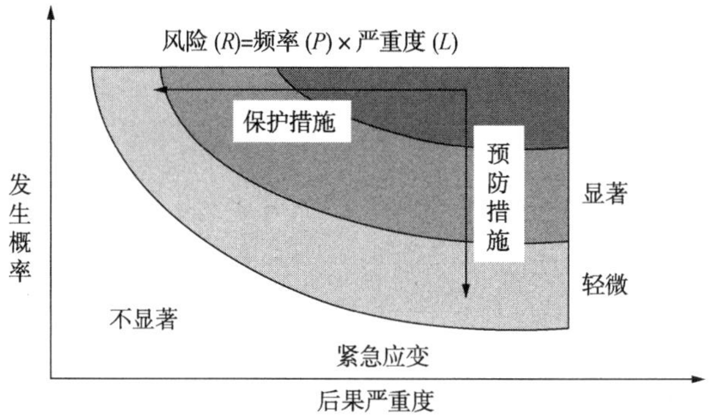

图 1-1　风险水平与风险发生概率与后果严重度关系图

二、安全与危险的关系

安全与危险在所要研究的系统中是一对矛盾，它们相伴存在。安全是相对的，危险是绝对的。安全的相对性表现在三个方面。

1. 安全是相对的

没有任何系统（事物）是绝对安全的，任何系统（事物）中都潜伏着危险因素，通常所说的安全或危险只不过是一种主观认识对客观存在的判断；自然界中到处都存在着风险，人们所能接受的风险一般和其期待的利益有关，人们进行某项活动可能获得的利益越多，所能承受的风险越高。美国原子能委员会曾引用利益与危险关系图来说明人们从事非自愿的活动所获得的利益与承受的风险之间的关系，如图 1-2 所示。英国化学工业的 FAFR（工作一亿小时的死亡率）为 3.5，英帝化学公司（ICI）提案取 0.35 作为安全标准。

2. 危险是绝对的

人们不可能根除一切危险源和危险，但可以减少来自现有危险源的危险性，宁可减少总的危险性而不是只彻底去消除几种选定的风险。危险的绝对性表现在事物一诞生危险就存在，中间过程的危险程度可大可小，但不会消失，危险存在于一切系统的任何时间和空间

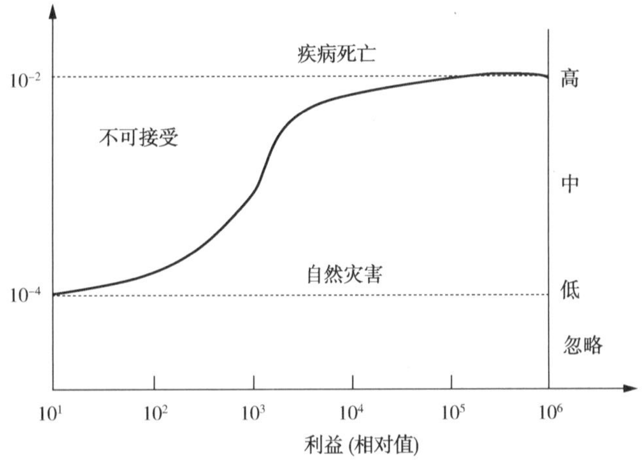

图 1-2　利益与风险关系图

中。正如墨菲法则所阐述的那样，只要事物有变坏的可能，这种可能就一定会发生，并在关键时造成最大损失。对安全与否的判断是相对于人们的认识和企业和社会经济的承受能力而言，抛开企业和社会环境讨论安全是不现实的。

3. 安全与危险是不断变化的

人的认识是无限发展的，对安全机理和运行机制的认识也在不断深化，对自身的安全环境的要求也不断提高。同时，人的认识是有限的，有时不能完全认识危险源和危险，即使认识到了现有的危险源，但随着生产技术的发展，新技术、新工艺、新材料、新设备和新能源的出现，又会产生新的危险。由于受到技术、资金、劳动力等因素的限制，对于已经认识的危险源也不可能全部根除危险源，只能把危险降低到可接受的程度，即可接受的危险。安全工作的目标是控制危险源，努力把事故发生的概率降到最低，即使发生事故，也可以把伤害和损失控制在较轻的程度上。

从安全的定义中我们可以看出，安全是相对的，安全与危险不是互不相容的。当系统的危险性降低到某种程度时，该系统便是安全的，而这种程度是为人们普遍接受的状态。安全中一直存在着危险，危险中一直存在着安全。如骑自行车的人不戴头盔并非没有头部受伤的风险，只是人们普遍接受了该危险发生的可能性不大；而对骑摩托车和自行车赛车运动员而言就必须戴头盔，人们认为该风险的可能性大。生产现场戴安全帽比不戴安全帽的安全性要高，但不等于戴安全帽就绝对安全了，你戴安全帽，违章作业、冒险作业，同样会发生事故。

安全是系统工程，要用系统工程的知识、方法和手段解决生产中的安全问题，并根据工艺、设备、操作、电气、仪表、生产周期等因素，使系统所存在的危险因素得到消除或控制，使事故发生减少到最低程度。同时，也要认识到安全不仅仅是企业内部的事，保证企业生产安全是企业的社会责任，发展不能以牺牲环境资源为代价，安全就是要保证人与自然和谐相处；安全也不单单是不死亡、伤害，发生职业病也是企业事故。所以说，要在普遍联系中把握事物的本质，把握安全生产的系统联系性。

要在动态中把握安全生产的规律。世界上没有绝对安全的事物，任何事物都包含着不安全的因素，具有一定的危险性，现实系统总是在安全与危险的矛盾之中不断发展。另外，对安全的判断，也是一个不断变化的过程，同样一个系统，对不同的人而言，危险程度是不一样的(比如高空作业，对年龄大的员工而言，相对危险性大)；同一个人对同一项工作在不同时间段对危险的感知也是不一样的(如，长时间开车的人，因经历的事故增多，而自觉把行车速度降了下来，正如人们常说的“越开越慢”)；人们对系统危险的感知是随着时间而不断变化的。安全的前提，就是对变化了的人、时间、空间、对象的危险感知，从而做出正确的判断，有效规避危险、避免事故。安全与危险关系如图 1-3 所示。

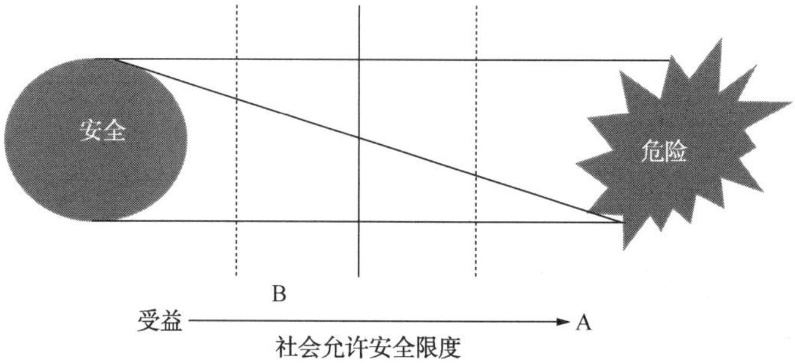

图 1-3　安全与危险关系图

虽然，我们强调“任何事故都是可以避免”的，但是绝对的安全是没有的。巴斯夫公司(BASF)是全球最大的化工公司，被美国商业杂志《财富》评为“全球最受赞赏化工公司”；同时在德国所有公司的跨行业评比中，巴斯夫名列第二。巴斯夫公司同样有着良好的安全业绩，最大的一次事故是近百年前，1921 年 9 月 21 日早晨 7 时 29 分和 7 时 31 分，在德国奥帕(Oppau)的巴斯夫(BASF)公司的工厂先后发生了两次大爆炸，造成 509 人死亡，160 人去向不明，1952 人受伤的惨重事故。此后，该公司一直保持良好的安全记录。2005 年 4 月，园区安全室中一个氢气瓶泄漏而发生爆炸，导致安全室内起火，致使两名园区消防队员受伤。2016 年 10 月 17 日，巴斯夫化学产品基地发生爆炸，造成 2 人遇难，8 人伤势严重，17 人受轻伤。爆炸是在巴斯夫员工于管廊内施工时发生的，爆炸引发火灾，被烧的管廊中包括含有乙烯和丙烯产品的管道。

三、安全工作的重要性

从员工个人角度理解，安全是员工的第一权益；从企业角度理解，安全是最大的效益、安全是企业的品牌。

1. 安全是员工第一权益

(1) 安全是员工的最基本需要

美国心理学家马斯洛(Abrahan H. Maslow)在 1943 年提出了“需要层次理论”。马斯洛认为，人的需要可以归纳为五大类，即生理、安全、社交、尊重和自我实现等需要。依次由较低层次到较高层次呈金字塔型存在，每个时期都有一种需要占主导地位，而其他需要占从属地位。人出生后，派生出生理需要，这是人类第一层次的需要，指能满足个体生存的所必须一切需要，如食物、衣服、性欲等等。这是人来到世上，作为物体存在的基础需要，舍弃就不会存在本源。安全需要是人们的第二需要，也是人类最最重要的需要，通常指能满足个体免于身体与心理的危害恐惧的一切需要。可以看出，人类对安全的需要远远高于归属和爱的需要、自尊需要和自我实现的需要之上，所以说，安全是人类赖以生存的基础。马斯洛需求层次理论见图 1-4。

① 生理需要，是人类生存的最基本、最原始的本能需要，包括摄食、喝水、睡眠、求偶等需要。

② 安全需要，是生理需要的延伸，人在生理需要获得适当满足之后，就产生了安全的需要，包括生命和财产的安全不受侵害，身体健康有保障，生活条件安全稳定等方面的需要。

③ 社交需要，是指感情与归属上的需要，包括人际交往、友谊、为群体和社会所接受和承认等。此种需要体现了人有明确的社会需要和人际关系需要。

④ 尊重需要，包括自我尊重和受人尊重两种需要。前者包括自尊、自信、自豪等心理上的满足感；后者包括名誉、地位、不受歧视等满足感。

⑤ 自我实现需要，这是最高层次的需要，是指人有发挥自己能力与实现自身的理想和价值的需要。

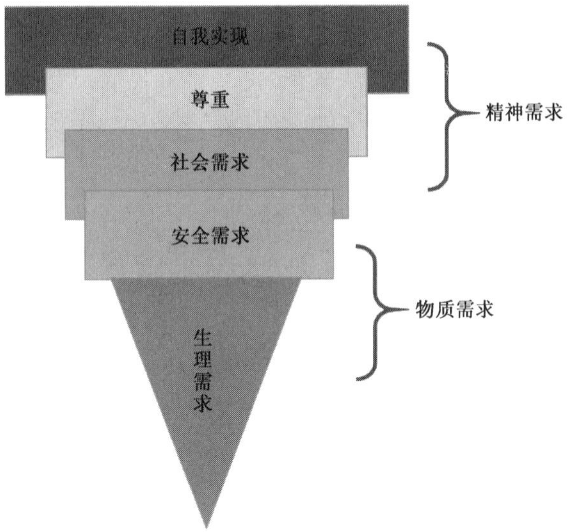

图 1-4　马斯洛 需求层次理论

(2) 安全是员工的第一权益

2001 年，国际劳工组织(ILO)正式将 4 月 28 日定为“世界安全生产与健康日”，并作为联合国官方纪念日。体面劳动是 20 世纪末国际劳工组织应对全球化条件下劳动和社会领域多方面问题采取的一项战略措施。主张通过促进就业、加强社会保障、维护劳动者基本权益，以及开展政府、企业组织和工会三方的协商对话等方法，保证广大劳动者在"自由、公正、安全和具备人格尊严的条件下，获得体面的、有适当报酬的、生产性的工作机会"。胡锦涛同志在 2008 年“经济全球化与工会”的国际会议上指出：“让各国广大劳动者实现体面劳动，是以人为本的要求，是时代精神的体现，也是尊重和保障人权的重要内容。”“体面的劳动”必须是安全的、不伤害劳动者身心健康的劳动，安全和健康的劳动对于生产力的提高和经济增长也是一种积极的因素。发展安全生产与职业健康事业，有利于促进劳动力资源的优化和中华民族整体健康素质的提高，是构建和谐社会、实现又好又快发展目标的必然要求。

体面劳动的基本内涵，应包括员工的政治权利、劳动报酬权、劳动保障权、知情参与权、发展权、休息休假权、文化娱乐权等等，然而，“安全+健康”权是员工“体面劳动”的基本要求，职业安全是职工健康的前提和基础，职工健康是职业安全的体现和保证。生命权、健康权是劳动者最重要、最基本的权利，是实现“体面劳动”最基本的条件。没有了安全，员工的生命和健康就没有保障，一切“体面”都无从谈起。“体面劳动”必须是快乐劳动，BP公司认为个人对安全的要求完全合法，同时它还是一项长久的个人责任。每一位员工都应该能在一天的工作结束后安然回家，不受任何损伤。优化工作环境，积极推进体面劳动，使企业成为员工的第二个家庭。一个人一生中除了家庭以外，停留最多的时间是工作场所。因此，工作环境的好坏，是不是安全舒适，直接影响着员工的工作质量、生活质量。工作环境对人的劳动积极性的影响很大。调查研究表明，在肮脏、混乱、昏暗的环境下工作容易沉闷、压抑、加剧疲劳，导致心神不安、厌倦、烦躁，劳动生产率至少下降10%。处于空气清新、竟然有序、光洁明亮的环境中，人会感到心情舒畅、精神振奋，生理、心理的紧张和疲劳容易得到缓解，劳动生产率至少提高15%。为此，创建既文明、体面、健康、安全，又赋予人性化的工作环境，是企业管理的重要内容，也是衡量企业经营管理是否合乎伦理的重要指标。操作环境人性化是优化企业作业环境，实现体面劳动的主要渠道。

2. 安全是企业最大的效益

（1）事故造成的经济损失大

安全是企业最大的效益，在企业的生产经营过程中，一起事故甚至是一起小的事故就可能毁掉一个企业。在安全管理中，“影子效益”的说法清楚地说明了这一问题：“只有在出事故时，才能知道事故的直接损失、间接损失以及对企业形象的影响有多大”，而这些避免了的损失就是影子效益。英国安全卫生执行委员会（HSE）的研究报告显示，工厂伤害、职业病和非伤害性意外事故所造成的损失，约占英国企业获利的5%~10%。全美安全理事会（NSC）的一项调查表明：企业在安全管理上每1美元的投资，平均可减少8.5美元的事故成本。

早在1906年，B·H·凯里就提出了“安全第一”的口号。当年，美国钢铁公司生产事故迭发，亏损严重，濒临破产。公司董事长B. H. 凯理在多方查找原因的过程中，对传统的生产经营方针“产量第一、质量第二、安全第三”产生质疑。经过全面计算事故造成的直接经济损失、间接经济损失及因事故影响产品质量带来的经济损失，凯理得出结论：是事故拖垮了企业。其后，他力排众议，不顾股东的反对，把公司的生产经营方针来了个“本末倒置”，变成了“安全第一、质量第二、产量第三”。老凯理首先在下属单位伊利诺伊制钢厂做试点，本来打算是不惜投入抓安全的，不曾想事故少了后，质量高了，产量上去了，成本反而下来了。然后，全面推广。“安全第一公理”立见奇效，美国钢铁公司由此走出了困境，震动了美国的实业界。1912年，芝加哥创立了"全美安全协会"，研究制定有关安全的法律草案；1917年，英国伦敦也成立了安全协会。从此，“安全第一”的口号为许多企业和管理部门所接受。1927年，日本以“安全第一”为主题开展了安全周活动，至今已坚持了80多年。德国、法国、意大利、苏联等国在二战前后，新中国在建国之初，都开始提倡“安全第一”。“安全第一”成为了世界公理。

现代安全经济学的“三角形理论”认为，经济是两条边，其中一条是实体经济，另一条是虚拟经济，底边则是安全。没有底边的支撑，该三角形是不成立的。经济发展再快，没有安全就构不成稳定的三角形。

人类掌握改造自然的力量越大，事故比以往具有的破坏力也就越大。1986 年前苏联切尔诺贝利核电站，由于操作失误，致使位于乌克兰境内的切尔诺贝利核电站第 4 发电机组爆炸，核反应堆全部炸毁，大量放射性物质泄漏，成为核电时代以来最大的事故。辐射危害严重，导致事故前后 3 个月内有 31 人死亡，之后 15 年内有 6 万~8 万人死亡，13.4 万人遭受各种程度的辐射疾病折磨，方圆 30 公里地区的 11.5 万多民众被迫疏散。该事故被认为是历史上最严重的核电事故，也是首例被国际核事件分级表评为第七级事件的特大事故(目前为止第二例为 2011 年 3 月 11 日发生于日本福岛县的福岛第一核电站事故)。这场灾难总共损失大概 2000 亿美元(已计算通货膨胀)，是近代历史上代价最“昂贵”的灾难事件。

重庆开县井喷事故，也是一系列违章操作、指挥酿成震惊中外的重大事故。2003 年 12 月 23 日 21 时 55 分，四川石油管理局川东钻探公司川钻 12 队对该气井起钻时，突然发生井喷，来势特别猛烈，富含硫化氢的气体从钻具水眼喷涌达 30 米高程，硫化氢浓度达到 100g/kg 以上，预计无阻流量为 400 万~1000 万立方米/天。失控的有毒气体(硫化氢)随空气迅速扩散，导致短时间内发生大面积灾害，人民群众的生命财产遭受了巨大损失。据统计，井喷事故发生后，离气井较近的开县高桥镇、麻柳乡、正坝镇和天和乡 4 个乡镇，30 个村，9.3 万余人受灾，6.5 万余人被迫疏散转移，累计门诊治疗 27011 人(次)，住院治疗 2142 人(次)，243 位无辜人员遇难，直接经济损失达 8200 余万元。其中受灾最重的高桥镇晓阳、高旺两个村，受灾群众达 2419 人，遇难者达 212 人。

国际劳工组织(ILO)的报告显示，全世界每年因公死亡人数达到 200 万人，相当于每天死亡 6000 多人。我国企业界每年发生 70 万起事故，直接经济损失达 2500 亿元，2011 年死亡人数 75572 人，相当于每天 207 人(2003 年死亡 136340 人)。

(2) 事故所造成的社会影响大

事故的发生会对社会造成不良影响，特别是重大、特大性事故的发生，对家庭、企业，甚至对国家形象所造成的负面影响是相当大的。因事故的发生而造成的家庭破裂、企业解体等悲剧数不胜数；由于事故的发生也曾使一些企业的信誉、极具效益等遭受损伤，有些甚至引起社会的不稳定，使国家在世界上的声誉下降。2015 年 8 月 12 日 23：30 左右，位于天津市滨海新区天津港的瑞海公司危险品仓库发生火灾爆炸事故，造成 165 人遇难。事故引起国际社会的广泛关注，2015 年 8 月 13 日世界主流媒体头条聚焦天津大爆炸，包括英国路透社、新加坡《海峡时报》等媒体。

(3) 事故影响周期长

事故所造成的影响绝非短期内就能消除的，往往会给相关人员心头留下抹不去的烙印，重大、特大事故所造成的社会动荡更是久久难平。如 1994 年 12 月 8 日新疆克拉玛依恶性火灾事件，造成 325 人死亡、132 人受伤的惨剧，死者中 288 人是学生，另外 37 人是老师、家长和工作人员。尽管时间过去了二十几年，但受害者心中的悲痛依然难以平息。

3. 安全是企业最好的品牌形象

企业的核心价值观由三方面构成：尊崇规律、敬畏客户、凝聚员工。所谓尊崇规律，就是要坚持绿色低碳发展和取得良好的安全业绩；所谓敬畏客户，就是要为客户创造独特价值、终身价值；所谓凝聚员工，就要像杜邦公司那样“在工作场所比在家安全十倍”。

《营销革命3.0》一书的作者科特勒教授将营销的演进划分为三个阶段：营销1.0时代，即“以产品为中心的时代”，在这个时代，“无论需要什么颜色的汽车，福特只有黑色的”。这个时代营销被认为是一种纯粹的销售；营销2.0时代，即“以消费者为中心的时代”，对这个时代而言，企业获得成功的黄金法则是“客户即上帝”，营销者必须对市场进行细分，针对某个特定市场开发出最具优势的产品，企业追求与顾客建立紧密联系，消费者可以在产品的功能特征等各个方面精挑细选，企业也试图通过“产品+服务”，甚至是产品的全生命周期服务来达到客户的满意。但在此时代，这种以消费者为中心的营销方式仍坚持把客户视为被动的营销对象；营销3.0时代，即价值观驱动营销时代，在这个新的时代中，企业把消费者看成是具有独立思想、心灵和精神的完整的人类个体，他们在选择产品时，会努力寻找那些企业的使命感、愿景和价值观，能满足自己对社会、经济和环境等问题的深刻内心需求，还要满足在精神方面的需求。

在营销3.0时代，企业必须放宽宏观的视野，将关注点从客户上升到整个社会。必须具备更远大的、服务整个世界的使命、愿景和价值观，必须致力了解当今的社会问题，自觉服务社会。从以前狭隘地关注“利润、产品、消费者”到深切地关注“人与地球”，在服务社会中彰显社会责任。当今的消费者具有更加广阔的视野和多样的诉求，他们对环境改进、可持续发展、社区美好生活、社会责任、快乐和幸福的意义都有高度的敏感和渴望，他们通过网络广泛连接，企业和消费者的关系不再是1对1，而是多对多的关系，企业必须深刻认识这种由千百万普通消费者组成的“人文精神”的力量。这种“人文精神”所表现的突出特征，就是社会对企业绿色低碳发展、安全环保业绩的关注。我们只有一个地球，一起事故，特别是重大事故，都是对环境的严重破坏，都会严重损毁企业的形象。

从战略角度讲，企业真正输出的产品应该是现代社会文化的价值观。杜邦公司是一家已成立200多年的科技公司，这家公司曾是全美臭名昭著的污染企业，如今已成功转型，成为一家绿色环保公司。“尽量不要在地球上留下脚印”是杜邦公司生产经营的宗旨。杜邦公司确定了三大发展策略，生物科技、农业、食品和材料科学。三大业务之间的关系是以为先进材料提供绿色原材料，生物科技则在中间过程提供关键技术。比如杜邦每开发一种新材料，负责该材料的业务部门都需要与工业生物科技事业部合作，使材料开发的过程尽可能用生物的手段来完成。对于那些已经存在的产品，其生产工艺现在也需要用生物法来替代，以减少对环境的污染。

杜邦公司的另一个品牌是安全，它被称为美国最安全的公司，建立了一整套安全管理理念，用于指导日常业务决策和行为。杜邦安全理念，最重要的一点是坚持把安全作为其核心价值观之一。杜邦公司认为，企业或机构要做好安全管理，关键在于正确认识安全的重要性和事故造成的损失。一旦发生事故，最大的损失是无形的，如对员工士气、客户关系、企业形象的影响往往要比直接经济损失高5~10倍。杜邦公司认为，团队中的每个成员都拥有个人安全价值，都必须对自己和同事的安全负责；同时，领导通过关心每一位员工，建立相互尊重、彼此依赖的关系，为安全管理奠定坚实的基础。

杜邦公司管理者提出"零事故"的安全目标。杜邦公司的安全记录显示，公司员工在工作场所比在家里安全10倍，超过60%的工厂实现了"零伤害率"。公司每年因此减少了数百万美元的支出。而且，杜邦公司从来不进行财产保险，只依靠在安全方面的投入、完善的安全管理系统保证安全生产，不在保险方面额外付出。现在，杜邦公司被公认为美国最安全的公司。

让我们看看杜邦公司员工的安全行为：上下楼梯要手扶扶手；上车后的第一件事永远是系安全带；不会因贪图美味而去安全设施不完备的小店，而且就餐时一般会选在饭店一楼靠门口的地方；住酒店会选择比较低的楼层；开会或搞活动的第一件事是强调安全，并让所有人知道安全通道在哪儿……。这些看似琐碎的行为规定其实与杜邦公司的安全理念紧密相连。"安全是一项具有战略意义的商业价值。它是企业取得卓越业务表现的催化剂，不仅能提高企业生产率、收益率，而且有益于建立长久的品牌效应。"这是杜邦公司员工一直向世界诉说的"安全经"。杜邦用安全这一品牌，赢得人们的尊敬。

而如何对待事故，是企业是否成熟的标志，更关乎到企业的品牌形象。企业要有大胸怀，将事故的经验教训让人们共享。体现企业的社会化责任，与承包商和供应商乃至整个社会共享事故资源。2005年3月23日，BP德克萨斯州炼油厂发生爆炸，造成15人死亡，170多人受伤。BP公司首先想到的不是"内外有别"或者"留一点，瞒一点"，而是"事故调查没有任何禁区，而且没有任何预想的概念先入为主"，力求尽快把真相告诉公众、告诉员工，"与社区、公司、监管部门、媒体和业界同仁一起分享我们的教训。"这样的勇气和坦诚，将管理和管理者的责任提升到更高层次。

"安全第一"是一个相对、辩证的概念，当安全与生产、效益、进度、资金发生矛盾时，必须遵循"安全第一"的原则。"安全第一"的原则通过如下方式体现：在思想认识上安全高于其他工作；在组织机构上安全权威大于其他组织或部门；在资金安排上，安全强度重视于其他工作所需的资金；在知识更新上，安全知识、规章制度的学习先于其他知识培训和学习；在检查考评上，安全的检查评比严于其他考核工作；当安全与生产、安全与经济、安全与效益发生矛盾时，安全优先。安全既是企业的目标，又是技术、效益、生产等的基础。建立辩证的安全第一哲学观，才能处理好安全与生产、安全与效益的关系，才能做好企业的安全工作。

企业的核心竞争力对内表现为组织执行力，对外表现为为客户创造独特价值的能力。坚持安全第一的理念，安全为客户创造价值。波音公司在全世界的1000多名机翼修理师，据统计，每年全球有400多名波音的机翼修理师在工作时掉了下来，这给波音公司造成了很大的压力和损失。经过研究后，波音公司觉得修理师们之所以会掉下来，是因为他们的鞋子不好，不具备诸如防滑、固定等方面的功能和作用。为此，波音公司决定每年斥资2000万美元，用于订购一批防滑固定的安全鞋，同时面向全球的制鞋商公开招标。经过一轮轮的筛选，最终有7家制鞋商幸运地进入最后的决赛阶段，这其中有6家公司明确表示，修理师掉下来就是因为鞋子不好，而他们自己则能完全解决好这个问题，生产出百分之百符合波音公司意愿的安全鞋子。这也就意味着接下来将是一场价格之战，看谁的报价更低了。可是，第7家公司却没有一味的附和和随同，他们通过仔细认真的调研，发现这些安全事故根本原因不是鞋子的问题，而是意识的问题。因此他们在提交给波音公司的解决方案中，除了表示能以较低的价格生产安全鞋外，还免费给每位修理师赠送一条安全带，这样在工作时，只要把系在腰上的安全带固定起来，就能保证掉下来也不会摔伤。同时，他们还愿意每年自费 10 万美元，为波音公司聘请一位安全教练，巡回对修理师们进行培训，增强他们的安全意识和防卫技能，避免从机翼上掉下来的可能。第七家公司赢得了最后的胜利，接下了每年 2000 多万美元的订单。因为他们明白，波音公司要买的是安全而不是安全鞋。而是这个产品所能带来的好处和利益，安全带正好满足了这个需求。那么既然已经提供了安全带，为什么还要每年花钱给波音提供安全教练，答案是，如果你只是单纯地提供一条安全带，那么等待来年，竞争对手同样也能，甚至是提供更高级的安全网，同时报价更便宜，那么结果可想而知。因此，赠送安全教练，目的是在培养机翼修理师们与该家公司的感情，使修理师们永远成为该家公司的忠诚拥护者，这样波音公司的采购部门便不能轻易换掉该家公司，因为机翼工程师们会不同意的，这样一来，每年 2000 万美元的订单便非常稳固了。

第二节　危险源、事故与隐患

危险源、事故隐患与事故伴随着我们生产经营的全过程，正确认识和把握这三个概念与它们之间的逻辑关系对安全工作至关重要。

一、危险源

1. 危险源的定义

危险源泛指可能导致事故的潜在的不安全因素。任何系统都不可避免地存在某些危险源，而这些危险源只有在发展为事故隐患并在触发事件下才会产生事故。

根据危险源在事故发生发展过程中的作用，按安全科学理论把危险源分为两大类。

第一类危险源：生产过程中存在的，可能发生意外释放的能量（能源或能量载体）或危险物质称作第一类危险源。

第二类危险源：导致能量或危险物质约束或限制措施破坏或失效的各种因素称作第二类危险源。主要包括物的故障、人的失误和环境因素（环境因素引起物的故障和人的失误）。

第一类危险源是伤亡事故发生的能量主体，决定事故发生的严重程度；第二类危险源是第一类危险源造成事故的必要条件，决定事故发生的可能性。一起伤亡事故的发生往往是两类危险源共同作用的结果。第一类危险源的存在是第二类危险源出现的前提，第二类危险源的出现是第一类危险源导致事故的必要条件。根据能量意外释放理论，能量或危险物质的意外释放是伤亡事故发生的根本原因。防止第一类危险源导致事故，必须采取措施约束、限制能量或危险物质，控制危险源。

2. 危险、危害因素的分类

根据国家标准，生产过程中的危险、危害因素分为六类。

（1）物理性危险、危害因素

① 设备、设施缺陷（强度不够、刚度不够、稳定性差、密封不良、应力集中、外形缺陷、外露运动件、制动器缺陷、控制器缺陷、设备设施其他缺陷）；

② 防护缺陷（无防护、防护装置和设施缺陷、防护不当、支撑不当、防护距离不够、其他防护缺陷）；

③ 电危害（带电部位裸露、漏电、雷电、静电、电火花、其他电危害）；

④ 噪声危害（机械性噪声、电磁性噪声、流体动力性噪声、其他噪声）；

⑤ 振动危害（机械性振动、电磁性振动、流体动力性振动、其他振动）；

⑥ 电磁辐射（电离辐射：X 射线、Y 射线、α 粒子、自粒子、质子、中子、高能电子束等；非电离辐射：紫外线、激光、射频辐射、超高压电场）；

⑦ 运动物危害（固体抛射物、液体飞溅物、反弹物、岩土滑动、料堆垛滑动、气流卷动、冲击地压、其他运动物危害）；

⑧ 明火；

⑨ 能造成灼伤的高温物质（高温气体、高温固体、高温液体、其他高温物质）；

⑩ 能造成冻伤的低温物质（低温气体、低温固体、低温液体、其他低温物质）；

⑪ 粉尘与气溶胶（不包括爆炸性、有毒性粉尘与气溶胶）；

⑫ 作业环境不良（作业环境不良、基础下沉、安全过道缺陷、采光照明不良、有害光照、通风不良、缺氧、空气质量不良、给排水不良、涌水、强迫体位、气温过高、气温过低、气压过高、气压过低、高温高湿、自然灾害、其他作业环境不良）；

⑬ 信号缺陷（无信号设施、信号选用不当、信号位置不当、信号不清、信号显示不准、其他信号缺陷）；

⑭ 标志缺陷（无标志、标志不清楚、标志不规范、标志选用不当、标志位置缺陷、其他标志缺陷）；

⑮ 其他物理性危险和危害因素。

（2）化学性危险、危害因素

① 易燃易爆性物质（易燃易爆性气体、易燃易爆性液体、易燃易爆性固体、易燃易爆性粉尘与气溶胶、其他易燃易爆性物质）；

② 自燃性物质；

③ 有毒物质（有毒气体、有毒液体、有毒固体、有毒粉尘与气溶胶、其他有毒物质）；

④ 腐蚀性物质（腐蚀性气体、腐蚀性液体、腐蚀性固体、其他腐蚀性物质）；

⑤ 其他化学性危险、危害因素。

（3）生物性危险、危害因素

① 致病微生物（细菌、病毒、其他致病微生物）；

② 传染病媒介物；

③ 致害动物；

④ 致害植物；

⑤ 其他生物性危险、危害因素。

（4）心理、生理性危险、危害因素

① 负荷超限（体力负荷超限、听力负荷超限、视力负荷超限、其他负荷超限）；

② 健康状况异常；

③ 从事禁忌作业；

④ 心理异常(情绪异常、冒险心理、过度紧张、其他心理异常);

⑤ 辨识功能缺陷(感知延迟、辨识错误、其他辨识功能缺陷);

⑥ 其他心理、生理性危险危害因素。

(5) 行为性危险、危害因素

① 指挥错误(指挥失误、违章指挥、其他指挥错误)

② 操作失误(误操作、违章作业、其他操作失误);

③ 监护失误;

④ 其他行为性危险和有害因素。

(6) 其他危险、危害因素

3. 重大危险源的定义

重大危险源是指长期地或临时地生产、搬运、使用或储存危险物品，且危险物品的数量等于或超过临界量的单元。单元是指一个(套)生产装置、设施或场所，或同属一个生产经营单位且边缘距离小于500m的几个(套)生产装置、设施或场所。重大危险源分为生产场所重大危险源和贮存区重大危险源两种。

如易燃、易爆、有毒物质的贮罐区(贮罐);易燃、易爆、有毒物质的库区(库);具有火灾、爆炸、中毒危险的生产场所;企业危险建(构)筑物;压力管道;锅炉;压力容器等都属于重大危险源。

重大危险源的确认，应按《重大危险源辨识》(GB 18218—2000)进行。如贮罐区(贮罐)重大危险源是指贮存表中所列类别的危险物品，且贮存量达到或超过其临界量的贮罐区或单个贮罐。

贮存量超过其临界量包括以下两种情况：贮罐区(贮罐)内有一种危险物品的贮存量达到或超过其对应的临界量;贮罐区内贮存多种危险物品且每一种物品的贮存量均未达到或超过其对应临界量，但满足下面的公式：

$$\frac{q_1}{Q_1}+\frac{q_2}{Q_2}+\cdots+\frac{q_n}{Q_n}\geqslant 1$$

式中　q_1，q_2，…，q_n——每一种危险物品的实际贮存量。

Q_1，Q_2，…，Q_n——对应危险物品的临界量。

表1-1　贮罐区(贮罐)临界量表

类　别	物质特性	临界量	典型物质举例
易燃液体	闪点<28℃	20t	汽油、丙烯、石脑油等
	28℃≤闪点<60℃	100t	煤油、松节油、丁醚等
可燃气体	爆炸下限<10%	10t	乙炔、氢、液化石油气等
	爆炸下限≥10%	20t	氨气等
毒性物质	剧毒品	1kg	氰化钠(溶液)、碳酰氯等
	有毒品	100kg	三氟化砷、丙烯醛等
	有害品	20t	苯酚、苯肼等

对压力容器而言，只要属下列条件之一的压力容器，即为重大危险源：介质毒性程度为

极度、高度或中度危害的三类压力容器；易燃介质，最高工作压力≥0.1MPa，且 PV≥100MPa·m^3的压力容器(群)。

4. 危化品安全管理十个重点

2013 年 9 月 18 日 国家安全生产监督管理总局发布(第 64 号)《化工(危险化学品)企业保障生产安全十条规定》。

(1) 化工(危险化学品)企业保障生产安全十条规定

第一、必须依法设立、证照齐全有效。

第二、必须建立健全并严格落实全员安全生产责任制，严格执行领导带班值班制度。

第三、必须确保从业人员符合录用条件并培训合格，依法持证上岗。

第四、必须严格管控重大危险源，严格变更管理，遇险科学施救。

第五、必须按照《危险化学品企业事故隐患排查治理实施导则》要求排查治理隐患。

第六、严禁设备设施带病运行和未经审批停用报警联锁系统。

第七、严禁可燃和有毒气体泄漏等报警系统处于非正常状态。

第八、严禁未经审批进行动火、进入受限空间、高处、吊装、临时用电、动土、检维修、盲板抽堵等作业。

第九、严禁违章指挥和强令他人冒险作业。

第十、严禁违章作业、脱岗和在岗做与工作无关的事。

(2) 不遵守《十条规定》的事故案例

① 非法生产行为一直是引发事故，特别是较大以上群死群伤事故的主要原因之一。例如，2013 年 3 月 1 日，辽宁省朝阳市建平县鸿燊商贸有限责任公司硫酸储罐爆炸泄漏事故，导致 7 人死亡、2 人受伤。事故企业未取得工商注册，在项目建设过程中，除办理了临时占地手续外，项目可研、环评、安全评价、设计等相关手续均未办理。

② 安全生产责任制不健全、不落实，领导带班值班制度执行不严格往往是事故发生的首要潜在因素。例如，2012 年 12 月 31 日，山西省潞城市山西潞安集团天脊煤化工集团股份有限公司苯胺泄漏事故，造成区域环境污染事件，直接经济损失约 235.92 万元。事故直接原因虽然是事故储罐进料管道上的金属软管破裂导致的，但经调查发现，安全生产责任制不落实(当班员工 18 个小时不巡检)和领导带班值班制度未严格落实是导致事故发生的重要原因。

③ 不符合录用条件、不具备相关知识和技能、不持证上岗的“三不”人员从事化工生产，极易发生事故。例如，2012 年 2 月 28 日，河北省石家庄市赵县河北克尔化工有限公司重大爆炸事故，造成 29 人死亡、46 人受伤，直接经济损失 4459 万元。事故暴露出的主要问题之一就是公司从业人员不具备化工生产的专业技能。该公司车间主任和重要岗位员工多为周边村里的农民(初中以下文化程度)，缺乏化工生产必备的专业知识和技能，未经有效的安全教育培训即上岗作业，把危险程度较低的生产过程变成了高度危险的生产过程，针对突发异常情况，缺乏及时有效应对紧急情况的知识和能力，最终导致事故发生。

④ 严格管控危险化学品重大危险源是有效预防、遏制重特大事故的重要途径和基础性、长效性措施。2008 年 8 月 26 日，广西河池市广维化工股份有限公司爆炸事故，造成 21 人死亡、59 人受伤，厂区附近 3 公里范围共 11500 多名群众疏散，直接经济损失 7586 万元。事

后调查发现，该起事故与罐区重大危险源监控措施不到位有直接关系，事故储罐没有安装液位、温度、压力测量监控仪表和可燃气体泄漏报警仪表。

⑤ 发生变更时，如果未对风险进行分析并采取安全措施，就极易形成重大事故隐患，甚至造成事故。例如，2010 年 7 月 16 日，辽宁省大连市的大连中石油国际储运有限公司原油罐区发生的输油管道爆炸事故，造成严重环境污染和 1 名作业人员失踪、1 名消防战士牺牲。该起事故是未严格执行变更管理程序导致事故发生的典型案例。事故单位的原油硫化氢脱除剂的活性组分由有机胺类变更为双氧水，脱除剂组分发生了变更，加注过程操作条件也发生了变化，但企业没有针对这些变更进行风险分析，也没有制定风险控制方案，导致在加剂过程中发生火灾爆炸事故，大火持续燃烧 15 个小时，泄漏原油流入附近海域。

⑥ 在作业遇险时，不能保证自身安全的情况下盲目施救，往往会使事故扩大，造成施救者受到伤害甚至死亡。例如，2012 年 5 月 26 日，江苏省盐城市大丰跃龙化学有限公司中毒事故，导致 2 人死亡。事故原因是尾气吸收岗位因有毒气体外逸并在密闭空间积聚，导致当班操作人员中毒，当班职工在组织救援的过程中因防范措施不当，盲目施救，致使 3 名救援人员在施救过程中相继中毒。

⑦ 隐患排查走过场、隐患消除不及时，都可能成为事故的诱因。例如，2011 年 11 月 6 日，吉林省松原市松原石油化工股份有限公司气体分馏车间发生爆炸引起火灾，造成 4 人死亡、1 人重伤，6 人轻伤。事后调查发现，事故发生时，气体分馏装置存在硫化氢腐蚀，事发前曾出现硫化氢严重超标现象，企业没有据此缩短设备监测检查周期，排查隐患，加强维护保养，充分暴露出企业隐患治理工作没有落实到位，为事故发生埋下伏笔。

⑧ 设备、设施带病运行是事故的主要根源之一。例如，2010 年 5 月 9 日，上海中石化高桥分公司炼油事业部储运 2 号罐区石脑油储罐火灾事故，造成 1613#罐罐顶掀开，1615#罐罐顶局部开裂，经济损失 60 余万元。事故直接原因是 1613#油罐铝制浮盘腐蚀穿孔，造成罐内硫化亚铁遇空气自燃。事故企 2003 年至事发时只做过一次内壁防腐，石脑油罐罐壁和铝制浮盘严重腐蚀，一直带病运行，最终导致事故的发生。

⑨ 未经审批、随意停用报警联锁系统会给安全生产造成极大的隐患。例如，2011 年 7 月 11 日，广东省惠州市中海油炼化公司惠州炼油分公司芳烃联合装置火灾事故，造成重整生成油分离塔塔底泵的轴承、密封及进出口管线及附近管线、电缆及管廊结构等损毁。直接原因是重整生成油分离塔塔底泵非驱动端的止推轴承损坏，造成轴剧烈振动和轴位移，导致该泵非驱动端的两级机械密封的严重损坏造成泄漏，泄漏的介质遇到轴套与密封端盖发生硬摩擦产生的高温导致着火。但是调查发现，事故发生的一个重要原因是由于 DCS 通道不足，仪表系统没有按照规范设置泵的机械密封油罐低液位信号，进入控制室的信号只设置了状态显示，没有声光报警，致使控制室值班人员未能及时发现异常情况。

⑩ 可燃和有毒气体含量超出安全规定要求但不能被检测出时，极易发生事故。例如，2010 年 11 月 20 日，榆社化工股份有限公司树脂二厂 2#聚合厂房内发生了空间爆炸，造成 4 人死亡、2 人重伤、3 人轻伤，经济损失 2500 万元。虽然事故直接原因是位于 2#聚合厂房四层南侧待出料的 9 号釜顶部氯乙烯单体进料管与总排空管控制阀下连接的上弯头焊缝开裂导致氯乙烯泄漏，泄漏的氯乙烯漏进 9 号釜一层东侧出料泵旁的混凝土柱上的聚合釜出料泵启动开关，产生电气火花，引起厂房内的氯乙烯气体空间爆炸，但是本应起到报警作用的泄漏

气体检测仪却没有发出报警，未起到预防事故发生的作用，最终导致事故的发生。

⑪ 化工企业动火、进入受限空间、高处、吊装、临时用电、动土、检维修、盲板抽堵等作业均具有很大的风险。作业过程中因审批制度不完善、执行不到位导致的人身伤亡的事故时有发生。例如，2010 年 6 月 29 日，辽宁省辽阳市中石油辽阳石化分公司炼油厂原油输转站 1 个 3 万立方米的原油罐在清罐作业过程中，发生可燃气体爆燃事故，致使罐内作业人员 3 人死亡、7 人受伤。事故的主要原因之一就是作业现场负责人在没有监护人员在场的情况下，带领作业人员进入作业现场作业，同时，在“有限空间作业票”和“进入有限空间作业安全监督卡”上的安全措施未落实，用阀门代替盲板，就签字确认，使工人在存在较大事故隐患的环境里作业，导致事故的发生。

⑫ 违章指挥，往往会造成额外的风险，给作业者带来伤害，甚至是血的教训，违章指挥和强令他人冒险作业是不顾他人安全的恶劣行为，经常成为事故的诱因。例如，2010 年 7 月 28 日，江苏省南京市扬州鸿运建设配套工程有限公司在江苏省南京市栖霞区迈皋桥街道万寿村 15 号的原南京塑料四厂旧址，平整拆迁土地过程中，挖掘机挖穿了地下丙烯管道，丙烯泄漏后遇到明火发生爆燃事故，造成 22 人死亡、120 人住院治疗，事故还造成周边近两平方公里范围内的 3000 多户居民住房及部分商店玻璃、门窗不同程度受损。事故的主要原因之一就是因为现场施工安全管理缺失，施工队伍盲目施工，现场作业负责人在明知拆除地块内有地下丙烯管道的情况下，不顾危险，违章指挥，野蛮操作，造成管道被挖穿，从而酿成重大事故。

⑬ 作业人员在岗期间，若脱岗、酒后上岗，从事与工作无关的事，一旦生产过程中出现异常情况，不能及时发现和处理，往往造成严重后果。例如，2008 年 9 月 14 日，辽宁省辽阳市金航石油化工有限公司爆炸事故，造成 2 人死亡、1 人下落不明，2 人受轻伤。事故原因就是在滴加异辛醇进行硝化反应的过程中，当班操作工违章脱岗，反应失控时没能及时发现和处置导致的。

二、事故隐患

1. 事故隐患定义

是指作业场所、设备或设施的不安全状态，人的不安全行为和管理上的缺陷。重大事故隐患，指可能导致重大人身伤亡或重大经济损失的事故隐患。

2. 事故隐患的特征

隐蔽性：在一定时间、一定范围、一定条件下，显现出好似静止、不变的状态，往往使人一时看不清楚，意识不到，感觉不出它的存在。

危险性：蝼蚁之穴，可以溃堤千里，在安全工作中小小的隐患往往引发巨大的灾害。

突发性：集小变而为大变，集小患而为大患是一条基本规律。

因果性：隐患是事故发生的先兆，而事故则是隐患存在和发展的必然结果。

重复性：只要企业的生产方式、生产条件、生产工具、生产环境等因素未改变，同一隐患就会重复发生。

意外性：有些隐患超出人们认识范围，或在短期内很难为劳动者所辨认，但由于它具有很大的巧合性，因而容易导致一些意想不到的事故的发生。

连续性：一种隐患掩盖另一种隐患，一种隐患与其他隐患相联系而存在的现象。

3. 事故隐患的分类

（1）按照可能造成的事故类型分类

可分为20类：物体打击、车辆伤害、机械伤害、起重伤害、触电、淹溺、灼烫、火灾、高处坠落、坍塌、冒顶、透水、放炮、火药爆炸、瓦斯爆炸、锅炉爆炸、容器爆炸、其他爆炸、中毒和窒息、其他伤害。

（2）按可能造成事故的原因分类

分为人的不安全行为、物的不安全状态和管理缺陷。

（3）按可能造成事故的严重后果和治理难度分类

① 一般事故隐患：是指危害和整改难度较小，发现后能够立即整改排除的隐患。重大事故隐患：是指危害和整改难度较大，应当全部或者局部停产停业，并经过一定时间整改治理方能排除的隐患，或者因外部因素影响致使生产经营单位自身难以排除的隐患。

② 重大安全事故隐患，是指可能造成一次死亡10人以上(含10人)30人以下，或者直接经济损失500万元以上(含500万元)1000万元以下事故的隐患。

③ 特大安全事故隐患，是指可能造成一次死亡30人以上(含30人)或者直接经济损失1000万元以上(含1000万元)事故的隐患。

4. 事故隐患的排查

在日常的安全管理工作中，查找、辨识、分析、管理事故隐患是一项重要的常态性工作；安全管理要坚持以现场、现在问题(事故隐患)为中心；现场操作人员要在第一时间发现问题。对事故隐患排查与治理要做到：

① 事故隐患要坚持全员管理的原则，从主要负责人到每个岗位人员都要查找事故隐患，根据岗位职责，对照标准查找事故隐患。

② 要定期组织人员对事故隐患，分析评估，确定隐患等级，登记建档，及时采取有效措施治理。

③ 对于一般事故隐患，应立即组织整改。对于重大事故隐患，应制定和实施事故隐患治理方案，方案应包括目标任务、方法措施、经费物资、机构人员、时限要求及应急预案等。

④ 对于发现的事故隐患，要广而告之提醒岗位员工保持警惕，同时要利用信息化平台全局共享，使得在全局范围发现同样的事故隐患，举一反三发现更多的事故隐患。“邻里失火，自查炉灶”，要通过国内外其他同类企业、同类装置的事故，反思自己是否存在事故隐患。

⑤ 要把提高发现事故隐患(问题)的能力，作为一项基本功来进行培养。以班组为团队交流发现问题的经验，按照“行动学习”的理念，对事故隐患早发现、快解决。

⑥ 要对发现事故隐患的员工进行及时奖励，特别是发现重大事故隐患。

中石化在2016年1月1日正式实施《安全管理手册》，并开展了“识别大风险、消除大隐患、杜绝大事故”活动。手册中在安全风险与隐患管理要素明确：

5. 危险源和事故隐患的关系

危险源是“可能导致伤害或疾病、财产损失、作业环境破坏或这些情况组合的根源或状态”。事故隐患是指可能导致事故发生的人的不安全行为、物的不安全状态和管理上的缺陷。从定义中可以看出，“危险源”和“事故隐患”内涵不尽相同。“危险源”是客观存在的，但它的存在并非一定会发生事故，它仅是事故的载体，除非有人为误操作或不安全行为，则可能形成事故隐患或导致事故发生。不同的危险源往往决定了事故类型及事故后果严重性不同而已。而“事故隐患”则是决定事故发生的可能性，它是潜藏着的祸患，是最终导致事故发生的直接因素。因此，事故隐患一定是危险源，而危险源不一定是事故隐患。危险与事故隐患关系如图 1-5 所示。

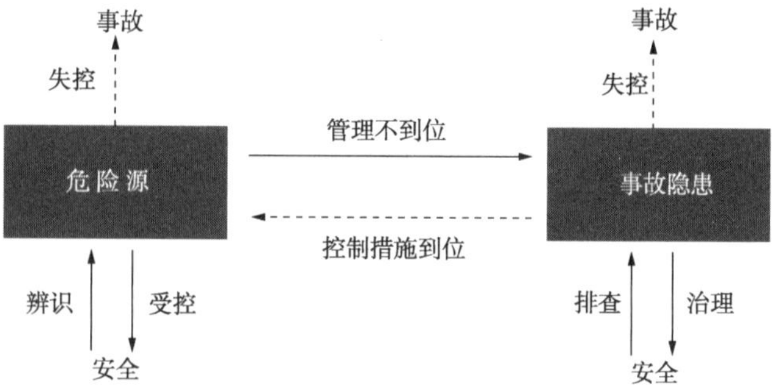

图 1-5　危险与事故隐患关系图

三、事故

1. 定义

事故是人(个人或集体)在为实现某种意图而进行的活动过程中，突然发生的、违反人的意志的、迫使活动暂时或永久停止的事件。

2. 特点

① 事故是一种发生在人类生产、生活活动中的特殊事件，人类的任何牛产、生活活动过程中都可能发生事故。因此，人们若想把活动按自己的意图进行下去．就必须努力采取措施来防止事故。

② 事故是一种突然发生的、出乎人们意料的意外事件。这是由于导致事故发生的原因非常复杂，往往是由许多偶然因素引起的，因而事故的发生具有随机性质。在一起事故发生之前，人们无法准确地预测什么时候、什么地方、发生什么样的事故。由于事故发生的随机性，使得认识事故、弄清事故发生的规律及防止事故发生成为一件非常困难的事情。

③ 事故是一种迫使进行着的生产、生活活动暂时或永久停止的事件。事故中断、终止活动的进行，必然给人们的生产、生活带来某种形式的影响。因此．事故是一种违背人们意志的事件，是不希望发生的事件。

④ 事故这种意外事件除了影响人们的生产、生活活动顺利进行之外，往往还可能造成人员伤害、财物损坏或环境污染等其他形式的后果。

事故和事故后果(Conscquence)是具有因果关系的两件事情：由于事故的发生产生了某种事故后果。但是在日常生产、牛活中，人们往往把事故和事故后果看作一件事件，这是不正确的。之所以产生这种认识，是因为事故的后果，特别是给人们带来严重伤害或损失的后果，给人的印象非常深刻，相应地使人们注意了带来这种后果的事故；相反地，当事故带来的后果非常轻微，没有引起人们注意的时候，相应地人们也就忽略了这种事故。

3. 事故的基本特征

（1）普遍性

危险是绝对的、无处不在的，因而其具有普遍性，而危险是事故发生的必要条件，故而事故也具有普遍性。这就意味着我们无论从事任何活动，都存在着发生事故、造成伤害或损失的可能性。要正确认识事故发生、发展的普遍规律，就必须全面了解和具体分析事物客观存在的复杂关系，在众多的联系中找到事物的直接的、内部的、本质的、必然的联系，从而把握安全活动的规律。

（2）随机性

事故的随机性包含两个方面：一是事故发生的时间、地点、形式和规模具有随机性；二是事故后果的严重程度也是不确定的，且两者是相互独立的。事故的随机性使人产生侥幸心理，也是因为事故具有随机性，研究事故比研究其他问题更难。但在大量事故统计资料的基础上，也可以找出事故发生的规律，预测事故发生概率的大小和可能的严重程度。

事故随机性要求我们在安全管理中，要坚持“慎初”的管理原则。当时间、空间发生变化时，尽管是例行的操作，但可能会产生一些随机的隐患。所以要把每一天、每个时段作为新的开始，重新审视工作环境、条件的变化。比如，同样对同一台储罐进行动火作业，尽管我们在从事和昨天同样的工作内容，但也要重新进行进罐前的氧含量和可燃气体含量分析。

（3）必然性

危险是客观存在，如果没有采取相应的措施，则发生事故的可能性与其后果的严重程度就可能超出我们的可接受水平。从哲学的角度讲，危险的存在进而导致事故发生是事故这个客观事物的本质，是不可避免、一定如此的趋向。因此，人们在生产、生活过程中必然会发生事故，只不过是事故发生的概率大小、人员伤亡的多少和财产损失的严重程度不同而已。人们采取措施预防事故，只能延长事故发生的时间间隔，从而降低事故发生的概率。

事故是由系统中相互联系、相互制约的多种因素共同作用的结果，导致事故的原因也是多种多样。但是无论何种事故，其原因和结果之间一定存在某种我们已知或者未知的必然联系，这种必然的联系就是事故的规律。根据这个规律，我们或者消除原因，或者切断或弱化原因与结果之间的联系，就可以达到预防事故或减少其损失的目的。

（4）潜伏性

事物发展的状态总是由量变到质变，在安全管理中则表现为流变与突变。人们往往只习惯于流变，而不习惯于突变，因为人们对流变的感觉不明显，而突变会对人造成严重的冲击和伤害。

事故的发生具有突变性是指系统由安全状态转化为事故状态，实际上是一种突变现象。但在事故发生之前存在一个量变过程，即系统内部相关参数的渐变过程。一个系统，可能长时间没有发生事故，但这并非就意味着该系统是安全的，其危险性也随之增加，可能有潜伏的重大事故隐患。事故的这种潜伏性，提醒我们问题会长大，我们在工作中要防止小问题长期不解决就会积累成大问题，多个小隐患长期不解决会积累成大事故，在生产现场脏乱差、低老坏的长期存在就是事故的基础。

在航空界关于飞行安全的法则——海恩法则指出：每一起严重事故的背后，必然有29次轻微事故和300起未遂先兆以及1000起事故隐患。法则说明了事故的发生是量的积累的结果，在1000起事故隐患中潜伏着300起未遂先兆、29次轻微事故和一起严重事故，实际工作中我们要控制这1000其事故隐患的形成，即30000次人的不安全行为和物的不安全状态，因为一旦积累到了30000次人的不安全行为和物的不安全状态，在此之上的1000起事故隐患也就不可避免地形成了，也就控制不了一起严重事故的发生。按照海恩法则分析，当一件重大事故发生后，在处理事故本身的同时，还要及时对同类问题的“事故征兆”和“事故苗头”进行排查处理，以此防止类似问题的重复发生，及时解决再次发生重大事故的隐患，把问题解决在萌芽状态。

（5）危害性

事故的危害性主要体现在其造成损失的多样性和损失后果的严重性两个方面。

① 事故往往造成一定的财产损失或人员伤亡。1988年7月6日下午，英国北海油田的帕玻尔·阿尔法平台发生爆炸事故，造成167人死亡。这是海上石油爆炸历史中最严重的事故，事故保险赔款高达20亿美元。事故发生后，英国政府能源部提出了“安全管理体系”的概念，并提出以目标设定为安全基础建立安全法规的思想。

② 事故造成的人员伤亡会留给人们巨大的心理创伤。2014年7月25日。阿尔及利亚航空一架载了116人的客机24日在非洲北部失联坠毁，留给家人难以想象的伤痛。

（6）可预防性

任何事故都是可以避免的，尽管事故的发生是必然的，但可以通过采取控制措施来预防事故发生或者延缓事故发生的时间间隔。如控制人的不安全行为、物的不安全状态，就可以有效控制事故的发生。

4. 未遂事故、二次事故和非工作事故

（1）未遂事故

未遂事故是指由管理原因、随机事件或时间因素引发，由生产、设备、环境隐患和设计缺陷演变成的无伤害或轻微损失的险肇事件。由于未遂事故没有产生严重后果；或由于当事者的过失引发的未遂事件，由于当事者害怕受到惩罚或因怕失去面子，而使企业忽视这类事故的隐患。事实证明，这些未遂事故正是事故前的征兆，企业发生的事故是一个量变到质变的过程，未遂事故积累到一定程度，事故便会不可避免地发生了。

美国安全工程师海因里希通过对50万件事故进行分析，提出了一个1：29：300法则。他认为：同一危险因素，如果引发过300起无伤害事故，就已经引发过29起轻伤事故，和1起重伤或死亡事故。所以要想避免事故的发生，就要从消除这“300”开始。在企业的生产过程中，员工总会遇到一些吓一跳的危险经历。比如：脚绊到一根伸出的木棍上，差点摔倒。大多数情况下，大家发发感慨就过去了，可这样一来，其他人很可能还会被吓一跳，或者是造成伤害事故。如果我们能及时反映情况，找到负责人清除乱放的木棍，也就避免了“29”和“1”的发生。

企业要把未遂事故当做资源，鼓励员工将未遂事故讲出来，让大家共同分享。当未遂事故发生后。应该怎么做？关键在于行动、反思与共享。所谓行动，就是要把未遂事故当做已发生事故处理，特别是要在分析问题产生的原因和采取技术措施是下功夫，防止问题的重复发生，而不是对当事者的惩罚 如若这样其他当事者可能就会将发生在自己身上的未遂事故隐瞒了，这对丰富企业的知识储量是不利的。所谓反思，就是要把未遂事故当做安全教材，反思我们还有那些问题、事故的隐患。这种反思，是建立在团队基础上的反思，是以某个未遂事故作为切入点的团队学习，要采用头脑风暴法、智慧墙等方式，启发团队全体人员的思考，举一反三将同类隐患一网打尽。

所谓共享，就是要实行未遂事故报告制度，建立未遂事故典型案例库。这种共享不仅仅是本装置、本厂的共享，应该是全公司乃至全系统的共享。通过共享未遂事故资源，进而进行更全面的反思。

（2）二次事故(二次伤害)

二次事故是指在原有的事故基础上，由于自然不可抗力、救援不利或当事人的错误操作引起的事故。二次事故是一次事故的危险因素的第二次激发，造成事故的扩大蔓延。二次事故可以说是重大损失的根源，相比较第一次事故，伤害往往更大，造成的人身伤害及财产损失更严重，所以，二次事故是在各种救援工作中极力避免的一种事故。对于石油化工行业更是如此。

2003 年 11 月 3 日零晨 5 时许，湖南省衡阳市一商住楼一赵姓经商户在无人看管的情况下用硫磺熏烤“八角”，致使“八角”起火而蔓延整栋大楼。事故造成 20 名消防官兵壮烈牺牲，11 名消防官兵光荣负伤，数名人员重伤。这是新中国成立以来消防官兵扑救火灾伤亡最惨重的一次，震惊全国。同样的二次伤害一直在重复发生着，统计显示，我国每年有近 30 名消防员在救火中牺牲，近 300 名消防员受伤甚至致残。

石油化工行业几乎每起严重事故都属于初期控制不利、方法不当的二次事故。无论是进入受限空间人员遇险，其他人盲目施救，还是初起的小的事故苗头没控制，连续几道关口失守，形成事故的灾难性后果。2014 年 6 月 9 日上午，因装置调整需要，扬子石化炼油厂焦化车间硫回收装置发生事故，造成 6#罐、7#罐、8#罐坍塌损毁，2#罐沿焊缝撕裂。事故虽未造成人员伤亡，但持续燃烧近 30h，造成了较大社会影响。

以上的两起事故是典型的“二次灾害”事故，是由于现场直接操作者的第一反应不正确，或者处理事故时手忙脚乱，这些都需要平时的千百次训练；造成“二次事故”还在于现场指挥不当，麻痹大意，缺乏日常的应急演练。

（3）非工作事故

非工作事故是指员工在非工作环境(如旅游、娱乐、体育活动及家庭生活等诸方面活动)中发生的人身伤害事故。非工作事故虽然不在工伤范围之内，但同样会引起员工缺工，影响企业劳动生产率，因失去关键岗位的员工所需的再培训对企业的损失将会更大。非工作场所由于缺乏企业的安全管理制度的约束，可能会产生某种“放纵”，往往会造成对员工的伤害。好的安全习惯需要在工作中和非工作时共同养成。

工作外的安全与工作中的安全同样重要。工作外的伤害并不亚于工作中的伤害。除了员工及其家人遭受的个人痛苦外，工作外伤害可能会以下列方式严重影响工厂的运营：培训救援人员的需要；因新员工而导致的生产损耗或设备损坏；给管理人员带来的额外工作；受伤员工返回工作岗位后工作能力下降；医疗保险、住院和手术费用增加；残障员工的工资成本等。公司重视工作以外的安全管理。各位管理者都应充分关注并参与管理活动。这是安全工作必不可少的一部分。杜邦公司 1953 年开始考查员工下班后的安全表现，并提出了一些具体要求和建议，包括员工在家里因做家务受了伤，也要向公司汇报。有少数员工下班后，长时间上网聊天、夜生活过度、饮酒太晚等，未能得到应有的休息睡眠，致使第二天工作时精神恍惚，甚至酒后上岗，形成隐患，这是十分危险的。从这一点来看，将安全工作延伸到 8 小时以外，抓好下班后的安全与抓好工作时的安全同等重要。

第三节　事故致因理论

一、安全事故变化特征

2016 年 1 月 15 日全国安全生产工作会议在北京召开。会议分析了全国的安全生产形势，报告提出："从数据来看，伤亡人数、事故起数是少了，但发生几次重特大事故，确实仍然感觉形势严峻。从去年的情况看，重特大事故频发且危害严重、影响恶劣。21 个省份共发生了 38 起重特大事故，平均 10 天一起，共造成 768 人死亡失踪，平均每起重特大事故造成的死亡失踪人数超过了前几年，有 13 个省份重特大事故起数或死亡人数同比上升。"

报告梳理了近十年来重特大事故发生的情况，发现有以下五大特点。"一是从行业领域看，矿山、危化品、道路交通、建筑施工、烟花爆竹、水上交通、消防等行业领域重特大事故多发，特别是煤矿和道路交通重特大事故每年占比都达到 60%以上，是防控的重中之重。民航、高铁、城市轨道交通、油气输送管道、民爆物品、粉尘涉爆、涉氨制冷和冶金有色等领域虽然事故不多，但风险较大，一旦发生事故，极易造成群死群伤和社会不良影响。二是从时段节点看，重特大事故相对集中于一年中的 3 月、8 月、10 月、11 月，一周中的周一、周六，以及一天中的 9 时至 10 时、14 时至 15 时。国家重要活动和重大节日期间，安全生产形势较为稳定，但随后极易出现思想麻痹、工作松懈的情况，往往重特大事故随之而来。三是从薄弱环节看，煤矿重特大事故中瓦斯、水害占比超过 80%，道路交通重特大事故中涉及大客车、旅游客车的占比达到 76%；危化品运输、储存和化工装置开停车作业，矿山采空区，建筑起重机械和模板支架，劳动密集型企业和人员密集场所等，是容易造成群死群伤事故的关键环节和重点部位。极端恶劣天气也是引发重特大事故的重要因素。四是从发展趋势看，随着城市建设规模不断扩大、功能系统日趋复杂和人口高度密集，安全风险逐步聚集，以往相对平稳的民爆、油气输送管道、屠宰加工、养老院等相继发生重特大事故，开发区、港区等功能区因相对封闭和"几家管几家都不管"等原因，易导致重特大事故的发生。五是从重大危险源看，目前全国有高瓦斯和煤与瓦斯突出煤矿 2390 处、大型油气储罐区等危化品重大危险源 9799 个、三等以上大型尾矿库 939 个，特别是其中一些位于人口密集区，一旦发生事故，将造成重大人员伤亡。"

就石油化工行业而言，当前阶段事故呈现出重特大事故呈上升态势，具有如下特点：

1. 小概率、大后果的特点

根据国家安全生产监督管理总局网站发布的信息，2003-2015 年，GDP 增长 4.982 倍，而每年死亡人数由 137070 人下降到 66155 人，下降了 2.072 倍如图 1-6 所示。然而，一方面，我们与发达国家的安全管理水平应具有较大差距。2015 年亿元 GDP 事故死亡率：英国为 0.02，日本为 0.05，中国为 0.102；一方面重特大事故呈上升态势，具有小概率、大后果的特点。

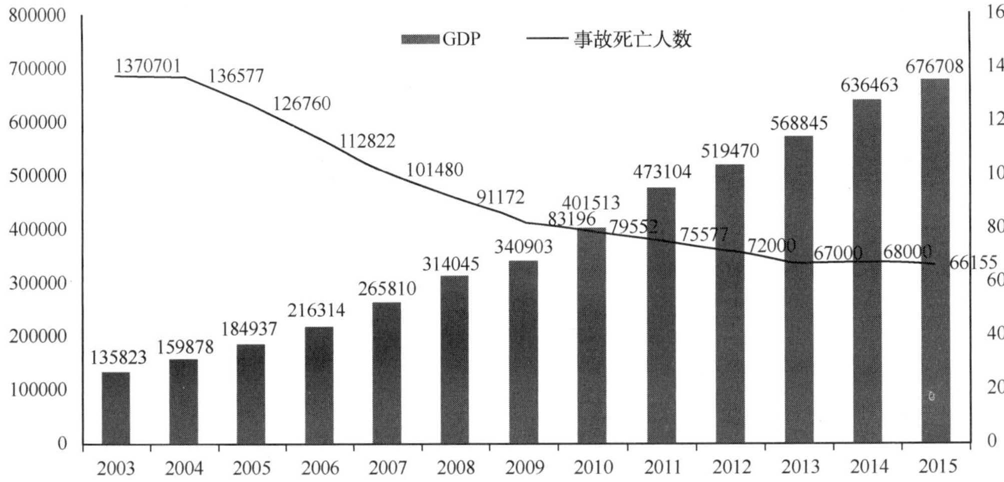

图 1-6　2003~2015 年 GDP 与事故死亡人数对比

1970 年以来，全国化工行业经历事故 8 个高峰段分别是在 1979 年、1988 年、1991 年、1997 年、2003 年、2005 年、2013 年、2015 年，见图 1-7。

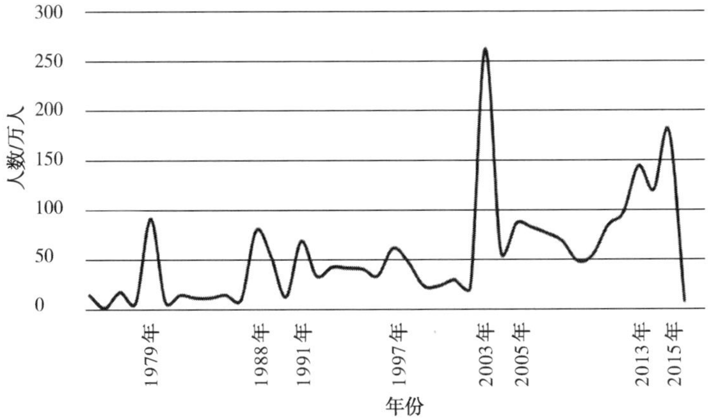

图 1-7　事故的 8 个高峰段

2. 危险品运输环节事故多发

石油炼化企业的储运环节是着火爆炸、泄漏、窒息死亡的主要发生地。中国石化集团公司安全监管局和中国石化安全工程研究院于 2015 年 6 月发布的《国内外石油化工安全事故分析报告》中指出，“2011—2014 年，储存和管输、交通运输板块的事故总数和死亡事故最多，其中储存与管输板块事故起数占 43.6%，死亡人数占 37.8%，交通运输事故占事故起数的 25.1%，死亡人数占 38.0%。

运输环节事故特点如下：

① 储存和管输行业中泄露事故最多占 65.6%；其中爆炸和火灾事故分别占 23.2%

和 9. 8%。

② 储存和管输板块事故设备主要涉及管道、储罐和钢瓶等，其中管道事故占事故总数的 77. 1%，储罐事故占 41. 0%。

③ 储存与管输事故中涉及 50 余种化学品，主要集中在天然气、氨气、燃气，以上三种化学品占储存和管输事故总量的 74. 7%。

④ 管输事故类型主要是泄露，占 82. 6%，其次是爆炸事故占 12. 1%。管输事故原因中占事故总起数的 39. 4%，构成事故的主因。

⑤ 储罐事故原因中包括设备故障、操作不当、材料失效、动火作业、外力破坏以及雷击，操作不当占 33. 3%是事故主因。

⑥ 槽罐车是危化品的主要车辆，因而发生的事故也就最多，发生事故 303 起，占交通运输事故总量的 80. 6%。

⑦ 人为失误和车辆故障是构成交通运输事故的主要原因，其中人为失误占 44. 1%，车辆故障占 11. 4%。

3. 事故涉及的化学品种类多

燃油、原油、天然气、液化气、甲醇、硫化氢、甲苯、氧气、丙烷、氢氟酸导致的事故起数占到总事故起数的 50%以上，但液氨泄漏、粉尘爆炸等事故突发。典型的有：2013 年 8 月 31 日上海宝山区丰翔路一冷库液氨泄漏事件；2014 年 8 月 2 日江苏省昆山市中荣金属制品有限公司抛光车间发生粉尘爆炸特别重大事故。

4. 事故发生的季节特点明显

（1）三季度

三季度化工生产旺季是事故的易发“多发时期，事故起数”死亡人数最多，主要原因是三季度是化工生产旺季，气温较高，各种可燃易燃性气体容易挥发，设备管线易泄漏，操作人员精神状态不佳。

（2）周末前后

火灾爆炸事故多数发生在周末前后，特别是在星期一、星期五和星期六。在周末前后，员工思想不集中，疏忽大意，易发事故如图 1-8 所示。

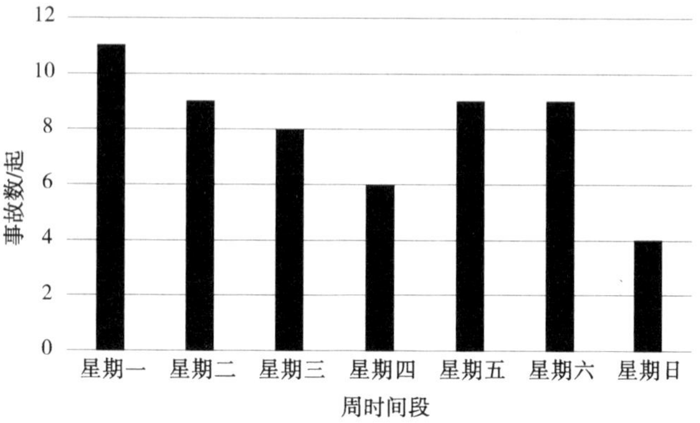

图 1-8　某公司十年间火灾爆炸事故按周统计

（3）14：00—16：00；8：00—20：00

事故多发生在下午交接班的前后，说明部分企业交接班管理不严格，一方面交班人员忙于交接班，精力不集中，忽视了生产操作，一些作业情况、异常现象、隐患未向下一班交接，另一方面，接班人员对生产情况还不熟悉，势必形成一个无人问津的真空地带，由此导致事故高发。在 8—20 时间段(即白天)，员工作业主要集中在这段时间，也是易发生事故的时间，而晚上员工室外作业相对少，各个岗位工艺参数调整也较少，从总体上看，整个厂的工艺参数比白天稳定，事故发生的起数也相对较少如图 1-9 所示。

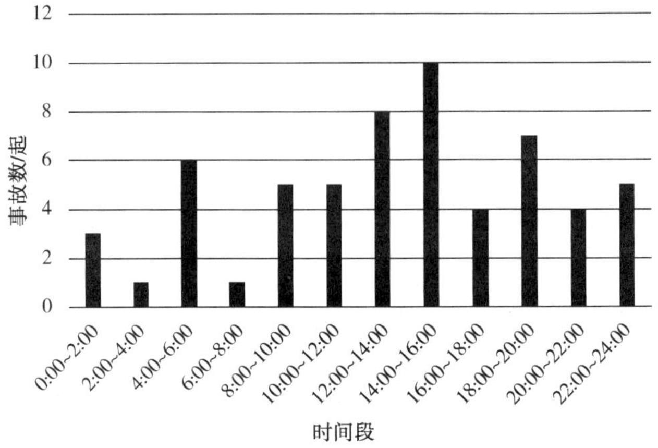

图 1-9　某公司十年间火灾爆炸事故按日时段统计

5. 重复事故多发、频发

2004 年 7 月 17—18 日，保定市接连发生 4 起气瓶爆炸事故，其中 1 起重大事故，共造成 5 人死亡，12 人受伤，直接经济损失 100 万元。事故均为使用新充装的气瓶时，由于操作不当，引火发生爆炸。而如进入受限空间作业一人遇险，其他人盲目施救，致使事故扩大的事故，更是在相当长的时间内多发、重发、频发。

根据国家安全监管总局统计，2001 年到 2014 年 8 月，我国在受限空间中作业因中毒、窒息导致的一次死亡 3 人及以上的事故总数为 1668 起，死亡人数共 5699 人，每年平均 400 多人，如图 1-10 所示。

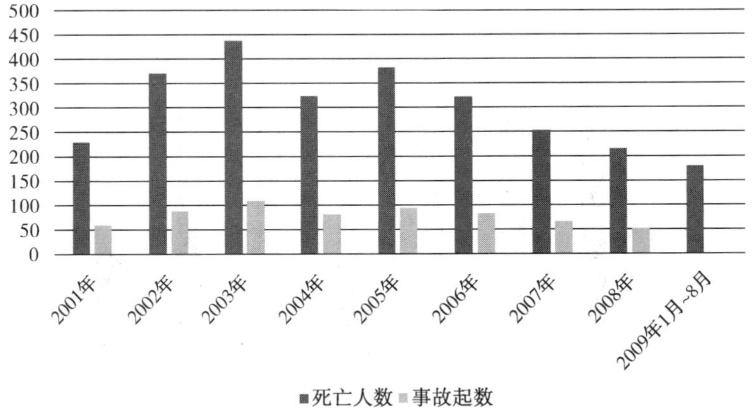

图 1-10　2001~2009 年 8 月全国受限空间内中毒、窒息≥3 人的事故

进入受限空间作业一人遇险，其他人盲目施救致使事故扩大不但是石油化工行业的主要风险，在其他行业如煤矿、非煤矿山、化工、炼油、冶金、建筑、造纸、造船、建材、食品加工、餐饮、市政工程、城市燃气、污水处理、特种设备也极具危险性。以下案例说明了不同年代、不同行业的进入受限空间盲目施救知识事故扩大的典型事故。

2013 年 7 月 25 日下午 2 时 30 分左右，中石化胜利油田承包商---山东鲁宜建安有限公司于某等 5 名员工，来到胜利油田仙河社区 2 号污水泵房污水池(深度约 8 米)进行清污作业。社区技术质量监督中心质检员王某到现场检查。因安全措施未到位，要求暂缓施工。质检员离开后，15 时 30 分左右，施工人员擅自开始施工，于某下池清理杂物，还没有下到池底，就喊"不行，要上去"，随即掉到池底。另外 3 人见状先后下去施救，均中毒昏迷、跌入水中造成窒息。4 人均抢救无效死亡。

2008 年 10 月 27 日，中原石油勘探局承包商——濮阳惠源公司 6 人在雨水提升泵站拆除新建闸门井内的封堵墙，承包商员工商某发生中毒、坠入闸门井中。在场的田某、吴某下井抢救也中毒落水。3 人均中毒溺水死亡。

同样的事故似乎在遵循着一个可怕的剧本，一直在重复着。以 2016 年 6 月份为例。2016 年 6 月 5 日，山东省潍坊市潍城区潍坊华浩农化有限公司水溶肥生产车间发生一起中毒窒息事故，造成 3 人死亡。6 月 5 日 14 时左右，操作工荣某打开上料泵，发现氨基酸原液不能从原料罐中抽出，于是爬到罐顶打开人孔察看罐内情况并用竹竿测量罐内液位，随后包装工李某发现荣某半卧在罐中后呼救。听到呼救的两名工人在未佩戴任何防护装备情况下直接入罐施救，相继倒在罐底。待消防人员将 3 人自罐内救出时，3 人已死亡。

2016 年 6 月 12 日，甘肃省天水市麦积区天水利鑫石化有限公司发生一起中毒事故，造成 3 人死亡、1 人受伤。6 月 12 日上午 9 时 30 分左右，利鑫公司员工李某、张某在 3 号搅拌混合罐罐顶活动时，不慎将手套由罐顶观察孔掉入搅拌混合罐中，2 人相继进入罐内拾取手套、施救。利鑫公司法人代表甲某发现 2 人失踪，派人四处寻找，发现倒在罐底，于是派另两名员工进入罐中施救，也出现中毒情况。后经消防官兵救援，确认 3 人死亡，1 人受伤。

二、事故原因分析

一般说来，事故原因可分为直接原因和间接原因。

1. 事故的直接原因

事故的直接原因，即导致事故发生的原因，又称一次原因。事故的直接原因只有两个，即人的不安全行为和物的不安全状态。根据事故致因的轨迹交叉理论，人的不安全行为和物的不安全状态在一定的时间和空间交叉就会发生事故。

(1) 人的不安全行为

人的不安全行为是指能引发事故的人的行为差错，是人的一种主观行为．发现和识别人的不安全行为，是预防事故的关键．

1) 人的不安全行为的分类识别

人的不安全行为的识别，涉及人机工程学、社会学、心理学、行为学等众多学科的理论和实践，是一项十分复杂的系统工程。

① 国家标准《企业职工伤亡事故分类》(GB 6441—1986)将不安全行为分为13大类(表1-2)。

表 1-2 不安全行为分类

分类号	不安全行为
7.01	操作错误，忽视安全，忽视警告
7.01.1	未经许可开动、关停、移动机器
7.01.2	开动、关停机器时未给信号
7.01.3	开关未锁紧，造成意外转动、通电或泄漏等
7.01.4	忘记关闭设备
7.01.5	忽视警告标志、警告信号
7.01.6	操作错误(指按钮、阀门、搬手、把柄等的操作)
7.01.7	奔跑作业
7.01.8	供料或送料速度过快
7.01.9	机械超速运转
7.01.10	违章驾驶机动车
7.01.11	酒后作业
7.01.12	客货混载
7.01.13	冲压机作业时，手伸进冲压模
7.01.14	工件紧固不牢
7.01.15	用压缩空气吹铁屑
7.01.16	其他
7.02	造成安全装置失效
7.02.1	拆除了安全装置
7.02.2	安全装置堵塞，失掉了作用
7.02.3	调整的错误造成安全装置失效
7.02.4	其他
7.03	使用不安全设备
7.03.1	临时使用不牢固的设施
7.03.2	使用无安全装置的设备
7.03.3	其他
7.04	手代替工具操作
7.04.1	用手代替手动工具
7.04.2	用手清除切屑
7.04.3	不用夹具固定、用手拿工件进行机加工
7.05	物体(指成品、半成品、材料、工具、切屑和生产用品等)存放不当
7.06	冒险进入危险场所
7.06.1	冒险进入涵洞
7.06.2	接近漏料处(无安全设施)
7.06.3	采伐、集材、运材、装车时，未离危险区
7.06.4	未经安全监察人员允许进入油罐或井中
7.06.5	未“敲帮问顶”开始作业
7.06.6	冒进信号
7.06.7	调车场超速上下车
7.06.8	易燃易爆场合明火
7.06.9	私自搭乘矿车
7.06.10	在绞车道行走

续表

分类号	不安全行为
7.06.11	未及时瞭望
7.08	攀、坐不安全位置(如平台护栏、汽车挡板、吊车吊钩)
7.09	在起吊物下作业、停留
7.10	机器运转时加油、修理、检查、调整、焊接、清扫等工作
7.11	有分散注意力行为
7.12	在必须使用个人防护用品用具的作业或场合中，忽视其使用
7.12.1	未戴护目镜或面罩
7.12.2	未戴防护手套
7.12.3	未穿安全鞋
7.12.4	未戴安全帽
7.12.5	未佩戴呼吸护具
7.12.6	未佩戴安全带
7.17.7	未戴工作帽
7.18.8	其他
7.13	不安全装束
7.13.1	在有旋转零部件的设备旁作业穿过肥大服装
7.13.2	操纵带有旋转零部件的设备时戴手套
7.13.3	其他
7.14	对易燃、易爆等危险物品处理错误

② 国际劳工组织(ILO)对不安全行为的分类为：没有监督人员在场时，不履行确保安全操作与接受警告；用不安全的速度操作机器和作业：使用丧失安全性能的装置；使用不安全的机具代替安全机具，或用不安全的方法使用机具；不安全的装藏、培植、混合和嫁接方法；在不安全的位置进行作业和持不重视安全的态度。

2）不安全行为的表现识别

《安全心理与行为》中，将不安全行为表现识别分为七个方面：

① 忽视或违反规章制度。这是一种最常见的不安全行为，表现在“三违”：违章作业、违章指挥、违反劳动纪律。

2008年4月28日下午14：50，金陵石化4名承包商员工，在污油罐罐顶为含油污水罐增设氮封线，在拆卸人孔盖最后一根螺栓时，因螺栓生锈、拆卸困难，施工人员违章用气焊切割螺栓，导致罐内气体发生闪爆、罐顶撕开。2名作业人员从罐顶摔下，经抢救无效死亡。事故原因：施工人员严重违章，超出“用火作业许可证”规定的用火范围动火，使用气焊切割罐顶人孔盖的螺栓，引起了污水处理罐内油气闪爆、罐底撕开，2名作业人员从罐顶摔下，经抢救无效死亡。

② 工作联系或确认不充分。有些工作需要双方联系后才能进行的作业，由于联系中断或未能充分确认也可能引起差错。

1976年7月10日上午9：05，北京石油化工总厂前进化工厂水汽车间第一循环水工序调整冷水塔风车安装角度，因误操作，启动了7#风机，正在调7#风机角度的2名中建一局职工被转动的风机叶片打落近10米深的水池中，经抢救无效死亡。10日上午

8 时 15 分左右，车间负责人来到一循控制室看到 7#风机已经停了，但开关插头没有拔掉，控制转换开关没拧到“断电”位置，特意将操作工李某叫到 7#开关柜前，亲自拔下电源插头，把转换开关拧到“断电”的位置，并告诉李某，“我不回来不准开！”但李某没有听到，更没有向班长、组长交待，导致值班人员上岗时将 7#风机电源接上，启动了 7#风机，惨剧就这样发生了。

③ 操作人员判断错误及操作错误。操作人员的感受能力、信息处理能力影响其判断能力，操作错误往往是由于判断错误引起的。

2012 年 3 月 27 日，巴陵石化承包商——岳阳市安泰起重设备有限公司 4 名员工在巴陵石化环氧树脂事业部盐水车间盐库维修行车。中午休息期间，作业人员为抢进度，私自从值班室取走盐库钥匙、开门后继续作业。13 时 50 分左右，4 人在行车检修平台(距地面 11.3 米)上在用气焊加热齿轮过程中，氧气管线泄漏、闪爆。杨某试图跳到距离 0.88 米处的行车另一侧横梁上，不慎发生坠落，经抢救无效死亡。

④ 不安全的姿势和动作。不安全的姿势和动作，经常表现为习惯性违章和盲干。

2013 年 4 月 14 日，江苏石油工程公司 70836JS 钻井队在新疆 TH10137 井进行拆甩设备作业。16 时 35 分，在拆转盘独立驱动装置大梁(俗称猫绞大梁)过程中，司钻牛某在攀爬右侧人字架踏梯时，从第二或第三踏棍处滑下。滑落过程中因脚部刮碰人字架的横拉筋，身体呈水平状态坠落，头部受伤，经抢救无效于次日死亡。事故原因：一是牛某擅离岗位，未系安全带攀爬人字架的踏梯；二是设备存在缺陷。人字架下窄上宽，从第二节开始，踏梯边缘存在空隙。且踏梯为圆钢筋，无扶手、护笼，容易滑动造成踏空。

⑤ 安全装置失效。安全装置存在设计、制造、安装上的缺陷，以及在运行过程中维护不当等使安全装置失效引发事故等客观原因，主观原因是有安全装置而不愿使用。

某建筑施工工地，一名戴着未系下颚带的安全帽的工人在 1.5 米左右高的脚手架上作业时，不慎坠落地面，坠落过程中安全帽离开头部，该工人后脑部直接撞击地面，经医院抢救无效死亡。

⑥ 员工不了解不安全行为的危害，无知主要是教育、培训不够。

1998 年 3 月 5 日，某煤气公司储存液化气的球罐发生泄漏。罐内有 400m^3，170 吨液化气。由于没有应急预案，临时动用了 80 条棉被去堵泄漏点。结果发生爆炸，造成 7 名消防战士和 5 名液化气站工作人员牺牲。

⑦ 有身体缺陷而不能做出正确反应。

(2) 物的不安全状态

将生产现场常见的人的不安全行为、物的不安全状态，视为生产现场的危险动作和危险状态。根据事故或危害事件发生的可能性(L)、暴露于危害事件环境的频率(E)、事故或危害事件的可能结果(C)，确定作业条件危险性大小(D)：

$$D = L \times E \times C$$

根据可视化的管理原则，将确定的超高风险、高风险、中等风险、可能风险、可接受风险，分别用红色、橙色、黄色、蓝色、无色来标识。

人的不安全行为和物的不安全状态是一个动态变化的过程，比如，企业整体人的不安全行为是随着人员变化而变化，员工队伍变化了，新员工大量到岗，人的不安全行为是上升的；同样一个人随着工作时间的增长和经验的积累，其不安全行为是下降的，而一个人的每一时段和当精神状态不好、情绪不稳时，不安全行为发生的可能性大。

物的不安全状态是由于人的不安全行为造成的，也需要通过人的努力才能消除。消除物的不安全状态，需要采取技术手段，从根本上杜绝人出错的可能，从根本上解决问题。

我们在学习驾驶机动车时，当我们双手离开方向盘、低头看档、将手臂伸出窗外时，教练会告诉我们这些是危险动作。在企业我们的生产现场员工的一些行为也属于危险动作，需要绝对禁止的。同时要将这些行为文本化，像经济领域的禁区以清单方式列明的那样，列出生产现场的“负面清单”，禁止在生产现场所发生的危险动作是不能碰的红线。BP 公司是一家有着上百年从事高危行业史的老牌公司，积淀了关于安全的“黄金定律”中规定了在生产现场绝对不可为的动作 。BP 公司要求每一位员工都仔细阅读它们并按例行事。需要求大家随时随地坚持高标准地遵循这些定律，见表 1-3。

表 1-3 BP 公司黄金定律

黄金定律	说明	遵循定律
黄金定律 1：工作许可	如果需要进入狭小空间工作，工作涉及到能源系统，在可能有危害的地点挖掘，或者在可能发生爆炸的环境下使用发热用具作业，必须取得许可开始工作	界定工作范围
		识别危险，评估风险
		制定消除或减轻危险的控制方案
		综合考虑工作和其他有关工作许可或同时进行的操作的关联
		由负责人授权发放
		向所有相关工作人员说明上述情况
		确保有足够的措施可使运作恢复正常
黄金定律 2：高空作业	在高于地面 2 米（6 英尺）或更高的地方工作时必须遵守	使用带栏杆或扶手的固定平台，并由专人检验
		或使用防跌落装置，该装置带有：适当的固定器，最好安装在头顶；系上全身式安全带，在每个接位有双碰锁，自锁挂钩；合成纤维系索；减震器
		防跌落装置将自由落体运动距离限制在 2 米（6 英尺）或更短的距离以内
		检查防跌落装置和系统，如发现任何设备损坏或松动，必须停止使用
		工作人员必须胜任工作
黄金定律 3：能源隔离	隔离任何能源、机械、电气、工艺、液压和其他系统时必须遵守	确定隔离办法，排除储存的能源的方法已获胜任人员的同意并由他们操作
		排除所有储存的能源
		在隔离点上锁，贴上标签
		进行试验，确保隔离有效
		定期监测隔离效果

续表

黄金定律	说明	遵循定律
黄金定律4：封闭空间的进入	必须满足定律条件方可进入密闭空间	已排除所有其他工作方式
		由负责人发放进入许可证
		向所有有关人员告知进入许可证，并按要求张贴许可证
		所有工作人员必须能胜任工作
		隔离所有影响空间的能源
		检测和检验空气质量，按风险评估的规定定期重复进行
		配备后备人员
		禁止未经批准的进入
黄金定律5：吊运操作	使用起重机、吊车或其他机械起重装置起吊物品时必须遵守	评估起重过程，由胜任的工作人员确定起重方法和设备
		操作电力驱动的起重机的操作人员必须经过培训和认证
		由合格人员装索重物
		至少在过去一年中检验过起重装置和设备的使用状况
		重物不超过起重设备的动态和/或静态起重能力
		安装在起重设备上的安全装置能正常使用
		胜任人员操作前审核所有起重装置和设备
黄金定律6：变更的管理	因组织、人员、系统、工艺、程序、设备、产品、物资以及法律规章发生临时性和永久性的改变而引起的工作要进行前，必须遵守变更的管理程序	由受影响的各方进行风险评估
		制定一份工作计划，指明发生变化的时间范围和即将实施的控制方案，变化涉及：设备、设施和流程；运行、维护、检查程序；培训、人员和通讯文件资料
		由负责人批准工作计划直至计划完成
黄金定律7：驾驶安全	驾驶所有类型的交通工具和机动设备必须遵守	车辆必须适合其用途，并经检测，确认处于安全工作状态
		乘员数目不得超过制造商的设计规格
		装载物安全可靠，不超过制造商的设计规格或法定重量
		车辆配备安全带，所有乘员必须系安全带
		摩托车、自行车、各型汽车、雪地车和类似交通工具的驾驶者和乘员佩戴安全头盔
		驾驶者必须达到要求才能允许驾驶车辆：经培训、认证及体检，证明适合驾驶该类车辆
		不得酒后或服药后驾驶，也不得疲劳驾驶
		驾驶中不得使用手持电话和无线电对讲机（最好的驾驶习惯是关掉所有电话和双向无线电）
黄金定律8：岩土工程	挖凿人工通道、洞穴、壕沟或凹槽时必须遵守	由合格人员对施工地点进行危险评估
		识别并确定所有地下危险物的位置，如管道、电缆等，必要时隔离地下危险物
		对于有人员进出的人工洞穴：如果需要进入符合规定的密闭空间工作，必须取得进入密闭空间的许可证

续表

黄金定律	说明	遵循定律
黄金定律 8：岩土工程	挖凿人工通道、洞穴、壕沟或凹槽时必须遵守	必须控制地下移动，采用有系统的支撑、坡度和阶梯等措施，防止坍塌
		必须连续监测地表和环境条件的变化

（3）人的不安全行为和物的不安全状态的关系

人机系统把生产过程中发挥一定作用的机械、物料、生产对象以及其他生产要素统称为物。物都具有不同形式、性质的能量，有出现能量意外释放、引发事故的可能性。由于物的能量可能释放引起事故的状态，称为物的不安全状态。人的不安全行为指的是可能导致超出人们接受界限的后果或可能导致不良影响的行为，事故致因理论的研究成果表明，造成员工人身伤害的直接原因是人的不安全行为、物（设备、环境）的不安全状态，或两者共同作用，其中人的不安全行为是主因。美国著名的安全工程师海因里希曾经调查了美国的 75000 起工业伤害事故，发现占总数 98%的事故是可以预防的，只有 2%的事故超出人的能力所能预防的范围，在可预防的工业事故中，以人的不安全行为为主要原因的事故占 88%，以物的不安全状态为主要原因的占 10%。中石化 2008－2013 年所发生的企业上报事故中，由于“三违”的因素占 91. 32%。虽然在不同行业、不同时期，人和物两种因素在事故致因中的地位会发生变化，但是，人的不安全行为造成的事故远高于物的不安全状态造成的事故，并且随着生产技术的进步，生产设备的质量和安全防护装置的不断提高和改进，由人的不安全行为造成的事故比例越来越高。因此，消除人的不安全行为是避免人身伤害事故发生的基本保证。

在生产过程中，物的不安全状态极易出现。所有的物的不安全状态，都与人的不安全行为或人的操作、管理失误有关。往往在物的不安全状态背后，隐藏着人的不安全行为或人的失误。物的不安全状态既反映了物的自身特性，又反映了人的素质和人的决策水平。

据杜邦公司统计，96%的事故是由人的不安全行为引起的。而这 96%的不安全行为中，90%是属于员工安全意识薄弱，员工安全技能不足仅占 10%。员工安全意识薄弱最突出的体现是现场员工的习惯性违章，所以，减少员工的不安全行为要从反员工的习惯性违章抓起。提升员工安全意识，就是要抓矛盾的主要方面和主要矛盾——抓制止员工习惯性违章。

抓员工的习惯性违章，一是要选出几个具有典型意义的习惯性违章，切忌眉毛胡子一把抓，列举一大堆问题，其结果是顾此失彼一样也抓不好；二是管理者要常抓不懈，体现管理者抓习惯性违章治理的决心和意志，切忌虎头蛇尾；三是要员工参与到反习惯性违章中来，反复强调“人出现一次不安全行为，不一定就会发生事故、造成伤害。然而不安全行为，一定会导致事故”的理念。从而让员工在参与中自觉纠正习惯性违章，发动员工群众建立人的不安全行为库，切忌管理者发号施令；四是坚持动态管理持续改善的原则，要对建立的人的不安全行为库进行及时的维护，定期剔除掉人们已经改正了的习惯性违章，增加新发现的习惯性违章。

壳牌公司唤醒安全意识的三件宝指的是：“一是吸烟必须到指定地点，二是上下楼梯必须抓扶手，三是坐车必须系好安全带。”从中可以看出，一是选准切入点，这三点是涉及到每个人且经常被疏忽的，同时又不是太多；二是长期坚持，使员工习惯成自然，在自然中体现了公司的文化。

2. 事故的间接原因

事故的间接原因是指事故的直接原因得以产生和存在的原因。

(1)技术和设计上有缺陷

是指从安全的角度来分析，在设计上和技术上存在的与事故发生原因的缺陷。其包括工业构件、建筑物、机械设备、仪器仪表、工艺过程、操作方法、维修检验等在设计、施工和材料使用中存在的缺陷。这类缺陷主要表现在：在设计上因设计错误或考虑不周造成的失误；在技术上因安装、施工、制造、使用、维修、检查等达不到要求而留下的事故隐患。如：设计违反规范、标准、规程；设计错误。如在图样、公式的使用及计算中的错误，材料、设备选用的错误；总图布局不合理，安全间距不够；设备制造存在缺陷、设备验收不严格，不符合《设备安装验收规范》等规范的要求；工程施工质量达不到设计要求和验收规范；检测、检验技术落后，未能发现隐患。

案例："用错管件材料，导致四蒸馏大火"

2010年2月18日22点46分，某炼油一厂四蒸馏装置三层换热器平台处着火。班组人员进行紧急停工。22点46分内操迅速关闭减底抽出控制阀，减压渣油外送焦化、外送罐区流量同时回零。班长组织外操停原料泵、渣油泵，装置紧急停工。消防支队到现场后，立即组织灭火。23点13分，火被扑灭。

事故原因分析：该蒸馏装置在建设过程中，使用了不符合设计材质要求的弯头(设计为1Cr5Mo材质，实测成份相当于15CrMo)，由于Cr含量低，在高温硫腐蚀操作环境中腐蚀速度大大加快，迅速减薄，在2.5MPa高压下破裂失效，高温(370℃)减底渣油喷出，遇空气自燃着火，是这次事故发生的直接原因。

经分析，故障弯头供应商在产品出厂前喷涂标识时存在把关不严，误将15CrMo材质的弯头喷成1Cr5Mo字样，造成混料，是这次事故的根本原因。在后期的入库抽检、工程施工抽检和投运后定期监检测抽检过程中，尽管按相关标准中的抽检比例进行抽检，但未进行100%检测，尤其是在去年大检修中也未进行全面检测，因而未能及时发现并处理材质隐患，是这次事故的管理原因。

(2) 教育培训不够

教育培训不够具体表现在员工的基本功训练不够：缺乏岗位上所必需的应知应会培训，知其然不知其所以然；缺乏应急训练，关键时"第一反应不正确"；缺乏从业的基本素质要求，对问题、危险麻木。

案例：棉被堵漏点，造成群死群伤

1998年3月5日，某煤气公司储存液化气的球罐发生泄漏。罐内有400m^3、170t液化气。由于没有应急预案，临时动用了80条棉被去堵泄漏点。结果发生爆炸，造成7名消防战士和5名液化气站工作人员牺牲。

案例：盲目施救，造成群伤

2008 年 11 月 1 日，江汉油建公司在隧道内施工时，4 人在管道内进行焊口补焊，突然停电、鼓风中断后，没有及时停止汽油焊机，导致管道内缺氧、一氧化碳聚集，造成 4 名作业人员晕倒。抢救过程中又有 5 人盲目进入后中毒，使中毒扩大到 9 人，险些造成群死事故。

（3）身体原因与精神原因

身体原因：身体有缺陷，如眩晕、头疼、癫痫、高血压；身体有残疾，如近视、耳聋、色盲；身体过度疲劳、醉酒、药物的作用、饮食不周等。

精神原因：怠慢、反抗不满等不良态度；烦躁、紧张、恐怖、心不在焉、兴奋、过度积极等精神状态；偏狭、固执等性格缺陷；心理不健康。

心情舒畅是安全生产的必要条件，保证员工心情舒畅，一方面要营造公开、公正、公平的工作环境，打造清爽的工作现场和形成充满激情、团结向上的工作团队；另一方面要努力提升员工的思想道德、科学文化、健康素质等三个素质。所谓健康素质，包括身体健康和心理健康，而心理健康正是安全地工作之前提。重视职工的心理健康是一种进步。企业基层领导把抓安全生产放在第一位没有错，可仅仅认为“安全好了，效益好了，职工工资上去了，大家就会心情舒畅，就会很有干劲，就没什么可忧虑的了”就有问题。如果职工心理健康问题得不到应有的重视，可能直接影响安全生产和经济效益。

心理健康是指一种良好而持续的生活适应状态。其一，心理健康是指人能适应生活，而对生活中的一切，不论喜怒哀乐，均能平静接受；其二，心理健康是指人的这种适应状态是持续稳定的，而非瞬间发生的。美国心理学家马斯洛总结心理健康表现在十个方面：一是具有适度安全感受，二是具有适度的自我评价，三是生活的目标能切合实际，四是能与现实环境保持良好的接触，五是能保持人格的完整与和谐，六是适度的情绪表达与控制，九是在不违背团体的原则下能保持自己的个性，十是在不违背社会成规的条件下，对个人的基本需求能做恰如其分的满足。心理健康才能给工作带来正能量。

（4）管理缺陷

管理上有缺陷主要指劳动组织不合理、缺乏对现场的重视、缺乏制度的维护和执行、指挥失误等，主要包括：

① 劳动组织不合理、人事配备不完善、结构臃肿、信息不畅；

② 管理者缺乏对现场的重视、责任心不强、缺乏责任落实；

③ 缺乏对制度的维护，制度没有嵌入到业务流程中，缺乏执行制度的保障性条款，缺乏按照制度表单化的对现场的定量要求，制度永远浮在管理层面，缺乏定期、定点、定量的现场检查、考核、评比；

④ 缺乏安全文化建设；

⑤ 指导失误，主要是指在组织生产时的违章指挥、指挥失误，在事故抢险时指挥时考虑不周、处理措施不当、未能避免事故的发生或控制事故蔓延。

中石化 2013-2015 年 36 个月间事故统计，发生涉及管理与监督不到位的事故 19 起，居第一位；涉及政策、标准、程序(主要是违反规程或规程不完善等)的事故 17 起，居第二位；涉及承包商的选择与监督的事故 15 起，居第三位；涉及人员培训不到位、工程与设计有缺陷的事故各 12 起，并居第四位。图 1-11 为 2013~2015 年某公司事故分类统计。

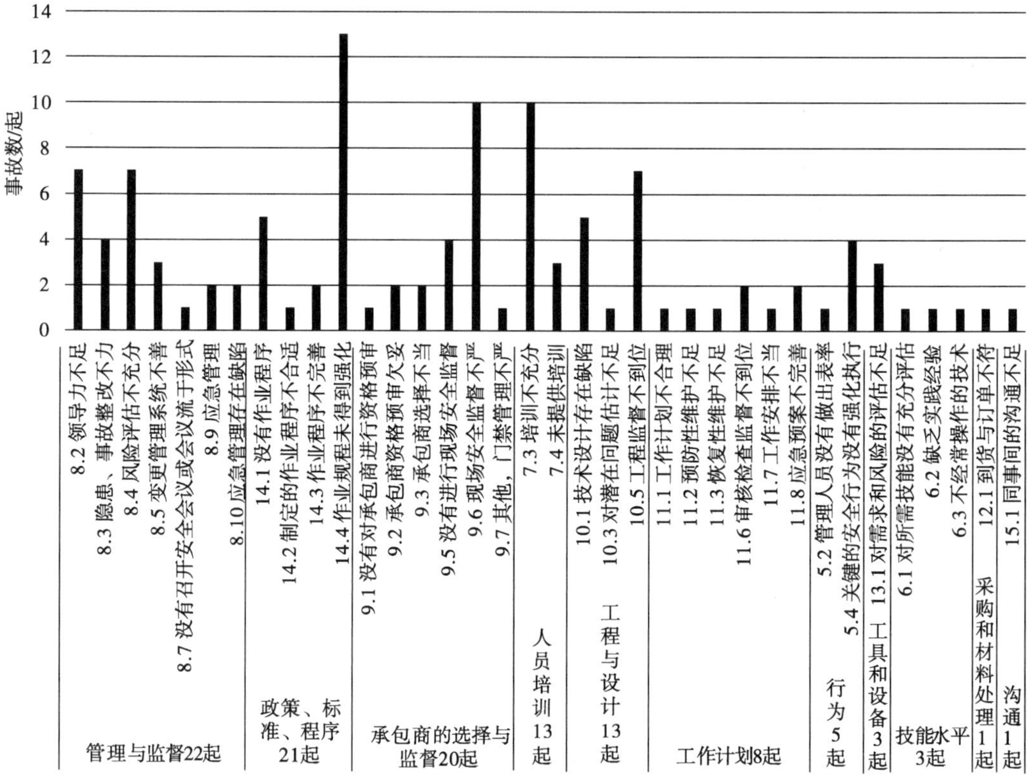

图 1-11　2013~2015 年某公司事故分类统计

（5）基础原因

人的不安全行为、物的不安全状态是构成事故的直接原因(一次原因)，而构成人的不安全行为、物的不安全状态的原因——主要是管理原因(二次原因)。而构成管理原因(二次原因)的原因——是基础原因，主要是指企业外的大环境对企业安全生产的影响。基础原因主要是指社会因素，包括社会的经济、文化、教育、习惯、历史、法律等。

造成生命、财产损失的生产安全事故是一个表象问题，深层次的是管理者、劳动者素质修养、良心道德问题。只有国民素质的整体提高，重塑"衣冠上国，礼仪之邦"的中华传统美德，减少生产经营活动过程中的非法违法、违章违规的行为，才能从根本上减少安全生产事故的发生。

三、事故致因理论

事故是违背人的意志而发生的意外事件，而且事故具有明显的因果性和规律性。事故致因理论是从大量典型事故的本质原因的分析中所提炼出的事故机理和事故模型。这些机理和模型反映了事故发生的规律性，能够为事故的定性定量分析、预测预防、改进安全管理工作，从理论上提供科学的、完整的依据。

1. 事故因果连锁理论

（1）海因里希事故连锁理论

1931 年，美国的海因里希（W. H. Heinrich）在《工业事故预防》一书中，阐述了工业安全理论，该书的主要内容之一就是论述了事故发生的因果连锁理论，后人称其为海因里希因果连锁理论，如图 1-12 所示。

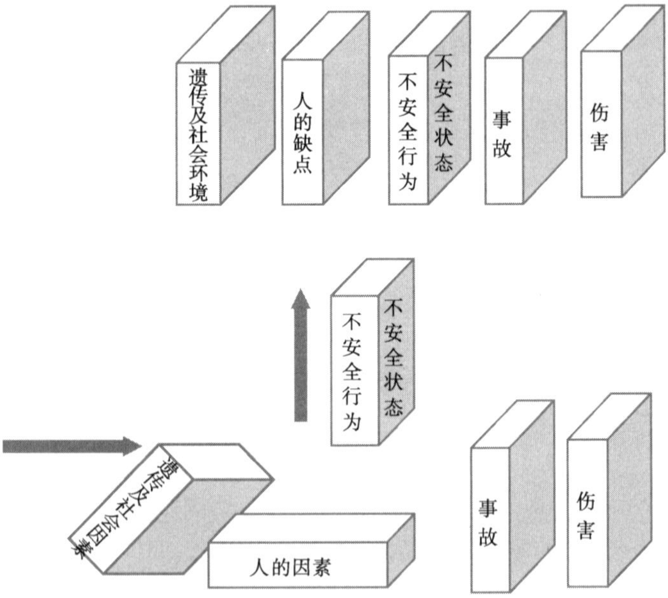

图 1-12　海因里希事故连锁理论

海因里希把工业伤害事故的发生发展过程描述为具有一定因果关系事件的连锁，即：

① 人员伤亡的发生是事故的结果；

② 事故的发生原因是人的不安全行为或物的不安全状态；

③ 人的不安全行为或物的不安全状态是由于人的缺点造成的；

④ 人的缺点是由于不良环境诱发或者是由先天的遗传因素造成的。

海因里希将事故因果连锁过程概括为以下五个因素：

① 遗传及社会环境：遗传因素及社会环境是造成人的性格存在缺陷的原因。遗传因素可能造成鲁莽、固执、粗心的不良性格；社会环境可能妨碍教育，助长性格上的缺陷发展。

② 人的缺点：人的缺点是使人产生不安全行为或造成机械、物质不安全状态的原因，它包括鲁莽、固执、过激、神经质、轻率、粗心等性格上的先天的缺点，以及缺乏安全生产知识和技能等后天的缺点；

③ 人的不安全行为和物的不安全状态：他们是引起事故的直接原因。例如，违章作业、拆除安全防护装置、上下楼梯及装置平台不扶扶手等，都属于人的不安全行为；而没有防护的机泵联轴节、设备的带病运行、缺乏接地保护的电源等，都属于物的不安全状态。

④ 事故：事故是事故是由于物体、物质、人或放射线等的作用或反作用，使人员受到或可能受到伤害的、出乎意料的、失去控制的事件。

⑤ 损害或伤害。即直接由事故产生的财物损坏或人身伤害。

海因里希用多米诺骨牌来形象地描述这种事故因果连锁关系。在多米诺骨牌系列中，一颗骨牌被碰倒了，则将发生连锁反应，其余的几颗骨牌相继被碰倒。如果移去中间的一颗骨牌，则连锁被破坏，事故过程被中止。海因里希连锁理论又被称为多米诺骨牌理论（Domino-Theory）。

该理论从物理学的作用与反作用角度阐明了导致伤亡事故的各种因素之间以及这些因素与伤害之间的关系，最先提出了人的不安全行为和物的不安全状态的概念，指出企业安全工作的中心是防止人的不安全行为或消除物的不安全状态。即移去因果连锁中的任一骨牌，将连锁破坏，中断事故连锁进程，从而达到预防伤害事故的目的。同时建立了事故致因的“事件链”这一重要概念，清楚地验证了在事故过程中实施干预的重要性，为后来者研究事故机理提供了一种有价值的方法，促进了事故致因理论的发展，如后来的博德事故因果链锁模型、亚当斯模型等，成为事故研究科学化的先导，具有重要的历史地位。

该理论明显的不足是对事故致因连锁关系的描述过于绝对化、简单化。事实上，各因素之间的连锁关系是复杂的、随机的，前面的牌倒下，后面的牌可能倒下，也可能不倒下；事故并不总是造成人身伤害，还有物的损失；不安全行为或不安全状态也并不是必然造成事故；事故因果连锁中一个最重要的因素是管理。大多数企业，由于各种原因，完全依靠工程技术上的改进来预防事故是不现实的，需要完善的安全管理工作，才能防止事故的发生。如果管理上出现缺欠，就会使得导致事故基本原因的出现。

该理论没有考虑时代背景，虽然强调人的不安全行为和物的不安全状态在事故原因中的重要作用，但仍将物的不安全状态产生的原因完全归因于人的缺陷，追究人的遗传因素和社会环境方面的问题，表现出了认识的局限性。

（2）博德事故因果连锁理论

美国人博德（Frank Bird）在海因里希事故因果连锁理论的基础上，提出了现代事故因果连锁理论。该理论认为：事故的直接原因是人的不安全行为、物的不安全状态；间接原因包括个人因素及与工作有关的因素。根本原因是管理的缺陷，即管理上存在的问题或缺陷是导致间接原因存在的原因，间接原因的存在又导致直接原因存在，最终导致事故发生。博德事故因果连锁理论如图 1-13 所示。

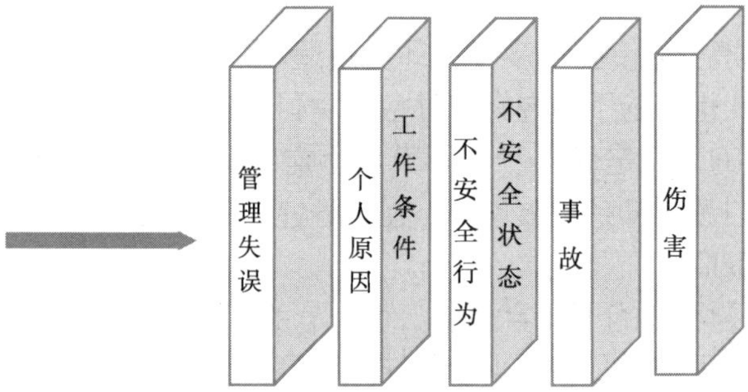

图 1-13　博德事故因果连锁理论

博德的事故因果连锁过程同样为五个因素，但每个因素的含义与海因里希的都有所不同。

1）控制不足——管理

控制是管理机能(计划、组织、协调及控制)中的一种机能，而安全管理中的控制是指损失控制，包括对人的不安全行为、物的不安全状态的控制，它是安全管理的核心。

任何事故都可以追溯到管理缺陷，再先进的技术落后的管理也是不行的，因为管理不可能天衣无缝。完全依靠工程技术措施预防事故既不经济、也不现实，只能通过完善安全管理工作，经过较大的努力，才能防止事故的发生。

2）基本原因——起源

安全管理系统要随着生产的发展变化而不断调整完善，十全十美的管理系统不可能存在。由于安全管理上的缺陷，致使能够造成事故的基本原因出现。基本原因包括个人原因，也包括与工作相关的原因。个人原因包括缺乏安全知识或技能，行为动机不正确，生理或心理有问题等；工作条件原因包括安全操作规程不健全，设备、材料不合适，以及存在温度、湿度、粉尘、气体、噪声、照明、工作场地状况(如打滑的地面、障碍物、不可靠支撑物)等有害作业环境因素。只有找出并控制这些原因，才能有效地防止后续原因的发生，从而防止事故的发生。

3）直接原因——征兆

物的不安全行为或物的不安全状态是事故的直接原因。这种原因是安全管理中必须重点加以追究的原因。但是，直接原因只是一种表面现象，是深层次原因的表征。在实际工作中，不能停留在这种表面现象上，而要追究其背后隐藏的管理上的缺陷原因，并采取有效的控制措施，从根本上杜绝事故的发生。

4）事故——接触

这里的事故被看做是人体或物体与超过其承受阈值的能量接触，或人体与妨碍正常生理活动的物质的接触。因此，防止事故就是防止接触。可以通过对装置、材料、工艺等的改进来防止能量的释放，或者操作者提高识别和回避危险的能力，佩带个人防护用具等来防止接触。

5）伤害、损坏——损失

人员伤害及财物损坏统称为损失。人员伤害包括工伤、职业病、精神创伤等。

在许多情况下，可以采取恰当的措施使事故造成的损失最大限度地减小。例如，对受伤人员进行迅速正确地抢救，对设备进行抢修以及平时对有关人员进行应急训练等。

（3）亚当斯事故连锁理论

亚当斯(Edward Adams)提出了与博德的事故因果连锁理论类似的事故因果连锁模型，该理论认为：人的不安全行为、物的不安全状态等致危因素，是由于管理者的管理失误造成的。他把人的不安全行为和物的不安全状态称做现场失误，其目的在于提醒人们注意不安全行为和不安全状态的性质。

亚当斯理论的核心在于对现场失误的背后原因进行了深入的研究。管理人员在管理工作中的差错或疏忽，企业领导人的决策失误，对企业经营管理及安全工作具有决定性的影响。管理失误又由企业管理体系中的问题所导致，这些问题包括：如何有组织地进行管理工作，确定怎样的管理目标，如何计划、如何实施等。管理体系反映了作为决策中心的领导人的信念、目标及规范，它决定各级管理人员安排工作的轻重缓急、工作基准及指导方针等重大问题，见表 1-4。

表 1-4 亚当斯事故连锁理论

管理体系	管理失误		现场失误	事故	伤害或损坏
目标 组织 机能	领导者在下述方面决策错误或没做决策： 方针政策 目标 规范 责任 职级 考核 权限授予	安技人员在下述方面管理失误或疏忽： 行为责任 权限范围 规则 指导 主动性 积极性 业务活动	不安全行业 不安全状态	伤亡事故 损坏事故 无伤害事故	对人 对物

（4）北川彻三事故因果连锁理论

日本人北川彻三在西方学者提出的事故因果连锁理论的基础上提出了另一种事故因果连锁理论。他认为，工业伤害事故发生的原因是复杂多样的，一个国家或地区的政治、经济、文化、教育、科技水平等诸多社会因素，对企业内部伤害事故的发生和预防有着重要的影响。北川彻三基于这种考虑，对海因里希的理论进行了一定的修正，把事故原因归为如表 1-5所示。

表 1-5 北川彻三事故因果连锁理论

基本原因	间接原因	直接原因	事故	伤害
管理原因 学校教育原因 社会历史原因	技术原因 教育原因 身体原因 精神原因	不安全行为 不安全状态	事故	伤害

其中的间接原因是指：

① 技术原因。机械、装置、建筑物等的设计、建造、维护等技术方面的缺陷。

② 教育原因。由于缺乏安全知识及操作经验，不知道、轻视操作规程的危险性和安全操作方法，或操作不熟练、习惯操作等。

③ 身体原因。身体状态不佳，如头疼、昏迷、癫痫等疾病，或近视、耳聋等生理缺陷，或疲劳、睡眠不足等。

④ 精神原因。消极、抵触、不满等不良态度，焦躁、紧张、恐怖、偏激等精神不安定，狭隘、顽固等不良习惯，白痴等智力缺陷。

其中的基本原因是指：

① 管理原因。企业领导重视安全不够、责任制落实不利、考核不严、现场作业标准不明确、人员安排不当、缺乏对员工的激励手段。（企业内部的）

② 学校教育的原因。学校教育内容不充分，缺乏安全教育内容。（社会的）

③ 社会和历史原因。社会安全观念、社会发展阶段、民族素质、国民性、社会文明程

度的影响，安全法规和安全管理和监督机构不完备等。（社会的）

（5）几种因果连锁理论的比较

几种因果连锁理论的比较见表 1-6。

表 1-6　几种因果连锁理论的比较

模型名称	海因里希事故因果连锁理论（多米诺骨牌理论）	博德事故因果连锁理论	亚当斯事故因果连锁理论	北川彻三事故因果连锁理论
提出时间 提出人	1931 年　美国的海因里希（H. W. Heinrich）	美国的博德（Frank Bird）	英国的约翰. 亚当斯（John. Adans）	日本的北川彻三
其他表述	事故因果论	管理失误论	管理失误论	企业、社会综合论
主要观点	伤亡事故的发生不是一个孤立的事件，而是一系列原因事件相继发生的结果。企业预防事故的中心就是防止人的不安全行为、物的不安全	在海因里希事故连锁理论的基础上提出，事故的根本原因是管理失误	对海因里希的事故因果连锁理论的缺陷和不足作了补充，把人的不安全行为和物的不安全状态称为现场失误	企业伤害事故发生的原因是很复杂的，一个国家和地区的政治、经济、文化、教育、科技水平等诸多因素对事故的发生和预防都有着重要的影响
评价	首先提出人的不安全行为和物的不安全状态的概念； 局限性：把人的不安全行为和物的不安全状态的产生原因完全归因于人的缺陷	反映现代安全观点，把事故完全归因于管理失误	该理论的核心在于对现场失误的原因进行深入研究，现场失误是由于管理失误造成的，管理失误是由管理体制造成的	该理论的基本要素超出了企业安全管理的范畴，但是，充分认识这些基本原因因素，对综合利用可能的科学技术、管理手段、法律法规、教育改革、安全文化等措施来改善间接原因因素，是十分必要的

2. 能量意外释放理论

（1）能量意外释放理论的由来

1961 年古布森（Gibson）、1966 年哈登（Haddon）等人提出了解释事故发生物理本质的能量意外释放论。他们认为。事故是一种不正常的或不希望的能量意外释放并转移于人体。

人类在利用能量的时候必须采取措施控制能量，如果能量意外释放，并作用于人体，并且超过人体所能承受的能力，就会造成对人的伤害；如果意外释放的能量作用于设备、建筑物、物体等，并能量的作用超过他们的抵抗能力，则将造成设备、建筑物、物体的损坏。

生产、生活中经常遇见的能量有机械能、热能、电能、化学能、电离及非电离辐射、声能、生物能等。它们的意外释放都可能对人、物造成伤害。

麦克法兰特（McFarland）在解释事故造成的人身伤害或财物损失的机理时说：所有事故都是因为：接触了超过系统抵抗力的某种形式的能量；有机体与周围环境的正常能量交换受到了干扰（如窒息、淹溺等）。因而，各种形式的能量是构成伤害的直接原因。

（2）能量对伤亡事故的分类方法

1966 年，美国运输部国家安全局局长哈登（Haddon）引伸了吉布森（Gibson）1961 年提出的“生物体（人）受伤害的原因只能是某种能量的转换”观点，将能量分成为两类伤害：一是人体受到超过其承受能力的各种形式能量作用时受伤害的情况。例如，在工业生产中，一般都以 36V 为安全电压，这就是说，在正常情况下，当人与电源接触时，由干 36V 在人体所承受的阈值之内，就不会造成任何伤害或伤害极其轻微；而内于220V电压大大超过人体的阈值，与其接触，轻则灼伤，或某些功能暂时性损伤，重则造成终身伤残甚至死亡。二是人体与外界的能量交换受到干扰而发生伤害的情况。譬如因机械因素或化学因素引起的窒息（如溺水、一氧化碳中毒等）。

能量转移论的另一个重要概念是：在一定条件下，某种形式的能量能否造成伤害及事故，主要取决于人所接触的能量的大小，接触的时间长短和频率、力的集中程度，受伤害的部位及屏障设置的早晚等。用能量转移论的观点分析事故致因的基本力法是：首先确认某个系统内的所有能量源，然后确定可能遭受该能量伤害的人员及伤害的可能严重程度；进而确定控制该类能量不正常或不期望转移的方法。

第一类伤害是人体受到超过其承受能力的各种形式能量作用时的受伤害情况，如表1-7所示。第二类伤害是人体与外界的能量交换受到干扰而发生的伤害，如表1-8所示。

表1-7　第一类伤害 人体受到超过其承受能力的各种形式能量作用时的受伤害

施加的能量类型	产生的原发性损伤	例举
机械能	移位、撕裂、破裂和压挤	如车辆伤害、机械伤害、物体打击
热能	炎症、烧焦和焚化、伤及身体任何层次	如第一度烧伤、第二度烧伤、第三度烧伤
电能	干扰神经—肌肉功能以及凝固、烧焦和焚化，伤及身体任何层次	触电死亡、烧伤
电离辐射	细胞和亚细胞成分与功能的破坏	反应堆事故、工业电焊等高温热源放出的紫外线、红外线等有害辐射对人体伤害
化学能	伤害一般要根据每一种或每一组织的具体物质而定	有毒有害的化学物质使人中毒

表1-8　第二类伤害 人体与外界的能量交换受到干扰而发生的伤害

影响能量交换的类型	产生的损伤或障碍的种类	例　举
氧的利用	生理损害，组织或全身死亡	由物理因素或化学因素引起的中毒或窒息(例如溺水、一氧化碳中毒和氮气窒息、硫化氢中毒)
热能	生理损害，组织或全身死亡	由于体温调节障碍产生的损害、冻伤、冻死

(3) 防止能量意外释放的原则与措施

根据能量意外释放论，预防伤害事故就是防止能量或危险物质的意外释放，防止人体与过量的能量或危险物质接触。

哈登(Haddon)认为，预防能量转移于人体的安全措施可用屏蔽保护系统。他把约束、限制能量，防止人体与能量接触的措施叫做屏蔽。在一定条件下某种形式的能量能否产生伤害，造成人员伤亡，应取决于：人体接触能量的大小；接触的时间和频率；力的集中程度；屏蔽设置的早晚，屏蔽设置的越早、效果越好；按能量的大小，可研究建立单一屏蔽还是多重屏蔽(冗余屏蔽)。

防止能量意外释放的措施有：

① 限制能量：在生产工艺中尽量采用低能量的工艺和设备，如罐内照明用电采用36V电源；

② 替代与变更：用较安全的能源取代危险性大的能源，如在有可燃气体产生的场所用气动隔膜泵取代电泵，如用苯乙烯装置毒性小的阻聚剂 NSI307 代替毒性大、用量大的传统 NSI 阻聚剂(2，4-二硝基苯酚)，在喷漆作业中用毒性相对小的甲苯替代苯；

③ 防止能量蓄积：开辟释放能量的通道，如静电接地、通风设施等，如在进入塔、罐等受限空间作业保持空气流通；

④ 控制、延缓能量释放：建立防护装置，控制能量意外释放。如采用保护性容器以及生活区远离污染源等；缓慢的释放能量可以降低单位时间内释放的能量，减轻能量对人体或设施的作用。如采用安全阀、弹簧支架、吸收震动装置等；

⑤ 设置屏蔽设施：如建立防冲击波的操作室、在温度较高的管线和设备上设置防烫保温层、如在机泵联轴节处设置的防护罩、防噪声的消声器、安全帽、安全鞋等个人防护用品；

⑥ LOTO(上锁挂牌)：在人、物与能源之间设屏蔽，在时间和空间上把能量与人、物隔离。如在禁止进入的受限空间上锁挂警示牌等，以各种警告的方式，阻止人员的不安全行为、避免发生人为失误、防止人员接触能量；

⑦ 在能量控制系统采用自动化装置：如在炼化装置采用 ESD 紧急停车系统，防止装置在紧急停车时，发生着火爆炸；

⑧ 管理控制：管理控制是指通过管理手段和按照国家法律和标准建立起来的管理程序和措施，如对作业场所进行危害识别、从业人员的安全培训和资质认定等。

(4) 能量观点的事故因果连锁模型

根据能量的观点，大多数伤亡事故都是因为过量能量的意外释放，而这种过量或危险物质的释放都是由于人的不安全行为或物的不安全状态造成的。

美国矿山局的札别塔基斯(Michael Zabetakis)依据能量意外释放理论，建立了新的事故因果连锁模型。

1) 事故

事故是能量或危险物的意外释放，是伤害的直接原因。为防止事故发生，可以通过技术手段防止能量意外释放、可以通过教育训练提高员工的识别风险的能力、可以通过管理手段制止人的不安全行为和消除物的不安全状态。

2) 不安全行为和不安全状态

人的不安全行为和物的不安全状态是导致能量意外释放的直接原因，他们是管理缺乏、控制不利、缺乏知识、缺乏技能、缺乏训练、对存在的危险估判断错误，或其他个人因素的征兆。

3) 基本原因

① 企业领导者的安全政策及决策。它涉及到生产及安全目标，员工的配置，信息的利用，责任及职权范围，员工的选择、教育训练、安排、指导和监督，信息传递，设备的采购、装置的维护，操作规程的标准化、及应急处理等。

② 个人因素。技能、知识、训练、动力和意愿、行为和习惯、身体及精神状态，反应时间等。

③ 环境因素。自然条件、自然环境等。

能量观点的事故因果连锁模型如图 1-14 所示。

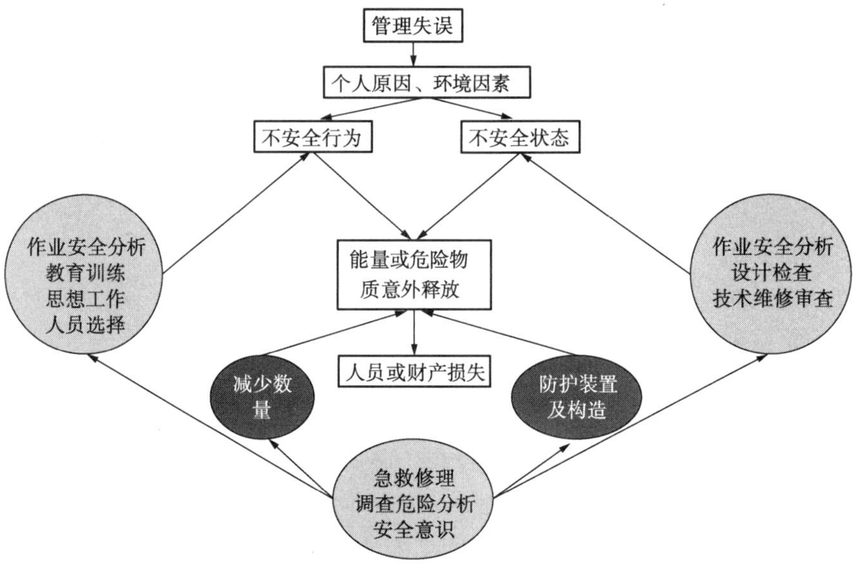

图 1-14　能量观点的事故因果连锁模型

（5）能量观点的两类危险源理论

W. 哈默(Willie Hammer)将危险源定义为：“可能导致人员伤害或财物损失事故的，潜在的不安全因素”。危险源是危险之根源，它是造成事故的潜在危险，是超出人的直接控制之外的某种潜在的环境条件。危险源的存在是事故发生的根本原因，防止事故就是要消除、控制系统中的危险源。

根据危险源在事故发生、发展中的作用，把危险源分为两大类，即第一类危险源，如带电的导体、奔驰的车辆、储罐中的汽油、运行的装置等等；第二类危险源，如人失误、物障碍和环境的影响等等。

1）第一类危险源

根据能量意外释放理论，事故是能量或危险物质的意外释放，作用于人体的过量的能量或干扰人体与外界能量交换的危险物质是造成人员伤害的直接原因，于是把系统中存在的、可能发生意外释放的能量或危险物质称为第一类危险源。主要是指产生能量的能量源和拥有能量的能量载体。

第一类危险源的危险性与能量的高低、数量的多少有密切关系。第一类危险源具有的能量越多，一旦发生事故的后果也就越严重；第一类危险源包含的危险物质的量越多，其危险性也就越大。

常见的第一类危险源有：产生、供给能量的装置、设备；使人体或具有较高势能的装置、设备、场所；能量载体；一旦失控可能产生巨大能量的装置、设备、场所，如炼油、化工装置等；一旦失控可能产生能量蓄积或突然释放的装置、设备、场所，如各种压力容器等；危险物质，如各种有毒、有害、可燃烧爆炸的物质等；生产、加工、储存危险物质的装置、设备、场所；人体一旦与之接触将导致人体能量意外释放的物体。

2）第二类危险源

导致约束、限制能量措施失效或破坏的各种不安全因素称为第二类危险源。包括人、物、环境三个方面的因素。第二类危险源往往是围绕第一类危险源随机发生的现象。它们的出现决定事故发生的可能性，第二类危险源出现的频率越大，事故发生的可能性也就越大。

① 人失误。人失误是指人的行为的结果偏离了预定的标准，比如人的不安全行为、违章作业等。人失误可能直接破坏对第一类危险源的控制，造成能量或危险物质的意外释放。例如，误操作等。人失误也可能导致物的障碍，物的故障导致事故，如，违章作业使起吊物超载，超载使钢丝绳断裂，发生重物坠落事故；

② 物障碍。物的障碍是指由于性能低下不能实现预定功能的现象，物的不安全状态也可以看做是一种故障状态。物的故障可能直接使约束、限制能量或危险物的措施失效而发生事故。如在一新装置建设过程中，本该使用1Cr18Ni9的不锈钢管线错用为Cr25Mo3Ti，结果在装置运行一段时间后发生物料泄漏着火爆炸。比如，安全阀故障，致使压力容器超压运行，发生爆炸等。

③ 环境的影响。环境因素主要包括系统运行的环境，包括温度、湿度、照明、粉尘、噪声和震动等物理环境，以及企业和社会的软环境。不良的物理环境会引起物的故障或人的失误。例如工作场所噪声超标会影响人们的情绪，分散人的注意力而发生人失误。而工作团队的人际关系、社会环境会影响人们的心理，也可能影响人的精神状态。

一起事故的发生是两类危险源共同作用的结果。第一类危险源的存在是事故发生的前提，第二类危险源是事故发生的必要条件。事故的发生、发展过程中，两类危险源相互依存，相辅相成：第一类危险源在事故时释放出的能量是导致人员伤害或财物损失的能量主体，决定事故后果的严重程度；第二类危险源出现的难易程度决定事故发生的可能性的大小。两类危险源共同决定危险源的危险性。

在企业的实际生产经营期间，第一类危险源客观上已经存在并且在设计、建造时已经采取了必要的控制措施，因此安全工作的重点是第二类危险源的控制。

3. 动态变化理论

没有变化就没有事故，世界上唯一不变的是变化。世界是在不断运动、变化着的，工业生产过程也在不断变化之中。在变化中蕴含着危险，同时也蕴含着机会。如果我们不能或没有及时地适应变化，则将发生管理失误；操作者不能或没有及时地适应变化，则将发生操作失误。外界条件的变化也会导致机械、设备等的故障，进而导致事故的发生。

（1）扰动起源事故理论

本尼尔（Benner，1972）认为，事故过程包含着一组相继发生的事件。这里，事件是指生产活动中某种发生了的事情，如一次瞬间或重大的情况变化，一次已经被避免的或导致另一事件发生的偶然事件等。因而，可以将生产活动看做是一个自觉或不自觉地指向某种预期的或意外的结果的事件链，它包含生产系统元素间的相互作用和变化着的外界的影响。由事件链组成的正常生产活动，是在一种自动调节的动态平衡中进行的，在事件的稳定运行中向预期的结果发展。

事件的发生必然是某人或某物引起的，如果把引起事件的人或物称为“行为者”，而其动作或运动称为“行为”，则可以用行为者及其行为来描述一个事件。在生产活动中，如果行为者的行为得当，则可以维持事件过程稳定地进行；否则，可能中断生产，甚至造成伤害事故。

生产系统的外界影响是经常变化的，可能偏离正常的或预期的情况。这里称外界影响的变化为“扰动”(Perturbation)。扰动将作用于行为者，产生扰动的事件称为起源事件。

当行为者能够适应不超过其承受能力的扰动时，生产活动可以维持动态平衡而不发生事故。如果其中的一个行为者不能适应这种扰动，则自动平衡过程被破坏，开始一个新的事件过程，即事故过程。该事件过程可能使某一行为者承受不了过量的能量而发生伤害或损害，这些伤害或损害事件可能依次引起其他变化或能量释放，作用于下一个行为者并使其承受过量的能量，发生连续的伤害或损害。当然，如果行为者能够承受冲击而不发生伤害或损害，则事件过程将继续进行。

综上所述，可以将事故看做由事件链中的扰动开始，以伤害或损害为结束的过程。这种事故理论也叫做“P 理论”，见图 1-15。

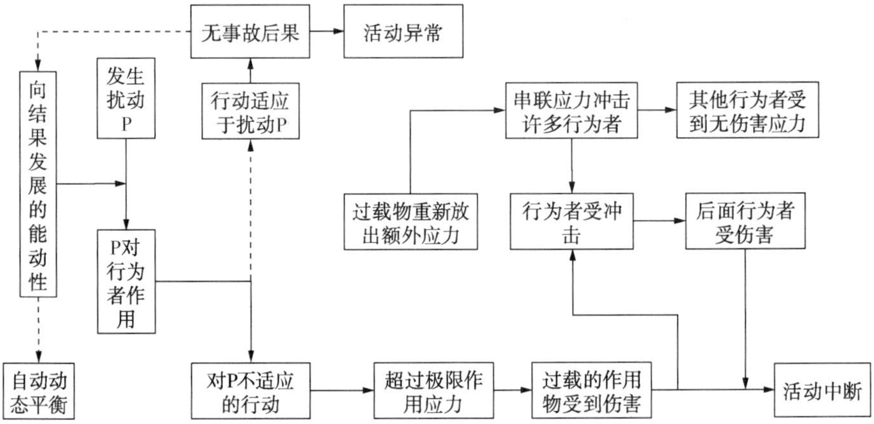

图 1-15　扰动起源事故理论

(2) 变化-失误理论

约翰逊(W. Johnson)认为：事故是由意外的能量释放引起的，这种能量释放的发生是由于管理者或操作者没有适应生产过程中物的或人的因素的变化，产生了计划错误或人为失误，从而导致不安全行为或不安全状态，破坏了对能量的屏蔽或控制，即发生了事故，由事故造成生产过程中人员伤亡或财产损失，见图 1-16。

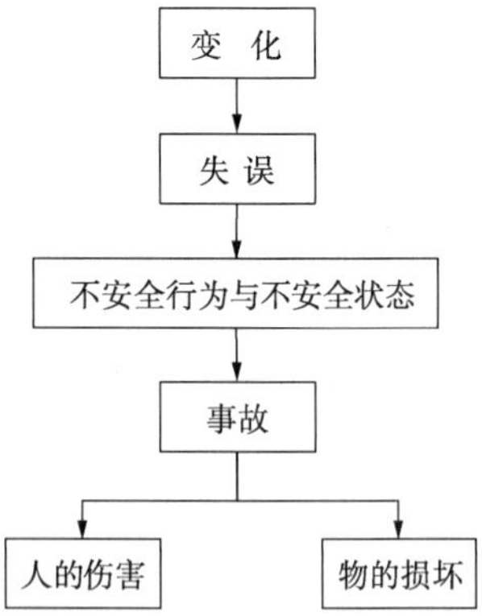

图 1-16　变化-失误理论

按照变化的观点，变化可引起人失误和物的故障，因此，变化被看做是一种潜在的事故致因，应该被尽早地发现并采取相应的措施。同时也要看到，变化也并不一定都是有害的，关键在于管理是否能够适应客观情况的变化。要及时发现和预测变化，并采取恰当的对策，做到顺应有利的变化，克服不利的变化。

所谓变化，主要是指企业外部社会环境的变化；企业内部的宏观变化和微观变化，如劳动组织的变化和；计划内与计划外的变化；实际的变化和潜在的变化；由于时间的变化，所带来的人员对危险的戒备会逐渐松弛，设备、装置性能会逐渐劣化，这些变化与其他方面的变化相互作用，引起新的变化；技术上的采用新工艺、新技术或开始新工程、新项目时发生的变化、操作规程的变化；在不同阶段、时段员工的心理、生理上的变化。

约翰逊认为，事故的发生一般是多重原因造成的，包含着一系列的变化一失误连锁。从管理层次上看，有企业领导的失误，计划人员的失误、监督者的失误及操作者的失误等，该连锁的模型见图 1-17。

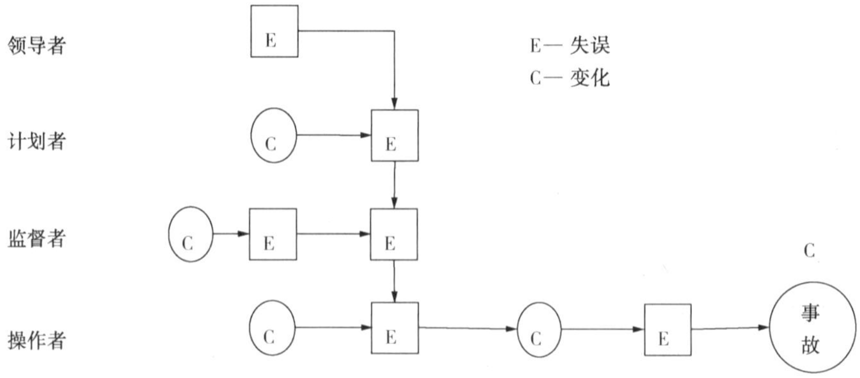

图 1-17　变化-失误连锁模型

（3）动态变化理论与变更管理

根据动态变化理论，企业普遍采用了变更管理（MOC）的安全管理方法。从 1974 年英国 Flixbrough 事故之后，变更管理（Management of Change，MOC）逐渐为化学工业所采用。1992 年，美国劳工部职业健康安全管理局（Occupational Safety & Health Administration，OSHA）在 PSM 法规中提出了针对变更管理（MOC）的具体要求。OSHA PSM 法规中关于变更的定义是：任何不是“同类替换”（Replacement in Kind，RIK）的变化就是变更。而同类替换（RIK）的定义则是“满足（原有）设计规格的替换”。

所有变更都必须按照特性和影响范围正确分类，变更分为微小变更（一般变更）、重大变更（工艺设备变更）、紧急变更（临时变更）。

变更管理需要注意以下几个问题：

① 所有变更必须进行 PSSR。1998-2005 年之间，有美国化学安全调查委员会调查的 38 起重大事故中，有 3 起发生在工艺设备的重新开车过程中，共造成 22 人死亡，170 多人受伤。同样有数据表明，工艺设备变更后的 6 个月是事故的多发期。这是因为由于采用了新的操作规程；缺乏操作经验的员工，人为出错几率增加；工厂处于不标准的条件下；首次引入危险能量等引起的危险性增加。

② 变更的工艺设备在运行前，应对影响或涉及的相关人员进行培训和沟通。

③ 要审核所有的变更。改善安全的变更也要按程序执行。设备的任何一项变更会产生危险，而为改善安全所做的变更，也可能产生新的危险，或者是使得现有的危险变得更加严重。当安全装置得不到正确安装时，情况尤其如此。系统的任何一项变更，包括增加新的安全装置，都必须通过工厂的变更管理（MOC）程序来进行评估。在对新的安全装置进行变更

管理评估时，一定要考虑这样的变更可能会引入新的危险的可能性；要确保经过评估之后的变更得到正确执行，并使用工厂的开车前安全审查(PSSR)程序进行审核，以保证所做的变更已经做好了投入运行的准备；如果变更涉及到应急响应人员，要让他们参与到变更管理(MOC)和开车前安全审查(PSSR)的活动中来。

④ 紧急变更申请必须先获取部门主管，HSE 代表，公司主管领导口头核准及授权后，并填写紧急变更审批表，方可执行变更 变更完成后，紧急变更之提案人应将该紧急变更补以书面之变更审批表送给相关人员查核规档。

⑤ 变更关闭。设备变更后所产生的连带变更(图纸、程序、培训、备品配件等)要按规定同时完成变更。

4. 轨迹交叉论

(1) 人与物在事故致因中的地位

人的不安全行为和物的不安全状态是事故的直接原因。那么，在这两个直接原因中，那一个占主导地位，还是两个直接原因共同作用的结果。

海因里希认为：几乎所有的工业伤害事故都是由于人的不安全行为造成的。海因里希曾经调查了美国的 75000 起工艺伤害事故，发现占总数 98%的事故是可以预防的，只有 2%的事故超出人的能力所能达到的范围，是不可预防的。在可预防的工业伤害事故中，以人的不安全行为为主要原因的事故占 88%，以物的不安全状态为主要原因的事故占 10%。杜邦公司也曾提出，事故的发生 96%是人为因素．但事实上，大多数工业伤害事故的发生，既有人的不安全行为，也有物的不安全状态，事故之所以发生，除了人的不安全行为之外，一定存在着某种不安全条件。据日内瓦飞机事故档案局资料，2005 年至 2014 年 7 月底，全球共发生空难 326 起，遇难人数 5814 人，其中，人为操作失误占 45. 90%，机械故障占 26. 70%，天气原因占 5. 7%，恐怖袭击、劫持等故意破坏占 0. 3%，原因不明占 19. 8%，其他 1. 6%。

R. 斯奇巴(R. Skiba)指出，生产操作人员与机械设备两种因素都对事故的发生有影响，并且机械设备的危险性对事故的发生作用更大些。他认为，只有当两种因素同时出现时，才能发生事故。事实证明，消除生产作业中的物的不安全状态，可以大幅度地减少伤害事故的发生。对此可以用事故预防的 3E 法则去理解，3E 法则中技术、教育和管理三因素中，采用的技术措施是第一位的。这样，才能从根本上解决问题，防止人们出错的可能，即便是在误操作的情况下，也不会造成事故。例如，美国铁路车辆按装自动连接器之前，每年都有数百名铁路工人死于车辆链接作业事故中，铁路部门的负责人把事故的责任归结为工人的错误或失误。后来，根据政府法令的要求，把所有的铁路车辆都安装上了自动连接器，结果在车辆链接作业中的工人死亡事故大大降低了。

要实现生产过程、生产条件，即机械设备、物质和环境的本质安全。设置有效的安全防护装置，即使人员和操作失误，也不能酿成事故。同时，也要看到物的不安全状态是管理缺陷造成的，管理缺陷也是人的错误、失误造成的，消除物的不安全状态需要人、采取技术手段需要人。即使采取了安全技术措施，增设了安全保护装置，仍然要强化人的安全教育、安全技能培训。

轨迹交叉理论认为：在事故发展进程中，人的因素运动轨迹与物的因素运动轨迹的交点就是事故发生的时间和空间，既人的不安全行为和物的不安全状态发生于同一时间、同一空间或者说人的不安全行为与物的不安全状态相通，则将在此时间、此空间发生事故。

轨迹交叉理论作为一种事故致因理论，强调人的因素和物的因素在事故致因中占有同样重要的地位。按照该理论，可以通过避免人与物两种因素运动轨迹交叉，即避免人的不安全行为和物的不安全状态同时、同地出现，来预防事故的发生。

（2）轨迹交叉理论事故致因模型

轨迹交叉论认为，在事故发展进程中，人的因素和物的因素在事故致因中占有同样重要的地位。伤害事故是许多联系的事件顺序发展的结果，事故发生发展的顺序为：基础原因、间接原因、直接原因、导致事故、发生伤害。在事故发展进程中，人的不安全行为和物的不安全状态发生于同一时间、同一空间，或者说人的不安全行为与物的不安全状态相遇，能量转移于人体，则将在此时间、空间发生事故。

轨迹交叉理论事故模型如图 1-18 所示，图中起因物与致害物可能是不同的物体，也可能是同一物体；同样，肇事者和受害者可能是同一人，也可能是不同的人。

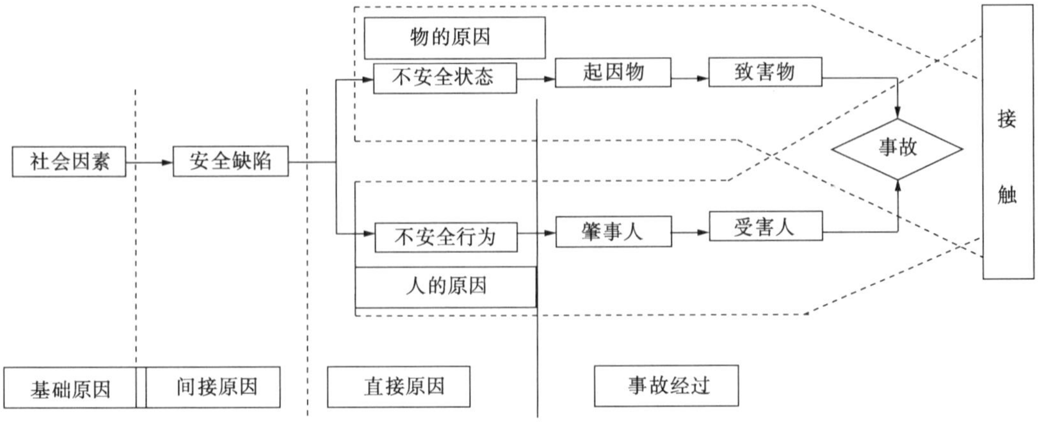

图 1-18　轨迹交叉理论事故模型

1）人的事件链

人的不安全行为是基于人的生理、心理、环境、行为几方面产生的：

① 生理遗传。先天身心缺陷；

② 社会环境、企业管理缺陷：

③ 后天的心理缺陷；

④ 视、听、嗅、味、触觉差异；

⑤ 行为失误。

2）物的事件链

按照设备全寿命周期管理的理念，机械、设备等从设计开始到其报废的各个阶段都可能产生不安全状态。

A 设计、制造上的缺陷：如选材不当，强度计算错误，结构的完整性差，错误的加工方法或加工精度低等；

B 工艺流程上的缺陷：生产工艺、控制手段落后，信息化程度低；

C 维修保养上的缺陷：设备的润滑管理不到位、设备老化、没有按检修周期进行检修等；

D 使用运转上的缺陷：设备超温、超压、超负荷运行等；

E 作业环境上的缺陷：作业环节脏乱、温度、湿度控制不利。

人的事件链的运动轨迹与物的事件链的运动轨迹的交叉点，即人的不安全行为和物的不安全状态同时同低出现，则将发生事故和伤害。人、物两事件链相交的时间和地点，就是发生伤亡事故的时间与地点。若设法排除机械设备或处理危险物质中的隐患，或者消除人为失误、不安全行为，使两事件链中断，则事故就不可能发生。如图 1-19 所示。

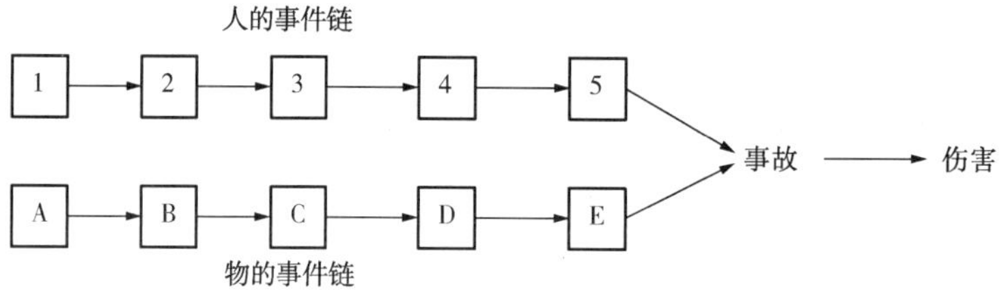

图 1-19　人的事件链、物的事件链交叉点就是事故点

（3）应用轨迹交叉理论预防事故

轨迹交叉理论的是说明人的失误难以控制，但可以控制设备、物流不发生故障。要通过改进生产工艺、设置有效安全防护装置，根除生产过程中的危险条件，使得即使人发生了不安全行为也不能酿成事故。但是，受实际的技术、经济条件等客观条件的限制，完全消除生产过程中的危险因素几乎是不可能的，只能努力地减少、控制不安全因素，使事故不容易发生。既然不能完全消除物的危险因素，就要强化管理、人员培训，从生理、心理和行为管理上消除人的不安全行为。

需要注意的是，在人的因素和物的因素两个运动轨迹中，二者往往是相互关联、互为因果的、相互转化的，有时物的不安全状态诱发了人的不安全行为；反之，人的不安全行为又促进了物的不安全状态发展，或导致新的不安全状态的出现。我们从 5S 管理的核心“人造环境、环境育人”中，可以理解人、物之间的关系，清爽的工作环境、完好的机械设备需要人来创造，反过来，它又促使人们养成良好的安全习惯。

应用轨迹交叉理论预防事故，我们要从以下三个方面入手：

1）防止人、物运动轨迹的时空交叉

按照轨迹交叉论的观点，防止和避免人和物的运动轨迹的交叉是避免事故发生的根本出路。例如，防止能量逸散、隔离、屏蔽，改变能量释放途径，脱离受害范围，保护受害者等防止能量转移的措施，同样是防止轨迹交叉的措施。另外，防止交叉还有另一层意思，就是防止时间交叉。例如，容器内有毒有害物质的清洗、冲压设备的安全装置等。人和物都在同一范围内，但占用空间的时间不同。例如，危险设备的联锁装置；电气维修或电气作业中切断电源、挂牌、上锁、工作票制度的执行等。

2）控制人的不安全行为

控制人的不安全行为的目的是切断轨迹交叉中行为的形成系列。人的不安全行为在事故形成的过程中占有主导位置，因为人是机械、设备、环境的设计者、创造者、使用者、维护者。人的行为受多方面影响，如作业时间紧迫程度、作业条件的优劣、个人生理心理素质、安全文化素质、家庭社会影响因素等。

① 职业适应性选择。选择合格的职工以满足职业的要求，对防止不安全行为发生有重要作用。出于工作的类型不同，对职工的要求亦不同。避免因职工生理、心理素质的欠缺而造成工作失误。

② 创造良好的行为环境和工作环境。创造良好的行为环境，首先是良好的人际关系，积极向上的集体精神。融洽和谐的同事关系、上下级关系，能使工作集体具有凝聚力，职工工作才能心情舒畅、积极主动的配合；实行民主管理，职工参与管理，能调动其积极性、创造性；关心职工生活，解决实际困难。做好家属工作，可以促进良好的、安全的环境气氛、社会气氛。创造良好的工作环境，就是尽一切努力消除工作环境中的有害因素。使机械、设备、环境适合人的工作，也使人容易适应工作环境。使工作环境真正达到安全、舒适、卫生的要求，从而减少人失误的可能性。

③ 加强培训、教育，提高职工的安全素质，应包括三方面内容：文化素质、专业知识和技能、安全知识和技能。事故的发生与这两种素质密切相关。因此，企业安全管理除对职工的安全素质提高以外，还应注重文化知识的提高、专业知识技能的提高，密切注视文化层次低、专业技能差的人群。坚持如三级教育等一切行之有效的安全教育制度、形式和方法。

④ 严格管理。建立健全管理组织、机构，按国家要求配备安全人员。完善管理制度。贯彻执行国家安全生产方针和各项法规、标准。制订、落实企业安全生产长期规划和年度计划。坚持第一把手负责，实行全面、全员、全过程的安全管理。使企业形成人人管安全的气氛，才能有效防止“三违”现象的发生。

3）控制物的不安全状态

控制物的不安全状态的目的是切断轨迹交叉中物的形成系列。最根本的解决办法是创造本质安全条件，使系统在人发生失误的情况下，也不会发生事故。在条件不允许的情况下，应尽量消除不安全因素，或采取防护措施，以削弱不安全状态的影响程度。这就要求，在系统的设计、制造、使用等阶段，采取严格的措施，使危险被控制在允许的范围之内。

5. 综合论

如今世界各国的安全专家普遍认为，事故的发生不是单一因素造成的，也并非个人偶然失误或单纯的设备故障所形成的，而是各种复杂的因素共同作用的结果。在人的不安全行为和物不安全状态的背后有着深层次的原因。综合论认为：

① 事故的发生是社会原因、管理因素、生产中的各种危险源被偶然事件触发所造成的的结果，综合论的事故模型如图 1-20 所示。

② 事故的适时经过是由起因物和肇事人偶然触发了加害物和受害人而形成的灾害现象。

③ 偶然事件之所以触发，是由于生产中环境条件存在着危险源的各种隐患（物的不安全状态）和人的某些失误（人的不安全行为）共同构成事故的直接原因。

④ 这些物质的、环境的以及人的原因，是管理上的失误、管理上的缺陷和管理责任所导致。这是形成直接原因的间接原因，也是重要的基本原因。形成间接原因的因素，包括社会的经济、文化、教育、习惯、历史、法律等基础原因，统称为社会因素。

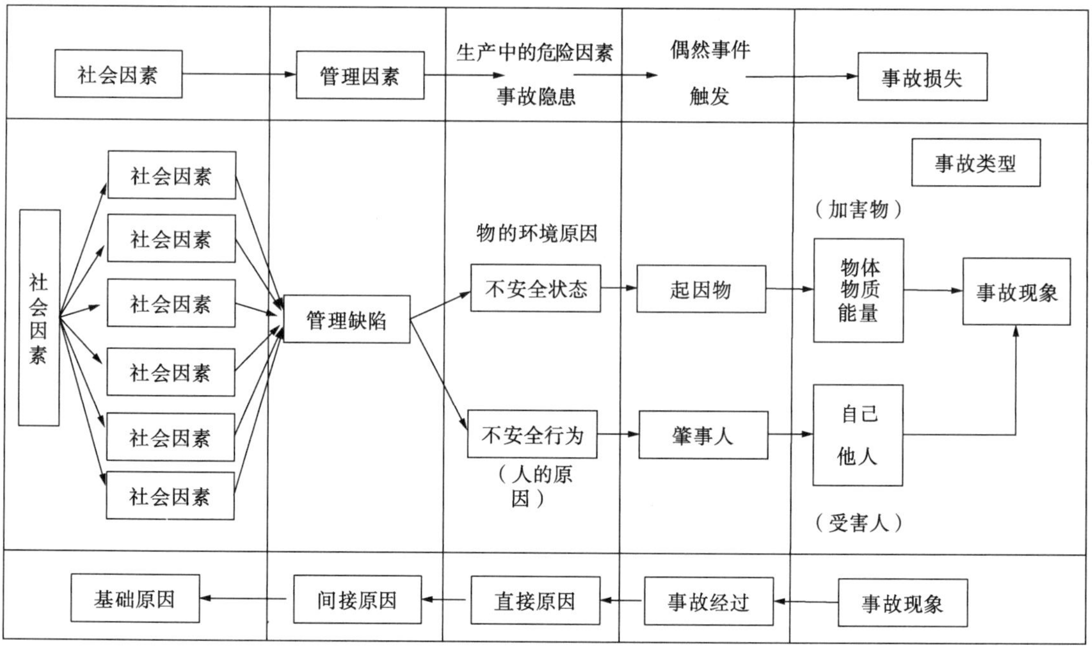

图 1-20　综合论的事故模型

第二章　现场安全管理基本概念

第一节　安全生产管理

一、安全生产管理的基本概念

1. 安全生产

安全生产是为了使生产过程在符合物质条件下和工作秩序下进行，防止发生人身伤亡和财产损失等生产事故，消除或控制危险、有害因素，保障人身安全与健康、设备和设施免受损坏、环境免遭破坏的总称。

2. 安全生产管理

安全生产管理是企业管理的重要组成部分，是安全科学的一个分支。所谓安全生产管理，就是针对人们生产过程的安全问题，运用有效的资源，发挥人们的智慧，通过人们的努力，进行有关决策、计划、组织和控制等活动，实现生产过程中人与机器设备、物料、环境的和谐，达到安全生产的目标。

安全生产管理的目标是：减少和控制危害，减少和控制事故，尽量避免生产过程中由于事故所造成的人身伤害、财产损失、环境污染以及其他损失。安全生产管理包括安全生产法制管理、行政管理、监督检查、工艺技术管理、设备设施管理、做业环境和条件管理等。

3. 安全生产方针

新修订的《安全生产法》第三条规定：安全生产工作应当以人为本，坚持安全发展，坚持“安全第一、预防为主、综合治理”的方针，强化和落实生产经营单位的主体责任，建立生产经营单位负责、职工参与、政府监管、行业自律和社会监督的机制。

“安全第一、预防为主、综合治理”的安全生产方针是指政府对安全生产工作总的要求，它是安全生产工作的方向。我国安全生产方针大体可以归纳为 3 次变化，即：“生产必须安全、安全为了生产”；“安全第一，预防为主”；“安全第一，预防为主，综合治理”。

“安全第一”要求我们在工作中始终把安全放在第一位，不能以牺牲人的生命、健康为代价换取发展和效益。当安全与生产、安全与效益、安全与进度相冲突时，必须首先保证安全，及生产必须安全，不安全不能生产。

“预防为主”，要求我们在工作中预防安全事故发生。在生产各环节要严格遵守安全生产管理制度和安全技术操作规程，认真履行岗位安全职责，以问题为导向，防微杜渐，防患于未然，发现事故隐患要立即处理，自己不能处理的要及时上报，积极主动的预防事故的发生。工作质量=安全，“预防为主”强调过程控制，变事故管理为风险防范。“预防为主”是“安全第一”的基础。

“综合治理”，要求我们坚持“四全”（全员、全方位、全过程、全天候）的管理原则，任何人的任何时候的任何环节的任何疏忽都可能是灾难性后果。“全员“是指，在安全管理过程中，强调每个人的安全责任，生产现场出现事故，不单单要分析直接原因，也要查找管理上的间接原因，只有每个人都能从事故中找到自己的责任，才能真正避免事故，全员“也是指保证企业所有人的安全、每个人都保证别人的安全”；全方位“是指，安全工作不分前方、后方，生产现场、办公场所，生产装置、公用工程，安全工作同样重要，任何一个地方都存在风险”，全方位“也是指工作场所以外的安全同样重要”；全过程“是指每项工作从开始到结束都要至始至终抓安全，全过程也是指人员的从新入职到熟练操作的不同阶段的不同安全培训内容，全过程也是指设备的全寿命周期管理，保证设备的安全状态；”全天候“是指一年365天，一天24小时，不管什么天气，不论什么环境，每时每刻都要注意安全。

“综合治理”要求我们综合运用管理、技术等手段，人管、法治、技防多管齐下，并充分党、政、工、团等组织的作用，实现安全生产的齐抓共管。

二、现场安全生产管理原则

安全生产管理作为管理的主要组成部分，遵循管理的普遍规律，即服从管理的基本原理与原则，又有其特殊的原理与原则。

1. 坚持系统思考的原则

(1) 所谓系统

系统是由相互作用和相互依赖的若干部分组成的有机整体。任何管理对象都可以作为一个系统。系统原理是现代管理学的一个最基本原理。它是指人们在从事管理工作中时，运用系统理论、观点和方法，对管理活动进行充分的系统分析，以达到管理的优化目标，即用系统论的观点、理论和方法来认识和处理管理中出现的问题。例如导致事故的直接原因是由于人的不安全行为、物的不安全状态和不良环境而引起的，也就是人的因素、物的因素和环境条件三个要素。从系统工程观点来看，这三个要素构成一个“人-机(设备)-环(环境)”系统。为了确保系统获得最佳安全状态，就必须综合考虑三个要素，消除导致事故的原因，使系统达到最佳安全状态。

① 人子系统：该系统的安全与否涉及人的生理和心理因素，以及规章制度、规程标准、管理手段等是否适合人的特征，是否易于人们所接收。现场安全管理要从简单的监督检查变为艺术的奖励和启发，研究人子系统时，不仅要把人当做“生物人”、“经济人”，更要看做“社会人”，必须从社会学、心理学、行为科学角度分析问题、解决问题；要看到人的主观能动性的巨大作用，以及人——机、人——环境之间的相互作用。研究人子系统，在生产现场的最直接的体现就是减少人的不安全行为。

② 机器子系统：对于该子系统，不仅要从材料的性能、设备的可靠性等方面考虑其安全性，而且要考虑仪表、操作部件对人的要求，以及人——机相互作用。

③ 环境子系统：对于该子系统，主要考虑环境的理化因素和社会因素。以及工作秩序、工作地点、色彩与照明、温度与湿度、震动与噪音、通风与防尘等，也包括“工作地点的相邻情况、地区的环境情况”，也应包括文化环境。环境的变化、特殊的工况下，人的行为、物的状态也就会变化。

生产设备是由人来操作的，把人、机(设备)这两个对象作为一个整体来对待，即构成了“人——机”系统。从系统安全观点出发，不能只是考虑“人——机”系统的关系，还应考虑“人——机(设备)——环(环境)”系统的关系，同时，我们还要认识到，任何管理对象都可以被认为是一个系统，它包含子系统，同时又从属于更大的系统，并且和外界的其他系统发生各种横向的联系。比如说事故的直接原因可以用“人——机(设备)——环(环境)”系统来分析。按照系统工程的观点，还要把它放入到一个更大的系统里来分析，就是从间接原因——管理原因和基础原因——社会教育和国民素质来分析。

（2）“问题在下面，根子在上面”

企业安全管理需要系统思维，任何事故都可以追溯到管理原因，事故的本质是组织错误，许多事故的发生是管理松懈的必然结果。事故的发生有其必然性，基层或当事人只是暴露问题的表象而已。佳保安全管理咨询首席咨询师徐伟东提出，从现代企业安全管理和事故预防的发展趋势上看，安全管理要建立：基于“风险”的安全管理(Risk-Based Safety)、基于“体系”的安全管理(System-Based Safety)、基于“行为”的安全管理(Behavioral-Based Safety)。从徐伟东的“三个基于”，我们可以看出在风险管理、体系的安全管理和员工行为安全管理的差距，可以看出许多企业之所以事故频繁发生的必然性。

基于“风险”的安全管理。风险管理主要是针对企业生产中的两大类风险：

① 工作场所风险或作业风险：是指在员工的正常生产活动中所接触的危害物给员工带来的风险。常见的后果包括受伤、死亡或是造成人身健康和安全危害。

② 工艺和技术风险：是指由于工艺设备的故障所带来的风险。

工艺和技术风险主要有两种类型：一是设备的故障导致不能完成某项工作(如产品质量、安全或数量等)，其常见的后果包括不符合排放要求、噪声超标或是设备不符合作业要求；

二是化学品泄漏破坏环境，其常见的后果包括有火灾、放射性物质泄漏、爆炸和化学品污染。

基于“体系”的安全管理。体系就是指QHSE管理体系，QHSE管理体系一体化整合正是对多个管理体系的有机整合，如方针制定、遵法、培训、文件控制、不符合控制、应急管理、审核和管理评审等。通过QHSE管理体系一体化整合，可以简化、标准化质量、健康、安全与环境管理体系，使系统更具适宜性、可操作性和时效性等。

基于“行为”的安全管理。就是强调作业标准和行为准则，阻止和干扰冒险行为，通过现场沟通提高员工安全意识，形成优良的企业安全文化氛围。行为安全管理侧重于识别和改变人的不安全行为，强调不安全的行为是引发事故的直接原因。同时，强调企业文化作用，改变员工的行为习惯。安全文化建设模式是“自上而下”，侧重于改变企业的价值观、组织的理念、领导力等，从而改变和提高人们的安全意识，实现组织的安全目标。

基于“风险”的安全管理。主要强调的是设备的本质安全，控制的是事故的源头；基于“体系”的安全管理强调的是消除管理缺陷、通过管理系统，来衡量和纠正人的冒险行为；基于“行为”的安全管理强调的是减少人的不安全行为。

（3）系统的各要素是运动和发展的，它们相互联系又相互制约。

“没有变化就没有事故”，由于企业内部各要素处于动态之中并且相互影响和制约，才使得事故存在发生的可能。如果各要素都是静止的、无关的，则事故也就无从发生。因此，系统要素的动态相关性是事故发生的根本原因。同时，必须掌握与安全有关的所有对象要素之间的动态相关特征，充分利用相关因素的作用。例如：掌握人与设备之间、人与作业环境之间、人与人之间的动态相关性。

2. 坚持以人为本的原则

管理中必须把人的因素放在首位，体现以人为本的指导思想，安全管理要以员工发展为本。以人为本有两层含义：一是一切管理活动都是以人为本展开的，人既是管理的主体，又是管理的客体，每个人都处在一定的管理层面上，离开人就无所谓管理；二是管理活动中，作为管理对象的要素和管理系统各环节，都需要人掌管、运作、推动和实施。

（1）防止人的不安全行为，可以中断事故连锁的进程而避免事故的发生

海恩事故连锁理论指出：人员伤亡的发生是事故的结果，事故的发生是由于人的不安全行为和物的不安全状态引发的，而人的不安全行为或物的不安全状态是由于人的缺点造成的，人的缺点是由于不良环境诱发的，或者是由先天的遗传因素造成的。海因分析的结果是，人的不安全行为引起了88%的安全事故；著名的杜邦公司统计结果表明，96%的事故是由于人的不安全行为引起的，美国安全理事会NSC得到了90%的安全事故是由于人的不安全行为引起的结论。我国的研究结果说，85%的事故由于人的不安全行为引起。所以在安全工作中，既要搞好物质的本质安全，更要注意避免人的不安全行为。

（2）安全工作发展人

纠正员工的不安全行为，养成员工良好的工作习惯，即可以保证员工的健康和安全，同时提升了员工的职业化素养，是员工的成长过程。安全工作，强调以问题为导向，员工要保持对微小变化可能造成的影响的高度敏感，善于发现问题，要养成严细认真、用心做事的习惯；安全工作，强调在应急情况下，员工的第一反应不正确，特别是第一个人的第一反应不正确，是造成事故扩大形成“二次事故(伤害)”的重要原因，员工要不断强化基本功训练，提升应急反应能力；安全工作，强调团队的力量，“我们要安全”是本质安全的基础。所以说，安全工作的本身，就是不断提升员工职业化素养的过程。

（3）安全工作依靠人

安全管理是全员、全过程、全天候、全面的管理。任何一个人的任何时候，在任何地点的任何失误都可能造成事故，所以说安全管理需要每个人的积极参与，这样，才能消除安全管理的盲区和死角。让员工参与管理是对员工的最好激励，推动管理活动的基本力量是人，安全管理必须有能够激发人的工作能力的动力。

3. 坚持预防为主的原则

“善除恶者察其本，善理疾者绝其源”，一切事故都源于隐患，惟有加强源头预防，根除隐患，才是治本之策。

（1）坚持预防为主的原则，必须牢固树立“问题意识”

问题是普遍存在的，“发现不了问题是最大的问题”，在安全管理过程中，对自己所从事的工作一方面要严格执行工作标准，对照标准查找问题；另一方面也要认识到，任何标准都不是完美无缺的。需要发现问题，并对现行的标准进行完善。这样才会使你有着更缜密的思考，督促你对可能出现的问题采取更加积极预防的步骤，养成用心工作的习惯。

一家名叫普罗米修斯的连锁酒店推出了“满意承诺制”：顾客如果发现酒店的服务存在

任何问题，一经核实，就可以免去住宿费。普罗米修斯酒店将挑出的所有问题以及提出问题的顾客的所有信息，完整记录下来，通过修订制度等方式，让员工不再犯同样的错误，不断改进服务。而在肯德基，员工犯错误被称为机会点，希望通过挖掘出来的问题不断完善员工行为和企业管理。安全管理也是如此。

事实上，一个企业对待问题、事故的态度是企业是否成熟的标志。企业管理的过程是不断解决问题的过程，一个成熟、强大的企业，把问题当作成长的机会，把事故当作资源。当问题、事故出现时，企业都能主动查找自己的原因，寻求各种改善的可能，而不是在第一时间把自己摘干净。如果企业出现问题和事故时，隐瞒事实，不愿承担管理责任，这样的企业是没有竞争力的。问题、事故的原因都分析不清，就谈不上用标准来防止问题、事故的重复发生。具有社会责任感的公司更是将自己发生事故的报告，发布出来让全球共享其教训；成熟的公司更是把别人的事故当作资源，通过修改标准，汲取他人的事故教训。

（2）坚持所有事故都是可以认识的、可能预防的、可能避免的理念

安全管理工作应当以预防为主，即通过有效的管理和技术手段，减少和防止人的不安全行为和物的不安全状态出现，从而使事故发生的概率降到最低，这就是预防原理。事故预防理念(所有事故都是可以认识的、可能预防的、可能避免的)

只要管理到位了，任何事故都是可以避免的。安全工作也是有规律的，而规律是可以认识和把握的，只要工作到位，安全生产是能够保证的。人的不安全行为或物的不安全状态是导致事故的直接原因。绝大多数事故都是“违章”事故，是由“人的不安全行为”造成的。偶然中有必然，只要存在事故隐患，事故总会发生。只要严格遵守法律和规章制度，实行系统管理，持续改进，零事故的目标是可以实现的。

一是，从身边的“低老坏”抓起，向习惯性违章宣战。“低老坏”是“低标准、老毛病、坏习惯”的简称，“低老坏”就是事故的基础，所有的“低老坏”现象，都可以归纳为人的不安全行为或物的不安全状态。“低老坏”的最直接体现、危害最大的是习惯性违章，习惯想违章就是事故的导火索。根据破窗理论，现场的“低老坏”、“脏乱差”有强烈传染性，它给现场操作者以心理暗示，操作可以不按标准、可以降低工作标准，长期以往成为习惯、见怪不怪，事故就必然发生了；

二是，预防事故，要对已发事故责任追究。要按照“四不放过”的事故管理原则，进行事故处理。事故原因要水落石出、吸取教训要刻骨铭心、事故处理要切肤之痛、事故整改要举一反三。未遂事故虽然没有造成重大人身伤亡、重大经济损失，但其性质和事故完全相同，要把小事故当大事故对待，未遂事故按已发事故要求。只有连险肇事故都控制住，才能真正防止事故损失的发生。

同时，预防事故要把自己发生的事故、国内外同类装置发生的事故当做资源，开发利用，防止同类事故的出现。

（3）按照“3E”对策，预防事故

造成人的不安全行为和物的不安全状态的主要原因可归纳为技术原因、教育原因、身体和态度的原因、管理的原因等四个方面。针对这四个方面的原因，可以采取三种防止对策，即工程技术(Engineering)对策、教育(Education)对策和法制(Enforcement)对策。

技术对策是运用工程技术手段消除生产设施设备的不安全因素，改善作业环境条件，完

善防护与报警装置，实现生产条件的安全和卫生。教育对策是提供各种层次的、各种形式和内容的教育和训练，使职工牢固树立“安全第一”的思想，掌握安全生产所必须的知识和技能。法制对策是利用法律、规程、标准以及规章制度等必要的强制手段约束人们的行为，从而达到消除不重视安全、违章作业等现象的目的。

按照“3E”对策预防事故的发生是实现本质安全化的重要手段。本质安全化原则来源于本质安全化理论，是指从一开始和从本质上实现安全化，就可以从根本上消除事故发生的可能性，从而达到预防事故发生的目的。所谓本质上实现安全化指的是设备、设施或技术工艺含有内在的能够从根本上防止发生事故的功能。本质安全化就是从根本上消除事故发生的可能性，从而达到预防事故发生的目的。

4. 坚持文化引领的原则

企业安全文化是指在生产经营过程中安全意识、安全生产技术、设施设备安全以及安全制度的总和，是企业保持生产顺利，经营健康的基本条件。造成安全事故多发的原因中，人的因素是主要问题，主要表现在：员工安全意识薄弱、安全知识贫乏、安全技能不足、安全行为不规范，其中尤以安全意识和安全行为问题更显突出。这些存在于员工思想上、行为上的问题，已经远远超过了传统安全管理的范畴，这些问题的背后有着企业外社会教育、社会环境、国民素质的原因，更有着企业安全文化的原因。企业要把安全放置在文化的大视野中去研究，实施以价值为基础的安全文化战略。所谓以价值为基础就是要借助文化特有的影响力、渗透力和扩张力，引发员工思想观念的转变，树立正确的安全观。

① 从抓员工的日常行为入手。安全文化建设，要从规范员工的行为入手，养成员工的良好安全工作习惯，习惯成自然，在自然中体现安全文化。我们从壳牌公司的唤醒员工安全意识的三件宝，就可以体会到这一点。“吸烟到指定地点、上下楼梯必须扶扶手、乘车必须系安全带。"这种“行为-习惯-文化”模式的长期坚持就会形成安全文化。

② 从员工的安全意愿入手，由“要我安全”向“我要安全"转变。员工的生命安全至高无上，员工是企业创造财富的智力因素，员工的生命安全不仅关系到企业的效益及前途，更重要联系到一个家庭，一份社会责任，一个人的价值与尊严。安全意愿是指，我从心里愿意那样做，提升员工的安全意愿，就要解决安全为了谁的问题，安全为自己、安全为家人，员工安全就是尽孝道，你的安全不是你自己的，有了这样的意识，就能实现“要我安全”向“我要安全”转变，就能实现员工的安全自觉。

③ 从文化建设的角度入手，培育团队互助型安全文化，实现由“我要安全”向"我们要安全”的转变。杜邦公司良好的安全业绩来自与其特有的安全文化，杜邦公司提出安全文化建设的四个阶段，其中第四阶段就是团队建设阶段，我们可以表示为“我们要安全”阶段，只有在这个阶段才能实现本质安全。企业的所有员工认同、接受安全价值观，使安全生产成为自觉行动。

建设团队互助型的安全文化，由“三不伤害”向“四不伤害”转变。关键是要做到“三个提醒”：保持警惕提醒自己、积累经验提醒他人、端正态度接受提醒。

壳牌研究表明，90%的安全事故与工作时的违章有关，而70%的死亡事故发生时都有同事在场。为此，壳牌不仅要求全体员工遵守制度，而且赋予他们权力——积极干预他人的不安全行为，这种干预完全不受职级限制。《中石化安全管理手册》理念之五“任何人有权拒绝不安全的工作、任何人有权纠正不安全行为。”沉默＝认同，杜邦建立在无指责文化基础上行为安全观察与沟通，把观察到的员工不安全行为不和员工进行沟通，视同认同员工的不安全行为。

团队互助型安全文化着重培育个人和群体的安全价值观、态度、能力和行为方式，以每个人的安全状态促成整个系统的最终安全。它将员工置身于相互负责、有效沟通、互帮互助、共同提高的团队中，让所有员工掌握过硬的操作技术和准确的判断能力，做到人与人之间、岗位与岗位之间、上下工序之间相协调、联动，营造“认真负责、执行到位”的氛围；团队互助型安全文化强调员工之间互帮互助，加强情感交流，及时消除心理隔阂；互相传递安全知识，提高生产技能，形成安全行为的监督与保护；关心其他员工异常的情绪变化，提醒安全操作。它将安全融入情感因素，能够真正打动员工心灵，引起共鸣，营造良好的安全文化氛围；团队互助型安全文化提倡安全业绩与工作业绩同等重要，强调个人与团队荣誉的相关性，明晰安全管理中“为人”与“为己”的辩证关系，将个人的安全意识上升为团队的安全责任意识，让不讲安全和安全不作为，成为大家共同抵制的行为；团队互助型安全文化立足于现场、立足于班组、立足于作业人员，强调过程控制中的养成教育。它强调团队拥有共同的安全愿景，在理念共鸣的基础上，鼓励团队自己发现问题，并对实际问题展开讨论，相互交流、相互学习，达成共识。

团队互助型安全文化就是让团队形成“我们要安全”的全员安全文化，它是安全管理的最高阶段。

三、安全管理理念

安全理念也叫安全价值观，是在安全方面衡量对与错、好与坏的最基本的道德规范和思想。它是企业安全文化的核心要素。安全理念是行动的原则，又是做事的方法；安全理念所表示的是公司的态度。

1. 中石化安全管理理念

① 安全源于设计，安全源于管理，安全源于责任。
② 谁的业务谁负责，谁的属地谁负责，谁的岗位谁负责。
③ 上岗必须接受安全培训，培训不合格不上岗。
④ 任何人都有权拒绝不安全的工作，任何人都有权制止不安全的行为。
⑤ 所有事故都可以预防，所有事故都可以追朔到管理原因。
⑥ 尽职免责、失职追责。

2. SECCO 新的安全理念

① 所有的事故都是可以避免的；
② 所有的事故都应归于管理上的失误；
③ 每个雇员都必须承担安全责任，这是雇佣的条件；
④ 安全的工作环境同时也是高效的工作环境；
⑤ 安全地工作是一种工作态度，安全同时又是一种生活方式；
⑥ 安全是一种投资；
⑦ 没有任何工作是如此的重要，以至于我们没有时间去安全地完成。

3. 中石油安全管理理念

① 任何决策必须优先考虑健康安全环境;

② 安全是聘用的必要条件;

③ 企业必须对员工进行健康安全环境培训;

④ 各级管理者对业务范围内的健康安全环境工作负责

⑤ 各级管理者必须亲自参加健康安全环境审核

⑥ 员工必须参与岗位危害识别及风险控制;

⑦ 事故隐患必须得到及时整改;

⑧ 所有事故事件必须及时报告、分析和处理;

⑨ 承包商管理执行统一的健康安全环境标准。

四、现场安全管理十个定律

1. "墨菲定律"——不能忽视小概率事件

"墨菲定律"(Murphy´s Law)主要内容有:任何事都没有表面看起来那么简单;所有的事都会比你预计的时间长;会出错的事总会出错;如果你担心某种情况发生,那么它就更有可能发生。墨菲定律的启示如下:

① 不能忽视小概率危险事件,实现"零缺陷作业"。由于小概率事件在一次作业活动中发生的可能性很小,因此,就给作业人员一种错误的理解,即在一次活动中不会发生。与事实相反,正是由于这种错觉,麻痹了人们的安全意识,加大了事故发生的可能性,其结果是事故可能频繁发生。在作业活动过程中,我们必须注意细节,培养作业人员日常的安全习惯,不能"忽视小概率危险事件",必须重视小概率危险事件对我们安全管理工作所带来的恶劣影响。要对基层全员开展危害辩识,进行风险评价,制定作业过程危险控制措施,实现"零缺陷作业"。

② 不能忽视定律警示意义,安全管理需要"警钟长鸣"。安全管理的目标是杜绝事故的发生,而事故是一种不经常发生和不希望有的意外的突发事件。这些意外的突发的事件发生的概率一般比较小,就是人们所称的小概率事件。由于这些小概率事件在大多数情况下不发生,往往被人们忽视,产生侥幸心理和麻痹大意思想,这恰恰是事故发生的主观原因。墨菲定律告诫人们,安全意识时刻不能放松。要想保证安全,必须"时时,事事、处处"注意安全,安全管理"警钟长鸣"。

③ 安全源于设计。石油化工行业是典型高温高压、易燃易爆、有毒有害行业,设备林立,管道纵横,引发各类人身、安全、环保事故的因素很多,也很复杂,所以石化企业安全管理难度极大。本质安全源于设计的理念是石化企业基础和根本,设计采用的技术和方案是否可靠和合理;设计选用设备性能能否满足使用要求;设计是否对炼厂的开工、运行、事故等工况和状态有足够的考虑等将会对安全起到决定性的作用。

2. "破窗理论"——不能忽视暗示性的纵容

美国斯坦福大学心理学家詹巴斗曾做过这样一项试验:将两辆一模一样的汽车,一辆停在比较杂乱的街区,一辆停在中产阶级社区。把停在杂乱街区的那一辆的车牌摘掉,顶棚打开,结果一天之内就被人偷走了。而摆在中产阶级社区的那一辆过了一个星期也安然无恙。

后来，詹巴斗用锤子把这辆车的玻璃敲了个大洞，结果，仅仅过了几个小时，它就不见了。后来，政治学家威尔逊和犯罪学家凯琳根据这项试验，提出了一个“破窗理论” 如果有人打坏了房屋的一扇窗户，打碎玻璃者未受到惩罚，破碎的窗户又未得到及时修理，在这种情况下，别人就可能受到暗示性的纵容去打烂更多的窗户，最终造成千窗百孔、积重难返局面。“破窗理论”带来的启示如下：

① 不能忽视第一块“破玻璃”，必须及时修好“防微杜渐”。“破窗理论”提醒我们抓安全生产必须未雨绸缪、防微杜渐，既要及时修理“第一块被打碎的窗户玻璃”，又要给第一个“打碎玻璃者”以警示，以防范步其后尘者。壳牌公司认为：安全制度是什么？它们不是案头的摆设，而是必须严格执行的铁律。壳牌在这一点上从来不讲情面，任何人如果选择违反规则，那就意味着选择离开壳牌。，“12 条救命规则”是壳牌的底线，平时普通违规还有两次改正机会，但如果是在高风险作业环节犯错，那么一次机会都没有。

② “破窗理论”就是指出了外部环境可以对一个人或一群人产生强烈的暗示性和诱导性。现场“低标准、老毛病、坏习惯”、“脏、乱、差”会给操作人员以暗示，此处可以随意，因而事故也就会接踵而来。所以说，整洁干净、清爽的工作环境是现场安全管理的基础。

③ 从“破窗理论”指出一个人的行为对一群人行为的暗示作用。一个人的违章没有得到及时纠正，会使他变成习惯性违章，进而变成群体习惯性违章。我们可以习惯性违章有历史原因、社会原因和心理原因。麻痹心理、侥幸心理、从众心理等不良思想是造成习惯性违章行为的根本原因之一。盲目的从众跟着别人一起违章，自身不加以辨识。一些工人受到其他人的不良作业习惯和不规范技术操作的诱导，致使那些工人纷纷地效仿。所以，在安全管理上，要坚持安全教育不放松，强化员工的基本功训练，让正确的操作行为成为习惯。沉默＝认同，要通过安全观察，而对个别员工的违章个案及时发现、坚决纠正。

3. “木桶定律”——不能忽视团队协作

一只木桶能盛多少水，并不取决于最长的木板，而是取决于最短的那块木板。劣势决定优势，劣势决定生死，这是管理学上最知名的法则之一。

“木桶定律”的三个推论：

其一、只有桶壁的所有木板都是一样高，木桶才能盛满水。如果木桶里有一块木板不够高，木桶里的水就不可能装满。

其二、比最低木板高的所有木板的高出部分都是没有意义的，高的越多，浪费越大。

其三、要想提高木桶的容量，就应该设法加高最低木板的高度，这是最有效的、也是唯一的途径。

“木桶定律”带来如下启示：

正如中石化开展过的“查找身边十大薄弱环节”活动和北京燕山石化公司每月“最差十台泵”分析一样，将管理中的短板、最薄弱环节不断地找出来，不断加以解决，从而提升安全管理水平。这里，特别强调的以现场、现在问题为中心的 PDCA 动态管理模式。

① 在基层安全管理中，要连续地进行危害识别，不断地识别出木桶中最短的木板，及时地予以修补，通过风险控制达到安全状态。危害识别必须持之以恒。

② 安全管理象一个完整的木桶，需要各个部门协作配合、齐抓共管。如果协作配合不好，就象木桶中木板与木板之间存在缝隙一样，满桶的水还会漏走。

③ 我们在补齐了短板之后，旧的问题解决了，但新的隐患还会产生。所以危害识别必须动态连贯，才能保证管理的持续改进。

4. “海因里希法则”——事故是问题积累的结果（任何事故都是可以预防的）

海因里希法则（Heinrich′s Law）又称“海因里希安全法则”、“海因里希事故法则”或“海因法则”，是美国著名安全工程师海因里希（Herbert William Heinrich）提出的 300 : 29 : 1 法则。这个法则意为：当一个企业有 300 起隐患或违章，必然要发生 29 起轻伤或故障，另外还有一起重伤、死亡事故，如图 2-1 所示。

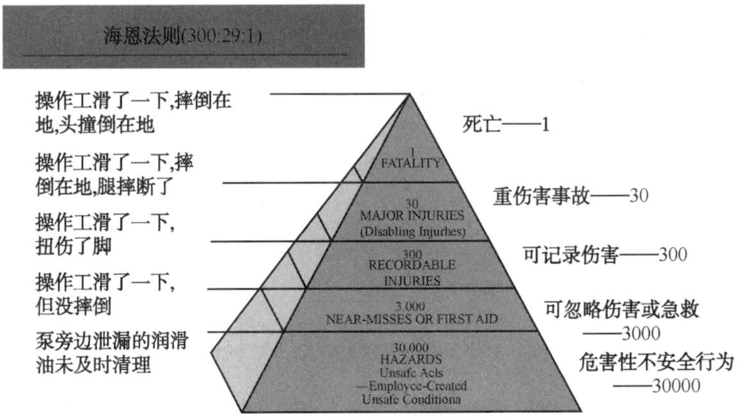

图 2-1　海因里希法则

海因里希把工业伤害事故的发生、发展过程描述为具有一定因果关系的事件的连锁发生过程，即：

① 人员伤亡的发生是事故的结果。

② 事故的发生是由于：人的不安全行为；物的不安全状态。

③ 人的不安全行为或物的不安全状态是由于人的缺点造成的。

④ 人的缺点是由于不良环境诱发的，或者是由先天的遗传因素造成的。

“海恩里希”法则的启示如下：

① 海恩里希法则并不是说只有不安全行为达到 10000 次才会发生事故，条件具备的话，一次不安全行为就可能带来一生的遗憾。

② 任何事故都是可以避免的。“偶然性”违章不一定就引发事故，但事故背后必然性地存在着违章行为，海因里希法则也有力地驳斥了一些人的“事故不可避免论”。如果我们能够始终坚持“安全第一、预防为主”的思想，有效杜绝“三违”现象，实现生产零隐患，那么就一定能够实现安全零事故的本质化安全目标。

③ 事故是问题积累的结果。海恩里希法则充分印证了哲学上的“质量互变”规律，即事故隐患——“量”的累积，必然导致重大事故——“质”的改变。可能的背后蕴含必然。不安全行为可能会产生隐患，隐患可能会带来事故，数量累计到一定的程度，就不是可能，是必然，必然会造成事故隐患，必然会导致事故发生。

④ 无论多么先进的技术，多么完美的规章，在实际操作层面，人的责任心永远第一位。责任心要体现在预防上，在现场上的点滴细节，因而，专业安全人员、车间干部、班组长是

预防事故的关键。

5. “事故预防 3E 原则”——技术、教育和法制对策

海因里希把造成人的不安全行为和物的不安全状态的原因可归结为 4 个方面：

① 技术原因。包括：作业环境不良，物料堆放杂乱，作业空间狭小，设备、工具有缺陷并缺乏保养，防护与报警装置的配备和维护存在技术缺陷。

② 教育原因。包括：缺乏安全生产的知识和经验，作业技术、技能不熟练等。

③ 身体和态度的原因。包括：生理状态或健康状态不佳，消极或亢奋的工作态度等。

④ 管理的原因。其中包括：企业主要领导人对安全不重视，人事配备完善，操作规程不合适，安全规程缺乏或执行不力等。

针对造成人的不安全行为和物的不安全状态需要采取 3 个方面的措施，如图 2-2 所示。

图 2-2 事故预防的 3E 法则

（1）工程技术对策（Engineering）

工程技术对策是运用工程技术手段消除生产设施、设备的不安全隐患，改善作业环境条件，完善防护与报警装置，实现生产条件的安全和卫生。

（2）教育（Education）对策

教育对策是提供各种层次的、各种形式和内容的教育和训练，使职工牢固树立“安全第一”的思想，掌握安全生产所必需的知识和技能。

（3）法制（Enforcement）对策

法制（Enforcement）对策是利用法律、规章制度、法规、规程、标准等必要的行政、乃至法律的手段约束人们的行为，从而达到消除不重视安全、违章作业等现象。

3E 原则的启示：

① 应该针对造成人的不安全行为和物的不安全状态的四种原因，综合地、灵活地运用三种对策，而不片面强调其中某一个对策。

② 从现代安全管理的角度出发，工程技术对策是安全管理工作的首选。然后是教育对策和法制对策。工程技术对策是最高级的预防问题方案，预防事故的发生要采取工程技术手段，防止出现事故的可能，即便是人的失误也不会造成事故的发生。

6. “热炉法则”——维护制度的权威

“热炉效应”（hot stove rule）是指组织中任何人触犯规章制度都要受到处罚。由于触摸热炉与实行惩罚之间有许多相似之处而得名。热炉效应或热炉法则带有警示性、一致性、即时性和公平性，如图 2-3 所示。

“热炉”形象地阐述了惩处原则：

① 热炉火红，不用手去摸也知道炉子是热的，是会灼伤人的——警告性原则 。企业领导要经常对下属进行规章制度教育，以警告。

② 每当你碰到热炉，肯定会被火灼伤——一致性原则。说和做是一致的，说到就会做到。也就是说，只要触犯规章制度，就一定会受到惩处。

③ 当你碰到热炉时，立即就被灼伤——即时性原则。惩处必须在错误行为发生后立即

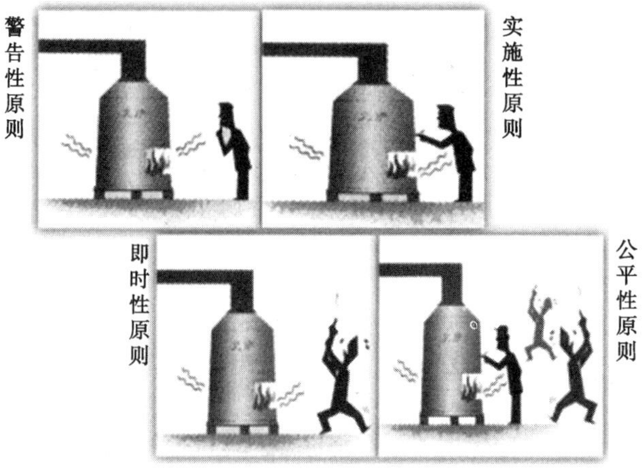

图 2-3　热炉法则

进行，决不能拖泥带水，决不能有时间差，以更达到及时改正错误行为的目的 。

④ 不管是谁碰到热炉，都会被灼伤——公平性原则。不论是企业领导还是下属，只要触犯企业的规章制度，都要受到惩处。在企业规章制度面前人人平等。

7. “(成本)金字塔法则”——安全源于设计

罗云提出了金字塔法则(成本法则)系统设计 1 分安全性 = 10 倍制造安全性 = 1000 倍应用安全性。如图 2-4 所示。

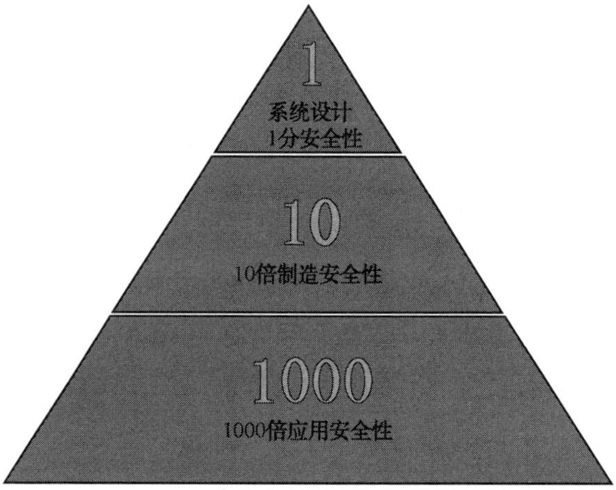

图 2-4　金字塔(成本)法则

而罗氏法则也说明了安全投入与产出的关系，1：5：∞，即 1 元钱的安全投入，创造 5 元钱的经济效益，创造出无穷大的生命效益。

金字塔法则(成本法则)的启示如下：

① 金字塔法则意为企业在生产前发现一项缺陷并加以弥补，仅需 1 元钱；如果在生产线上被发现，需要花 10 元钱的代价来弥补；如果在市场上被消费者发现，则需要花费 1000 元的代价来弥补。

② 安全源于设计。装置的安全性、可靠性是设计出来的，是靠投资来保证的。

正如独立保护层原理所表示的那样，处于最核心的是工艺的安全设计如图 2-5。

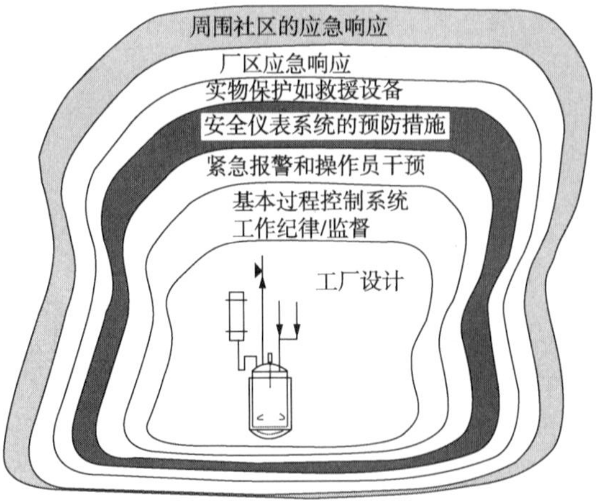

图 2-5 安全源于设计

③ 桥墩法则：一座大桥的一个桥墩被损坏了，上报损失往往只报一个桥墩的价值，而事实上很多时候真正的损失是整个桥梁都报废了。

8. "慧眼法则"——第一时间发现问题

有一次，福特汽车公司一大型电机发生故障，很多技师都不能排除，最后请德国科学家斯特曼斯进行检查，他听了电机的转声后在一个地方画了条线，并让人去掉 16 圈线圈，果然正常运转了，他要 1 万美元作酬劳。有人认为画条线值 1 美元而不是 1 万美元，斯特曼斯写道：画线值 1 美元，在哪画线值 9999 美元。在安全隐患检查排查上确实需要值 9999 美元的慧眼。

慧眼法则的启示如下：

① 在生产现场操作工人要在第一时间发现问题。安全生产最根本的问题就在于"答案就在现场"。在生产现场第一时间发现问题，就会使问题在第一时间得到处理，使问题一露头就把它敲掉。

② 企业要建立发现事故隐患、问题的奖励机制。将员工发现问题的多与少、发现问题的严重程度、发现问题的难度、发现问题的时间做为员工考核晋级的重要依据。并对员工发现问题给予及时的奖励。

③ 终端问题就是领导问题。事故的本质是组织错误，现场问题也是企业安全管理的一面镜子，要通过现场问题反思管理体制、机制问题。

9. "格瑞斯特定理"——抓基层、抓细节、抓持久

格瑞斯特定理是指杰出的策略必须加上杰出的执行才能奏效，安全生产工作是一项最能考验执行力的工作

"格瑞斯特定理"的启示如下：

① 安全管理要抓基层。要重心下移，关口前移，确保安全生产工作在基层和终端得到落实；班组是企业预防事故的第一阵地，要将企业安全管理制度识别到岗位，落实每一个人的安全责任，要坚持属地管理的原则，实行责任区管理。

② 安全管理要抓细节。要抓细节，细节反映真实，细节决定成败，坚持标准作业程序（SOP）第一次就把事情做对；坚持慎初的管理原则，对第一次进塔检修、装置检修动第一把火、第一次进料开车、第一次寒流……给予充分重视，同时把每一天都当做新的开始；安全管理要抓细节，就是要明确现场管理的最基本要求如“数据真实、台账齐全”，强调“数据的真实性是企业的生命”、“台账是执行制度的保障”。

③ 安全管理要抓持久。要抓持久，经常抓，反复抓，持之以恒，通过工作上“量”的积累，促成安全生产工作“质”的飞跃；没有变化就没有事故，要从生产经营全过程、全要素出发，从时（间）量、质量、数量入手，找出规律、找到变化。比如选生产要素润滑油为例，在装置运行时间超过四年以后（时量），其润滑油可能变质（质量），会造成全装置压缩机机组电液转换开关失灵，进而造成全装置停车。

④ 安全管理没有九十分。九十分法则：90%×90%×90%×90%×90%＝?，安全生产工作不能打任何折扣，安全生产工作90分不算合格，主要负责人安排工作，分管负责人、车间主任、班组长、一线人员如果人人按90分完成，安全生产执行力层层衰减，最终的结果就是不及格（59.049）；要坚持“四全”的管理原则消除管理死角，安全工作没有一线、二线。

⑤ 安全堤坝原理。安全的堤坝是由众多因素构成的，任何细小的局部隐患，都会危及堤坝。千里之堤，溃于蚁穴。低老坏、习惯性违章是安全大堤的“管涌”，是溃堤行为；脏乱差也是事故隐患。

10. “南风法则”——启发人们的善意

北风和南风比威力，看谁能把行人身上的大衣吹掉。北风呼啸凛冽刺骨，结果令行人把大衣裹得更紧了；而南风徐徐吹动，令人感觉春意融融，慢慢解开纽扣，继而脱掉大衣。这则故事给管理者的启示是，有时以人为本的温暖管理带来的效果会胜过严厉无情的批评教育。

南风法则的启示如下：

① 德鲁克说过：“管理的本质，其实就是激发和释放每一个人的善意。对别人的同情，愿意为别人服务，这是一种善意；愿意帮人家改善生存环境、工作环境，也是一种善意。管理者要做的是激发和释放人本身固有的潜能，创造价值，为他人谋福祉。”安全管理也是如此，安全是对员工的最大爱护；同时，更要让员工意识到，安全就是行孝，努力形成全体员工“我要安全”的自觉，“身体发肤，受之父母，不敢毁伤，孝之始也”。

② 员工心情舒畅是安全生产的必要条件。有资料表明：在良好的心境下，工人的工作效率提高了0.4%—4.2%，而在不良的心境下，工作效率降低了2.5%—18%，而且事故率明显增加。

五、现场安全管理30个重要观点

1. 没有记录就没有发生；
2. 责任使人进步，明确最小作业点负责人；
3. 事故的本质是组织错误；
4. 安全源于责任、素质源于训练；
5. 日常化演练、体验式培训、知识化管理；

6. “三个第一”：第一时间发现问题、第一反应正确、第一次把事情做对
7. 数据的真实性是企业的生命；
8. 发现不了问题是最大问题(风险评估)；
9. 事故是问题积累的结果；
10. 工作质量=安全(零缺陷)
11. 重复发生的问题是工程技术人员的耻辱；
12. 四不伤害，我们要安全；
13. 可视化管理的核心是将现场问题可视化；
14. 人造环境、环境育人；
15. 答案就在现场，将软口号变成硬措施；
16. 对待员工的不安全行为：沉默代表认同；
17. 干你所写、写你所干，在装置现场要始终强调干什么都不是随意的；
18. 管理就是沟通；
19. 员工只做你检查的，不做你希望的；
20. 没有防不胜防，只有防而不实；
21. 没有变化就没有事故；
22. 大安全源于小变化；
23. 让安全成为是一种信仰；
24. 现场安全管理两重点：慎初、变化
25. 事实就是力量：抓典型案例、用事实说话、用数据说话；
26. 保证设备的零部件合格上岗；
27. 事故是管理的重要资源；
28. 风清气正的工作氛围、员工心情舒畅是安全的重要保证；
29. 现场安全两原则：坚持 SOP \ 坚持属地管理；
30. 安全专业重在监察管理，专业安全重在过程控制，专业安全是安全管理的基础

第二节 安全体系 过程安全 本质安全

最早的安全管理是“技术+经验型”的管理，正如成立于 1802 年杜邦公司最初建厂时是根据技术和经验把生产操作间建在莱茵河畔依山临河而建，每人一个小的操作间，降低操作间内的黑火药量。然后，是把现场带血的经验教训变成制度，发展到“技术+制度”型的现场安全管理。1991 年以后是“技术+体系”阶段。现在的安全管理是“技术+制度+体系+文化”的系统管理。

1988 年 7 月 6 日，阿尔法钻井台事故，167 人死亡。英国政府组织了由卡伦爵士率领的官方调查团，调查报告提出建议 106 条。其中，建议应在正规安全评估基础上建立安全管理体系(SMS)和安全个案(CASE)，是形成 HSE 思想的基础。

这些重大事故引起了国际工业界的普遍关注，大家都深深认识到，石油石化作业是高风险的作业，必须采取有效、完善的 HSE 管理系统才能避免重大事故的发生。

1991 年，在荷兰海牙召开了第一届油气勘探、开发的健康、安全、环保国际会议，HSE 这一概念逐步为大家所接受。

1994 年 7 月，壳牌公司为勘探开发论坛（E&P Forum）制订了，开发和使用“健康安全与环境管理体系导则”正式出版，1994 年 9 月，壳牌石油公司 HSE 委员会正式制订了“健康安全与环境管理体系，经壳牌石油公司董事会健康安全环境管理委员会批准正式颁发。

1996 年 1 月，国际标准化组织（ISO）TC67 的 SC6 分委员会结合 ISO9000、ISO14000 的管理思想，发布了《石油和天然气工业健康、安全环境体系》（ ISO/CD 14690 标准草案。

一、HSE 管理体系

1. HSE 管理体系的定义

HSE 管理体系是一种事前进行风险分析和环境影响因素识别，确定其自身活动可能发生的危害及后果，从而采取有效的防范措施和控制手段防止事故发生或扩大，以减少可能引起的人员伤害、财产损失和环境污染的有效管理方法。

HSE 是 Health（健康）、Safety（安全）、Environment（环境）的缩写。HSE 管理体系是国际上石油行业通行的一种管理体系，是把健康、安全和环境形成一个整体的管理体系。

2. HSE 管理体系的起源

20 世纪 80 年代后期，国际石油石化业事故频发，1987 年，瑞士 SANDEZ（桑迪兹）大火；1988 年，英国北海油田的帕波尔·阿尔法平台事故；1989 年，EXXON 公司的 VALDEZ（瓦尔迪斯）泄油事故等使国际石油界认识到加强安全管理的重要性。一起恶性事故不仅对事故发生的企业有影响，而且对企业所在的行业有整体影响，而事故发生原因是复杂的、多方面的，因而，控制事故发生的途径只有采取全面的、系统的方法。所以，进入 90 年代，许多大石油公司相继提出建立 HSE 管理体系。HSE 管理体系是国际石油石化界普遍采用的现行管理模式，也是当前进入国际市场竞争的通行证。

各国各公司的 HSE 管理的共同点：坚持风险管理；法律是不可忽视的一环；最高管理层的承诺、参与和支持；全体员工参与意识及技能的培训。

3. 企业建立 HSE 管理体系的目的和意义

一是建立 HSE 管理体系是贯彻国家可持续发展战略的要求。石化行业是高危作业，任何一个小的事故，都有可能毁掉一个企业，都有可能引起国际影响，对公司形象乃至于国家的形象都会造成很大的影响。建立 HSE 管理体系是安全生产、环境保护和人员健康的需要，是石化行业的社会责任，也是对我们国家可持续发展的贡献。

二是实施 HSE 管理体系对石油石化企业进入国际市场将起到重要保证作用，HSE 管理体系是企业进入国际市场的通行证：实施 HSE 管理体系可减少企业的成本，节约能源和资源；实施 HSE 管理体系可减少各类事故的发生；实施 HSE 管理体系可提高企业安全、环境和健康管理水平；实施 HSE 管理体系可改善企业形象，提高经济效益。

三是实施 HSE 管理体系体现新的管理理念：变纵向单因素管理为横向综合管理；变事后处理为预见分析；变事故管理为隐患治理；变管理对象为管理动力；变静态管理为动态主动管理。

二、过程安全(PSM)

1. 过程安全的提出

2005 年 3 月 23 日，美国 BP 德克萨斯炼油厂发生爆炸事故，15 人死亡，180 人受伤。在 BP 事故发生以后，美国化学工业界意识到只依靠职业安全金字塔来衡量化工企业是否安全是错误的。

美国化学安全与危害调查委员会(CSB)调查报告指出：其中一个原因是 BP 过度关注行为安全，以伤害率作为考核标准。在事故发生前的几年，伤害率控制的很好，在事故发生当天，还庆祝大检修没有发生人身伤害事故。

于是，美国化学工程师协会过程安全管理中心(CCPS)与政府部门，行业及咨询机构经过科学的研究，与 2007 年 12 月 20 日，正式提出了倡议：过程安全先导性与滞后性指标(Process Safety Leading andLagging Metrics)。在这个倡议中，明确提出过程安全指标金字塔模型，如图 2-6 所示。

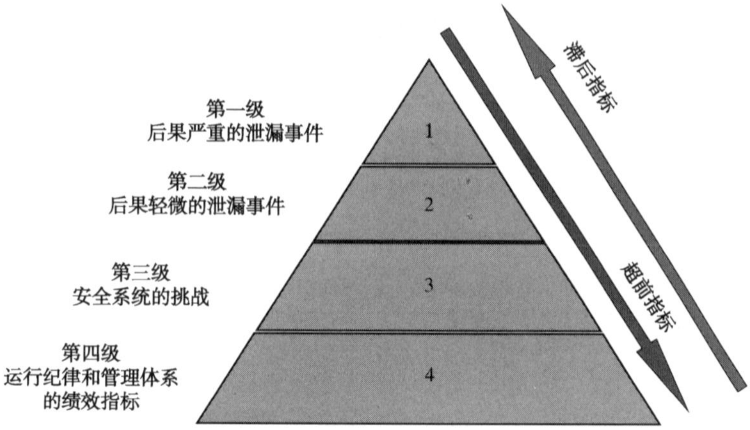

图 2-6　过程安全指标金字塔模型

(1) 过程安全指标金字塔模型

这个模型把过程安全指标金字塔分为四级：

第一级，严重的泄漏等同于职业安全金字塔的死亡和重伤，但不再完全以事故造成的损失来衡量，而是只要危险物料发生泄漏，且泄漏量达到标准规定的阈值量或者事故后果达到标准规定的后果。

第二级，一般性泄漏事故等同于职业安全金字塔的轻伤。衡量指标为只要危险物料发生泄漏，且泄漏量达到标准规定的阈值量或者事故后果达到标准规定的后果。第二级规定的阈值量或者事故后果比第一级规定的小一些。

第三级，事故等同于职业安全金字塔的未遂事件，衡量指标包括运行参数达到装置的操作极限，SIS 动作，安全释放装置启动，机械停车装置启动，微量泄漏。

第四级，运行纪律和管理体系绩效指标等同于职业安全金字塔底部的不安全行为与不安全状态。职业安全金字塔的不安全行为和不安全状态主要是指一线员工的不安全操作行为以及容易造成个人伤害的不安全的状态。第四级测量指标包括：PHA 完成率；过程安全行动完成率；与过程安全相关的培训完成率；操作规程的准确率；作业许可证抽查合格率；安全关键设备按时检查完成率；安全关键检查发现项响应率；紧急响应演习按时完成率；关键测量疲劳风险管理系统。

（2）过程安全+职业安全金字塔

中国第一家专注于过程安全管理的微信公众平台安全专家，把这两个金字塔进行了组合，且加上了底座，变成化工企业安全管理金字塔，其含义如图 2-7 所示。

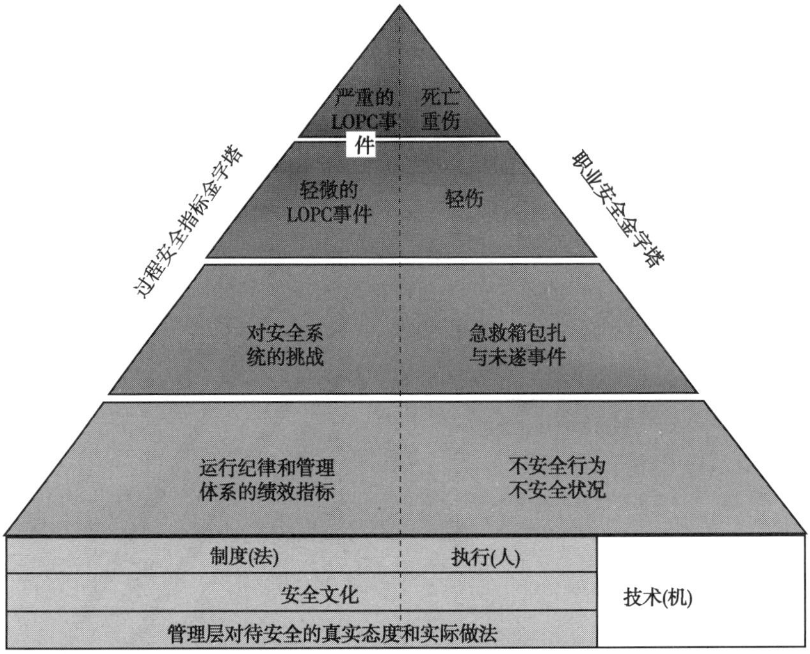

图 2-7　过程安全+职业安全金字塔

① 化工企业的安全分为过程安全与职业安全，需要用不同的业绩指标进行衡量，化工企业安全管理金字塔的左面为过程安全业绩指标，右面为职业安全业绩指标；

② 金字塔的第四级可以解释为隐患，这里的隐患应包括浅层次的职业安全隐患与深层次的过程安全隐患，过程安全隐患决定了过程安全事故发生的概率，职业安全隐患决定了人身伤害事故的概率；

③ 隐患的多少是由安全制度，安全制度的执行以及安全技术综合作用造成的，这里说的安全技术包括硬件技术，工艺技术以及人的技术水平；

④ 安全文化主要决定制度的执行率；

⑤ 企业的安全文化是有企业主要管理者对待安全的态度与实际做法造成的。

2. 过程安全的定义

CCPS：防止化学品或能量从运行装置或相关设备发生泄漏，或减轻发生泄漏所造成的后果的一个管理系统。

杜邦：一个为了消除工艺相关的伤害和事故的涉及危险物质的营运的工艺危害的识别，理解和控制的管理体系预防或减弱工艺事故的管理系统。

我国：本质安全是指通过设计等手段使生产设备或生产系统本身具有安全性，即使在误操作或发生故障的情况下也不会造成事故的功能。具体包括失误—安全（误操作不会导致事故发生或自动阻止误操作）、故障—安全功能（设备、工艺发生故障时还能暂时正常工作或自动转变安全状态）。

3. 过程安全管理

（1）美国的过程安全管理

工艺安全管理美国职业与健康管理局于1992颁布的一个标准29CFR1910.119，适用于所有涉及危险化学品的活动，包括使用、存储、生产和操作等。通过防止危险化学品的泄漏，来保证工艺设施，如化工厂、炼油厂、天然气加工厂、海上钻井平台等，得到安全的设计和运行。与常见的职业安全管理体系、应急处理体系不同，工艺安全管理专注于预防重大事故，如火灾，爆炸，有毒化学化学品泄漏等。通过对工艺设施整个生命流程中各个环节的管理，从根本上减少或消除事故隐患，从而提高工艺设施的安全。

工艺安全管理包含以下14个互相关联的要素：工艺安全信息、工艺危害分析、操作程序和安全惯例、技术变更管理、质量保证、承包商管理、开工前安全检查、设备完整性、设备变更的管理、培训及表现、事故调查、人员变更管理、应急计划及响应、审核。

（2）我国的过程安全管理

2003年12月23日，重庆市开县高桥镇罗家寨发生了特大井喷事故，是建国以来重庆历史上死亡人数最多、损失最重的一次特大安全事故，造成243人不幸遇难、2005年11月13日，中国石油天然气股份有限公司吉林石化分公司双苯厂硝基苯精馏塔发生爆炸，造成8人死亡，60人受伤，直接经济损失6908万元，并引发松花江水污染事件。推动了我国《化工企业工艺安全管理实施导则》的诞生。但这也距美国的29CFR1910.119晚了18年。

国家安监总局在2010年9月6日发布《化工企业工艺安全管理实施导则》（AQ/T3034-2010），于2011年5月1日起实施，包含12个相互关联的要素：工艺安全信息（PSI）、工艺危害分析（PHA）、操作规程、培训、承包商管理、试生产前安全审查、机械完整性、作业许可、变更管理、应急管理、工艺事故/事件管理、符合性审核。至此，安全管理进入“技术+体系+PSM阶段”。

过程安全各要素中，存在的主要问题有：

1）工艺安全信息（PSI）

① 化学品危害信息：缺乏对泄露的处理方法的可视化；

② 工艺技术信息：缺乏对偏离正常工况后果的评估；

③ 工艺设备信息：联锁、监测或抑制系统使用情况。

2）工艺危害分析（PHA）

① 企业应每三年对以前完成的工艺危害分析重新进行确认和更新；

② 工艺危害分析涵盖内容不全；

③ 控制措施与危害分析不对应。

3）操作规程

① 操作规程修订、更新不及时；

② 操作规程不全、不细、可操作性不强；

③ 可视化管理欠缺，规程中的定量要求，没有在现场体现。

4）教育与培训

① 班组安全学习流于形式；

② 缺乏以班组为核心的日常无准备应急演练；

③ 缺乏以知识管理为手段的基本功训练，培训教材不能体现向事故学习，培训内容不系统缺乏学习地图。

5）试生产前安全检查（PSSR）

① 准备工作不充分，安全检查单，缺乏讨论和确认检查小组人员有非专业人员；

② 检查小组应确认工艺危害分析报告中的改进措施和安全保障措施是否落实；

③ 装置投产后，还需要完成“试生产后需要完成检查项”。

6）设备完整性

① 新设备安装用错施工材料；

② 埋地管线防腐蚀质量低；

③ 压力容器没有定期检验；

④ 设备润滑不好、润滑油变质；

⑤ 没有采用 LDAR 技术，控制泄漏；

⑥ 预防性维修不利，小问题酿成大事故。

7）作业许可

① 作业许可证签发，不能体现谁的“岗位谁负责、谁的业务谁负责”的原则；

② 作业许可证签发时，签字人不到现场、没有进行作业风险分析；

③ 作业时没有签发作业许可。

8）承包商管理

① 层层分包、违法转包、以包代管问题突出，承包商安全事故频发高发；

② 末端分包商为盈利被迫偷工减料，给后续安全生产埋下隐患；

③ 对承包商没纳入公司管理体系，没实行动态跟踪管理。

9）变更管理（MOC）

① 变更管理应考虑以下方面内容：变更的技术基础；变更对员工安全和健康的影响；是否修改操作规程；为变更选择正确的时间；为计划变更授权。

② 相应的工艺安全信息应进行更新；

③ 缺乏开工前培训。

10）应急管理

① 预案的整体性差缺乏具体的假想事故情形应对措施；

② 预案缺乏经常性演练；

③ 企业应授权这些人员，在紧急情况下，有权根据需要将工艺系统停车，并且在他们认为必要时撤离现场。

11）事故事件管理

① 事故管理的“四不放过”问题：缺乏事故的“根原因”分析；

② 缺乏本装置、本厂、本行业的事故案例库；

③ 缺乏向事故学习的机制，不能根据事故教训，及时修改操作规程.

12）符合性审核

① 企业应建立并实施工艺安全符合性审核程序，至少每三年进行一次工艺安全的符合性审查，以确保工艺安全管理的有效性；

② 策划工艺安全符合性审核的范围时，需要考虑以下因素：企业的政策和适用的法规要求；工厂的性质（加工、储存、其他）；工厂的地理位置；覆盖的装置、设施、场所；需要审核的工艺安全管理要素；上次审核后相关因素的变更（如：法规、标准、工艺设备相邻建筑、设备或人员等）；人力资源。

③ 审核组织和审核频次：审核组中至少包括一名工艺方面的专家。如果只是对个别工艺安全系统管理要素进行审核，也可以由一名审核人员完成。审核组成员应接受过相关培训、掌握审核方法，并具有相关经验和良好的沟通能力。企业的符合性审核程序中应明确如何确定审核的频率。

三、本质安全

1969 年，美国颁布了《系统安全大纲要求》，标志着系统安全的诞生。系统安全的理念就是本质安全。强调系统“内在的”安全，而不是“附加上去的”安全。

1974 年，英国的克莱兹（Trevor Klez）第一次提出了过程本质安全的理念。在英国 Flixborough 发生了一起重大爆炸事故，事故是由从高温高压工艺中泄漏出数吨的环乙胺造成的。经过事故分析，帝国化学公司的安全专家克莱兹提出，消除这类事故的最佳方法不是开发更加可靠的安全装置或设备，而是通过“消除危险或者降低危险程度的方式”来取代这些安全装置或设备，从而降低事故的严重性。1985 年克莱兹把工艺过程的本质安全归纳为：消除、最小化、替代、缓和及简化 5 项技术原则。

我国的本质安全一词源于 GB 3836. 1—2000 标准，本质安全型防爆电器是专供煤矿井下使用的防爆电器设备的分类之一。防爆电器总体分为隔爆型、增安型、本质安全型等种类，本质安全型电器设备的特征是其全部电路均为本质安全电路，即在正常工作或规定的故障状态下产生的电火花和热效应均不能点燃规定的爆炸性混合物的电路。也就是说该类电器不是靠外壳防爆和充填物防爆，而是其电路在正常使用或出现故障时产生的电火花或热效应的能量小于 0. 28mJ（B 级防爆），即瓦斯浓度为 8. 5%（最易爆炸的浓度）最小点燃能量。

1. 本质安全的定义

本质安全是指通过设计等手段使生产设备或生产系统本身具有安全性，即使在误操作或发生故障的情况下也不会造成事故的功能。具体包括失误—安全（误操作不会导致事故发生或自动阻止误操作）、故障—安全功能（设备、工艺发生故障时还能暂时正常工作或自动转变安全状态）。

广义的本质安全是指“人-机-环境-管理”这一系统表现出的安全性能。就是要通过优化资源配置和提高其完整性，使整个系统安全可靠。系统安全是安全生产的灵魂。本质安全是系统安全的理想状态，是安全工作追求的目标。所谓系统安全，就是将构成事故的人的因素、物的因素、环境因素和管理因素做为一个系统，为了确保系统获得最佳安全状态，就必须综合考虑这些因素，消除导致事故的原因，使系统达到最佳的安全状态。

实现本质安全，要树立“安全伴随着系统生命周期”的思想，系统的生命周期从系统的构思开始，经过可行性论证、设计、建造、试运转、运转、维修直至系统报废。邵辉主编的《化工安全》中指出：保证系统生命周期的安全，要通过本质化安全和工程化安全来保证。

本质化安全。是系统安全的根本保证，从系统的构思、设计开始就融入系统，对系统有两个基本要求：一是系统正常运行条件下本身是安全的，也就是系统在其生命周期中不依赖保护与修正安全设备也能安全运行（免维护运行）；二是系统的故障安全，也就是系统在出现故障时，如失去电、气等公用工程支持时，系统将进入故障安全状态，保证人员和设备的安全。本质安全是系统安全的理想状态。

工程化安全。工程化安全思想是对本质安全的补充，其主导思想就是应用工程安全保护设备进一步加强系统在其生命周期中的安全性，但是必须确保工程安全设备在系统出现问题时不产生故障。

2. 本质安全原理

（1）本质安全基本原理

本质安全强调从根源上对系统中存在的危险因素进行消除或减少，主要包括下列四个方面：

1）最小化原理：采用措施消除或者减少系统中的危险因素。系统中的危险因素越少，发生事故的可能性越小；危险物质的数量越少，发生事故可能造成的严重程度越小。

2）替代原理：在系统中使用相对更加安全的物质替代危险的物质。

3）稀释原理：必须使用含危险物质时，采用危险、有害物质的最小为线形态或造成最小危险的环境、工艺等条件。

4）简化原理：保证系统中的工艺、设备、管理程序、制度等保持最简洁、科学、合理（标准化、科学化、合理化）

在针对危险的种类有针对性地选择本质安全原理的同时，应按照最小化原理、替代原理、稀释原理、简化原理等优先顺序依次进行选用，从最小化原理开始，从而更好地消除或减少系统中的危险。

（2）本质安全管理的基本方法是风险管理

本质安全理念认为，“所有事故都是可以预防和避免的”，如何这种理念变成现实，就需要一些基本的管理方法，不然它永远就是一句口号。风险管理的核心思想是“系统中的危险源是事故的隐患”。

1）识别危险源

结合本企业实际的人员配备条件、机器装备条件、自然地质条件等，综合运用事故树分析法、安全检查表、问卷调查法、标准对照法以及工作任务分析等危险源辨识方法，系统地辨识存在的危险源以及其起因和后果。危险源辨识首先要对企业的所有部门进行合理划分，确定基本危险源辨识的子单元，然后确定哪些因素属于危险源范畴，以便开展辨识工作。危险源辨识的基本内容包括人、机、环、管四个方面。

2）危险源的评价分析

目的是得到各危险源引发事故的可能性和严重程度，对危险源定量分析、排序。比如，应用风险矩阵分析法，根据风险矩阵图，分别对人、机、环、管等四个要素，确定风险等级，分析危险源产生的直接根源，从而采取措施，避免事故。风险评价是所有 HSE 要素的基础，它是一个不间断的过程。风险评价是依照现有的专业经验、评价标准和准则，对危害分析结果作出判断的过程。在进行危害评价时要考虑十个方面指：员工和周围人群、设备、产品、财产、水、大气、废物、土地、资源、社区和相关方。在进行危害评价时要考虑的三种状态指：正常、异常、紧急。在进行危害评价时要考虑三种时态指：过去、现在、将来。

风险评价的基本方法是风险矩阵评估法，它是一种半定量的评估方法，如图 2-8 风险矩阵是基本的 6×6 矩阵。也有的是 3×3、5×5 风险矩阵。而上海赛科石油化工有限公司，结合自身的特点，形成 8×8 风险矩阵 A—H 分别代表在不同影响层面下的严重性等级，这些严重性等级所造成的后果具体包括健康和安全、环境、非财务性影响、财务影响(设备损坏、商业价值损失)等，A 代表后果·最严重，H 代表后果影响最小。A 到 H 后果严重程度逐级递减。1—8 则是产生某种后果的可能性或者是发生的概率。1 代表可能性最小，8 代表可能性最大，1 到 8 概率逐级递增。风险值就是后果和可能性的乘积，在不同的颜色块中代表着由不同层级人员进行关注和审批，如图 2-9 所示。

	风险矩阵	中等风险(Ⅲ级)	重大风险(Ⅳ级)		特别重大风险(Ⅴ级)		有效类别	赋值	可能造成的损失	
									人员伤害程度及范围	由于伤害估算的损失/元
一般风险(Ⅱ级)	6	12	18	24	30	36	A	6	多人死亡	500万以上
	5	10	15	20	25	30	B	5	一人死亡	100万~500万
	4	8	12	16	20	24	C	4	多人受严重伤害	4万~100万
	3	6	9	12	15	18	D	3	一人受严重伤害	1万~4万
低风险(Ⅰ级)	2	4	6	8	10	12	E	2	一人受到伤害，需要急救，或多人受轻微伤害	2000~1万
	1	2	3	4	5	6	F	1	一人受轻微伤害	0~2000
	1	2	3	4	5	6	赋值			
	L	K	J	I	H	G	有效类别			
	不可能	很少	低可能	可能发生	能发生	有时发生	发生的可能性			
	估计从不发生	10年以上可能发生一次	10年内可能发生一次	5年内可能发生一次	每年可能发生一次	1年内能发生10次或以上	发生可能性的衡重(发生频率)			
	1/100年	1/40年	1/10年	1/5年	1/1年	≥10/1年	发生频率重化			

图 2-8 风险矩阵

	1	2	3	4	5	6	7	8
严重性	类似的事件还没有在行业中发生并且发生的可能性极小	类似的事件还没有在行业中发生	在行业的某些地方曾経发生的类似事件	在集团内的某些地方曾経发生的类似事件	类似的事件已経发生过，或者可能在10个类似设施的使用寿命中发生	可能在设施的使用寿命中发生1次或者2次	可能在设施的使用寿命中发生多次	在设施中通常发生(至少每年发生)
A	8	9	10	11	12	13	14	15
B	7	8	9	10	11	12	13	14
C	6	7	8	9	10	11	12	13
D	5	6	7	8	9	10	11	12
E	4	5	6	7	8	9	10	11
F	3	4	5	6	7	8	9	10
G	2	3	4	5	6	7	8	9
H	1	2	3	4	5	6	7	8

图 2-9 上海赛科石化公司的 8×8 矩阵

3）风险的控制

通过风险矩阵可以清楚地看出哪些属于重大风险。哪些属于重点关注，从而进一步考虑保护措施是否足够，现有保护措施是否够，后果发生的概率是多少，每一种保护措施能降低多少风险等。这是对过程安全而言，而对于项目的风险评价，也是如此。

风险控制从完全消除风险的角度，我们可以停止使用有害物质或降低物质的有害性；从降低风险的角度，我们可以变更工艺减少危害性、隔离人员或危害防止能量意外释放、采用局部控制以分散风险、采用工程技术控制风险、采用管理手段控制风险；从个体保护的角度，我们可以加强现场作业人员的劳动保护。如图 2-10 所示。

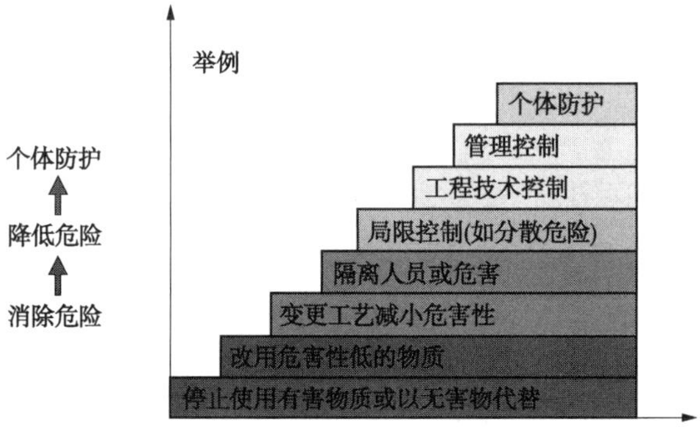

图 2-10　风险控制

从降低风险的角度，在生产现场的风险控制，我们要编制详细的作业文件如《两书一表》对风险进行控制。《两书一表》是指，HSE《作业指导书》、HSE《作业计划书》、HSE《现场检查表》。

HSE《指导书》是对常规作业的 HSE 风险的管理．它是通过对常规作业中，风险的识别，评估，削减或控制以及应急管理等手段，把风险控制在“合理并尽可能低(ALARP)”的水平，对各类风险制订对策措施，经过业务主管部门(或 HSE 监督部门)组织评审后，整理汇编成相对固定的指导现场作业全过程的 HSE 管理文件。

HSE《作业计划书》是针对变化了的情况，由基层组织结合具体施工作业的情况和所处环境等特定的条件，为满足新项目作业的 HSE 管理体系要求，以及业主、承包商、相关方等对项目风险管理的特殊要求，在进入现场或从事作业前所编制的 HSE 具体作业文件。编制《计划书》的基础是《指导书》，但在内容上主要偏重《指导书》中没有含盖的内容，或是在新的风险识别基础上编制更详细的作业规程、应急处置预案以及具体的作业许可程序等。

HSE《现场检查表》：是在现场施工过程中实施检查的工具，涵盖《指导书》和《计划书》的主要检查要求和检查内容，是事先精心设计的一套与“两书”要求相对应的检查表格。

3. 本质安全对人、物、环境、管理的要求

本质安全对人、物、环境、管理的要求，主要体现在下面几方面：

(1) 人的本质安全

具备安全知识、技能，“我要安全”的强烈意愿；形成在应急情况下“第一反应是正确的”的稳定习惯；班组不定期的日常应急演练。

（2）物的本质安全

做好设备的全寿命周期的管理，在设计和制造环节都要考虑到应具备的防护功能、保证设备的制造质量，以保证设备和系统能够在规定的运转周期内安全、稳定、正常地运行；防止能量意外释放，采取自动控制、专用工具代替手工操作，减少人体接触设备的危险点，从根本上消除发生事故的条件；设备能够自动防止操作失误和设备故障，即使操作失误，也不会导致设备发生事故。即使出现故障，也能自动排除，切换和自动停机。

（3）环境的本质安全

这里的环境包括空间环境、时间环境、物理环境、自然环境和作业现场环境。环境布局要符合国家标准和企业的规章制度。实现空间环境的本质安全，应保证企业的生产空间、平面布置和各种安全卫生设施、道路等都符合国家有关法规和标准；实现时间环境的本质安全，必须做到按照设备使用说明和设备定期试验报告，来决定设备的修理和更新。同时必须遵守劳动法，使人员在体力能承受的法定工作时间内从事工作；实现物理化学环境本质安全，就是要以国家标准为管理依据，对采光、通风、温湿度、噪声、粉尘及有害物质采取有效措施，加以控制，以保证劳动者的健康和安全；实现自然环境的本质安全，就是要提高装置的抗灾能力，做好事故灾害的应急预防对策的组织落实。

（4）管理的本质安全

建立 HSE 管理体系，实现管理规范和持续改善，通过规范、科学管理，杜绝管理上的失误，在生产中实现零缺陷、零事故；管理标准应做到“每一条已知规律的风险的产生原因，都应有相应的管理标准予以消除”；管理措施应能够做到“只要员工按照管理措施要求，尽职尽责，每一条管理标准都能够得到落实”；监督保障体系和预警系统应保障：“每一项管理措施都有具体的人员负责，如果责任人失职，能够及时发现、制止，并有反馈信息”；开展危险源辨识及风险评价，确认系统中危险因素的存在，并根据其形成事故的风险的大小，采取相应的安全措施；实施 PSM，防止危险化学品的泄漏、专注于预防重大事故，如火灾，爆炸，有毒化学化学品泄漏，通过对工艺设施整个生命流程中各个环节的管理，从根本上减少或消除事故隐患，从而提高工艺设施的安全。

（5）本质安全的现场要求

在生产现场的本质安全内容，应更加具体、可操作性。如表 2-1 本质安全现场基本要求。

表 2-1　本质安全现场基本要求

	基本要求	目　标
人的本质安全	安全意愿（我要安全）； 安全知识（我会安全，应知）； 安全技能（我能安全，应会）； 强化以班组为核心的日常的、不定期的应急演练； 强调养成员工在应急情况下第一反应是正确的	人员无失误

续表

	基本要求	目　标
设备的本质安全	机器设备具有故障检测和安全防护功能，安全可靠性高； 工艺故障、运行参数变化时自动转入安全状态，不能因为误操作引发设备事故； 采用安全防护设施，防止能量意外释放； 采用自动、报警和联锁系统，保证事故状态下设备的安全； 采用保险装置，当超温、超压等危险因素时，进行自动控制或消除、减弱危险	设备无故障
环境的本质安全	作业环境干净整洁、安全通道畅通； 对噪声、粉尘、有毒物质的有效控制； 设备定期检验； 应急抢险物质到位	系统无缺陷
管理的本质安全	管理制度：横向到边（制度全面涵盖企业生产经营全过程、纵向到底；（制度完善，定量要求，实现“制度表单化”、制度识别到基层岗位）；制定执行制度的保障性条款。 技术标准：技术标准合规合理；设备工艺＼技术革新后，安全技术标准及时更新；完善装置罐区大型化、原油品质劣质化 运行周期长期化、设备设施老龄化、运行成本最低化、用工总量最少化、运营模式新型化的安全技术手段。 过程安全管理（PSM）的 12 个要素。 直接作业环节管理。 HSE 管理体系。 安全文化建设	管理无漏洞

第三节　现场安全管理金字塔

企业的人员分成三类，即经营管理人员、工程技术人员和技能操作人员。在安全管理工作中，不同人员的工作重点和安全基本素质要求是不一样的，而不是“安全生产、人人有责”的空洞口号。比如，对经营管理人员来讲，就是落实每个人的安全生产责任，关键是系统思考、预防问题的发生；对工程技术人员来讲，就是控制物的不安全状态、防止同类事故的发生，关键是本质安全、从根本上解决问题；对技能操作人员来讲，就是要严格标准作业程序、在应急情况下第一反应是正确的、第一次就把事情做对，关键是在第一时间发现问题。这样，才能体现安全管理工作的“四全”管理原则。

安全工作虽然对不同人员的要求不同，但所有都必须牢固树立“问题意识”、“现场意识”。所谓“问题意识”，就是要坚持以问题为导向，“善于发现问题、善于马上解决问题、善于举一反三解决一批问题、善于从根本上解决问题“这是现场管理的金科玉律，在安全管理中更具实际意义；所谓“现场意识”，它所强调的是，现场是企业所有人的现场，事故发生在现场，企业效益在现场产生。企业所有的制度要按照制度表单化原则，在现场以台账等方式具体体现，企业所有部门的服务指向都是现场，减少人的不安全行为、物的不安全状态和清爽的工作环境，保证员工高高兴兴上班、高高兴兴回家。

一、对领导干部现场安全管理的 55 个要素

领导干部现场安全管理 55 个要素见 图 2-11。

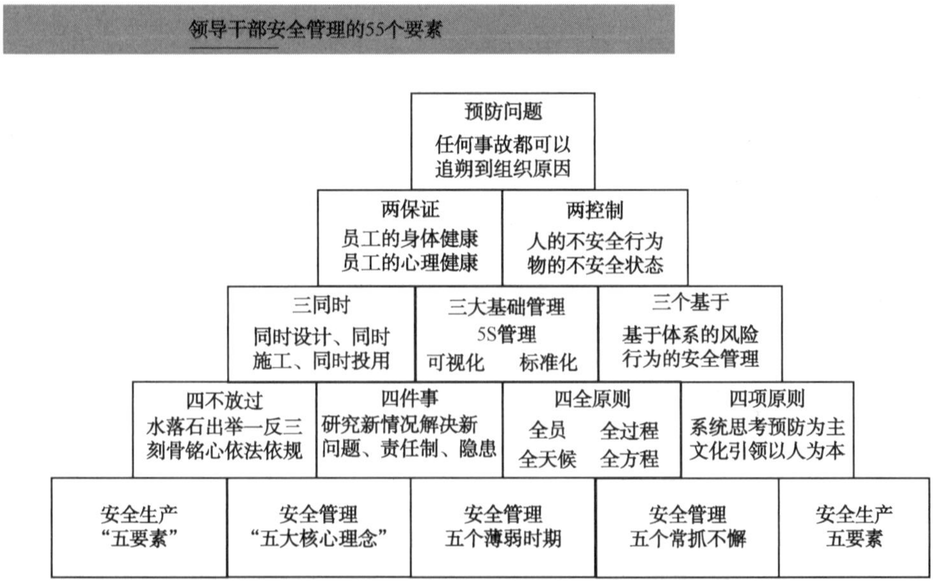

图 2-11　领导干部现场安全管理 55 个要素

1. 预防问题

安全生产方针：“安全第一、预防为主、综合治理”。强调的安全管理的理念是“任何事故都可以追溯到管理原因”，重在预防问题。在事故预防方面，领导干部要做一名有感领导。

（1）有感领导

有感领导是指各级领导干部立足本岗位职责、管理权限和工作业务，以自己的言行展现对健康安全与环境工作的重视，让员工真正听到、看到和感受到领导在关心员工安全、高标准践行安全环保价值观，引领员工共同做好安全环保工作的领导行为。

领导干部的“有感”在工作中主要体现在四个方面：

① 要有感知。牢固树立“安全为天”、“一切事故都是可以避免的”安全理念的理念，对本单位、基层车间或班组的安全，要增强敏感、延伸触角、预见风险；

② 要有感情。对推进安全体系、宣传安全理念、从事安全管理、学习安全技术、执行安全规程，要充满热情、密切关注、全心投入；

③ 要有感悟。对所从事的安全管理和完成的安全工作，要勤于收集、善于总结、精于提升。

④ 要能感佩。通过在管理和工作中身体力行讲安全之理、树安全之风、行安全之规起好模范带头作用，体现以人为本，达到安全目标，使员工对领导产生感激和钦佩，实现每个人、每个岗位主动安全、全员参与。

（2）有感领导的责任

有感领导要做到：容易看得到、清晰地表明安全信念、给员工留下积极的印象、展现个人的承诺、影响各级员工、渗透到整个组织。有感领导体现在安全领导力：

① 执行力：提供人力、财力和组织运行保障，让员工感受到各级领导对履行安全责任做出的承诺。

② 示范力：各级领导以身作则，亲力亲为 ，通过深入现场、遵守制度等良好个人行为，起到了模范示范作用。

③ 影响力：各级领导所展现出来的安全行为，以及对安全工作的决心，可以影响员工的安全行为，并积极参与 HSE 管理。

有感领导与其说是管理手段，不如说是一种安全管理理念。有感领导要求包括企业基层主管和最高管理者在内，无论是哪个级别的主管，都应该通过各种行为或者行动来体现自己的安全领导力，所表达出的影响力应该为员工所感知。管理者对安全的见解、行为和习惯通过影响力，体现在企业生产运营的任何地方、任何级别、任何时间，对员工操作行为的安全性起到了积极的促进作用。

2. “两重点”与“两保证”

（1）“两重点”

是指安全风险与隐患管理、责任落实与安全考核。

1）安全风险与隐患管理：

① 安全风险辨识：采用 HAZOP 和 JSA 等方法组织开展风险识别和评估；

② 安全风险控制措施：根据风险辨识结果进行风险分级管理，建立风险清单，每半年更新一次，发生重大变化或变更后应及时更新。

③ 安全风险控制措施：针对辨识出的风险，确定采用的工程技术措施、管理措施、应急措施和个体防护措施。

④ 安全隐患排查和治理：每月组织隐患排查，隐患排查与日常检查、专业检查相结合；确定重点排查项目(如石油化工行业的海上专业和“三高”油气田的勘探开发、构成重大危险源的装置、罐区、仓库、含硫原油及天然气处理装置、LNG 装置、国家重点监管的危险化工工艺、油气输送管道等)；对排查出的隐患进行评估、分级，列入隐患治理台账，同时定整治方案、防护措施、资金、整治期限和整治责任人；能够立即治理的隐患必须立即组织治理，不能立即治理的必须强化管控措施；隐患治理完成后，应组织隐患治理效果评估，并建立隐患治理档案。

2）明确责任、安全考核：

① 明确责任：按照谁的业务谁负责，谁的属地谁负责的原则，确定各个作业单元的负责人；

② 安全考核：按照目标责任书的内容，对作业单元和员工进行安全考核；事故问责；将员工发现现场问题的多与少、严重程度、发现问题的时间等作为员工绩效考评的依据。

（2）“两保证”

是指员工的身体健康、员工的心理健康。

① 员工身体健康：开展健康管理。

② 员工心理健康：开展 EAP 管理。

3. “三同时”、三大基础管理、三项重要管理

“三同时”是指建设项目安全设施必须与主体工程同时设计、施工、投入生产和使用。三大基础管理是指 5S 管理、标准化管理、可视化管理。三项重要管理是指变更管理、应急与事故管理、承包商管理。

（1）变更管理

变更管理是指在 HSE 管理体系应用过程中，针对人员、工厂、过程和程序等暂时性或永久性变化做出的控制，以防止因为这些变化带来的健康、安全以及环境等造成的有害影响。HSE 管理体系的变更管理也就是分析由于变更会产生的风险点，进而对风险点进行控制，从而保证生产过程顺利的进行。

“没有变化就没有事故”，如果对变更管理控制不当也会导致重大的事故。因此，现在国际上的石油企业都已经将变更管理作为 HSE 管理体系应用的关键要素。对变更管理产生的 HSE 风险进行有效控制就显得尤为重要。

1）一般情况下

① 变更控制：安装谁主管谁负责、谁变更谁负责、谁审批谁负责的原则，对变更从严控制，杜绝不必要的变更；

② 变更流程：变更流程包括变更申请、变更风险评估、变更审批、变更效果评估和变更告知；变更申请包括变更原因、变更范围和变更方案等内容；变更审批前必须进行风险评估；变更实施后，必须组织变更效果评估，并记录评估过程和结论；变更涉及的文件和资料应及时更新，并及时送达到相关岗位人员；（如图 2-12 所示）

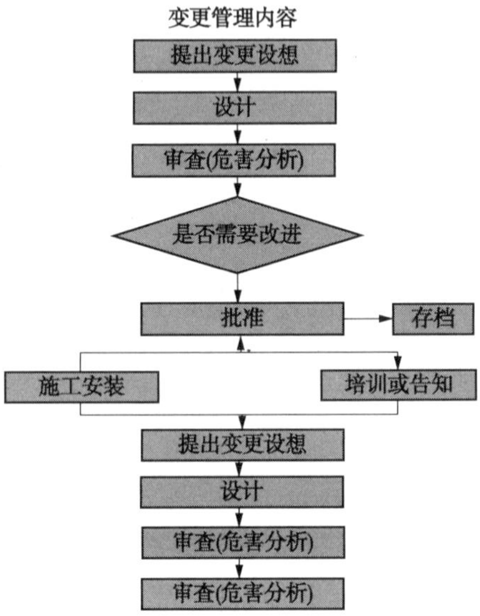

图 2-12　变更管理流程

③ 变更监督：专业部门对分管专业的变更实施过程进行监督；安全监督部门对变更的流程符合性进行监督。

④ 对设备设施/工艺技术变更的处理主要包括：做可行性分析、工艺分析、设计、风险

分析等。

2）变更的类型

① 针对管理模式以及人员的变更管理。企业在生产过程中，可能会因为种种原因，工作的人员以及管理模式可能会发生变更，从而导致新的员工调入或者劳动组织（比如倒班方式）的改变，针对这种变化，企业应该评价其带来的 HSE 风险，从而尽量减少由于这种变更带来的 HSE 风险和影响。在组织机构方面，变更可能会造成信息不通、资料数据丢失以及职责不清等负面影响，一般都通过尽职调查来规避这些风险。在人员方面，变更的主要 HSE 风险有：新的人员对岗位缺乏了解、人员之间沟通障碍以及职责不清、资料丢失等。通常通过列出明细的交接清单、制定相应的培训计划等方法来避免这种风险。

② 针对管理制度以及法律法规的变更管理。企业的运行也必然受到各种法律法规以及其他要求的限制，因此，法律法规的变更也会对企业产生影响，而且这种影响往往比较深远。因此，应该识别并关注法律法规的变更带来的风险，对 HSE 管理体系也要经常修订更新，做到符合实际。

③ 针对季节以及天气变化的变更管理。季节与天气的变化，会给装置安全生产带来较大的影响。比如冬季防冻凝、春季防化冻跑料、夏季防管线涨压、雨季防雷电、在风大的时候应该加强防火的管理等等，这些都需要通过建立制度加以防范。

④ 针对生产过程的工艺技术、作业程序的变更管理。工艺技术变更主要包括新建（改建、扩建）项目引起的技术变更；原料介质变更；工艺流程及操作条件变更；工艺参数的变更；公用工程变更等。作业程序的变更主要包括操作规程、维修规程，以及其他作业指导书等。生产过程的工艺操作条件是经常变化的，一是生产牌号是经常变化的；二是生产原料也是经常变化的；三是装置经常进行技术改造，其操作方式也是经常变化的。四是装置的开停工；这就需要工程技术人员，根据要求就是调整作业程序、修改工艺卡片。

⑤ 针对设施、设备变化的变更管理。设备设施变更主要包括：设备设施的更新改造；安全设施的变更；更换与原设备不同的设备或配件；设备材料代用变更；仪表控制系统变更；临时电气设备等生产过程中的机器、设备变化是绝对的。装置运行的过程，也是老化的过程。要按照设备全寿命周期管理的理念，进行设备管理，一是保证设备、备件零缺陷上岗；二是保证设备、备件不能超期服役；三是做好机器、设备的日常维护保养和动态监测，及时将有故障的机器、设备、备件替换下来。

（2）应急管理与事故管理

应急管理是指对生产系统进行全面、系统、细致地分析和研究，针对可能发生的突发性事故，制定防范措施和应急计划，并进行演练，确保万一发生事故时能控制事故，把事故损失减小到最低程度。应急管理包括企业在发生突发事故的事前预防、事发应对、事中处置和善后管理的全过程管理，突发事故如果处理得当，就可能将损失减少到最低程度，而突发事故处理的不好，就会造成二次事故，就会造成重大损失。事实就是如此，特别重大事故都是一开始处理不当、连续处理不当，造成了二次事故，造成重大损失。

应急管理的重点，一是对应急预案实行动态管理，根据同类装置的事故和工艺、设备、环境、人员的变化及时完善；二是坚持以班组为单元的日常的、无准备的应急演练；三是提升每一名员工的安全技能，保证在应急情况下“第一反应是正确的”。

(3) 承包商管理

承包商通常是指与业主(企业、政府)签订合约，以一定的金额或其他条件为业主执行某项工作的厂商。也可以理解为任何为组织工作(如提供产品和服务)但又不直接受雇于该组织的人(群体)。由此可见，承包商有两个基本特征：一是业主与承包商不直接属于同一企业组织；二是承包商向业主提供产品或服务，是合同的供方。而供应商为业主提供原料、材料、设施、设备等的个人、部门或合作者，因此，供应商也是承包商，或者说是特殊情况下的承包商。

承包商管理的重要性：一是承包商事故占企业事故比重大，是重特大事故的主要发生地。中石化 2012~2015 年三年安全事故中，承包商事故占 76.1%。二是承包商工作具有传递性，其工作质量决定企业安全生产水平。

承包商管理包括：

① 承包商安全资质审查：合格者入围；

② 承包商安全培训：企业应对所有入场(厂)承包商人员进行安全培训，考试合格后办理入场(厂)证；

③ 承包商安全监管：禁止总包单位将主体工程分包，禁止分包项目再分包，禁止违规转包；对承包商的作业机具、设备等进行入场(厂)，合格后张贴标识后方可进场(厂)；企业应核查承包商特种作业人员、特种设备作业人员的特种作业证是否有效；企业应对承包商现场作业进行监督检查，并记录和反馈监督检查结果；

④ 承包商安全考核和评价：承包商向企业提交年度安全运行报告，企业应实行对承包商安全积分管理，并建立承包商黑名单制，实现内部信息共享。

4. “四件事”、“四不放过”、“四全”管理、“四项原则”

(1) “四件事”

一把手要自觉执行安全生产法律法规，正确把握安全生产的方针、原则和政策，组织研究新情况，解决新问题；逐级抓好安全生产责任制的落实；对重大隐患要心中有数，抓好治理；抓好技术改造和基本建设安全管理的“三同时”。

(2) “四不放过”

中石化强调，对待事故和未遂事故必须坚持“四不放过”原则，真正做到事故原因要水落石出，责任追究要依法依规，吸取教训要刻骨铭心，整改措施要举一反三。

国家对发生事故后的“四不放过”处理原则，其具体内容是：

事故原因未查清不放过；责任人员未受到处理不放过；事故责任人和周围群众没有受到教育不放过；事故制定的切实可行的整改措施未落实不放过。

(3) “四全”管理

全员、全面、全过程、全天候的安全管理，强调“任何人的任何时候，在任何环节的任何疏忽都可能是灾难性后果”的观点。

(4) “四项原则”

现场安全管理需要坚持的四项原则：坚持系统思考的原则、坚持以人为本的原则、坚持文化引领的原则、坚持预防为主的原则。

5. 安全生产“五要素”、“五大核心理念”、五个关键时期、五大薄弱环节

（1）安全生产五要素

安全文化、安全法制、安全责任、安全投入和安全科技。安全生产五要素是国家安全生产监督管理总局原局长李毅中提出的保障安全生产的“五要素”。这“五要素”构成了一个科学完整的管理体系：安全文化——安全生产的灵魂、安全法制——安全生产的利器、安全责任——安全生产的核心、安全科技——安全生产的动力、安全投入——安全生产的基础，这五个要素既相对独立，又相辅相成，甚至互为条件。

（2）安全管理五大理念

① “安全高于一切、生命最为宝贵”：“四个让位”：当利润、产量、进度、成本与 HSE 发生矛盾时，都要让位于 HSE。“七个必须”：领导必须有力、制度必须执行、责任必须落实、排查必须全面、整顿必须彻底、监督必须到位、问责必须严厉。

② “谁主管、谁负责”的责任理：一把手的责任，体现在必须抓好的“四件事”上；管理者必须对员工进行健康安全环境培训；各级管理者必须对业务范围内的健康安全环境工作负责；员工的安全责任，体现在岗位，“我的岗位、我负责”、“我当班、我负责”、“安全生产、责任在我”；强调“属地管理”，属地主享有属地管理权。

③ 事故预防理念：所有事故都是可以认识的、可以预防的、可以避免；员工必须参与岗位危害识别及风险控制；任何一项设备隐患、制度缺陷、工作失误或个人违章，都可能造成重大事故；突发事件（事故）处理的好，就可能将损失减少到最低程度，二次事故会造成严重损失。

④ 事故责任追究理念：坚持“四不放过”的事故处理原则；小事故当大事故对待，未遂事故按已发事故要求；所有事故必须及时报告、分析和处理；安全是聘用的必要条件。

⑤ 社会责任理念：卓越的安全、健康和环保表现为企业提升价值；卓越的安全、健康和环保表现使员工体面。

（3）安全管理的五个薄弱时期与五个关键环节

① 安全管理的五个薄弱时期：连续发生事故、安全持续稳定期间；工作收尾时、临时非常规作业时、装置运行到临近检修时；政策制度改革、管理机制调整期；新老人员交替、人员情绪变化、节假日期；据历史统计事故多发月份和时段、天气变化较大时期。

② 安全管理的五个关键环节：装置停开工；一项新工作的开始；直接环节作业（用火、进设备、高处作业、临时用电）；关键机组、要害部位的日常管理；隐患和薄弱环节的发现、控制与处理。

（4）安全管理的五个“常抓不懈”：

① 坚持以问题为导向，把发现问题放在首位：

做到“善于发现问题、善于马上解决问题、善于举一反三解决一批问题、善于从根本上解决问题"；发现问题、避免事故的奖励；隐患排查治理、查找身边薄弱环节。

② 坚持属地管理原则，把责任落实到每个人：“谁主管、谁负责”；“我的岗位，我负责”。

③ 坚持提升员工的安全意识、安全技能：把安全培训同解决实际问题结合起来：把培训与解决现场问题结合起来；

④ 坚持采用先进的安全技术，实现本质安全；

⑤ 坚持采用先进的管理方法，提升安全管理水平。

（5）提升安全领导力的五种工具

如图 2-13 所示，提升安全领导力的五种工具包括安全观察与沟通、安全经验分享、工作风险分析、事故管理、审核评估。

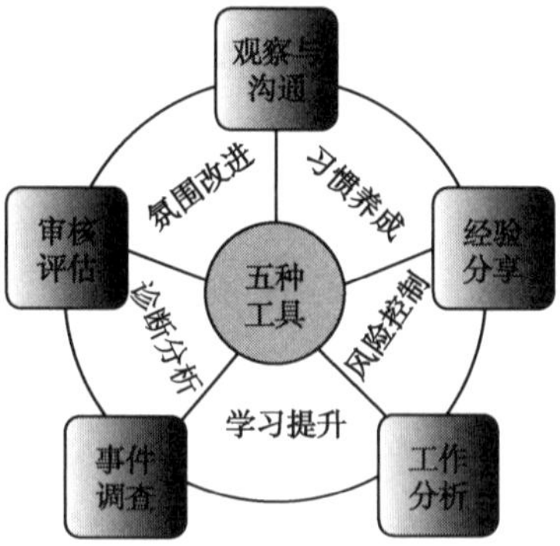

图 2-13　提升安全领导力的五种工具

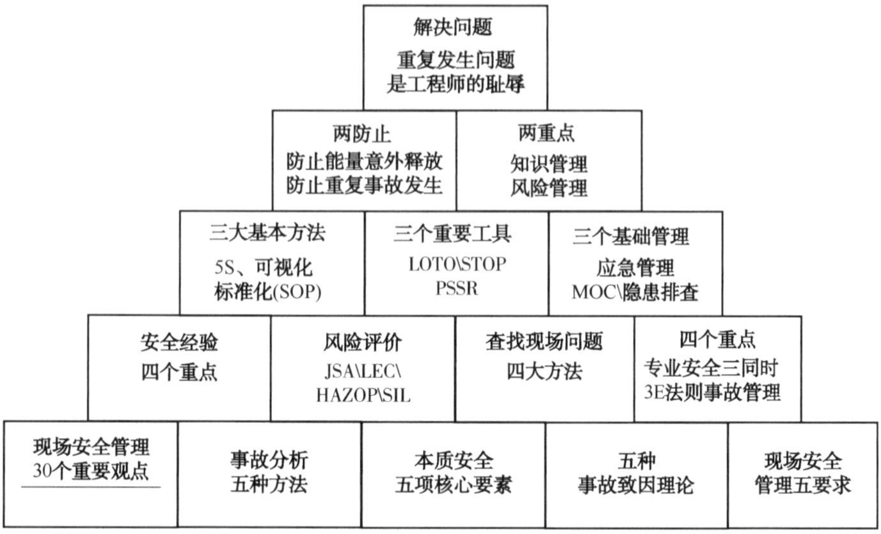

图 2-14　工程技术人员现场安全管理 55 个要素

二、工程技术人员安全管理的 55 个要素

1. 解决问题

强调“任何事故都是可以分析的、可以预防的、可以避免的“的理念。重在解决现场问题，采用技术手段解决现场安全问题，防止重复问题的发生。

2. “两防止”、“两坚持”

（1）“两防止”

“两防止”是指防止能量意外释放、防止重复发生同类事故。

① 能量意外释放是造成事故的关键因素，特别是在直接作业环节、在装置停开工、在检修现场，采用 LOTO 等方式防止能量意外释放；在生产运行期间，在能量的放出路线上和放出时间上采取措施，如 ESD(Emergency Shutdown Device)

紧急停车系统、保护性接地、安全连锁装置；设置能量意外放出缓冲装置，如爆破板、安全阀、保险带、冲击吸收装置等。

② 工程技术人员要树立事故是资源的意识，向事故学习，防止事故的重复发生。重复发生同样的事故是工程技术人员的耻辱，要对自己装置的事故，采取技术措施从根本上解决问题，防止事故重复发生。同时，要根据未遂事故和同类装置的事故，反思本装置的不足，采取措施从根本上解决问题，防止在本装置重复出现同样的事故。事故教训共享，摊薄事故成本。

(2)“两重点”

“两重点”是指知识管理、风险管理。

① 知识管理：现场管理要坚持员工的基本功训练不放松，不断提升员工的安全技能，形成”第一反应是正确的“，防止在应急情况下忙中出错酿成二次事故。一线员工的基本功训练必须以知识管理为手段，基本功训练的教材要不断从同类装置的事故中丰富其存量；要从一线员工的现场实践中丰富其存量。

② 风险管理：我们与国外先进企业的安全管理主要差距在于风险管理。工程技术人员首先要树立“安全源于设计”的理念，对装置的设计、技术改造、新设备和新材料的应用要进行综合安全风险评价；其次要树立“没有变化就没有事故”的理念，重点对现场临时作业活动进行风险管理、做好变更管理，变更审批前必须进行风险评估、建立各级风险清单，每半年更新 1 次，发生重大变化或变更后应及时更新；再次是要掌握 HAZOP 和 JSA 等风险评价工具。

3. 3E 对策、三个重要工具、三项基础安全管理

(1) 3E 对策

事故发生的直接原因是人的不安全行为和物的不安全状态，而基本原因可以归结为技术、教育、身体和管理四个方面。针对这四个方面的原因，企业可以采取以下三种基本对策：

技术对策(Engineering)，即运用工程技术的手段消除生产设备和作业环境存在的不安全因素；

教育对策(Education)，即提供各种层次各种形式的教育和训练，使全体员工掌握安全生产的基本知识和技能，树立安全的基本观念；

法治对策(Enforcement)，即利用法律、规程、标准和制度等一系列的强制手段约束人们的行为，避免事故的发生。

(2) 三个重要工具(LOTO、STOP 、PSSR)

① LOTO(Lockout-Tagout，上锁挂牌)：在安装、检修、维护、清洁设备或设施时，为防止因设备意外启动、运转或能源的释放造成伤害，隔离并锁定电能、热能、势能、化学能、机械能等能量源 .

《中石化安全管理手册》的作业许可中规定：“凡涉及用火、进入受限空间、高处作业、临时用电、动土、起重和盲板抽堵等作业必须实行作业许可证管理；作业许可的审批人、作业监护人等应经过作业许可管理培训，培训合格后方可上岗；许可证审批人在许可证签发前应结合 JSA 组织现场安全确认，对交叉作业要指定项目现场协调人。”

“作业区域应进行隔离，并予以标识。对存在能量或危险物质意外释放可能导致中毒、窒息、触电、机械伤害的设备设施应采取能量隔离与挂牌上锁措施。”

② STOP(Safety Training Observation Program，安全、培训、观察、程序)：杜邦公司认为：所有事故都是可以预防的，安全是每一个人的责任；STOP 是一种观察程序，通过观察人的行为，并且和雇员交谈关于如何安全工作的方法，以达到防止不安全行为的再发生和强化安全行为的目的。

③ PSSR(Pre-Start-up Safety Review，启动前安全检查)：在工艺设备启动前对所有相关因素进行检查确认，并将所有必改项整改完成，批准启动的过程，简称 PSSR。

《中石化安全管理手册》的中规定：“企业应在新改扩建项目开车前组织编制开车前安全检查表，进行开车前的安全检查(PSSR)和整改消缺。”

(3) 三项基础安全管理：生产运行安全、设备设施安全、施工作业过程安全

1) 生产运行安全

① 生产过程安全控制：按装置(设施)生产能力组织安排生产任务；建立书面操作规程，明确装置、设备的操作步骤、工艺控制参数、正常操作范围和异常操作限值。；并每月对操作规程的执行情况进行检查；建立工艺报警、安全报警的报告、分析制度，明确报告处置的流程和责任；

② 生产过程变更风险控制：原料、药剂及介质变更、工艺流程变更、操作步骤、操作参数和报警连锁值等发生变更应办理变更手续；

③ 开工和停工安全管理：在项目开工前或装置开、停车前，组织风险评估，编制和审查项目开工方案或装置开停车方案；在新改扩建项目开车前组织编制开车前安全检查表，进行开车前的安全检查(PSSR)和整改消缺；对现役装置交出前进行处理；现役装置检修全部结束后组织装置开车前的安全验收并履行交接手续；

④ 现场安全管理：对岗位员工巡回检查的检查；生产装置、仓库、罐区、装卸区、危化品输送管道等危险场所和位置设置警示标志。

⑤ 危化品储运安全管理：建立危化品目录和台账，动态监控使用和储存危化品的品种、数量和存放地点；建立化学品活性反应矩阵表，明确不同化学品的储存要求、储存方式、泄露处置和应急措施；收集或编制化学品化学品安全技术说明书。

2) 设备设施安全

① 采购安全控制：遵循全生命周期安全可靠经济的原则，在选择物质或设备时，更关注安全和质量要求，避免价格陷阱；按照谁采购谁负责、谁验收谁负责的原则明确责任部门，建立采购物质或设备的检验方法、验收标准；

② 建造与安装控制：设备设施建造和安装过程必须严格遵守设计要求，明确质量目标、进行全过程质量控制；按照谁安装谁负责、谁验收谁负责的原则进行设备设施的验收，未组织验收或验收不合格的不得投入使用。

③ 设备运行安全管理：设备安装后须进行试运行，试运行过程中应安排专人监护、记

录，发现异常立即处理；单机试运结束后，建设单位应组织设计、施工、质检、监理等人员验收并保存记录；建立监控、分析设备运行参数，禁止设备带兵运行、超负荷运行和超期服役；对关键的设备设施重点监护、有计划的测试和检验，及早识别设备设施存在的缺陷，并进行修复或替换；禁止使用国家明令淘汰和报废的设备。

④ 设备变更风险控制：设备设施变更型号、材质等变更应办理变更手续；设备设施连锁保护摘除、连锁值变更等应办理变更手续。

3）施工作业安全管理

① 作业安全分析（JSA）：所有施工作业都要在作业前运用 JSA 等方法进行危害识别及风险分析；按照谁安排谁安排谁负责、谁作业谁负责的原则，由现场作业负责人组织作业人员和相关人员进行 JSA 分析。

② 作业许可：凡涉及用火、进入受限空间、高处作业、临时用电、动土、起重和盲板抽堵等作业必须实行作业许可证管理；作业许可的审批人、作业监护人等应经过作业许可管理培训，培训合格后方可上岗；许可证审批人在许可证签发前应结合 JSA 组织现场安全确认，对交叉作业要指定项目现场协调人；作业区域应进行隔离，并予以标识；对存在能量或危险物质意外释放可能导致中毒、窒息、触电、机械伤害的设备设施应采取能量隔离与上锁挂牌措施（LOTO）。

③ 作业过程安全监护和监督：现场高风险作业实行属地和承包商双监护；实行许可要求的作业必须全程视频监控；作业范围和内容发生变化后需重新申请作业许可，作业人员不得随意改变作业范围和作业内容。

4. QSHE 管理体系、现场管理的四个工具、安全教育活动的四个重点、查找现场问题的四种方法

（1）QSHE 管理体系

指在质量（Quality）、健康（Health）、安全（Safety）和环境（Environmental）方面指挥和控制组织的管理体系。是在 ISO 9001 标准、ISO 14001 标准、GB/T28000 族标准和 SY/T 6276《石油天然气工业健康、安全与环境管理体系》的基础上，根据共性兼容、个性互补的原则整合而成的管理体系。

（2）现场管理的四个工具（TPM、TQM、MES、KPI）

工作质量等于安全，在生产现场保证工作质量需要管理平台和管理工具，TPM、TQM、MES、KPI 就是最基本管理工具。

① TPM 管理，即“全员生产维修”，70 年代起源于日本，是一种全员参与的生产维修方式，其主要点就在“生产维修”及“全员参与”上。通过建立一个全系统员工参与的生产维修活动，使设备性能达到最优。

② TQM 全面质量管理，是以产品质量为核心，建立起一套科学严密高效的质量体系，以提供满足用户需要的产品的全部活动，是改善企业运营效率的一种重要方法。

③ MES 系统即制造企业生产过程执行管理系统，是一套面向制造企业车间执行层的生产信息化管理系统。

④ KPI（企业关键绩效指标：是通过对组织内部流程的输入端、输出端的关键参数进行设置、取样、计算、分析，衡量流程绩效的一种目标式量化管理指标，是把企业的战略目标

分解为可操作的工作目标的工具，是企业绩效管理的基础。

（3）安全教育活动的四个重点

① 编写、学习本装置的事故案例汇编；

② 开展安全经验分享，分享经验教训，将口口相传的安全经验文本化，全体共享；

③ 开展以团队学习为基础的、以解决现场问题为目的行动学习；

④ 开展不定期的日常应急演练。

（4）查找现场问题的四种方法

标杆思维法；标准对照法；外请专家法；事故反思法。

5. 现场管理的五项要求、分析问题的五种工具、五种事故致因理论、本质安全的五项核心要素、现场安全管理五种方法

（1）现场管理的五项要求

台账齐全；数据真实；标识清晰；环境整洁；作业标准。

（2）分析问题的五种工具

思维导图；甘特图；帕累托法则；鱼骨图；5W1H。

（3）五种事故致因理论

事故因果连锁理论；能量意外释放理论；动态变化理论；轨迹交叉论；综合论。

（4）本质安全的五项核心要素：

① 人的本质安全：要求操作者具有较好的心理、生理、技术素质．即想安全（安全意识）．会安全（安全技能+专业岗位知识）．能安全（能遵守制度+能创造安全环境+能正确操作设备）

② 机器、设备的本质安全：包括机器的可靠性，安全特性，安全维护系统及安全保护系统的品质。

③ 原材料的本质安全：降低材料的毒性或火灾爆炸危险性。

④ 环境的本质安全：使物理环境、化学环境、空间环境和时间环境以及整个系统达到最佳的安全匹配，为职工创造一个安全、良好的工作环境．

⑤ 管理制度的本质安全：管理制度的科学合理、作业流程的科学合理、操作规程的科学合理。

（5）现场安全管理的五种方法：

① 危险源辨识、风险评价：危险源辨识方法：询问交谈、问卷调查、现场观察、查阅有关记录、获取外部信息、工作任务分析、材料性质和生产条件分析、系统安全分析和风险评价法等多种方法，从某种程度上说，SC L 检查表），HAZOP（危险可操作性研究），ETA（事件树），FTA（事故树）是比较规范的危险源辨识的方法。

常用的风险评价方法：作业条件危险性评价法（LEC 法）、系统安全分析法（包括 SCL，PHA 预危险性分析）、EVI EA（失效模式及影响分析），HAZOP，FTA，ETA 等、综合评价法和风险评价指数矩阵法等评价方法。

② 风险控制的途径通常有 4 种，即：制定适宜的职业健康安全目标；制定确实可行的管理方案；严格按要求进行运行控制；搞好应急准备与响应。其中，管理方案是针对那些需要“上硬件”或必须进行整改的重大风险而制定的控制方法。通过管理方案的实施和完成，

能够获得消除、基本消除或很大程度缓解重大风险的效果，将风险降至可以承受的程度。

③ 安全检查表法：安全检查表法（Safety Checklist Analysis，缩写 SCA）是依据相关的标准、规范，对工程、系统中已知的危险类别、设计缺陷以及与一般工艺设备、操作、管理有关的潜在危险性和有害性进行判别检查。适用于工程、系统的各个阶段，是系统安全工程的一种最基础、最简便、广泛应用的系统危险性评价方法。

④ OSHA 统计：OSHA 统计全面涵盖死亡、重伤、轻伤各类人身伤亡事故，扩大了事故统计分析样本，能够更加全面客观地反映现场安全生产状况，为关口前移抓监管、有效预警预测安全风险、有针对性地防范事故提供了支撑，也为制定完善管理制度标准、优化监督管理措施、实现科学决策管理提供了依据。

⑤ HAZOP（Hazard and Operability Analysis）分析法：即危险与可操作性分析，是按照科学的程序和方法，从系统的角度出发对工程项目或生产装置中潜在的危险进行预先的识别、分析和评价，识别出生产装置设计及操作和维修程序，并提出改进意见和建议，以提高装置工艺过程的安全性和可操作性，为制定基本防灾措施和应急预案进行决策提供依据。HAZOP 的主要目的是对装置的安全性和操作性进行设计审查 . HAZOP 分析由生产管理、工艺、安全、设备、电气、仪表、环保、经济等工种的专家进行共同研究；这种分析方法包括辨识潜在的偏离设计目的的偏差、分析其可能的原因并评估相应的后果。它采用标准引导词，结合相关工艺参数等，按流程进行系统分析。并分析正常/非正常时可能出现的问题、产生的原因、可能导致的后果以及应采取的措施。方法的本质通过系列的会议对图纸和操作规程进行分析，分为建设项目和在役装置，分析的主体是工程技术人员。

三、技能操作人员安全管理的 55 要素

技能操作人员现场安全管理 55 要素见图 2-15。

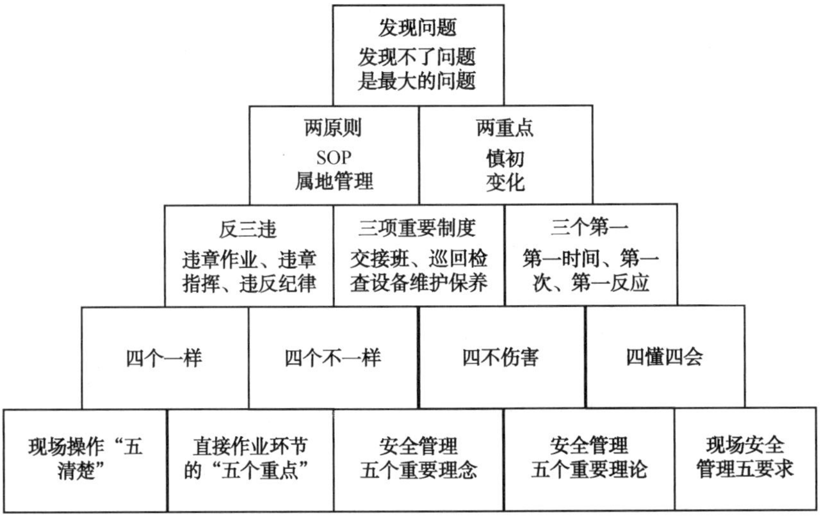

图 2-15　技能操作人员现场安全管理 55 要素

1. 一个方针

“安全第一、预防为主、综合治理”。强调“我的岗位、我负责”属地管理理念。重在发

现现场问题。

2.“两原则”“两重点”

(1)“两原则”

① 属地管理的原则：属地主管对属地享有管理权(与家概念相同)，任何人任何时候进入属地做任何事都要接受属地主管的管理。企业最基本属地是岗位和班组“我的岗位、我负责”、“我当班、我负责”。

② SOP(标准的作业程序)是经过不断实践总结出来的在当前条件下可以实现的最优化的程序设计。是尽可能地将相关操作步骤进行细化、量化和优化。其作用表现在，使企业隐性知识显性化，起到对企业知识的积累和提炼作用，可以使新员工快速上手，使企业能够在最短时间里培养新员工达到熟练工的技能；明确现场操作人员的责任，使直接作业环节操作更加规范，确保安全；

SOP 建设是一个不断优化的过程，促使我们不断改革和进步。如根据同类装置发生的事故，将我们应该吸取的教训写入 SOP；执行 SOP 的过程是一个不断强化员工照章办事、遵守规则的过程，规范执行 SOP 是培养高素质职业化员工的过程，是对员工作风训练的过程。

(2)“两重点 ”

安全工作有规律可循，特别是要时刻保持“防微杜渐的警觉”。在生产现场有两个重要的思想方法，就是把每一天的每一项工作都看做新的开始的“慎初”的思想方法，和保持对“变化”了的情况的敏感性的思想方法。

① “慎初”。就是我们从事的新的工作、新装置开工、头一次进塔罐、新员工第一次到岗、装置检修动的第一把火、头一次在这个部位动火、头一次在这个时间段动火，这些都需要我们慎之又慎，因为我们可能对某些风险还缺乏认知；就是即便每天、每月和每年千百次重复的一件事，也要每次按标准执行到位；就是要把每一天当做新的开始，不是把每一项工作的全过程的开始当做开始。具体讲，比如在装置区进行动火作业，第二天虽然在同样的地点、同样的人员，但实际的工况可能就发生了变化，因而，要重新进行动火条件的确认。工作质量=安全，数据的及时、准确、完整是企业的生命，所谓“慎初”就是要求我们录入的第一个数据必须真实、准确，否则在此基础上的所有信息都是垃圾，就会酿成事件甚至事故。

② “变化”。就是要坚持“没有变化就没有事故”的理念。对变化的理解，应从内外部环境变化、人员变化(新、老员工比例、员工身体、心理变化、天气变化、工艺、设备、政策法规等全面把握，分析对安全生产的影响。

3. 反“三违”、三个“第一”、三个重要制度

(1) 反“三违”

① 反违章作业；反“三违”特别是要反违章作业，反对违章作业特别是要反习惯性违章。

② 反违章指挥；

③ 反违反劳动纪律。

(2) 三个“第一”

① 带着问题去巡检，要在第一时间发现问题；

② 强化日常应急演练，形成第一反应是正确的；

③ 用心做事、按标准做事，第一次把事情做对。

（3）三项重要制度

1)交接班制要则

①“三一”：即对重要的生产部位一点一点交接；对重要的生产数据一个一个交接；对重要的生产检测仪器和工具一件一件交接；

②“十交”：即交任务、交操作、交指令、交质量、交设备、交安全环保和卫生、交问题、交经验、交工具、交记录。

③“五不接”：即设备润滑不好不接、工具不全不接、操作情况不正常不接、记录不全不接、卫生不好不接。

④“四到”：即应该看到的要看到、应该摸到的要摸到、应该去听到的要听到、应该去闻到的要闻到。

2）巡回检查要则：

① 带着问题去巡检（薄弱环节、事故隐患、同时间同类装置出现的问题）；

② 对变化了的情况了如指掌（人员变化、天气变化、设备完好情况、工艺变化）；

③ 坚持做到“四到”（眼到、心到、手到、行动到）；

④ 善于发现问题（善于发现重大问题、非巡检路线上的问题、装置平台和管廊上等高处的问题、在夜间发生的问题）。

3）维护保养要则

① “四懂、三会”：懂结构、懂性能、懂用途；会使用、会维护保养、会排除基本故障。

② 享有“三项权利”，即：有权制止他人私自动用自已操作的设备；未采取防范措施或未经设备员备案超负荷使用设备，有权停止使用；发现设备运转不正常，超期不检修，安全装置不符合规定应立即上报，如不立即处理和采取相应措施，有权停止使用。

③ 准超温、超压、超速、超负荷运行。

④ 掌握设备故障的预防、判断和紧急处理措施，保持安全防护装置完整好用。

⑤ 备用设备经常保持完好状态，保证随时可以启动运行，对备用设备要定时试车，搞好防冻、防凝等工作。认真填写设备月使用调查表，做好缺陷记录，维修维护保养记录。搞好设备清洁、润滑、紧固、调整和防腐防变形。保持零件、附件及工具完整无缺。

⑥ 经常保持设备和环境清洁卫生，做到沟见底、轴见光、设备见本色。

⑦ 搞好设备润滑。坚持“五定“、”“三级过滤（五定：定点、定时、定质、定量、定人；三级过滤：从领油大桶到岗位储油桶，岗位储油桶到油壶，油壶到加油点）。同时对润滑部位和油箱等定期进行清洗换油。

⑧ 精心维护、严格执行巡回检查制，听、擦、闻、看、比了解设备状况，定期巡回检查路线，发现问题，及时解决，排除隐患。

4.“四不伤害”、“四个一样”、“四个不一样”、“四懂四会”

（1）四不伤害原则

1）不伤害自己

不伤害自己，就是要提高自我保护意识，不能由于自己的疏忽、失误而使自己受到伤害。它取决于自己的安全意识、安全知识、对工作任务的熟悉程度、岗位技能、工作态度、工作方法、精神状态、作业行为等多方面因素。在工作前应思考下列问题：我是否了解这项工作任务，我的责任是什么？我具备完成这项工作的技能吗？这项工作有什么不安全因素，有可能出现什么差错？万一出现故障我该怎么办？我该如何防止失误？要做到不伤害自己要做到以下 6 个方面：

① 保持正确的工作态度及良好的身体心理状态，保护自己的责任主要靠自已。

② 掌握所操作的设备的危险因素及控制方法，遵守安全规则，使用必要的防护用品，不违章作业。

③ 任何活动或设备都可能存在危险性，确认无伤害威胁后再实施，三思而后行。

④ 杜绝侥幸、自大、逞能、想当然心理，莫以患小而为之。

⑤ 积极参加安全教育训练，提高识别和处理危险的能力。

⑥ 虚心接受他人对自己不安全行为的纠正。

2）不伤害他人

他人生命与你的一样宝贵，不应该被忽视，保护同事是你应尽的义务。我不伤害他人，就是我的行为或后果，不能给他人造成伤害。在多人作业同时，由于自己不遵守操作规程，对作业现场周围观察不够以及自己操作失误等原因，自己的行为可能对现场周围的人员造成伤害。想做到我不伤害他人，应做到以下 6 个方面：

① 你的活动随时会影响他人安全，尊重他人生命，不制造安全隐患；

② 对不熟悉的活动、设备、环境多听、多看、多问，必要的沟通协商后再做；

③ 操作设备尤其是启动、维修、清洁、保养时，要确保他人在免受影响的区域；

④ 你所知、造成的危险及时告知受影响人员、加以消除或予以标识；

⑤ 对所接受到的安全规定/标识/指令，认真理解后执行；

⑥ 管理者对危害行为的默许纵容是对他人最严重的威胁，安全表率是其职责。

人的生命是脆弱的，变化的环境蕴含多种可能失控的风险，你的生命安全不应该由他人来随意伤害。我不被他人伤害，即每个人都要加强自我防范意识，工作中要避免他人的错误操作或其它隐患对自己造成伤害。

想做到我不被他人伤害，我应做到以下 6 个方面：

① 提高自我防护意识，保持警惕，及时发现并报告危险；

② 你的安全知识及经验与同事共享，帮助他人提高事故预防技能；

③ 不忽视已标识的/潜在危险并远离之，除非得到充足防护及安全许可；

④ 纠正他人可能危害自己的不安全行为，不伤害生命比不伤害情面更重要；

⑤ 冷静处理所遭遇的突发事件，正确应用所学安全技能；

⑥ 拒绝他人的违章指挥，即使是你的主管所发出的，不被伤害是你的权利。

4）保护他人不受伤害

任何组织中的每个成员都是团队中的一分子，要担负起关心爱护他人的责任和义务，不仅自己要注意安全，还要保护团队的其他人员不受伤害，这是每个成员对集体中其他成员的承诺。想做到保护他人不受伤害，我应做到以下 6 个方面：

① 任何人在在任何在方发现任何事故隐患都要主动告知或提示他人；

② 提示他人遵守各项规章制度和安全操作规范；

③ 提出安全建议，互相交流，向他人传递有用的信息；

④ 视安全为集体的荣誉，为团队贡献安全知识，与他人分享经验；

⑤ 关注他人身体、精神状况等异常变化；

⑥ 一旦发生事故，在保护自己的同时，要主动帮助身边的人摆脱困境。

（2）“四个一样”

“四个一样”于1963年由大庆油田李天照井组首创，得到周总理的高度赞扬，并与“三老四严”一同写入当年颁布的《中华人民共和国石油工业部工作条例(草例)》，作为工作作风的主要内容颁发。“四个一样”是党的优良作风和解放军的“三大纪律八项注意”同油田会战具体实际相结合的产物，是大庆油田广大职工自觉坚持标准、严细成风的真实写照。

“对待革命工作要做到：黑天和白天一个样；坏天气和好天气一个样；领导不在场和领导在场一个样；没有人检查和有人检查一个样”。

（3）四个不一样

指在巡回检查过程中的“发现高处问题与低处问题不一样；发现巡检路线的问题与非巡检路线上的问题不一样；发现重大问题与发现一般问题不一样；白天发现问题与夜间发现问题不一样。”现场管理要以问题为导向，第一时间发现问题，会大大降低事故的风险，镇海炼化规定了操作工现场巡检发现问题的“四个不一样”，鼓励操作工人多发现、及时发现问题。

（4）四懂四会

安全工作需要专业技能，这也是基本功训练的重要内容，要保证员工在应急情况下“第一反应是正确的”。

扑灭初期火灾要诀：“报警早，损失小；边报警，边扑救；先控制，后消灭；先救人，后救物；防中毒，防窒息；听指挥，莫惊慌。”

做到“四懂四会”：懂本岗位火灾危险性，会报火警，火警；懂预防火灾的措施，会使用灭火器材；懂灭火方法，会扑救初期火灾；懂逃生方法，会组织人员疏散逃生。

5. 现场操作“五清楚”、“五个重点”、“五个理念”、“五个理论”、“五个基本要求”

（1）员工现场操作“五清楚”

清楚设备原理、工艺路线、薄弱环节、应急处理程序、操作环境变化(设备、工艺、人员、环境、管理要求等变化)。

（2）直接作业环节的“五个重点”

动火作业、进入受限空间作业、高处作业、起重吊装作业、临时用电。

（3）技能操作人员需要掌握的五个理念

① 发现不了问题是最大的问题；

② 我是最后一道防线、第一次就把事情做对；

③“低标准、老毛病、坏习惯是事故的基础”、“脏、乱、差就是事故隐患”。

④ 我要安全、我们要安全。

⑤“让优秀成为习惯”。

（4）技能操作人员需要掌握的五个理论

① 海因里希法则：是指每1起严重事故的背后，必然有29次轻微事故和300起未遂先

兆以及 1000 起事故隐患。

② 墨菲法则：指如果坏事有可能发生，不管这种可能性多么小，它总会发生并引起最大可能的损失。

③ 事故致因理论之能量意外释放理论：大多数伤亡事故都是因为过量的能量，或干扰人体与外界正常能量交换的风险物质的意外释放引起的，并且这种过量能量或风险物质的释放都是由于人的不安全行为或物的不安全状态造成。事故是一种不正常的或不希望的能量释放并转移于人体。

④ 事故致因理论之轨迹交叉理论：在事故发展进程中，人的因素和物的因素在事故归因中占有同样重要的地位。在事故的发展进程中，人的因素的运动轨迹的因素和物的因素的运动轨迹的交点，就是事故发生的时间和空间。

⑤ 安全风险管理理论：是指通过识别生产经营活动中存在的危险、有害因素，并运用定性或定量的统计分析方法确定其风险严重程度，进而确定风险控制的优先顺序和风险控制措施，以达到改善安全生产环境、减少和杜绝安全生产事故的目标而采取的措施和规定。

（5）现场安全管理五个基本要求

数据真实，台账齐全；设备完好，设施齐全；环境整洁，标识清晰；遵守规程作业标准；职责明确，执行到位。

第三章　安全教育与培训

2012 年 11 月 21 日，国务院安委会印发了《国务院安委会关于进一步加强安全培训工作的决定》，提出了“一个树立”、“两个坚持”、“三个细化”、“五个落实”。即树立一个工作意识，即“培训不到位是重大安全隐患”；坚持两个工作理念，即依法培训、按需施教；完善细化三个责任体系，即企业安全培训主体责任，政府及有关部门安全培训监管和安全监管监察人员培训职责，安全培训和考试的机构培训质量保障责任；落实五项法律制度，即高危企业从业人员准入制度、“三项岗位”（高危行业企业主要负责人、安全生产管理人员和特种作业人员）人员持证上岗制度、企业职工先培训后上岗制度、师傅带徒弟制度、安全监管监察人员持证上岗和继续教育制度。

安全教育要坚持集中培训与日常教育相结合，理论培训、技能训练、预案演练相结合，特别加强基层员工岗位技能培训，提高基本专业素质和现场实操水平。要将企业事故案例纳入培训重点，让全体员工吸取事故教训。提高基层作业人员安全操作、劳动防护、风险预判、监测预警、应急避险、自救互救的技能，不仅做到“我要安全”，还要“我会安全”，“我能安全”。

第一节　安全教育的意义

一、安全教育是预防与控制事故的重要手段

2012 年 12 月 14 日，国家安监总局副局长孙华山在中石化燕山石化，为“国家安全监管总局教育培训基地”揭牌上曾指出：安全培训作为安全生产立法、执法、培训和保险的“四大支柱”之一，在安全生产工作众多对策措施中，投入最少、见效最好、也最长远。

企业发生的工伤事故和生产事故 80%以上是由于员工自身的“三违”原因造成。从构成事故的三因素，即“人-机-环”的关系分析，“机器设备”、“环境”相对比较稳定，唯有“人”是最活跃的因素。人的不安全行为是事故的引发者，物和环境的不安全状态是由于人的不安全行为造成的，或者是对变化了的环境、机器设备出现的故障缺乏在第一时间的把握。我们只有通过科学的管理、持久有效的教育、及时正确的宣传和引导，才能提升员工的安全素质，从而预防并控制事故的发生。

事故致因理论中有一个《系统观点的人失误主因论》，该理论有一个基本的观点，即人失误会导致事故的发生，而人失误的发生是由于人对外界刺激（信息）的反应失误造成的。威格尔斯沃思（Wiggiesworch）在 1972 年提出“威格尔斯沃思模型”，该模型认为，“人失误”是所有伤害的基础，并把“人失误”定义为“人错误地或不适当地响应一个外界刺激”。瑟利（J. surry）在 1969 年提出“瑟利模型”，该模型从人、机、环境的结合上对危险从潜在到显现、从显现到事故和伤害进行了深入细致的分析，提出预防事故关键在于发现和识别风险。

在威格尔斯沃思和瑟利等人的人为失误模型的基础上，1974 年劳伦斯(Lawrence)针对金矿企业提出以人失误为主因的事故模型，该模型对比较复杂的事故分析具有良好的实用价值。安德森(R. Anderson)在 1978 年应用瑟利模型分析 60 件工业事故中后，对瑟利模型进行了扩展，增加了一组问题：危险线索的来源及可觉察性，运动系统内的波动(机械运行过程及环境状况的不稳定性)，以及控制或减少这些波动使之与人(操作者)的行为的波动相一致。

人的本性和弱点决定人的失误是不可避免的，人失误会导致事故的发生，通过安全教育可以减少人的失误。从瑟利模型中可以看出，在人、机和环境系统中防止事故，一要防止“危险出现”，二是当“面临危险”时，有正确的第一反应，使其不会发展为“伤害、损失”事故。为此：第一，关键在于发现和识别危险，要使危险可知，即能发现“危险的警告”，特别是那些不易发现的潜在的危险。第二，要使人知道放出的警告。第三，要使人能够确认警告的内容是什么。第四，要使人明确，危险出现时应采取什么措施才能避免危险，防止危险发展为伤亡事故。第五，要采取各种措施，提高操作者的责任意识和安全意识，及时采取恰当措施，避免事故的发生。这里的核心问题是对危险的感知，并形成正确的第一反应，都是可以通过安全教育来实现的。

二、安全教育不到位是事故发生的基础原因

事故致因理论中轨迹交叉理论和综合论都把学校教育问题归结为事故的基础原因，傅贵的安全行为“2-4”模型把企业文化不到位作为事故发生的根源原因。安全教育包含企业和社会两个层面，通过各种形式如学校教育、媒体宣传、政策导向、安全培训等，努力提高人的安全素质，学会从安全的角度观察和理解要从事的活动和面临的形势，用安全的观点解释和处理自己遇到的新问题。

国务院应急管理专家组调查，我国 46%的民众对突发事件的应急措施了解十分有限，27%的人甚至根本不了解。我国国民的消防安全素质的抽样调查显示，将近 50%的民众在火灾发生时不懂得如何逃生自救，52%的人甚至不认识消防安全标识。

企业和社会是紧紧联系在一起的。从社会上公众不走人行横道、不走过街天桥的习惯性违章，再到高速公路堵车时车辆塞满应急车道的习以为常，与社会相呼应的是企业界一年发生的 70 余万起事故，直接经济损失达 2500 亿元，这些事故 80%是由人的违章造成的，也就是说人的因素造成的损失达 2000 亿元。这些都说明安全教育的意义，社会基础教育是重要的，企业安全教育也是重要的。欧美国家从小学就开始的生命教育，旨在帮助学生认识生命、尊重生命、珍惜生命、热爱生命，从而提高学生的生存技能，提升学生的生活质量。中小学生正处于身心快速成长期，是事故的“多发区、敏感区”，因而生命教育显得尤为重要，同时，养成良好的安全习惯、具备一定安全知识和安全技能对孩子的一生对整个民族的安全素质产生了巨大的影响。美国被认为是世界上最早实施生命教育的国家。1968 年，美国学者华特士(J. Donald. Walters)提出了生命教育(Education for Life&Life Education)，并在加州创办了第一所生命教育学校——阿南达智慧生活学校(Ananda Living Wisdom School)；随后，美国的学校开始关注生命教育；至 1976 年，美国 1500 所中小学分别开设了生命教育课程；20 世纪 90 年代时，生命教育已基本普及，并且在推广普及的过程中逐渐形成清晰的生命教育目标维度和完整的生命教育内容体系，发展至今成绩斐然。西方许多发达国家也纷纷关

注、认同和效仿。

学校教育是安全教育的主要途径之一，从小养成的安全习惯，肯定是稳定的习惯。而在企业，安全教育的主要形式是安全培训，安全培训的形式是多种多样的，本专业安全基础知识培训、事故应急演练、仿真培训、安全学习、三级安全教育、脱产培训和以解决实际安全隐患的行动学习、包括编写事故案例汇编等形式，目的是提升员工的安全素质，使得现场操作人员基本在第一时间发现问题、处理问题、第一次把事情作对、第一反应是正确的本领，避免或减少事故的发生。

国家安监总局有报告称，2013 年据统计，在农民工中，文盲和半文盲占 7%，高中以上文化程度仅占 13%。全国 550 万煤矿职工中，80%为农民工。近年来，进城务工人员因事故死亡的人数占各类事故死亡人数总量的 70%左右。

三、安全教育是实现现代化工业生产的需要

现代化工业生产场所，蕴藏着巨大能量，因而人工环境潜伏着巨大的危险。对生产场所危险性的认识，以及预防事故已超出了一般人员的常识和经验范围，只有通过系统的安全教育，才能够认识环境中的潜在危险性，提高预防事故的自觉性。

现代工业生产的物料、设备、仪器仪表、自动控制系统的认识与操作，具有很高的技术性和复杂性，同时现代化生产系统中也蕴藏着事故的危险性，只有经过专门教育、培训的专业人员才能熟练掌握。

现代化工业生产是一个互相关联、密切协作的群体劳动、系统运转的过程。它需要每一部分、每个员工的正常工作与不懈努力。所以必须对全体人员进行安全生产教育，预防个体的不安全行为对整体带来危害，以保证现代的工业生产的顺利进行。

四、安全教育是弘扬安全文化重要平台

安全文化是安全价值观和安全行为准则的总和。安全价值观是指安全文化的里层结构，安全行为准则是指安全文化的表层结构。安全价值观是企业员工对安全生产价值的认知，它决定员工的行为取向与行为准则。

安全教育与安全文化密切相关。安全文化是由安全物质文化、安全行为(精神)文化和安全的观念文化组成的。其中安全行为(精神)文化、安全的观念文化和安全教育密切相关，这是因为安全教育的基础目标就是优化人的安全观念认识，提高、统一人的安全行为水平。思想是行为的先导，有了敬畏生命、珍视健康的思想认识，才有遵守规则的自觉。而安全物质文化也与安全教育有重要的关系。因为安全的物质文化是安全教育的基础、背景和条件。安全教育离不开安全的物质文化。

安全教育是安全文化的重要组成部分。安全教育使得人安全文化素质不断提高，安全精神需求不断发展。通过安全教育能够形成和改变人的安全意识、提升安全技能、丰富安全知识存量，使人的行为更加符合社会生活和企业生产中的安全规范和要求。

安全教育是发展安全文化的动力。安全教育激发出人类安全活动的活力，给人们以前进的动力和能量，促进人与人之间关系的和谐，保证人们心情舒畅的工作，这是安全生产的基础条件，也是丰富企业文化的过程。企业要始终坚持把培养人放在第一位，人的发展的重要

标志是安全素质的提升。安全教育的过程是弘扬企业安全文化的过程，也是发展企业安全文化的过程，只有在教育过程中，安全文化才能得以发展，人的安全素质才能得以提高。

安全教育最重要的素质教育。安全素质教育是企业安全管理的治本之策，具备较高安全素质的人是本质安全的人，这样的人在工作中表现出“我要安全”的安全意愿，“我能安全”的安全知识，“我会安全”的安全技能。“我要安全“的安全意愿是安全素质的核心内容，是一个人做好安全工作的动力源。安全素质是人们的安全意识、安全知识和安全技能的总和。树立安全意识，要求善待生命，增强健康意识、风险意识、防范意识、科学意识和守法意识；熟悉安全知识，要求了解生活安全、公共安全、职业卫生、自然灾害等方面的安全知识，了解危险因素及预防和应对方法；掌握安全技能，要求掌握现代社会中安全生活和生产的基本技能、遇险正确逃生和事故应急方法与技能。从拓展意义上讲，安全素质还包括理论、情感、价值观、职业道德、行为准则等人文素质，其内涵非常丰富，包括安全意识、法制观念、安全技能知识、文化知识结构、心理应变能力、承受适应能力和安全道德行为规范约束能力等。

第二节 安全教育的内容

安全教育与培训是防止员工产生不安全行为，防止人失误的重要途径。按照事故预防的3E理论，技术是解决员工可能出现误操作的问题；组织(强制)是保证员工不敢触犯规章制度，不服从工厂管理就可能受到解雇(安全是雇用的条件)；而安全教育是让每个员工不愿意违反规章制度，这种心底里的安全意愿是长期的，技术不可能解决所有的不安全问题，还是要靠人的责任心去发现问题，弥补技术上的不足。同时，经过安全教育，员工安全意识得到提升，也会促使更多的技术手段应用在现场，防止人们出错。

安全教育和培训统称为安全教育，是通过各种形式，包括国家法律法规的政策导向、学校教育的行为导向、媒体的舆论导向、企业安全文化建设等，以提高人的安全意识和素质，在人的思想层面和主观意识层面，学会从安全的角度观察和理解所从事的活动，学会用安全的观点解释和处理自己遇到的安全问题。安全教育主要是一种意识的培养，是长期的、贯穿于人的一生的，并在人的所有行为中体现出来的，而与其所从事的职业并无直接关系。安全教育要以培养员工“我要安全”的安全意愿和“我们要安全”的安全文化为目标。

安全培训主要是指一种技能的培训，其主要目的是使人掌握在某种特定的作业或环境下正确并安全地完成任务的技能，所以在生产领域的安全培训也称为安全生产教育。在生产现场，安全生产教育的目标是，保证员工在生产操作、以及在应急情况下“第一反应是正确的”；严格遵守规则，保证“第一次就把事情作对”；保证在“第一时间发现问题”。

一、安全教育的内容

安全教育的内容可概括为三个方面，即安全知识教育、安全技能教育和安全态度教育。安全知识教育是解决“会不会干”的问题，安全技能教育是解决“能不能”干的问题，安全态度教育是解决“愿不愿干”的问题，由此看来，安全态度是扮演带动者的角色。

1. 安全知识教育

安全知识教育包括安全管理知识教育和安全技术知识教育。

（1）安全管理知识教育

安全管理知识教育在现场操作层面是解决“会不会干”的问题，但安全工作需要系统思考，需要从安全文化、管理模式、管理体系、管理机制等宏观上考虑问题，要树立“大安全”的理念，把企业的安全工作放到整个国家、社会层面上考虑问题，理解安全是品牌、安全是文化、安全是文明、安全是财富、安全是企业竞争力。从个人的微观层面讲安全是爱心、安全是尊严、安全是幸福、安全是孝心、安全是权利、安全是义务、安全是素养。企业安全工作做不好的原因之一，就是就事论事的抓安全，缺乏安全管理知识的教育培训，凭经验、直觉抓安全，知其然不知其所以然。

安全管理知识教育包括安全管理理论和安全管理方法。安全管理理论应包括安全管理哲学与原理、安全系统科学原理、安全生产法律法规体系、安全经济学原理、企业安全文化建设理论和方法、安全心理学及安全行为科学、事故致因理论等。安全管理方法应包括安全管理模式与体系、风险管理技术、安全管理技术，以及5S管理方法、知识管理方法、标准化管理方法、可视化管理方法在安全管理中的应用等。

（2）安全技术知识教育

安全技术知识教育的内容包括生产技术知识和安全技术知识教育。

① 一般生产技术知识。主要包括：企业的基本生产情况，生产技术路线、生产过程、工艺控制指标、产品的性能、用途、质量、市场情况等，各种机器设备的性能和操作要领、维护保养、巡回检查的内容等，人们在生产中积累的生产操作技能和经验等。一般安全技术知识是企业所有员工必须具备的安全技术知识。如安全防护基本知识、现场安全管理的基本要求、关键机组和要害部位等重点危险区域和防护要点、有关直接作业环节的安全规定、生产中使用的有毒有害材料的安全防护基本知识、熟悉在企业发生紧急情况下所承担的工作。

② 专业安全技术知识。是指从事某一作业的员工必须具备的安全技术知识。这种专业安全技术知识是上岗的基本要求，如需要掌握的安全技术规程、事故状态下的应急能力、防火、防爆、防尘、防毒和噪声控制方法等安全知识在生产现场都有具体的、一以贯之的要求。如“四懂、三会”：懂结构、懂性能、懂用途、懂原理；会使用、会维护保养、会排除基本故障；员工现场操作“五清楚”：清楚设备原理、清楚工艺路线、清楚薄弱环节、清楚应急处理程序、清楚操作环境变化（设备、工艺、人员、环境、管理要求等变化）等。

2. 安全技能教育

安全技能教育是解决在生产现场“能不能干”的问题。仅有安全技术知识，并不等于能够安全地从事操作，还必须把安全技术知识变成进行安全操作的本领，要实现从“知道”到“会做”的过程，就需要持续不断的安全技能培训。

（1）安全技能

安全技能是为了安全地完成具有一定意义的操作任务，经过学习、训练或工作经验才能获得的完善化、自动化的行为方式。由于安全技能是经过训练获得的，所以通常把安全技能教育叫做安全技能训练。技能是个人的全部行为的一部分，是行为自动化了的一部分，是经过练习逐步形成的，它受意识的控制较少，并且随时都可以转化为有意识的行为。技能达到

一定的熟练程度后，具有了高度的自动化和精确性，便称为技巧。达到熟练技巧时，人员可以条件反射式地行为，

在生产现场事故发生时，留给现场人员的反应时间不会超过 3 分钟，经专业过技能训练的的人，所表现出来的专业素质，就是“第一反应是正确的”、“一出手就非常精准”，反之，就会造成事故扩大、二次伤害。技能训练需要长期的、甚至是痛苦的过程。

（2）安全技能教育的内容

安全技能教育包括正常作业的安全技能培训，异常情况的处理技能培训等。根据拉氏姆逊(J. Rasmussen)人的行为层次理论，把安全技能教育提出三个方面的要求。对应反射层次的行为要求是员工在应急情况下“第一反应是正确的”；对应规则层次的行为要求是“第一次就把事情做对”；对应知识层次的行为要求是“第一时间发现问题”。

拉氏姆逊(J. Rasmussen)把生产过程中人的行为划分为三个层次，即反射层次的行为、规则层次的行为和知识层次的行为，见图 3-1。

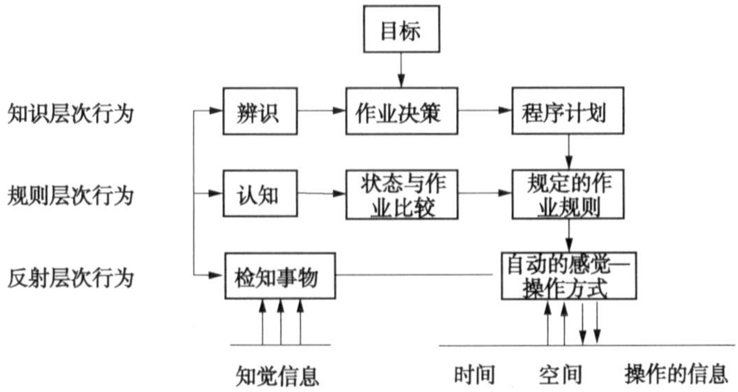

图 3-1　人的行为层次

根据生产操作特征对人的行为层次的要求，安全教育相应地有 3 个层次的教育，即反射操作层次的教育、规则层次的教育和知识层次的教育。

反射层次的行为发生在外界刺激与以前的经验一致时，这时的信息处理特征是；知觉的外界信息不经大脑处理，下意识的行为。熟练的操作就属于反射层次的行为。反射层次的行为一方面可以节省信息处理时间，准确而高效地工作，以及迅速地采取措施对付紧急情况；另一方面，操作者由于不注意而错误地接受刺激，或操作对象、程序变更，仪表、设备人机学设计不合理而发生失误。

规则层次的行为发生在操作比较复杂时，操作者首先要判断应该按怎样的操作步骤操作，然后再按选定的步骤进行操作。进行规则层次的行为时，操作者可能由于思路错误或按常规办事，或由于忘记了操作程序、省略了某些操作、选错了替代方案而失误；长期的规则层次行为形成习惯操作而不大用脑思考，在出现异常情况的场合容易发生失误。

知识层次的行为是最高层次的行为。它发生在从事新工作、处理没有经历过的事情时，人们要观察情况，判断事物发展情况，思考如何采取行动，经过深思熟虑后才行动。进行知识层次的行为时，操作者受已有的知识、概念所左右，可能做出错误的假设、设想或推论，或对事故原因与对策的关系考虑不足而发生失误。设备的安装、调试和检修都属于知识层次

的行为。

根据生产操作特征对人的行为层次的要求，安全教育相应地有三个层次的教育，即反射操作层次的教育、规则层次的教育和知识层次的教育。

反射操作层次的教育是通过反复操作训练，使手脚熟练地、正确地、条件反射式地操作。这一部分也可以称为基本技能，必要的应知应会和正确使用防护器材、应急情况养成良好的工作习惯。核心是：“第一反应是正确的”。

规则层次的教育是教育操作者按一定的操作规则、步骤进行复杂的操作。经过这样的教育，操作者牢记操作程序，可以不漏任何步骤地完成规定的操作。这一部分技能也可以称为全流程操作技能。核心是：“第一次就把事情作对”。

知识层次的教育使操作者不只学会生产操作，而且要学习掌握整个生产过程、生产系统的构造、工作原理、操作的依据及步骤等广泛的知识等。生产过程自动化程度越高，知识层次的教育越显得重要。这一部分也可以称为风险控制的技能，如直接作业环节的风险控制、熟练掌握变更管理的方法、安全经验的总结和事故反思。核心是：“第一时间发现问题”。

技能训练的三个阶段的要求，是对不同人员的要求，如新入职的员工首先要做到第一阶段的要求。同时，对同一个人来讲，随着工作经验的积累，要逐步达到最高的要求。只有到达了最高的要求，才能称为具有职业化素养的员工。

安全技能培训应按照标准化、模块化的要求进行。安全技能培训应预先制定作业标准和异常情况的处理标准，按照不同的模块对应不同的人员进行培训。

安全操作技能可以概括为：岗位安全“四懂四会五清楚”、设备操作“四懂、四会”、岗位操作“五懂五会五能”。

岗位安全“四懂四会五清楚”：安全知识+技能=上岗的基础条件；

懂本岗位火灾危险性，会报火警；懂预防火灾的措施，会使用灭火器材；

懂灭火的基本方法，会扑灭初期火灾；懂逃生的方法，会组织人员疏散逃生；

清楚安全标示、清楚逃生通道、清楚本岗位安全薄弱环节；

清楚应急处理程序、清楚操作环境的变化(设备、人员、环境管理要求等)。

设备操作“四懂、四会”：

四懂：懂原理、懂构造、懂性能、懂用途；

四会：会使用、会保养、会检查、会排除故障。

岗位操作“五懂五会五能”：

五懂：懂生产工艺，懂技术原理，懂设备结构，懂危险特性，懂岗位应急；

五会：会生产操作，会异常分析，会设备点检，会风险辨别，会处置险情；

五能：能遵守劳动纪律、操作纪律、工艺纪律，能制止他人违章，能抵制违章指挥。

3. 安全态度教育

安全态度教育是通过安全意识教育、安全理念教育和遵章守纪教育来实现的。

(1) 安全意识教育

意识是指人所特有的反映现实的最高形式，是人对现实的一种有意识、有组织的反映，也可以说意识就是人的心理，是人自觉的、有目的的高级心理部分。意识往往停留在思想层面上，意识是人脑对客观事物的反映。态度是主观能动性的内容，主观能动性包括三个方面：一是想问题，二是做事情，三是想问题和做事情时所具备的精神状态。增强员工的安全意识，首先要使员工对安全有正确的态度，形成科学的安全观。提升员工的安全意识，要应用安全心理学和安全行为科学的理论和方法。以消除现场人的不安全行为为重点，消除习惯性违章。习惯性违章是事故的基础，思想麻痹是习惯性违章的根源，思想麻痹是安全意识薄弱的典型表现。安全意识教育表现在“我要安全”的安全意愿和“我们要安全”的团队精神。

（2）安全理念教育

安全理念也叫安全价值观，是在安全方面衡量对与错、好与坏的最基本的道德规范和思想，它是企业安全文化的核心要素。安全理念是行动的原则，又是做事的方法；安全理念所表示的是公司的态度。

拥有210多年历史的的杜邦公司，在实现年收入200多亿美元的同时，也创造了不同凡响的安全业绩。杜邦有“两个10倍”的超凡安全业绩，即：杜邦的安全记录优于其他企业10倍；杜邦员工上班时比下班后还要安全10倍。

杜邦是怎样实现如此超凡安全业绩的？独特的安全文化是成就杜邦的先决条件。杜邦把安全、健康和环境作为企业的核心价值之一，创建了严谨的安全文化，确定了十大安全理念：一切事故都可以防治；管理层要抓安全工作，同时对安全负有责任；所有危害因素都可以控制；安全地工作是雇佣的一个条件；所有员工都必须经过安全培训；管理层必须进行安全检查；所有不良因素都必须马上纠正；工作之外的安全也很重要；良好的安全创造良好的业务；员工是安全工作的关键。

（3）遵章守纪教育

安全生产法规是指在生产过程中，用来调整同从业人员或生产人员的安全与健康，以及生产资料和社会财富安全保障有关的各种社会关系的法律规范的总和。安全生产法规是国家法律体系的重要组成部分，是党和国家的安全生产方针政策的集中体现，是上升为国家和政府意志的一种行为准则。它以法律的形式规定人们在生产过程中的行为规则，规定什么是合法的，可以去做；什么是非法的，禁止去做；在什么情况下必须怎么样去做，不应该怎么去做等，用国家强制力来维护企业安全生产的正常秩序。因此，有了各种安全生产法规，就可以使安全生产工作做到有法可依、有章可循。企业各级人员都应学法、知法、守法。通过法规教育，要使人们懂得，法律带有强制的性质，如果违法了，就要受到法律的制裁。

企业安全规章制度和劳动纪律是劳动者共同劳动时必须遵守的规则和秩序，遵守劳动纪律是劳动者的义务，也是国家法律对劳动者的基本要求，加强劳动纪律，既是提高企业管理水平、合理组织劳动生产、提高劳动效率的重要保证，也是减少或避免伤亡事故和职业危害、保证安全生产的必要前提。据统计，企业的事故总数的80%以上是由“三违”造成的。遵守规则、敬畏制度是现代员工的基本要求，是"四不伤害"（不伤害自己、不伤害别人、不被别人伤害、保护他人不被伤害）的前提。

安全态度教育最主要的内容是安全意识教育，或者说广义的安全意识教育涵盖安全理念教育和遵章守纪教育。因而，我们常把安全教育分为安全意识教育、安全知识教育和安全技能教育。

二、安全教育与“三基”

安全教育分为安全意识、安全知识和安全技能教育三个方面。

1. 什么是“三基”

所谓“三基”管理，指的是基层建设、基础工作和基本功训练。它产生于大庆石油会战期间。

① 基层建设：是指基层单位的组织建设和员工队伍建设，包括基层单位的领导班子建设、工会、共青团等群众组织建设，员工队伍建设和企业文化建设。概括地讲即团队的力量，包括职业化素养、合理的分工、高效的人员配置、卓越的团队文化等。基层建设的核心：强调以人为本，激活每一个细胞。

② 基础工作：是指基层单位完成生产任务必不可少的一系列基础性管理工作。一切加强“基层建设”和“基本功训练”的努力都是为了夯实生产现场的“基础工作”，可见，基础工作在”三基”工作中具有重要的地位。基础工作的主要内容是抓标准、抓制度、抓责任制、抓考核等。概括地讲即组织执行力。包括运用知识管理的方法，将员工的智慧和创造放大到整个组织；从事故中学习，将应汲取的事故教训，落实到操作规程、操作法中去；运用组织学习的理念，做好组织间的学习等基础工作的核心：抓制度建设、维护和制度的落实，通过精细化的管理手段，实现管理上的科学规范。

③ 基本功训练：是指以岗位说明书确定的工作内容和任职条件为依据，明确培训需求和目标，开发和提升基层单位领导干部、专业技术人员和技能操作人员职业能力的一系列活动。概括地讲即个人力量，包括修炼学习型员工、使用和创造先进的方法和工具。基本功训练的核心是：提升每一项素质，其基本要求是在应急情况下第一反应是正确的，应知应会的岗位胜任能力，其最高目标是培养职业化的员工队伍。

2. “三基”间的关系

“三基”工作虽然产生的具体背景不同，且内容上有所侧重，但其都是在大庆石油会战期间形成的，都是总结会战经验的产物，因此以加强党支部建设为核心的基层建设，加强以岗位责任制为中心的基础工作，以及加强岗位练兵的基本功训练三者之间并非是相互独立的，而是一个有机联系、相辅相成的整体，三基关系如图 3-2 所示。

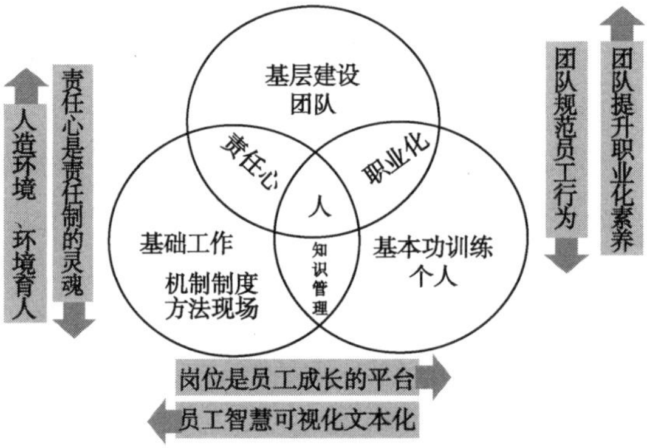

图 3-2　三基之间关系图

基层建设和基本功训练都是通过对“人”的素质的提升来达到加强基层管理的目的，前者着重于团队的培养，而后者则侧重于对个人的培养。二者的联系体现在职业化的训练上，通过对员工职业化的训练，不仅能够实现个人能力的提高，还能通过个人作用于团体，使整个团队的素质得到提升。

（1）基层建设和基本功训练的联系纽带是职业化

员工基本功训练的最高目标是职业化员工，基层组织建设的最高目标是职业化团队。

① 从基层建设的角度出发，看待基本功训练：组织上要努力培育团队精神，以成长为动力，形成在基层组织内，我愿意帮助别人、我愿意接受别人帮助的“共好”团队。

② 从基本功训练的角度出发，看待基层建设：员工要认识到岗位是我成长的平台、干事业的舞台，只有完美的团队，没有完美的个人。

（2）基层建设和基础工作的联系纽带是责任心

1）从基层建设的角度出发，看待基础工作

责任心是责任制的灵魂。人是生物有机体，具有自然性；同时，人又是社会的成员，具有社会性。作为自然的人，其行为趋向生物性；作为社会性的人，其行为趋向精神性。人的行为随着人与环境的变化而变化，当自然人转变为社会人，当生物性行为上升到精神性行为，则遵循“需求→动机→行为→目标→新需求……”的行为模式。人的行为的精神含量越高，行为的心理过程就越丰富，行为受各种心理因素的支配就越明显。员工在进行工作时，需要同时具备四个基本“条件”：愿意工作；知道怎么样工作；具备工作的客观条件；能克服工作时遇到的困难。

愿意工作是大前提，也就是说员工的责任心永远是第一位的。从工业事故发生的比例中，绝大多数与人的因素有关，有的行业和一定的时期甚至高达90%，而人的因素中思想麻痹、习惯性违章是重要原因。所以，从基层建设的角度出发，看待基础工作，强调的是思想领先，抓工作从思想入手、抓思想从工作出发。

2）从基础工作的角度出发，看待基础建设

正如5S管理的精髓所表明的“人造环境、环境育人”，环境是人的第一位老师，良好的现场工作环境促使员工养成良好的工作习惯。著名的“破窗”理论，认为：如果有人打坏了一幢建筑物的窗户玻璃，而这扇窗户又得不到及时的维修，别人就可能受到某些示范性的纵容去打烂更多的窗户。久而久之，这些破窗户就给人造成一种无序的感觉，结果在这种无序的氛围中，犯罪就会滋生、蔓延。在生产现场，“低标准、老毛病、坏习惯”是事故的基础，“脏、乱、差”是员工思想的腐蚀剂。从“破窗效应”中可以得到这样一个道理：任何一种不良现象的存在，都会向周围传递着一种信息，在这种信息的暗示和纵容下，会有更多的不良现象产生。我们必须特别警觉那些看起来是偶然的、轻微的“过错”，因为如果我们对这种“过错”熟视无睹，就会纵容更多的人“去打烂更多的窗户玻璃”，就极有可能演变成“千里之堤，溃于蚁穴”的恶果。

（3）基础工作与基本功训练的联系纽带是知识管理。

① 从基础工作的角度出发看待基本功训练：工作岗位是员工成长的平台、干事业的舞台。

② 从基本功训练的角度出发看待基础工作：企业要通过知识管理的手段，将员工的智

慧和创造固化。具体地就是要实现“三化”，隐形知识显性化、口头知识文本化、局部知识全局化。

3. “三基”和安全教育间的关系

安全教育的安全意识、安全知识和安全技能分别属于“三基”工作中的基层建设、基础工作和基本功训练的内容。

基层建设强调的是以人为本，激活每一个细胞，是团队的力量。安全意识教育，强调的是员工的生命和健康是最为宝贵，其体现团队力量的是“四不伤害”的“我们要安全”的团队安全文化。

基础工作重点是制度为先，强调“干你所写、写你所干”的一套文本支撑多个体系。安全知识教育，就是要通过知识管理的手段，将员工的安全经验通过文本固化，将局部的经验放大到整个组织行为，将汲取事故教训纳入标准作业程序中。

基本功训练的重点是提升每一项技能，是员工个体的力量。安全技能教育，就是要通过千锤百炼形成员工在应急情况“第一反应是正确的”，这也是员工的最基本的职业技能。

第三节　“我要安全”的安全意识

美国学者 R. 博亚特兹(Richard Boyatzis)对麦克利兰的素质理论进行了深入和广泛的研究，提出了“素质洋葱模型”，展示了素质构成的核心要素，并说明了各构成要素可被观察和衡量的特点，如图 3-3 所示 。

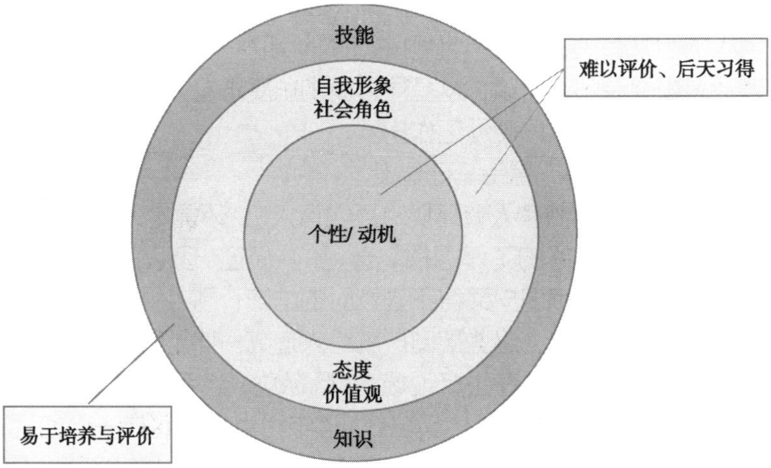

图 3-3　素质洋葱模型

素质洋葱模型中的各核心要素由内至外分别是动机、个性、自我形象与价值观、社会角色、态度、知识、技能等。

① 动机是推动个体为达到目标而采取行动的内驱力；

② 个性是个体对外部环境及各种信息等的反应方式、倾向与特性；

③ 自我形象是指个体对其自身的看法与评价；

④ 社会角色是个体对其所属社会群体或组织接受并认为是恰当的一套行为准则的认识；

⑤ 态度是个体的自我形象、价值观以及社会角色综合作用外化的结果；
⑥ 知识是个体在某一特定领域所拥有的事实型与经验型信息；
⑦ 技能是个体结构化地运用知识完成某项具体工作的能力。

一、安全为了谁？

1. "敬畏生命、珍视健康"，安全为了你自己

灾难与事故暴露生命的脆弱，更凸现生命的珍贵。2012 年 7 月 21 日，北京城遭遇自 1951 年有气象记录以来最凶猛、最持久的一次强降雨。特大暴雨导致全市 1.6 万平方公里面积受灾，受灾人口达 190 万人。灾难折射出人们面对突发灾难的时候对自救知识的普遍匮乏，同时也缺乏平时的实践训练。

敬畏生命，是因为对每个人来说，生命只有一次。失去了生命，人也就失去了一切。国人常说"人命关天"。敬畏生命，是中国传统价值观念。"人生不能彩排，生命只有一次精彩"，你是安全的最大受益者，你是事故的最大受害者。事故造成的企业损失可能是万分之一、百万分之一，但对你本人而言，损失则是"重大"、"特大"，生命、健康是任何东西都无法弥补的。无危则安，无损则全，做好安全工作，对个人是生命的平安，对企业是财产的保全，对家人是最大的幸福，保住安全，也就保住了自己的生命健康，安全的最大受益者是我们自己！

敬畏生命，要求每个人树立生命意识，珍惜自己的生命，并尊重他人的生命。而对企业来说，不仅要尊重，还要保护所有人的生命。始终坚持员工的生命和健康最为宝贵。社会学家认为，对生命的态度最能体现政府的良善程度。英国古典自由主义开创者洛克在他的名著《政府论》中就明确说道，政治社会的目的是保护天赋权利。他举出的三项天赋权利，就是生命、自由、财产。由此可见，生命是政府第一应当保护的权利。原国家安监总局局长骆琳指出，要以敬畏之心来对待安全生产工作。一要敬畏生命，二要敬畏客观规律，三要敬畏国家法律，四要敬畏政府监管。敬畏生命、保护生命，也是企业的最高信条、最高使命。

2. 安全就是尽孝道，安全为了你的家人

党的十七届六中全会中提出："中国共产党从成立之日起，就是中华优秀传统文化的忠实传承者和弘扬者，又是中国先进文化的积极倡导者和发展者。"中国文化以中国传统文化为核心，中国传统文化是一种伦理型文化，其最重要的社会根基是以血缘关系为纽带的宗法制度。孟子曾说："天下之本在国，国之本在家。"这高度概括了中国传统社会的实质，而"孝道"是其中最基本的原则，"百善孝为先"的思想深深地根植于每个中国人的心中。因此，将安全生产和尽孝道联系在一起，不仅能够发扬中国传统文化的精髓，最重要的是能够引起员工内心深处的共鸣，"我的安全不是我个人的，属于我的父母和妻儿"。从而化被动为主动，自觉保证和维护安全生产。

河北阳邑矿业公司连续十几年安全无事故的一条重要经验就是让员工入脑入心的思想工作。其井口有一段赠言：

你是家中梁，工作要思量，
梁折家遭殃，生活无保障；
你是妻子天，莫让天塌陷，

天塌人心寒，妻儿无人管；
你是父母心，牵挂重千斤，
儿走他乡路，老人泪沾襟。

赠言通过“家中梁、妻子天、父母心”等温暖人心的词组，让职工意识到安全工作的重要性，在思想上自觉执行管理章程的各种规定，让职工明白你的安全不是你自己的。如果每个员工上班前能想想“野老念牧童，倚杖候荆扉”的情景，就能在工作中谨慎从事，自觉绷紧安全弦，那么很多安全事故就可以避免。

3. 坚守安全道德，安全为了你的工友、社会

(1) 道德、职业道德和安全道德

道德是道和德的合成词，道是方向、方法、技术的总称；德是素养、品性、品质。道德是一种社会意识形态，是人们共同生活及其行为的准则与规范。道德往往代表着社会的正面价值取向，起判断行为正当与否的作用。道德是指以善恶为标准，通过社会舆论、内心信念和传统习惯来评价人的行为，调整人与人之间以及个人与社会之间相互关系的行动规范的总和。中华传统文化中，形成了以仁义为基础的道德体系。

职业道德，就是同人们的职业活动紧密联系的符合职业特点所要求的道德准则、道德情操与道德品质的总和，它既是对本职人员在职业活动中行为的要求，同时又是职业对社会所负的道德责任与义务。职业道德是指人们在职业生活中应遵循的基本道德，即一般社会道德在职业生活中的具体体现。是职业品德、职业纪律、专业胜任能力及职业责任等的总称，属于自律范围，它通过公约、守则等对职业生活中的某些方面加以规范。职业道德既是本行业人员在职业活动中的行为规范，又是行业对社会所负的道德责任和义务。

安全道德，应该是员工基于生存、发展本能的需要，在安全生产中所产生的一种系列性、非强制的社会准则和规范。这种行为规范，虽不同于规章制度，但具有经济的效用性。员工将自己满足的实现方式转移到促进他人和社会的轨道，这就是一种高尚与道德的体现。但其内涵不仅仅是对群体利益的维护，也包含着对个人利益的维护。没有对他人和社会利益的维护，道德将失去最基本的特征，而没有对个人利益的维护，则不仅培养不起来崇高的道德感情，甚至已有的道德感情也会崩溃，失去持久的动力。对他人危难的冷漠和无动于衷，就是对待安全问题的不道德，其行为必然导致社会及其全体成员利益的损失可见，安全道德是社会公德、职业道德的组成部分，也是一个与安全生产紧密关联的重要问题，因此，应该重视安全道德行为的经济分析。

安全道德是社会公德、职业道德的重要组成部分，也是一个与安全生产紧密关联的重要问题。要树立“违章作业就是自杀，违章指挥就是杀人，对违章作业不制止就是见死不救，对违章指挥不惩处就是纵容杀人”以及“我的安全我负责，他的安全我有责”等安全道德理念，使每个员工在内心深处都有一种安全道德潜意识，唾弃三违，憎恨三违、谴责三违，真正使安全成为员工的日常习惯。重点是要从思想深处铲除滋生侥幸心理的土壤。实践反复证明，出事的基本上都是“三违”、冒险、视隐患于不见、隐瞒包庇、放任自流等行为所造成的恶果。由此可见，不一定出事的侥幸心理非常危险，它是一种不道德现象，是缺德的表现，缺少的正是安全道德。我们可以通过思想教育、理念渗透，让员工从感性上升到理性，遵守安全规程是天经地义的事情，没有讨价还价的余地和可能，从思想根源上认为遵守安全规程就是遵守安全道德。

许多伤害事故是社会伦理扭曲与道德观念错位所致。表现在安全活动中，风险决策者以及风险事故的制造者在道德上没有意识到自己的行为对他人和社会造成了损害，以及在风险决策和伤害事故生产过程中，自己要承担相应的责任，履行对他人、社会的不伤害的义务；或者面对利润、财富或政绩的诱惑，以牺牲必要的安全资源投入来换取它们；或者将风险决策所生产出的风险产品或伤害事故让其他社会成员分摊或分担。企业与社会的诚信体系建设有助于弘扬企业的道德行为。

（2）不道德的安全管理

不道德的安全管理是指一种不遵守以人为本的伦理原则或人权道德规范，并明显地对以人为本的伦理原则和人权道德规范持有一种积极的反对态度。在不道德安全管理的模式下，风险决策行为、行动和实践与保存生命的正义伦理原则是不相符的。这个模式认为，安全活动或安全管理的动机是自私的，它只关心或者主要关心自己组织或个人的利益。在通常情况下，当财富获得与安全获得发生冲突时，风险决策者与相关的安全管理人员的行为与伦理原则和道德规范要求完全相反，对伦理原则和道德规范采取一种积极的反对态势，这表明风险决策者和相关的安全管理人员能够分清对错，但仍然选择了错。因此，它的动机被认为是贪婪和自私的。在这个模式中，安全活动或安全管理的目的是为了生产和盈利，组织或个人不惜他人生命及健康的代价要实现经济或政绩目标。因此，风险决策者或安全管理人员不会关心他人的生命与健康，也不会尊重他人希望被公平对待的要求。

不道德的安全管理表现在安全管理责任不落实、制度执行不严格、违章指挥、以包代管等，其后果是生产安全责任事故。

不道德的安全管理具体还表现在企业管理层安全意识薄弱、安全基础设施不足、选址不当、缺乏日常的应急演练、管理混乱等，如印度博帕尔农药厂事故；不道德的安全管理还表现在应急情况下心存侥幸，不能把人的生命放在第一位、为保全企业财产而冒险，造成二次事故和伤害，在 2003 年 12 月 23 日晚 21 时 55 分造成 243 位无辜人员遇难的重庆开县井喷事故，也是再三错过点火时机，致使硫化氢飘逸，造成大量人员伤亡。从根源原因来分析，在人的生命和企业财产间，我们潜意识的选择了后者。教育家陶行知先生说过：“中国要到什么时候才能翻身，要等到人命贵于财富，人命贵于一切，只有等到那时，中国才站得起来。”

与不道德安全管理相对的形式是道德安全管理，即遵守以人为本的伦理行为的最高标准或者行业行为标准。杜邦公司在创业初期以制造黑火药为主，由于火药生产的特殊性和事故所带来的血的教训，使安全在杜邦占有极其重要的位置。为此公司自 1811 年就规定在制造黑火药时，任何一道新的工序在没有经过杜邦家族成员试验以前，其他员工不得进行操作。沿革至今，“在经理亲自进去操作之前，任何雇员不得进入一个新的或重建的工厂”仍然是杜邦的首要安全准则，并且杜邦的管理层也在身先士卒实践着这一原则：在生产炸药的香港杜邦工厂，为证明企业的安全，企业老板一家没有在远离企业的别墅居住，而是住在了生产炸药的厂房的楼顶上，这一行动不但让杜邦的员工更加深刻体会了杜邦管理层对于承诺的重视，也一举打消了人们想进入这家工厂工作的种种顾虑。就这样坚持使领导层的安全承诺贯穿于企业的每个细节，使杜邦公司成为世界上历史最悠久、业务最多元化的跨国科技企业之一。

（3）“三违”是不道德的行为

不道德的行为是指员工在生产作业中的违反劳动纪律、违章操作，给自己和他人造成伤害。不道德的行为还表现在诚信道德的缺失，诚信是最基本的职业道德，安全承诺是企业的常规做法，而在实际工作中，并没有想到怎么践行安全承诺。如在习惯性违章方面所表现出来的不认真执行巡回检查制度，点卯式巡检；既不能在第一时间发现问题，即便发现了问题，也不及时处理、上报，得过且过等等。这些都是缺乏诚信的不道德的行为。不道德的行为也就是主观上的故意的不安全行为。建立员工个人诚信档案制有助于弘扬员工的安全道德。

潞安集团漳村矿设立了《安全诚信积分》档案，为每位员工建立的安全诚信积分账户，出发点是为了让每名员工都能够自觉树立安全诚信意识，督促职工在生产作业过程中规范操作，实现诚信文化与安全文化的有效“搭接”，有效反映了职工在生产工作中的安全诚信情况。当职工第一次出现违章，如果认识态度较好，经安全教育后只记录在档，但如果当月重复出现一般违章，记 3 分，否决当月安全账户；以此类推，一名职工出现两次以上一般违章或者一次严重违章，记 6 分，同时清空他本年度累积的安全账户；如果一个人连续出现三次以上违章，记 12 分，否决全年的安全账户。年度末考核分 A、B、C 三个级别对职工进行管理：不足 3 分的被评为 A 级优秀诚信职工，全额领取安全账户奖励和奖金；4～6 分的被评为 B 级一般诚信职工，要进行为期三天的统一培训；7～12 分被评为 C 级不诚信职工，必须进行为期 7 天的安全培训，考试合格方可重新上岗。

安全诚信账户不只对安全不诚信员工进行扣分处理，更会对安全诚信员工进行加分奖励。该矿制定了《安全诚信员工奖励实施办法》，把年度零“三违”作为班组长节、安全工作会等作为安全优秀班组、优秀个人的重要条件，同时，年度零“三违”员工年底领取安全账户金额时一线职工增加 400 元，二线增加 200 元。

“过去违章交上罚款就完事，如今不仅要交罚款还要载入个人诚信档案，诚信值低了，我在同事面前怎么抬得起头，所以一定得注意安全啊！”安全诚信账户已经成为该矿职工安全诚信建设一张标示性名片，将安全诚信意识根植到了员工的脑海里，影响着大家操作的每一个环节。

安全道德行为主要是指践行安全承诺，自觉做到“四不伤害”（我不伤害自己、我不伤害别人、我不被别人伤害、保护我的伙伴不受到伤害）。安全道德行为所表现出来的是为他人生命和健康负责的服务意识和集体荣誉感。员工的安全道德行为依赖于“我们要安全”的团队安全文化而固化，员工的安全道德行为因义无反顾的为他人安全而升华。

2012 年 5 月 29 日杭州长运公司司机吴斌，驾驶客车从无锡返杭途中，突然有一块铁块从空中飞落，击碎车辆前挡风玻璃砸向他的腹部和手臂，导致其三根肋骨被撞断，肝脏被击碎。吴斌仍忍住剧烈疼痛，用 40 秒完成了一系列精准的停车动作：脚踩刹车、拉上手刹、打开双跳、艰难站起、通知乘客、打开车门……完美地诠释了责任与担当。看似平凡的举动，却是在多年学习工作中养成的职业道德和高尚品格，在关键时刻体现出了强烈的社会责任感，是一种崇高的安全道德行为。

二、班组长是“场上队长”

企业是一张纵横交错的安全责任网，安全责任不能挂空挡，每一项工作的安全责任，要有对应的岗位、对应的职务，要让岗位上履行职务的人承担直接责任。任何事故都可以上溯到管理原因，任何事故的发生也大都是该岗位的直接责任。责任使人进步，每个岗位都要分担具体的安全责任，企业安全才能实现。班组长的角色等同与足球队的“场上队长”，明确管理责任、形成队伍核心、把控比赛节奏、贯彻教练意图，一个优秀的球队就是一个坚强的战斗集体，班组长责任重大。

1. 责任分散效应与安全管理

1964 年 3 月 13 日凌晨 3 时 20 分，在美国纽约郊外某公寓前，一位叫朱诺比白的年轻女子在结束酒巴间工作回家的路上遇刺。当她绝望地喊叫：“有人要杀人啦！救命！救命！”听到喊叫声，附近住户亮起了灯，打开了窗户，凶手吓跑了。当一切恢复平静后，凶手又返回作案。当她又叫喊时，附近的住户又打开了电灯，凶手又逃跑了。当她认为已经无事，回到自己家上楼时，凶手又一次出现在她面前，将她杀死在楼梯上。在这个过程中，尽管她大声呼救，她的邻居中至少有 38 位到窗前观看，但无一人来救她，甚至无一人打电话报警。这件事引起纽约社会的轰动，也引起了社会心理学工作者的重视和思考。人们把这种众多的旁观者见死不救的现象称为责任分散效应。

责任分散效应也称为旁观者效应，是指对某一件事来说，如果是单个个体被要求单独完成任务，责任感就会很强，会作出积极的反应。但如果是要求一个群体共同完成任务，群体中的每个个体的责任感就会很弱，面对困难或遇到责任往往会退缩。因为前者独立承担责任，后者期望别人多承担点儿责任。“责任分散”的实质就是人多不负责，责任不落实。在安全生产管理工作中，责任不明确是企业滋生安全隐患、引发事故的“沃土”。公民道德建设需要制度上的保障。人身财产安全、企业生产安全、政府安全监管等社会层面都需要建立完善各层级的责任体系，将责任落实到人，才能达到全面有效地预防责任分散效应。

2. 杜邦公司的有感领导、直线责任和属地管理

美国杜邦公司首创的“有感领导”，诞生于早期杜邦公司严峻的安全生产环境中。杜邦公司早期火药生产过程中的高风险性和安全管理措施的不完善，使生产中曾发生过多次严重安全事故。事故使杜邦公司的高层领导意识到，各级管理层对安全负责和员工的参与，是当时能否生存的重要条件。

埃留特·伊雷内·杜邦把自己的家建在车间上面的山坡上，将自己的安全和员工的生命安全联系在一起。特别是在 1818 年杜邦历史上最严重的 40 名工人丧生的爆炸事故发生以后，公司规定在杜邦的家族成员亲自操作之前，任何员工不允许进入一个新的或重建的工厂，并进一步强化高层管理者对安全的负责制。该制度演变为如今杜邦公司管理层的“有感领导”。现在有感领导已经成为安全领导力有代表性的词汇。

（1）有感领导

1）有感领导

是指企业各级领导通过以身作则的良好个人安全行为，使员工真正感知到安全生产的重要性，感受到领导做好安全的示范性，感知到自身做好安全的必要性。有感领导要求企业无论哪个级别的管理者，都应该通过各种行为或者行动来体现自己的安全领导力以及对安全的重视程度，所表达出的影响力以及安全意识应该为员工所感知。

有感领导的核心是各级领导的示范和引导。无论是基层管理者还是高层管理者，对企业

安全运行的重视程度都应该通过自身可视、可感、可悟的安全行为、习惯体现在企业生产运行中的任何时间，任何地点、从而对员工安全操作行为起到积极的示范和引导作用。

有感领导与其说是管理手段，不如说是一种安全管理理念。有感领导要求包括企业基层主管和最高管理者在内，无论是哪个级别的主管，都应该通过各种行为或者行动来体现自己的安全领导力，所表达出的影响力应该为员工所感知。管理者对安全的见解、行为和习惯通过影响力体现在企业生产运营的任何地方、任何级别、任何时间，对员工操作行为的安全性起到积极的促进作用。

2）有感领导的含义

① 安全影响力：有感是部属的感觉不是领导者本人的感觉，是让员工和下属体会到领导对安全的重视；

② 安全示范力：自上而下强有力的个人参与，各级管理者深入现场，以身作则，亲力亲为；

③安全执行力：提供人力、物力和组织运作上的保障，让员工感受到各级管理者履行了对安全责任做出的承诺。

3）有感领导的核心四要素

① 能见度：领导者出现在工作场所及领导典范的可见程度，包括工作任务的参与，贯彻执行安全规程及组织安全政策，扮演安全角色楷模。

② 关系：借助与工作团体之间高层次的沟通，倾听心声，采纳建议，以发展开放、坦诚和信赖的关系，随时保持“开放”的政策，鼓励全体成员尽情地讨论安全事项，而且不必恐惧会受到责难。

③ 工作团体的投入：在规划及决定方面，工作团体的投入及授权有助于增进其自主权及安全绩效责任。

④ 主动管理：包括在安全实务方面采取行动，对意外事件采取适当的后续行动，获得员工及一线主管的支持，建立有效的对策及建立系统，为意外及事件报告提升开放的气氛，被员工看到支持正确的安全行为，质疑拙劣的安全实务，奖励展现正确行为的人等明确态度。

4）有感领导的典型形式六步审核法

杜邦公司的六步安全审核法，属于主管按计划对下属进行的安全审核。通过六步安全审核，让员工与管理人员交流互动，管理人员引导员工创造良好的安全氛围，让员工感觉自己受到重视和尊重，形成安全经验分享、互动的氛围。

第一步管理者到现场审核安全时，注意观察现场，观察员工的操作行为，友好地打招呼，发现不安全操作要善意地制止不安全行为，让员工先停止操作，若员工在高处或危险环境中，要特别提醒员工小心注意人身安全，回到安全的地方。

第二步问其辛苦，评价刚才员工的安全行为，肯定做得好的地方，这种评价会让员工感觉到管理者关心他、尊重他。

第三步指出违反操作规程的不安全行为，讨论不安全行为有哪些严重后果，标准的工作方式应该如何。

第四步得到员工对今后工作的安全承诺。

第五步讨论其他安全问题，如针对季节饮食、穿衣应注意什么、上下班交通安全应注意什么等等。

第六步感谢员工的工作。

杜邦公司各工厂的安全审核都由主管部门进行，根据工作性质需要，定期组织，由审核组长提交总经理和安全部门，能整改的现场立即纠正，不能当场纠正的制定整改方案报安全部门负责跟进，并协调跟进责任部门限期解决。安全部门汇总整理各个现场安全审核数据，可知道公司总体不安全行为状态，了解公司全面的安全情况，预测职业健康安全走势和影响因素，为管理者提供各层面的安全信息，采取有效措施有效预防事故发生。杜邦安全审核方法让员工与管理者形成真诚的沟通交流，分享安全经验，形成互动，使员工很诚恳地服从执行规章制度。

（2）直线责任

直线责任是指各级主要负责人要对安全环保管理全面负责，分管领导对分管工作范围内的安全管理工作直接负责，机关部门对部门分管业务范围内的安全工作负责，以此做到一级对一级，层层抓落实。落实直线责任就是要落实各级领导及每名员工都要对所承担的工作(任务、活动)的安全环保负责，做到“谁组织谁负责、谁管理谁负责、谁执行谁负责”，即安全不只是安全部门的事情，各分管领导、职能部门都要对其分管工作和负责领域的 HSE 工作负责；各项目负责人都要对自己承担的项目工作和负责领域的 HSE 工作负责；每名员工都要对所承担工作(任务、活动)的 HSE 负责。表中列出了某单位的职能部室的安全管理责任，这种责任体现的是专业安全(表 3-1)。

表 3-1 某单位职能部室的安全管理责任(专业安全)

序号	规范名称	制修订、组织实施、解释、审核	序号	规范名称	制修订、组织实施、解释、审核
1	HSE 制度管理规范	质量安全环保处	15	工艺危害分析管理规范	工程技术处
2	安全观察与沟通管理规范	质量安全环保处	16	工作安全分析管理规范	工程技术处
3	脚手架作业安全管理规范	质量安全环保处	17	启动前安全检查管理规范	工程技术处
4	HSE 审核管理规范	质量安全环保处	18	工艺和设备变更管理规范	装备处
5	交通安全管理规范	质量安全环保处	19	高处作业安全管理规范	装备处
6	通用安全管理审核规范	质量安全环保处	20	上锁挂签管理规范	装备处
7	危险品运输应急管理规范	质量安全环保处	21	临时用电安全管理规范	装备处
8	个人防护装备管理规范	质量安全环保处	22	新设备质量保证管理规范	装备处
9	挖掘作业管理规范	生产运行处	23	承包商安全管理规范	对外合作和市场开发处
10	作业许可管理规范	生产运行处	24	管线打开管理规范	规划计划处
11	动火作业安全管理规范	生产运行处	25	工程建设项目立项和设计阶段 HSE 管理规范	规划计划处
12	进入受限空间管理规范	生产运行处	26	HSE 绩效管理规范	劳动工资处
13	移动式起重机管理规范	生产运行处	27	HSE 培训管理规范	劳动工资处
14	工作循环检查管理规范	生产运行处			

(3) 属地管理

“属地管理”就是“谁的地盘，谁管理”。是谁的生产经营管理区域，谁就要对该区域内的生产安全进行管理。这实际是加重了甲方的生产安全管理责任。无论是甲方、乙方，还是第三方，或者是其他相关方(包括上级检查人员、外单位参观考察人员、学习实习人员、周围可能进入本辖区的公众)，在安全生产方面都要受甲方的统一协调管理，当然其他各方应当接受和配合甲方的管理。施工方在自觉接受甲方监督管理的基础上，各自做好各自的安全管理工作。

企业“属地管理”中的“属地”，是指甲方生产经营活动的管理区域。而政府“属地管理”中的“属地”，是指生产经营单位的注册地、生产经营活动的所在地(生产安全事故的发生地)。

(4) 有感领导、直线责任和属地管理的关系

“有感领导”强调的是各级管理者对 HSE 的言、行、管的示范及引导作用，体现在安全生产的各个工作点上。直线责任强调的是 HSE 管理责任的指向性，体现在安全责任的各个关联线上。属地管理强调的是操作现场的员工对于安全生产的责任和重要性，体现在安全生产的操作层面上。

“有感领导，直线责任，属地管理”通过点、线、面，把安全生产、安全管理、安全责任有机的、立体的、紧密的结合起来，强调了管理者的示范和引导作用，明确了安全责任取向，阐明了基层员工的安全生产责任如图 3-4 所示。

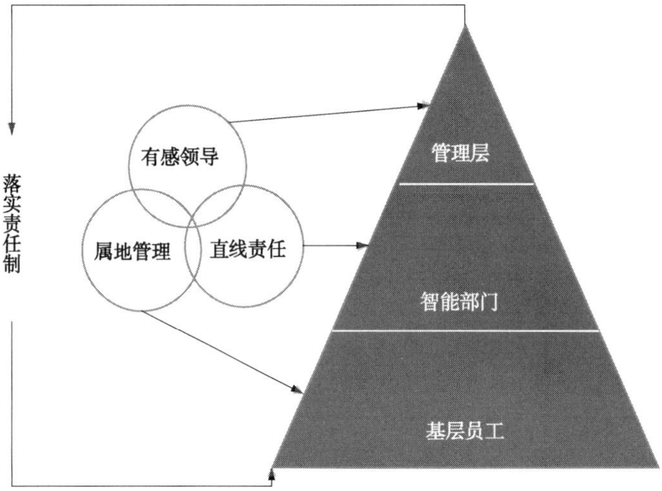

图 3-4　有感领导、直线责任、属地管理的金字塔关系图

安全管理是一个自上而下的过程，高层领导个人的承诺、领导力和推动力从根本上决定了安全工作的成功；安全文化实际上就是“一把手”文化，各级领导以身作则，率先垂范，是履行自身 HSE 职责的内在要求，也是构建 HSE 文化的一个重要部分；有感领导、直线责任、属地管理是落实 HSE 管理原则的具体体现。领导的最低标准就是员工的最高要求；有感领导、直线责任、属地管理是落实安全职责的有效方法，使员工从被动执行转变为主动履行 H S E 职责，是传统岗位责任制的继承和延伸；实施有感领导、直线责任、属地管理，可

以树立员工“安全是我的责任”的意识，实现从“要我安全”到“我要安全”的转变，真正提高员工 HSE 执行力。传统的 HSE 管理靠“警察抓小偷”的方式，效果不明显，因此，HSE 的管理理念必须落实到全员，尤其是基层的员工，这也说明一个企业 HSE 管理能否取得成功的关键在于是否能够动员全体员工主动参与。

3. 生产企业要明确一线班组长的安全责任

班组是企业的细胞，是安全生产的第一阵地。据统计，在伤亡事故中，包括重特大事故，因为不可抗力的自然灾害或目前技术上还不能解决的难题而造成的事故是极少的，绝大多数属于责任事故。在这些责任事故中，90%以上的事故发生在班组，80%以上的事故是由于违章指挥、违章作业和违反劳动纪律，以及各种隐患没有及时发现、及时消除等人为因素造成的，这些违章以及操作失误所导致的事故具有很强的随机性和突发性，如果班组长能在第一时间发现问题并采取措施，事故就有可能避免。任何事故都可以上溯到管理原因，但任何事故的发生也大都是一线岗位的直接责任。责任使人进步，企业就是要让岗位负起责任，班组长要树立“我是最后一道防线”的责任感。

（1）班组是控制事故发生、事故扩大的第一阵地

班组是企业的基本单位，企业的各项工作任务和目标都要通过班组来落实，因此企业的安全管理必须从班组抓起。班组安全管理就是将“安全第一”真正落实到执行层面，植入于班组成员的思想和行为中。以国家安监总局 2010 年的调查统计数据为例。2010 年全国共发生各类事故 363383 起，死亡 79552 人，每年因事故造成 70 多万人伤残，近百万个家庭带来不幸，每天将近 300 人因事故丧生。这些事故中 90%以上发生在班组。

分析事故产生的原因，其 80%以上的事故是违章造成的，而违章事故中有 95%是习惯性违章，而 90%的员工伤亡正是由于习惯性违章造成的。而班组缺乏日常的应急演练、现场操作人员的第一反应不正确往往造成不能将事故消灭在萌芽状态，也贻误了最佳救灾时机，造成事故的扩大。班组作为企业最小的作战单元，特别要强化日常的无准备应急演练，要把应急演练作为团队学习的重要内容。消防车来之前的班组应急处理得当是应急处理的最有效手段。只要坚持以班组为中心的日常应急演练，在应急管理上会起到事半功倍的效果。

日本著名管理学教授河田信在他的《丰田管理方式》一书中提出了经济信息层次模型的概念，并说明了 TPS(Toyota Production System，即丰田生产体系)是以现场为基轴的(表 3-2)。

表 3-2 经济信息层次模型

层次	像态	信息种类	信息特征	信心对象	表现形态	旧的管理	新的管理
第 3 层次	结构相	数据	货币维度	会计信息	数值	控制	测定
第 2 层次	显像	数据	物量纬度	生产信息	数值	控制	测定
第 1 层次	实像	非数据	现地现物	现场信息	短语	无	控制

作为第一层次基本信息应当重视的是下意识、隐性知识、非语言的世界，称为非数据、现场信息。处于非数据、现场信息项的是意识、显性知识、语言的世界，称之为数据信息。

构成基础第一层的，是经营过程的最深层、最前线，是营销技术、生产现场第一线，这层的信息是以机械故障、工作中断、客户投诉等现象的短语形态出现的，即数据化之前的非数据、现场信息的集合体组成的。第二层是物量维度的生产信息，如“昨天机泵 P301 停车 5

次”等，它是以数据的形态表现的。第三层是货币维度表现的财务信息，如“因5月21日事故，造成利润减少了300万元”。

河田信在他的经济信息层次模型中，显示了这样的规律：当第一层次完美的系统设计实现之后，或者说现场能力是够强的，问题还没有来得及产生，第二层次物量信息和第三层次的货币信息就已经解决掉了，第二层次和第三层次管理的必要性就会消失，这就是TPS的终极目标，也就是说，将不再有管理者和被管理者的区别，每个人都是管理者。

“问题一冒头，就把它打掉”，使得许多问题在没有进一步变成可以调控的数据之前，就被解决掉了，管理的职能直接进入生产一线。任意一个“非数据、现场信息”发现瞬间的最佳对应，取决于偶然碰上各种情况的一线员工自身瞬间所采取的行动。这种现场能力，带有突发性、自发性、自决策、自律性等诸多特点，取决于是否有聪明的员工和有能力的组织。如果现场能力足够强，问题还没有来得及产生就被解决了。所以现场的问题能够及时地发现和解决，是保证生产安全、产品质量和节约成本的最有效的措施。强化现场能力，注重在生产过程中将一切可能形成的隐患全部消除，一道道程序已经能够保证产品无瑕疵出厂，即使没有检验人员，也不能形成产品缺陷。如果问题一旦形成，就会发生事故，这就构成了第二层、第三层信息，损失就不可避免地发生了。靠“二手”数据来进行分析，也会因数据本身的滞后不准确造成误判。

（2）班组长要树立“我是最后一道防线”的责任感。

引发事故是由多个因素串联在一起的，事故的发生具有事故的导火索效应，N个环节没有控制住，从而导致事故的发生，而事故发生后在第一时间、第一个人的反应不正确，就可能造成事故的扩大，甚至造成“二次事故”，谁来切断事故发生的导火索？谁来制止事故的扩大？要发挥好班组长的作用，明确其安全监管责任，授予班组长随时终止作业、应急处理的权利，班组长要强化“我是最后一道防线”的责任感 。这样就可能大大减少事故的发生和事故的“二次伤害”。

事故的发生具有突发性和偶然性，我们要明确每个最小的作战单元的负责人，即便是二个人在一起工作，也要明确其负责人，将安全责任落到他的头上。进入受限空间作业，一人遇险时，在场的其他人盲目施救，造成事故扩大的案例比比皆是，此类事故具有如下特点：

① 当事人生命受到威胁，而且其生命和健康发生死亡或严重伤害的概率大。

② 施救人员顺利施救需要有专业知识和能力，包括专业技能和一定的心理素养。

③ 在正常生活中很少碰见。尽管我国频繁发生紧急情况下施救造成人员伤亡扩大的事故，但绝大多数人自身没有或很少有应付这种情况的经历和经验，致使紧急情况对于当事人来说都是未曾经历过的事件。

④ 事件发生具有突发性，结果具有偶然性，致使人们对紧急情况的出现预见性差，一旦发生常使人措手不及，稍有延误就可能造成不幸的后果。

事故暴露出部分企业安全生产主体责任不落实、安全管理不严格、隐患排查治理不深入、治理“三违”不认真等问题，尤其是企业安全教育培训不到位，应急预案不完善、没有配备必要的防护用具、不按规定进行应急演练，作业人员安全意识淡薄、自救互救能力低，同时也反映一些地区打击非法违法生产经营建设行为不扎实、安全监管存在薄弱环节。

预防事故的发生，需要强化安全宣传教育，要采取有针对性的措施，全面落实企业主要负责人和实际控制人安全生产第一责任人的责任，全面落实企业安全生产主体责任；建立健全受限空间作业安全管理制度，有效防范中毒窒息等事故发生；严肃事故查处工作，加大责任追究力度等措施。

资料表明，无论石油化工行业还是全国其他行业，进入受限空间盲目施救导致较大事故发生、造成群死群亡带有普遍性，从2007年和2012年国家安监总局两度发文来看，进入受限空间盲目施救造成较大伤亡带有长期性。

这种施救行为具有利他属性。利他行为是一种自发形成的、以帮助别人为唯一目的、且不需要任何外在酬赏的社会行为。这种行为具有以下特点：施救者的施救行为是自觉的愿望、是施救者自主选择的；施救行为的目的是帮助他人；在紧急情况下施救者的施救行为不存在酬赏期望；施救行为可能存在对自身安全的威胁或损失。同时，这种盲目施救行为盲目施救行为具有冲动和无知属性。盲目施救行为的含义一般理解为自己对事物没有分析或对自己的分析没有把握时无目的的举止或行动。盲目施救行为既与紧急情况下人的感情冲动的情绪化表现相关，也是无知造成的后果。在应急的情绪作用下，作业人员自我控制失控，会导致冲动行为。冲动是指由外界刺激引起、爆发突然、缺乏理智而带有一定盲目性、对后果缺乏清醒认识的行为。冲动是行为系统不理智的一种表现，是人的情感特别强烈、基本不受理性控制的一种心理现象。冲动状态下，人的认识范围骤然缩小，分析能力下降，别人的劝告和过去的经验被掩盖，因而常常不能正常处理问题。自控水平高的人有较好的人际关系、较紧密的家庭、较少的心理疾病、较少的情绪问题以及较高的自我接受度和自尊。

无知减弱了作业人员对其行为后果安全性评估的意识和准确性，是盲目施救行为发生的又一原因。无知一方面体现在知识的缺乏，缺乏判断行为后果的依据，另一方面是技能的缺乏，即使具备一定的知识，但由于缺乏操作能力，还是无法正确施救。

怎么样避免此类事故的发生，就是要实行“场上队长”式的管理，明确最小作战单元的负责人，在现场始终有人负责，充当灵魂人物。责任使人进步、责任使人冷静，关键时刻的指挥作用是十分重要的。国家安监总局安委办〔2012〕20号中，提出了“全面落实企业主要负责人和实际控制人安全生产第一责任人的责任”的要求，这个实际控制人就是在现场直接作业的班组长，企业在生产组织过程中要明确最小作战单元的负责人——班组长，这个班组长的任职条件是具备应急处理的经验，并授予随时终止作业和应急处理的权利，这样就能切断事故的发生或事故扩大的导火索。我们把实际控制人理解为在现场直接控制局面的人，当直接作业的第一个人的第一反应不正确时，能够冷静处理、控制事态的进一步扩大，避免类似与盲目施救造成群伤群亡事故的发生。

实际控制人是安全生产的第一责任人，要采取足球赛场上队长的管理方式，像场上队长那样成为作战单元的灵魂，组织有效的进攻和防守，制止队员的某种冲动。这个场上队长是可视化的——通过袖标就能区分，同时队长被换下场，其职责马上就会转移到场上另外一个人，场上不可一时无帅。在生产现场，其实际控制人——班组长要佩戴显著标识，离开工作岗位时，要马上转移给现场其他事先指定人。

班组长的最后一道把关作用，还体现在建设“我们要安全”的安全文化中的核心作用。班组建设以培育团队建设为核心，在班组形成“我愿意帮助别人、我愿意接受别人的帮助”的“共好”氛围。在日常的生产作业过程中，保持相互提醒非常关键，要做到“三个提醒”：

保持警惕、提醒自己；积累经验、提醒他人；端正态度、接受提醒。班组长要作为最高、最终的提醒人，提醒所有的任何时候的任何违章问题——防微杜渐、坚持“安全喊话”，提醒操作时关键点——防止误操作。

班组长的最后一道把关作用，还体现在要坚持“四不”原则，即“不制造、不传递、不接受、不隐瞒”事故隐患。并将本班组发现的问题，及时记录并上报。

第四节 “我们要安全”的安全文化

文化主导行为，行为主导态度，态度决定结果，结果反映文明。“你将达到的安全水平取决于你展示你愿望的行动，”这是杜邦的至理名言。企业的安全文化主导员工的行为，从而决定企业的核心竞争力。

企业文化不仅强化了传统管理的一些功能，而且还具有很多传统管理不能替代的功能，如导向、凝聚、激励、规范等功能，通过这些功能的发挥，可以直接或间接地提升企业核心竞争力。

一、安全文化的基本概念

1. 安全文化的提出

1986年4月26日1点30分，前苏联切尔诺贝利核电站四号反应堆因有关人员玩忽职守、粗暴违反工艺规程而发生核泄露事故，是二战以来最大的核灾难。在事后调查中科学家发现，切尔诺贝利核泄露的事故主因并不是缺乏防护措施或技术不成熟、机械故障等客观原因，这是一起典型的人因事故，最终导致了惨剧的发生。

1987年，科学家在递交切尔诺贝利核泄露事故调查报告的同时，也提出了核安全文化这一概念。概念指出，人才是安全的最重要因素，如果不能消除人因，即使技术再成熟，防护设施再先进，事故也依然会发生。核安全文化也就是我们现在的企业安全文化的源头与前身，它第一次将安全文化推上了安全建设的舞台。

1991年出版的(INSAG-4)报告即给出了安全文化的定义：“安全文化是存在于单位和个人中的种种素质和态度的总和”。英国健康安全委员会核设施安全咨询委员会(HSCASNI)认为，上述的安全文化的定义是一个理想化的概念，于是提出了修正的定义：“一个单位的安全文化是个人和集体的价值观、态度、想法、能力和行为方式的综合产物，它决定于健康安全管理上的承诺、工作作风和精通程度”。

文化是人类精神财富和物资财富的总称，安全文化和其他文化一样，是人类文明的产物，企业安全文化是为企业在生产、生活、生存活动提供安全生产的保证。具有安全文化的单位有如下特征：相互信任基础上的信息交流，共享安全的重要思路，对预防措施效能的信任。

简而言之，安全文化是人类在生产、生活、生存活动中，为保护身心安全与健康所创造的有关物质财富和精神财富的总和。

2. 安全文化的分类

从文化的形态来说，安全文化可以分为安全观念文化、安全行为文化、安全管理文化和安全物态文化。安全观念文化是安全文化的精神层，安全行为文化和安全管理文化是安全文化的制度层，安全物态文化是安全文化的物质层。

（1）安全观念文化

主要是指决策层和员工共同接受的安全意识、安全理念、安全价值观。安全观念文化是安全文化的核心和灵魂，是形成和提高安全行为文化、制度文化和物态文化的基础和原因。如杜邦公司的"一切事故都是可以避免的"，中石化在"11.22"事故之后提出了"一切风险都可以控制、一切违章都可以杜绝、一切隐患都可以排除、一切事故都可以避免"的安全理念。

（2）安全行为文化

指在安全观念文化的指导下，人们在生活和生产过程中的安全行为准则、思维方式、行为模式的表现。行为文化即是观念文化的反应，同时又作用和改变观念文化。企业在安全管理过程中，就是要通过不断强化员工的安全行为，使安全行为成为行为习惯、习惯成自然、在自然中体现安全文化。壳牌公司唤醒员工的安全意识的三件宝："吸烟到指定地点、乘车要系安全带、上下楼梯必须扶扶手"，天长日久的坚持就形成了良好的安全行为，全体员工的一样的坚持，就形成了安全文化。

（3）安全管理（制度）文化

安全管理文化是企业行为文化中的重要组成部分，它对企业和员工的行为产生规范性、约束性影响和作用，它集中体现观念文化和物质文化对领导和员工的要求。安全管理文化的建设包括从建立法制观念、强化法制意识、端正法制态度，到科学地制定法规、标准和规章，严格的执法程序和自觉的执法行为等。如陶氏化学楼梯行走安全规则，牌子上面分列中英文两排文字，字体很大，非常醒目，时刻提醒上下楼梯的人注意安全。细看陶氏化学楼梯行走安全规则：安全第一；不要奔跑；使用扶手；一步个台阶；地面潮湿时多加小心，以防滑倒；小心台阶上损坏的边缘；开灯照明；勿携带阻碍视线的物件；搬移重物和大物件时请求帮助。可以说每一条规则都是小得不能再小的描述。

（4）安全物态文化

安全物态文化是安全文化的表层部分，它是形成观念文化和行为文化的条件。从安全物质文化中往往能体现出企业领导的安全认知和安全态度，反映出企业安全管理的理念和哲学，折射出安全行为的长效。所以说，物质是文化的体现，又是文化发展的基础。企业在生产过程中的安全物态文化所体现的是生产工艺的本质安全性、生产工具和安全装置等物态本身的安全条件和安全可靠性。如劳动保护用品、连锁装置、超速和超限自动保护等；本质安全型防爆器件；泄压阀等。

3. 安全文化的主要功能

（1）企业安全文化具有导向作用

企业安全生产的决策和管理是在一定的观念指导和文化气氛下进行的。它不仅取决于企业领导及领导层的观念和作风，而且还取决于整个企业的精神面貌和文化气氛。积极向上的企业安全文化可以为企业安全生产工作提供正确的指导思想和健康的精神气氛，规和约束企业员工的行为，引导领导做出决策，指导和促进企业的安全生产。

（2）企业安全文化具有激励作用

积极向上的思想观念和行为准则，可以形成强烈的使命感和持久的驱动力。心理学研究表明，人们越能认识行为的意义，就越能产生行为的推动力。积极向上的企业安全文化就是一把员工自我激励的标尺，他们通过对照自己的行为，找出差距，可以产生改进工作的驱动力，企业内共同的价值观、信念、行为准则又是一种强大的精神力量，它能使员工产生认同感、归属感、安全感，起到相互激励的作用。

（3）企业安全文化具有凝聚、协调和控制作用

现代企业管理中的系统管理理论告诉我们，组织起来的集体具有比分散个体大得多的力量。但是集体力量的大小又取决于该组织的凝聚力，取决于该组织内部的协调状况及控制能力。企业的凝聚力、协调和控制能力可以通过制度、纪律等刚性连接产生。但制度、纪律不可能面面俱到，而且难以适应复杂多变及个人作业的管理要求。而积极向上的共同价值观、信念、行为准则是一种内部粘结剂，是人们意识的一部分，可以使员工自觉地行动，达到自我控制和自我协调。

（4）企业安全文化具有辐射作用

安全文化的辐射作用就是通过宣传企业安全的重要性、企业安全对企业的效益的影响，来带动其它行业对安全的重视，带动社会大众对安全的重视，从而提高我国社会整体安全素质。

二、先进企业的安全理念

1. 中石化 HSE 管理理念

（1）社会责任理念

安全生产是经济社会发展的基础、前提和保障，是构建社会主义和谐社会的重要内容。安全发展是科学发展观的重要组成部分。安全生产事关人民群众生命财产安全，事关改革开放、持续发展和社会稳定的大局，事关党和政府的形象和声誉。安全生产关系到企业的形象，更关系到国家和社会的形象。作为中国石化这样的特大型企业，我们的安全生产工作不只是个人的责任、企业的责任，更是社会的责任。企业不仅仅只是对安全生产负责，还要对职工的生命安全负责。如果安全事故随意地夺取职工的生命，那么就是我们对国家、企业，特别是对职工家庭的最大的不负责任。

（2）安全生产危机理念

石油石化是高危行业。没有安全就没有石化，安全永远是我们管理的主题，安全工作只有起点，没有终点。任何一项设备隐患、制度缺陷、工作疏忽或个人违章，都可能造成重大事故。任何一个小的事故，都有可能会毁掉一个企业。

（3）“谁主管、谁负责”的责任理念

落实“谁主管、谁负责”的安全责任，就是实施“全员、全过程、全方位、全天候”的安全过程监督管理；

安全工作抓得好不好，制度能否得到执行，关键在领导，关键在第一责任人；“一把手”在安全生产方面必须抓好“四件事”，即：始终把握好安全生产的方针政策，研究新情况、新问题，提出新措施；逐级抓好安全生产责任制的落实；对本企业、本单位的重大隐患心中有数，抓好治理；

从可持续发展的角度出发，抓好生产装置技术改造和基本建设安全管理的“三同时”；

“谁主管、谁负责”原则，就是每个人对自己分管领域、自己岗位的 HSE 工作负责，任何人都有自己的 HSE 责任，HSE 人人有责，不单单是管生产的管安全。每一个安全问题都要有人来负责，都有单位来负责，都有领导干部来负责；

“责任心是责任制的灵魂”，每起事故的发生，往往意味着 7、8 道防线的失守；“我的岗位、我负责”、“我当班、我负责”；“谁主管、谁负责”，要形成“人人对安全负责”，共担安全责任的良好氛围，就是要倡导一种“责任在我”的企业文化，每一个人都有责任把安全工作抓好；属地管理原则，属地主管对属地享有管理权(与家概念相同)，任何人任何时候进入属地做任何事都要接受属地主管的管理。

（4）“安全高于一切，生命最为宝贵”的理念

“四个让位”：当利润、产量、进度、成本与 HSE 发生矛盾时，都要让位于 HSE；

“七个必须”：领导必须有力、制度必须执行、责任必须落实、排查必须全面、整顿必须彻底、监督必须地位、问责必须严厉；

“四个不动摇”：坚持安全生产、节能减排、环境保护、绿色低碳不动摇；

安全生产必须把“为了人”作为根本目的。安全生产的出发点、落脚点就是要确保人的生命安全和身心健康，每个人的生命都是独一无二的，是无价的，关爱生命比什么都重要。安全生产必须把“尊重人”作为根本准则，要增加投入、创造条件、改善环境，让每一名劳动者体面地工作、生活。“劳动者”包括企业在册员工，包括企业雇用的各类临时用工，也包括为中国石化服务的各类承包商员工，要善待、关爱为中国石化服务的每一个员工。安全生产必须把“依靠人”作为根本途径。人是最能动的因素，安全生产好坏全在人，员工安全素质和业务技能提升，安全生产才有基础。

（5）事故预防理念(所有事故都是可以认识的、可能预防的、可能避免的)

坚决破除“事故不可避免论”思想，牢固树立“一切风险可以控制、一切违章可以杜绝、一切隐患可以消除、一切事故可以避免”的理念。安全工作也是有规律的，而规律是可以认识和把握的，只要工作到位，安全生产是能够保证的。人的不安全行为或物的不安全状态是导致事故的直接原因。绝大多数事故都是“违章”事故，是由“人的不安全行为”造成的。偶然中有必然，只要存在事故隐患，事故总会发生。只要严格遵守法律和规章制度，实行系统管理，持续改进，零事故的目标是可以实现的。

（6）应急管理的理念

突发事件(事故)处置得好，就可能将损失减少到最低程度，预案不是纸上的东西，要进行实际演练。

（7）事故责任追究理念

小事故当大事故对待，未遂事故按已发事故要求。事故原因要水落石出、吸取教训要刻骨铭心、事故处理要切肤之痛、事故整改要举一反三。任何事故的发生，背后都有管理上的原因。未遂事故虽然没有造成重大人身伤亡、重大经济损失，但其性质和事故完全相同。对未遂事故处理非常得当的那些人要重奖。

2. 埃克森美孚公司的安全理念

① 安全永远比产量和效益更重要；

② 卓越的安全、健康和环保表现为企业提升价值；

③ 有效的 HSE 管理是公司动作的许可证；
④ 作业中的风险可以降低，甚至可以避免；
⑤ 实现无伤害、无事故、无疾病和对环境无影响的作业操作。

3. 陶氏化学 EH&S 十大金律

① 我对自己及同事的安全负责，安全始终处于首要位置并贯穿我们的所有行为；
② 我坚信所有事故可以避免。我在此郑重承诺并做出最大努力以达到零事故目标；
③ 我积极与同事协作以防止任何不安全之环境及行为；我保证自己及同事的工作环境之安全；
④ 我关注安全条例、程序及法规，并在需要时帮助完善；
⑤ 我参加为提高自身安全知识和表现而举办的安全活动；
⑥ 我就所有事故及环境问题进行汇报并参与相关讨论；
⑦ 我是 EH&S 活动的共同参与者；
⑧ 我时刻注意自己的活动，确保了解危害性并采用安全的方式来进行；
⑨ 我对新员工及合同工进行安全指导，帮助他们以安全的方式进行活动；
⑩ 我每年对这些条律进行重新评估；这是我年度目标的一个整体部分。

三、“我们要安全”的安全文化

1.“我们要安全”是本质安全的思想基础

员工走上工作岗位，个人安危就牵涉集体利益和荣誉，个人安全意识就成为集体安全意识，个人行为安全就变成集体行为安全。倡导提高个人安全素质同时，必须倡导提高团队安全素质，只有这样才能促进和谐的人文安全环境建设，才能真正形成新型的安全文化。企业安全文化建设的核心是营造“我们要安全”的安全文化，实现“我要安全”向“我们要安全”转变，每个员工都能认识到，保护我的工友不受到伤害，安全为了我们团队，这是本质安全的思想基础。

如果每个人在任何地方发现任何事故隐患的时候能主动告知或提示给他人，如果每个员工能及时主动提示他人遵守各项规章制度和安全操作规程，如果每个员工能主动提出安全建议，并与他人相互交流或向他人传递有用信息，如果每个员工能把安全作为集体荣誉，主动为团队传授安全知识，主动与其他人分享经验，如果每个员工能在工作中也关注他人身体、精神状态等异常变化，一旦发生事故在保护自己的同时，都能主动帮助身边的人摆脱困境，每个人就非常可能实现“自我”安全管理。如果真正做到这样，什么事故都可以避免。

2. 杜邦公司的安全文化的核心——“我们要安全”

杜邦公司的安全文化的核心是“我们要安全”，企业的安全文化是企业组织和员工个人的特性和态度的集中表现，这种集合所建立的就是安全拥有高于一切的优先权。在一个安全文化已经建立起来的企业中，从高级至生产主管的各级管理层须对安全责任作出承诺并表现出无处不在的有感领导；员工个人须树立起正确的安全态度与行为；而企业自身须建立起良好的安全管理以及对安全问题和事故的重要性有一种持续的评估，对其始终保持高度的重视。杜邦企业安全文化建设的经验表明，一个企业安全文化的建成往往不是一蹴而就的，而是需要长期不懈努力才能达到。杜邦企业安全文化建设与工业伤害防止和员工安全行为模型描述了杜邦企业安全文化建设过程中经历的四个不同阶段(图 3-5)。

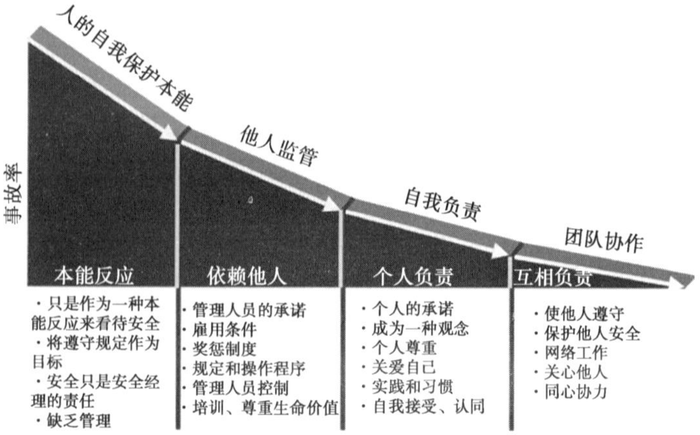

图 3-5　杜邦安全文化坐标系统

员工的安全行为包括四个阶段：自然本能反应阶段、依赖严格的监督阶段、独立自主管理阶段、互助团队管理阶段。

该模型的建立是基于杜邦历史安全伤害统计记录，以及在这过程中公司和员工在当时对安全认识的条件下曾作出的努力和具备的安全意识，是杜邦安全文化建设实践的理论化总结。该模型表明，只有当一个企业安全文化建设处于过程中的第四阶段时，才有可能实现零伤害、零事故的目标。应用该模型，并结合模型阐述的企业和员工在不同阶段所表现出的安全行为特征，可初步判断某企业安全文化建设过程所处的状态以及努力的方向和目标。

根据杜邦的经验，企业安全文化建设不同阶段中企业和员工表现出的安全行为特征可概括如下：

(1) 自然本能反应(安全本能)

处在该阶段时企业和员工对安全的重视仅仅是一种自然本能保护的反应，表现出的安全行为特征为：

① 依靠人的本能：员工对安全的认识和反映是出于人的本能保护，没有或很少有安全的预防意识。

② 以服从为目标：员工对安全是一种被动的服从，没有或很少有安全的主动自我保护和参与意识。

③ 将职责委派给安全经理：各级管理层认为安全是安全管理部门和安全经理的责任，他们仅仅是配合的角色。

④ 缺少高级管理层的参与：高级管理层对安全的支持仅仅是口头或书面上的，没有或很少有在人力物力上的支持。

(2) 依赖严格的监督(要我安全)

处在该阶段时企业已建立起了必要的安全管理系统和规章制度，各级管理层对安全责任作出承诺，但员工的安全意识和行为往往是被动的，表现出的安全行为特征为：

① 管理层承诺：从高级至生产主管的各级管理层对安全责任作出承诺并表现出无处不

在的有感领导。

② 受雇的条件：安全是员工受雇的条件，任何违反企业安全规章制度的行为可能会导致被解雇。

③ 害怕/纪律：员工遵守安全规章制度仅仅是害怕被解雇或受到纪律处罚。

④ 规则/程序：企业建立起了必要的安全规章制度但员工的执行往往是被动的。

⑤ 监督控制、强调和目标：各级生产主管监督和控制所在部门的安全，不断反复强调安全的重要性，制订具体的安全目标。

⑥ 重视所有人：企业把安全视为一种价值，不但就企业而言，而且是对所有人包括员工和合同工等。

⑦ 培训：这种安全培训应该是系统性和针对性的。受训的对象应包括企业的高、中、低管理层，一线生产主管，技术人员，全体员工和合同工等。培训的目的是培养各级管理层、全体员工和合同工具有安全管理的技巧和能力，以及良好的安全行为。

(3) 独立自主管理(我要安全)

此时，企业已具有良好的安全管理及其体系，安全获得各级管理层的承诺，各级管理层和全体员工具备良好的安全管理技巧、能力以及安全意识，表现出的安全行为特征为：

① 个人知识、承诺和标准：员工具备熟识的安全知识，员工本人对安全行为作出承诺，并按规章制度和标准进行生产。

② 内在化：安全意识已深入员工之心。

③ 个人价值：把安全作为个人价值的一部分。

④ 关注自我：安全不但是为了自己，也是为了家庭和亲人。

⑤ 实践和习惯行为：安全无时不在员工的工作中、工作外，成为其日常生活的行为习惯。

⑥ 个人得到承认：把安全视为个人成就。

(4) 互助团队管理(我们要安全)

此时，企业安全文化深得人心，安全已融入企业组织内部的每个角落。安全为生产，生产讲安全。表现出的安全行为特征为：

① 帮助别人遵守：员工不但自己自觉遵守而且帮助别人遵守各项规章制度和标准。

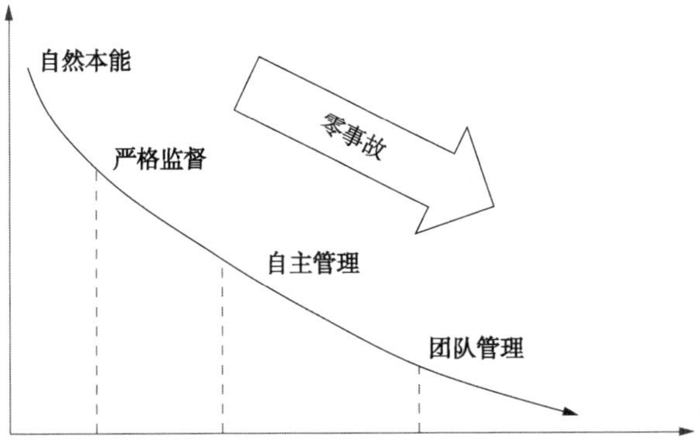

图3-6　杜邦企业安全文化建设与工业伤害防止和员工安全行为模型

② 留心他人：员工在工作中不但观察自己岗位上而且留心他人岗位上的不安全行为和条件。

③ 团队贡献：员工将自己的安全知识和经验分享给其他同事。

④ 关注他人：关心其他员工，关注其他员工的异常情绪变化，提醒安全操作。

⑤ 集体荣誉：员工将安全作为一项集体荣誉。

杜邦以安全文化为核心，制定了十分严格、近乎苛刻的安全防范措施。正是这些苛刻的措施，令杜邦的员工感到十分安全。在杜邦全球所有机构中，均设有独立的安全管理部门和专业管理人员。安全专业人员与现场安全协调员共同组成完整的安全管理网络，保证安全信息和管理功能畅通地到达各个生产环节。杜邦创建了一整套完善的安全管理方案及操作规程，全体员工严格按照方案和操作规程工作，并主动参与危险的识别和消除工作，确保将安全隐患消灭在萌芽状态。

杜邦安全文化启示我们，安全文化建设是保证安全的基础，有什么样的安全文化，就会有什么样的安全状态。安全文化深刻而广泛的影响着人们的思想，左右着人们的行为。浓厚的安全至上文化，会影响人自觉摒弃违章的念头和行为，把不安全的因素降到最低。在学习先进经验的基础上，根据实际，积极建设优秀安全文化，宣扬普及安全知识，提高安全意识，运用先进的安全文化提升我们的安全管理工作，就会把安全隐患消灭在人们的自觉行动中。

杜邦安全文化启示我们，在广大职工中形成一个浓厚的安全文化氛围至关重要。树立安全业绩与工作业绩同等重要的信念，使安全成为自觉的行动，把安全视为工作的一个有机组成部分，做到人人掌握安全知识和技能，人人参与危险识别和控制。以高度负责的主人翁精神密切关注生产过程，进而有效防范事故的发生。

杜邦安全文化启示我们，安全管理贵在抓好落实，要树立每时每刻讲安全的理念，提高全员的安全风险意识。通过开展风险评估，识别安全风险，制定严密的控制措施，加强监控，经常开展风险和危害识别活动，找出身边存在的危险源，并迅即整改。在生产实践中，建立标准、自我约束、互助提高、规范运作的新型安全工作模式。严格执行操作规程，克服工作随意性，违章冒险作业等现象，把安全生产措施落到实处，促进安全生产工作迈上更高台阶。

所以，根据杜邦公司的安全管理四个阶段论可以看出，安全生产不仅局限在个人认知的范围，而是与团队建设和荣誉紧密相关，不但要让员工从“要我安全”向“我要安全”转变，还要从“我要安全”向“我们要安全”转变，从安全的角度来认识“团队的荣誉高于一切”。

3.“四不伤害”与“三个提醒”

安全文化建设的第四个阶段是团队安全，具体体现为由“三不伤害”向“四不伤害”转变，实现由“要我安全”向“我们要安全”的转变。

（1）“四不伤害”

“三不伤害”是指不伤害自己、不伤害别人、不被别人伤害。“四不伤害”是指不伤害自己、不伤害别人、不被别人伤害、保护他人不被伤害。其内涵是：任何组织中的成员都是团队一分子，要担负起关心爱护他人的责任和义务，安全不仅仅是一个人的事，还是团队的事，不仅自己要注意安全，还要保护团队其他成员不受伤害。这是每个成员对其他成员的承诺。“三不伤害”要求管理好“自我”，从而做好安全。“四不伤害”则不然，它要求管理好“自我”，更要管理好“他人”。工作就意味着安全责任。无论是谁，一旦发生事故必然牵涉到自己、他人和集体。遭受损害的既可能是自己或他人的生命，又可能是集体财产和企业经济效益。

四不伤害更加体现了“人本”管理，更加体现了“情感”观念，把安全管理工作推向了安全文化建设的层面。员工走上工作岗位，个人安危就牵涉集体利益和荣誉，个人安全意识就成为集体安全意识，个人行为安全就变成集体行为安全。倡导提高个人安全素质同时，必须倡导提高团队安全素质，只有这样才能促进和谐的人文安全环境建设，才能真正形成安全文化，实现由“三不伤害”向“四不伤害”的转变。

（2）实现“四不伤害”要做到“三个提醒”

作为一个工作团队，我们携手共进、我们互不伤害、我们为他人提供安全的工作环境、我们是团结友爱的安全伙伴。在安全伙伴之间，经验分享和相互监督、相互提醒是重要的。我们每个人不可能每天工作期间都能保证始终精力充沛、我们也不可能保证所有的应急操作都能应付自如、我们也不可能保证所做的工作方法是最优的；况且我们现在所从事的工作，大多都是需要共同的合作。在这期间，我们应该如何做，才能保证安全，将经验分享，相互提醒和监督。

壳牌研究表明，90%的安全事故与工作时的违章有关，而70%的死亡事故发生时都有同事在场。为此，壳牌不仅要求全体员工遵守制度，而且赋予他们权力——积极干预他人的不安全行为，这种干预完全不受职级限制；《中石化安全管理手册》理念5：任何人有权拒绝不安全的工作、任何人有权纠正不安全行为；杜邦：在现场观察到员工不安全行为时，沉默=认同。

第一，调整心态，接受提醒。提醒是义务，提醒是责任，提醒是关爱，提醒是幸福。提醒是经验分享，提醒是知识的传承。我们每个人都应有这样的阳光心态，只要是善意的提醒，我们都应该接受。你可能没有提醒别人的能力，但一定要有接受提醒的素质。特别是要把每一次会议上领导关于安全的讲话，都当作一次次善意的提醒、一次次亲切的关怀。同时，要把企业内外所发生的事故当作资源、当作是对自己的提醒。

杜邦人下楼一定要扶楼梯，“杜邦人”中间流传着这样一个真实的故事：一个年轻的MBA毕业生刚刚进入杜邦，在他下楼梯的时候，一位陌生的老者提醒他：“下楼要扶着楼梯。”并且嘱咐说：扶着楼梯比较安全。这让他莫名其妙，后来培训的时候他发现杜邦的核心价值理念上的最后一句话是：“我们的原则非常神圣，我们尊重自然与生命，我们安全工作，和睦相处，对伙伴亲切友善，因此我们都能够问心无愧，情绪高昂地下班回家。”他终于明白了：尊重生命与安全工作是杜邦价值观非常重要的组成部分，因为杜邦是一个靠生产火药起家的公司。老员工为新员工培养习惯，让他们牢记终身。

第二，积累经验，提醒他人。相互提醒的过程是知识传播的过程，我们每个人都应自觉积累安全管理的经验，增强提升自己、提醒他人的能力。所谓提醒，也不能满足于口头间提醒，要通过文本化将我们的经验固化。

在安全管理工作中，监督是职责所在，检查是常规手段。作为管理者，特别是安全管理的专业人士见多识广，他们的提醒更具权威性，作为基层要把每一次检查和提醒看作是自己的又一次晋级。然而，作为检查者，发现问题后不能听之任之，不立即指出是玩忽职守、放纵事故。同时，要把其他单位好的经验和做法，传播开来。

第三，保持警惕，提醒自己。一位老太太坐在马路边望着不远处的一堵高墙，总觉得它马上就会倒塌了，越想越危险。于是她一见到有人从墙边走过来，就大声提醒对方："那堵墙就要倒了，绕远点走。"被提醒的人不解地看着她，大模大样地顺着墙根走了过去。那堵墙却没有倒下，又有人走来，老太太又予劝告。就这样，一晃三天过去了，许多人从墙边走过，均未遇到危险。老太太感到有些奇怪，眼看就要倒了的，怎么回事呢？她不由自主地走到墙根下仔细观察起来，然而就在此时，高墙终于轰然倒塌了，老太太被淹埋在砖石灰尘之中，气绝身亡了。老太太的感觉没有错，洞烛先机，明察秋毫，居安思危，具有极强的忧患意识和危机感。老太太规劝和提醒路人的语言和行为也没有错，与人为善，善意劝告，反复提醒，给人们敲响了警钟。老太太最后的行为却错了，该倒不倒，时间未到。老太太缺乏最后的耐性，放松了高度戒备心理，亲临观察，以身试墙，反而招致杀身之祸，的确让人叹惜不已。"高墙倒塌"现象在我们的生活和工作中常有发生。提醒别人往往很容易，很清醒，能做到时刻清醒地提醒自己却很难，但必须学会自我提醒。

第五节 员工基本功训练的六大手段

训练有素意指只有经过千百次，才能体现高素质。从企业安全管理的角度出发，队伍的作风决定工作质量，工作质量=安全。

一、基本功训练的基本概念

1. 基本功训练的由来

1961 年 4 月上旬，曾经是铁人王进喜领导过的钢铁钻井队钻的井，井斜超过了规定的 3°，达到 5.6°。如果睁一只眼闭一只眼也能过去，照样可以完钻试油。但会战工委的领导康世恩不这样认为，他从这口井上看到了忽视质量问题的苗头和倾向，不能因小失大，小题要大做。1961 年 4 月 19 日，针对钻井质量问题，他在群英村油建礼堂的千人大会上，点名叫钻井指挥部的领导站到主席台前亮相挨批，包括后来赶到会议现场的已是钻井大队长的王进喜也主动上台陪批。"4·19"以后，这里的油井都打得笔直。大庆形成了苦练基本功的热潮，并提出了"四个过得硬"。在机器上过得硬：会维护、保养，会排除故障；操作上过得硬：动作熟练、精确，协同动作好；在质量上过得硬：干活要正正规规，合乎质量规格标准；在复杂情况面前过得硬：有安全知识，能判断、预防和处理事故。

1964 年石油工业部《关于大庆石油会战情况的报告》："要练成'四过硬'，必须坚持天天练，在岗位上随时随地练。只要天天这样练，人人这样练，就会熟能生巧，使硬功夫、真本领传下去，生产技术水平就能不断提高。"

2. 基本功训练的基本要求

基本功训练是指以岗位说明书的工作内容和任职条件为依据，明确培训需求和目标，开发和提升基层单位领导干部、专业技术人员和技能操作人员职业能力的一系列活动。

基本功训练需要坚持的原则：贴近实际、贴近生产、贴近一线；干什么练什么、缺什么补什么；一个岗位、一个训练标准；边干边学、急用先学。

基本功训练的最低要求(三个第一)：在应急情况下“第一反应是正确的”、在巡回检查时“第一时间发现问题”、在日常操作时“第一次把事情作对”。

3. 员工基本功训练的三个阶段

基本功训练的三个阶段见图 3-7。

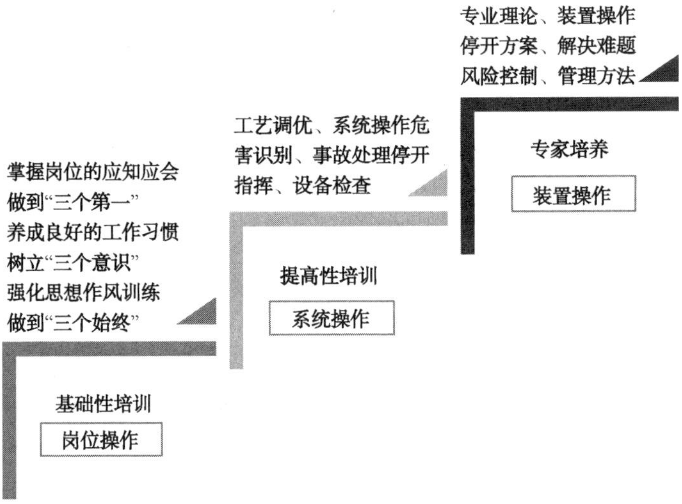

图 3-7 基本功训练的三个阶段

二、员工基本功训练的六大手段

中石化在加强三基指导意见中指出，要按照“贴近实际、贴近生产、贴近一线”原则，以岗位必备和应知应会为重点，突出抓好 HSE、操作规程、应急处理等方面的技能训练，建立健全基本功训练体系，全面提升员工岗位胜任能力、规范操作能力和解决实际问题的能力。

基本功训练的手段有六个方面：实操训练、师带徒、业务竞赛、应急演练、仿真训练、新媒体等。

1. 实操训练

（1）实操训练是全员性的

美国海军“唐格号”上有一位名叫史密斯的士兵，他是一位鱼雷发射精英，被将士们誉为“唐格号的灵魂”。1944 年 10 月 24 日晚，“唐格号”循例出海巡察，但史密斯那晚因为发高烧而没有登上潜艇，结果“唐格号”在远海发现一艘日本海军侦察舰进入了自己的海域，舰长果断下令用鱼雷攻击敌舰。因为史密斯不在船上，舰长就随意叫了几个“懂的人”去发射，但那些将士虽然“懂”，却并不熟练，结果因为操作问题而引起了鱼雷发射方向机械系统失灵，导致发射出去的鱼雷突然来了180度大回转，不偏不倚地击中自己的潜艇，使“唐格号”和大多数将士葬身海底，为美国二战中的海军添上了失败的一笔。

1971年，美国星巴克连锁咖啡创始人霍华德．舒尔茨，研发出一种咖啡熬制方法，创办公司后他做的第一件事就是把自己的技能广泛地复制给他的每一位员工。同时，只要发现一个员工拥有某些方面的特长，无论这项技能的使用几率有多高，只要对公司有益，霍华德·舒尔茨都会努力把这项技能从这名员工的身上复制给其他员工。而且，霍华德．舒尔茨不会让那些被复制者有危机感，因为任何对复制独特才能有贡献的员工，他都会用数量颇丰的公司股份给予奖励，让被复制者深切感到“把才能复制给其他员工对自己有利”，刺激员工们主动把才能奉献出来，也有力的鼓励员工们的创造。正因如此，人们才能在全球各地12000家星巴克分店喝到口味完全一致的咖啡。

对于史密斯来说，他是一颗“不可替代的钉子”，但对于整个潜艇而言，这颗“不可替代的钉子”却又是引发惨剧的客观原因之一。作为舰长，就应该把史密斯的才能复制给每一名将士，让每一个钉子都拥有任何一颗钉子的才能，而且也要像霍华德．舒尔茨那样，对贡献者给予及时奖励，让他感到“把才能复制给其他员工对自己有利”。

基本功训练的基本要义：坚持实操训练不放松，鼓励员工成为“一颗不可替代的钉子”，而且更要考虑把每一颗“不可替代的钉子”的才能都能复制开来，使个人和团队都受益。对于石油化工行业而言，更强调团队的整体素质的提升，而不是所谓的能人。任何一个班次、一个人、一个局部的微小失误，都可能是灾难性的。所以，我们的基本功训练的重点内容在于全员性，要致力于一线员工智慧的挖掘，并通过制度加以固化，迅速放大到整个组织。

（2）岗位是最好的训练平台

基本功训练要求的实操训练，要坚持在实际操作中训练实际操作能力，坚持在现场考核实际操作能力，把岗位当做最好的训练平台，边干边学边总结边提高。

苯乙烯装置岗位练兵的“闯五关”“过五将”活动。通过现场流程考核方法的实际运用，不仅提高了车间职工的工艺技术水平和业务素质，同时也增进了相互间的沟通和协作，增强了班组战斗力，见图3-8、图3-9。

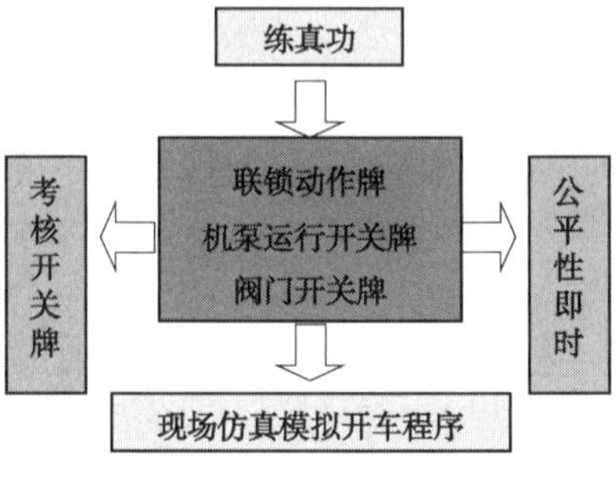

图3-8　现场考核内容

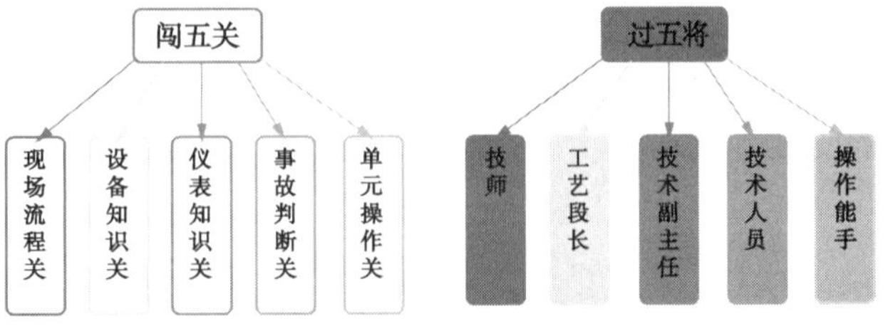

图3-9　“闯五关”“过五将”活动

（3）中石化安全管理手册中对操作人员安全培训的规定

① 操作人员的安全培训以强化安全意识和提升风险识别能力、安全操作能力、应急处置和自救互救能力为主要内容。

② 企业应建立安全实训基地和仿真模拟培训基地。操作人员安全培训应主要采用仿真模拟、体验式培训和实操培训等方式。

③ 企业必须对新上岗、转岗人员进行安全培训并经考试合格，方可安排上岗。

④ 特种作业人员和特种设备作业人员必须接受专门的安全作业培训，取得相应资格后方可上岗作业。

⑤ 采用新工艺、新技术、新材料或者使用新设备，必须对相关生产、作业人员进行专项安全培训。

2. 师带徒

（1）师带徒工作载体

技师工作室、专家工作室；岗位师带徒、项目师带徒；新员工和转岗员工的培养。

（2）师带徒的工作机制

学理论、练本领、养作风，对新入职员工需明确一定时间的见习期，在见习期内需明确专人辅导、教练，签订师徒协议，明确培养计划、课题和目标，规范师徒双方的责任和义务。

专家工作室、技师工作室要采取“一带一”、“一带多”、“多带一”的传帮带机制；高技能带低技能、上一级带下一级的分层次培养的教练式培训体系。

岗位是最好的培训平台，要通过在日常工作岗位的师徒间的耳濡目染、项目建设的全程参与，使青年人更快成长。

（3）师带徒工作目标

技能代代传授、经验代代传承、作风代代传递、精神代代传播。

3. 业务竞赛

（1）业务竞赛内容

职业技能竞赛、班组对抗赛、技术竞答、仿真测试、在线考评、仿真训练。

（2）业务竞赛目的

通过比技术精湛、比业务精通、比工作精心、比服务精细，使技能标杆向技能标准转化；技术示范向技术规范提升。

4. 应急演练

（1）应急预案的内容、原则及目标

应急预案的内容：编制自然灾害、突发事故、急性中毒、环境危害、人为破坏的突发事件的应急预案；编制装置停水、停电、停汽、停风、物料泄漏、着火、爆炸的突发情况的应急预案。

原则：明确“做何事、谁做事、如何做、何时做”的职责与程序，进行应急处置的原则。

应急演练目标：增强员工风险识别能力、应急处置能力、自救互救能力。

（2）《中石化安全管理手册》中对应急演练的规定：

应急演练以不预先通知的方式为主，演练只明确演练科目，不宜编制演练方案。

应急演练结束后，必须对演练过程进行评估，形成评估报告。并针对暴露出的问题从完善预案、修订制度、加强培训等方面制定整改措施，明确整改责任，限期全部整改。

企业、二级/基层单位应建立预案演练档案，档案至少包含演练内容、存在问题和整改完成情况。

（3）现场应急处置卡

国家安监总局令第 74 号令《企业安全生产应急管理九条规定》，2015 年 2 月 28 日起开始实施。其中，第四条明确规定“企业安全生产应急管理九条规定必须在风险评估的基础上，编制与当地政府及相关部门相衔接的应急预案，重点岗位制定应急处置卡，每年至少组织一次应急演练。”

根据格瑞斯特定律，安全管理需要抓现场、抓细节、抓坚持，就是要将各项管理制度识别到岗位，应急处置卡是企业将应急预案识别到岗位，是一项非常重要的基础性工作。《中石化安全管理手册》中，规定企业应根据现场处置方案编制岗位应急处置卡，明确紧急状态下岗位人员“做什么”、“怎么做”和“谁来做”。应急处置卡是应急预案的简明化，图 3-10。

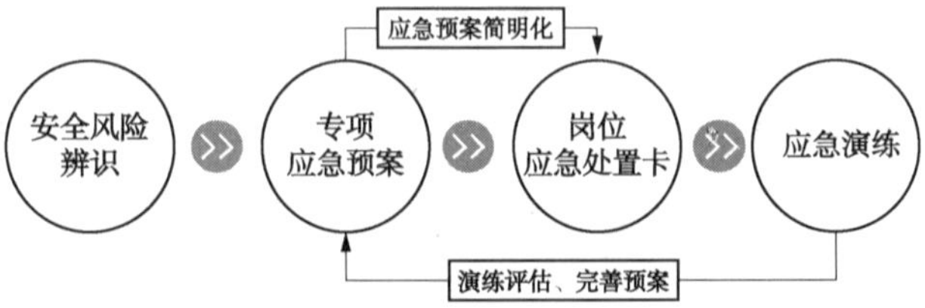

图 3-10　应急处置卡的作用

5. 仿真培训

（1）仿真培训的核心

仿真培训是指模仿真实的工作条件建设专门的培训试验室或人工环境，使用与工作场地相同的设备与技术，严格按照真实的情境来学习和训练如何处理工作中的实际问题。通过仿真培训，可以缩短工人的技术培训时间，提高在岗职工技术素质和处理事故的应变能力。再者，这种方法使培训效果与实际需要相吻合，又避免了对现实作业的干扰，对于一些特殊的领域还有助于节省费用，减少危险。其核心是“做中学”。

秦山核电站 4 套机组 5 个仿真中心，各投资 1 亿元，采用具有 1∶1 操纵室控制盘台并可以实时运行全范围全工况核电站数学模型的大型电子计算机系统进行人员培训。操作工每年脱产两周模拟机培训，每两年复证，每五年全面培训考试，合格才能上岗。中海油（天津），要求所有新员工，如本科和硕士毕业生，必须经过三到六个月的仿真培训，合格后才可以进入现场，否则没有资格到现场。

（2）仿真培训的具体要求

《中石化安全管理手册》中明确规定：“企业应建立安全实训基地和仿真模拟培训基地。操作人员安全培训应主要采用仿真模拟、体验式培训和实操培训等方式。”

企业要建立健全设备、单元、装置等仿真体系；仿真系统与新建装置同步设计、同步建设(提前建设);仿真系统与实际操作一体化运行。

模拟设备、技术单元或装置的运行和操作,对新员工进行培训;对实际生产中遇到的操作波动、开停工、事故、技术难题、健康安全操作等进行模拟处理;开展技能鉴定、技术比武。

6. 新媒体

新媒体:运用电视成像等信息技术,开发动漫课件,摄制视频短片,运用动漫模拟形式,直观生动地展现设备设施的内部结构、工艺原理、操作技巧和行为规范,增强培训的生动性与吸引力。

以微信、微博、APP 等新媒体为载体,搭建移动平台,占领虚拟阵地,通过建立专业网站、开辟网上专栏等途径,拓展员工培训的新形式、新渠道。

三、体验式训练

拉氏姆逊(J. Rasmussen)把生产过程中人的行为划分为三个层次,即反射层次的行为、规则层次的行为和知识层次的行为。根据生产操作特征对人的行为层次的要求,安全教育相应地有三个层次的教育,即反射操作层次的教育、规则层次的教育和知识层次的教育。

反射操作层次的教育是通过反复操作训练,使手脚熟练地、正确地、条件反射式地操作。这一部分也可以称为基本技能,必要的应知应会和正确使用防护器材、应急情况养成良好的工作习惯。其核心"第一反应是正确的",这就需要体验式训练。基本功训练的创新,强调的是以知识管理为手段。

1. 体验式训练

所谓的体验是使每个人以个性化的方式参与其中的事件,是当一个人达到情绪、体力、智力甚至于精神的某一特定水平时在意识中产生的美好感觉。体验策划者不再仅仅提供商品或服务,而要提供最终的体验,充满厂感性的力量,给顾客留下难忘的愉悦记忆。

体验经济是从生活与情境出发,塑造感官体验及思维认同,以此抓住顾客的注意力,改变消费行为,并为商品找到新的生存价值与空间。体验经济是以服务作为舞台,以商品作为道具来使顾客融入其中的社会演进阶段。

体验经济的核心是不仅让顾客满意,还要令顾客惊喜、感动;不单是为顾客创造价值,还要为顾客创造独特价值、终身价值。

体验经济是继农业经济、工业经济、服务经济之后的人类经济生活发展的第四个阶段。换句话说,农产品是可加工的,商品是有实体的,服务是无形的,而体验是难忘的。如果说在农业经济时代,有吃的就是快乐,生存就是快乐;在工业经济时代,有钱才有快乐,发展就是快乐,那么在体验经济中,光吃饱了,有钱了,仍然可能不快乐,自我实现才是快乐。在体验经济中,企业不再生产"商品",企业成为舞台的提供者。在企业精心搭建的舞台上,消费者进行自己的、惟一的、从而值得回忆的表演。在体验经济中,劳动不再是体力的简单支出,劳动成为自我表现和创造体验的机会。

体验经济的内在驱动力:产品是自然界开发出来可以互换的材料;商品是由公司标准化生产的有形产品;服务是为特定客户所演示的无形活动;体验是使每个人身临其境的事件。

体验是新的价值源泉：产品的商品化过程是以价格为导向；商品的服务化过程是以价值为导向；而创造价值的过程是一个创造体验、提升体验的过程。

体验经济的十大特征：终端性、感官性、知识性、延伸性、参与性、补偿性、经济性、记忆性、关系性。

体验经济的十大特征与基本功训练所强调的效果是一致的(表 3-3)。

表 3-3　体验经济与体验式训练

	终端性	差异性	感官性	知识性	延伸性	参与性	补偿性	经济性	记忆性	关系性
体验经济	聚焦于消费者的感受，关注最焦点、最前沿的战斗	最终消费者的情况千差万别，企业要满足不同顾客的需求，就必须提供差别化的服务	调动了身体五官，从而增加了体验的强度	消费者不仅要用身体的各个器官感知，更要用心来领会，体验经济重视产品与服务的文化内涵，使消费者能增加知识、增长才干	为客户的客户增加价值。通过延伸服务增加顾客的精神体验	消费者参与的典型是自动式消费，如自助餐、自动导游、自己制作（DIY）	企业提供的产品与服务难免有不令消赞者满意的地方，其至不会造成消费的伤害或损失，这时需要很好的补偿机制	消费者的经济性表现在搜寻比较费用、最初购买价格、付款条件、使用中的消耗与维修费用等许多方面	留下美好的回忆是体验经济的结果性特征	如同人们之间需要朋友的友情一样，企业与消费者也需要形成朋友关系，实现长期的双赢
基本功训练	聚焦一线员工的“三个第一”	干什么学什么缺什么补什么	实战演练	演练后的总结反思	满足员工的成长需求	所有事故、事件必须报告	避免事故、发现问题的奖励	安全是最大的节约，事故手最大的浪费	强调以班组为核心的日常应急演练	我们要安全的安全文化。三个提醒

在基本功训练过程中，应用体验经济的理论，开展体验式培训，会起到事半功倍的效果。

(1)不同学习(培训)要素参与人体脑像记忆的关系(表 3-4)

表 3-4　不同学习(培训)要素参与人体脑像记忆的关系

<table>
<tr><td>形成脑像记忆的比较</td><td>培训模式</td><td rowspan="9">言语接受
↓
视觉接受
↓
参与
↓
体验式参与
↓
完全主导情景、全身心去做</td></tr>
<tr><td>阅读 10%</td><td>阅读</td></tr>
<tr><td>听到 20%</td><td>听讲(内训)</td></tr>
<tr><td>看到 30%</td><td>看图</td></tr>
<tr><td>听到和看到 50%</td><td>看录像或影视片</td></tr>
<tr><td>自己所说的 60%</td><td>参加讨论发表观点</td></tr>
<tr><td>参与的说与做 70%</td><td>体验式培训</td></tr>
<tr><td>自己主导的情景 90%</td><td>情景学习(培训)</td></tr>
</table>

（2）体验经济与体验式培训

在体验经济中，劳动不再是体力的简单支出，劳动成为自我表现和创造体验的机会。体验式培训中，它不同于以往传统的教师在课堂上传授知识的学习方式，就是首先要去体验（身临其境），通过体验去感悟，并不断提升自己的感悟。

（3）体验式培训与传统培训的区别

表 3-5　传统学习与体验式学习的区别

	传统学习	体验学习
载体	过去的知识	即时的感觉
方法	记忆	领悟和体认
方式	自主学习	团体学习
内容	注重知识、技能	注重观念、态度
场景	单一刺激	高峰体验度
中心	以教师为中心	以学员为中心
模式	标准化学习	个性化学习
目标	理论化的知识体系	现实化的技能
状态	静态学习	行动学习，强调“做中学”

体验式学习源起于一个残酷的故事。二次世界大战时期，英国商务船队在大西洋屡遭德国潜艇攻击，大批船员落水。由于海水冰冷，又远离大陆，很多船员不幸牺牲，只有极少数人存活下来。人们发现，生还者并不一定都是体能最好、游泳技术最佳的年轻船员，但却都是求生意志最强的人。1942 年，德国人库尔特 · 汉思受此启发，联合其好友英国人劳伦斯 · 豪尔特创办了“阿伯德威海上训练学校”，利用自然条件和人工设施，通过心理挑战的活动和项目，训练和提高年轻海员，此举对二战兵员的生命保障起到非常积极的作用。这就是体验式培训最初的雏形。

美国权威调查公司对世界 500 强企业培训的系统调查发现：针对成年人和企业管理者，传统的教学式培训对生产率和员工素质的提升有效性为 22%，有效持续时间不超过 2 个月；而体验式学习的有效性可以达到 86%，有效持续时间超过 6 个月，甚至会影响到学员的一生。它可以让员工在个体的体验中感受学习的重要性，激发学习的欲望，强化知识和原理在工作和生活中的实际运用，使知识和技能的良好运用成为工作的习惯。

（4）体验式学习模式

学习分两种，第一种，学员经常会在考试结束之后将所复习的内容忘记。第二种，当我们学会骑车、游泳之后，即使很长时间不接触，仍然不会忘记。显然第二种学习方式拥有完整的培训链条，即体验、分享、交流、整合、联系实际与应用这样一个循环过程。而第一种培训链条是不完整的，缺失掉了"体验"这个最关键的环节，如图 3-11所示。

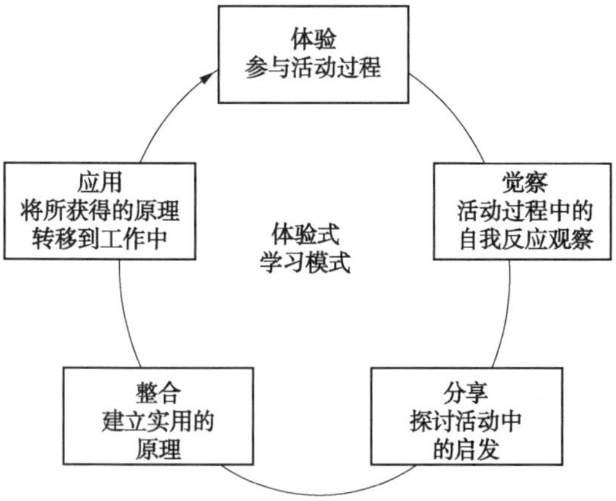

图 3-11　体验式学习模式

案例在“做”中“学”，培训课堂再现工作现场
——燕山石化公司加强实训基地建设

为了消除员工培训从教室到装置的中间环节，进一步增强员工的感性认识，让他们有更多的实际操作机会，将学到的东西应用到自己的工作岗位中，燕山石化公司教育培训中心建立了仿真培训基地、室内外拓展训练基地、安全实训基地、电工实训基地、仪表自动化实训基地、分析实训基地、机泵检维修实训基地等一系列的实训基地，提高了培训工作的针对性、实效性，变“静态”培训为“动态”训练。

如安全实训基地分成石油化工工艺流程模型区、安全展室、安全技能实训室、现场安全操作和安全管理综合训练区，为员工培养安全意识、提高安全技术、掌握安全技能提供了平台。学员们在这里可以进行个人防护安全技能训练、现场救护安全技能训练、直接作业环节安全技能训练、防灾减灾和报警训练等，亲自动手，亲身感悟，在实际操作中让安全意识入脑入心。安全实训基地的落成得到了国家安全监管总局的认可，被命名为“国家安全监管总局教育培训基地”。

利用仿真训练装置模拟实际生产过程的运行情况，对新员工进行“上岗前培训”，操作人员在这里反复地演练开车、停车、事故处理及装置基本操作技能，让操作人员加深对装置的理解，掌握装置内操、外操的操作技能，对装置开车、停车的过程更有把握，使参与培训的职工完成了由教室到生产装置、由黑板到现场的直接过渡，对于职工更好地掌握操作要领和增加初步实践机会起到了积极作用。

由于生产装置的运行特点，燕山石化公司很多职工没有机会亲自参与设备的检维修，对设备出现的问题不能进行深层次的判断分析，同时公司各二级单位装置操作工人员多、分布广，以往对装置操作工进行设备部分的培训只能在课堂上进行，他们接受起来非常吃力，为此教育培训中心建立了机泵检维修实训基地，为装置操作工提供了各种类型机泵的结构展示和原理分析，大大提高了操作工学习的针对性和实用性，促进了公司机泵维修钳工技术水平的提高，教育培训中心倚重分析工实训基地、仪表电工高级技师培训基地、基础钳工实训基地和拓展训练基地等实训基地为公司培养了大量的经营管理、专业技术和高技能人才，为公司打造世界一流企业做出了贡献。

2. 体验式训练的目标：第一反应是正确的

企业在应急管理方面，普遍存在事故预案形式化严重，针对性不强，不能根据工艺设备变化进行调整，也不能根据同类装置所发生的事故进行反思，将汲取事故用完善预案的方式加以固化。同时，事故预案缺乏演练，甚至当灾难发生时，现场操作人员不会报火警。装置发生泄漏、着火、爆炸等紧急情况，现场操作人员手忙脚乱，不能按预案进行应急处理，往往需要车间主任到现场指挥，导致第一时间的处理不当、不及时造成事故损失扩大。当装置发生泄漏着火、爆炸时，现场一下子集中了许多人员，而每个人又都不清楚应该做什么。反映出预案制定不科学，更重要的是，预案制定后往往满足于“有预案”，检查时不扣分，缺乏日常的应急训练。

员工基本功训练不够，对事故第一反应不正确。对员工个体而言，特别是现场操作人员基本功训练十分不够，基本功训练的最低目标是要养成现场操作人员在应急情况下“第一反

应是正确的”。某企业曾发生一次事故，一位领导干部在现场发生物料泄漏时，边跑边戴防毒面具，匆忙间，佩戴面具的程序发生错误，滤毒罐的底阀(进空气)没有抠掉，待呼吸困难时，已经无力抠掉滤毒罐底阀。更有一个企业正在开会的厂领导班子，在听见现场装置爆炸声音后，集体跑入现场救火，二次爆炸后全军覆没。

有的员工在动火作业时，工作服着火，第一反应不是就地打滚，而是奔跑；还有的员工，在装置区管廊下行走，遇有液体滴下，不是习惯性地退后一步再观察是什么物料？哪儿发生泄漏？而是马上抬头观看，如果是腐蚀性物料，如酸、碱等，可能员工的脸就会被灼伤；而当装置发生泄漏时，员工缺乏观察风向标、从上风口接近泄漏点的意识；而当员工的手被烫伤时，不知道最好的办法应该是第一时间用大量的清水冲洗；很多人不知道面对着火爆炸，逆风最容易逃生。我国国民的消防安全素质抽样调查显示，将近50%的民众在火灾发生时不懂得如何自救，52%的人甚至不认识消防安全标志；许多人不知道挽救生命最多的海姆立克急救法；又有多少人熟悉掌握心肺复苏术！所以说加强员工的基本功训练，应该从最基本的应急训练做起，拳不离手、曲不离口的千百次训练，这是员工基本功训练的最低要求，形成正确的第一反应，第一反应人命关天。

2008年中原油田承包商“10.27”事故。在拆除污水系统新建闸门井内的封堵墙时，1名工人中毒并坠入污水中，在场的另2名工人在未采取相应防范措施的情况下相继下井施救，3人均中毒溺水死亡。

2008年11月1日江汉油建公司的中毒事故。江汉油建公司在隧道内施工时，4人在管道内进行焊口补焊，突然停电、鼓风中断后，没有及时停止汽油焊机，导致管道内缺氧、一氧化碳聚集，造成4名作业人员晕倒。抢救过程中又有5人盲目进入后中毒，使中毒扩大到9人，险些造成群死群伤事故。

从这两起事故我们可以看出，员工基本功训练不够，第一反应不正确，尤其是第一个人的第一反应不正确是多么危险。一线技术工人的基本功训练，最低要求是通过训练实现在日常生产操作，特别是在出现事故等紧急情况时的第一反应是正确的，做到三不伤害(不伤害自己、不伤害他人、不被他人伤害)。最高要求是，通过持续不断的训练，通过系统的培训，通过在不同岗位上的锻炼，通过艰苦项目的锤炼，使员工长本事，满足员工的成长需要，成为受企业和社会所欢迎的职业化员工。

基本功训练是一个艰苦的、持续不断的强化过程。“拳不离手，曲不离口”，三天不练手生。如对气防面具的使用，现场员工远不能达到100%会正确使用的程度。比如事故应急预案在演练中都屡屡出现问题，更何况危险真的发生。生产现场也曾出现过因岗位操作人员紧张，装置着火、爆炸，岗位操作人员报警时说不出话来，现场人员看到现场因设备泄漏着火，明明现场有报警按钮，却一口气跑回操作室报警。又比如说现场检修人员，在身上着火后，惊惶失措地猛跑，而不是就地打滚，结果被严重烧伤。再比如，明知许多装置生产的物质是有害有毒的，而当设备泄漏需要进行紧急处理时，好多人都不注意观察风向，从上风口接近泄漏点。往往事故的发生都是各个环节没把住，形成导火索式效应，而事故在发生的第一时间，往往因为我们的第一反应不正确造成现场人员的自身伤害和事故的扩大。

3. 应急演练的核心：班组的日常应急演练

班组是发现问题、预防事故、防止事故扩大、避免二次伤害的第一阵地。现场操作员工第一时间发现问题、第一时间化解危机是最理想的状态，这需要现场操作工的责任心和一定的工作技能；如果，发生紧急情况，班组长能够指挥镇定、有条不紊的按照平时练就的基本功，在消防车到来之前迅速处理险情，最也是比较理想的状态，正如德鲁克说的那样，管理好的企业总是波澜不惊的、没有惊心动魄的事情发生。反之，等到消防车来进行现场处置，就会造成大的损失了。

（1）班组应急演练应注意的问题

以班组为单位的应急演练，要注意全员性、针对性、持续性。同时，在应急演练后要做好总结讲评。应急演练要注重全员性，在参演人员上，要确保班组人员全部参与，要做到方案讨论全参与、演练过程全参与、总结讲评全参与；应急演练要突出针对性，要围绕应急报警和应急救援问题开展应急演练，重点解决报警汇报程序和汇报内容、救援的方式方法等问题，提高应急行动的整体效能；应急演练要注重持续性，企业班组应急演练一般由车间确定班组演练科目，采用无事先通知的方式进行，一次演练就解决了一个问题，只要不断的持续改进，演练就会取得实际意义。

要明确班组长在应急管理中的职责。班组长作为企业最基层组织的一把手，自然成为班组应急管理的第一责任人。其职责体现在：一是，对本班组应急管理负全面责任；二是，负责组织全班职工学习本企业/本车间各类应急预案，特别是逃生路线、紧急集合地点、报警电话、急救方法等；三是，负责组织救人、逃生、报警等演练，并对演习效果进行评价和改进；四是，发生突发事故/事件后，立即向直接上级汇报；五是，发生突发事故/事件后，立即组织班组全体职工救人、逃生，集中后清点人数，发现未到者及时向上级汇报。

（2）坚持对应急预案的动态管理

以石化企业为例，其班组职工至少应知以下应急预案：人身伤害事故应急预案；火灾应急预案；中毒（包括化学品和食物等）应急预案；化学品丢失、泄漏应急预案；放射性事故应急预案等；环境污染事故应急预案；洪水、地震、台风等自然灾害预案。在应急预案演练过程中，要将针对每个岗位上的预案落实到在岗位上的每个员工身上，人员变动了其相应在应急管理工作中的职责也要变化（图 3-12）。

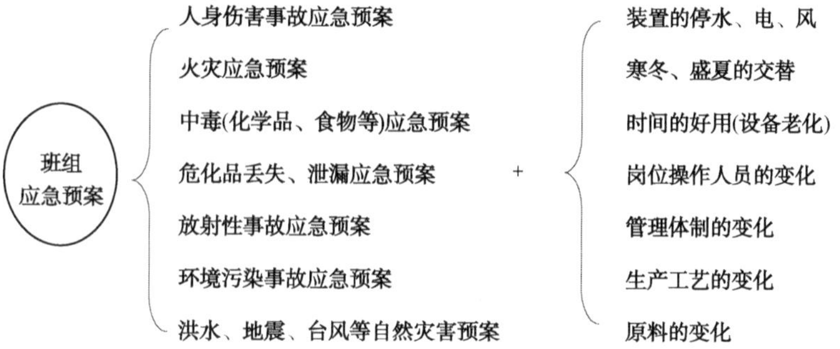

图 3-12 班组应急预案需要动态管理

安全预案，每一个企业都需要，而且可以肯定，很多企业的预案都有不少，而且很多工作的预案制定的很科学。通常，我们所制定的安全预案是针对每个岗位而言，上岗前都进行了安全预案的学习，并在日常进行了演练。但是，岗位的人员是变化的。遇到装置泄漏、着火、爆炸，停水、电、气、风等紧急情况，还需要当班班长指挥事故处理。重大事故还需要通知车间主任到现场指挥。这种情况很普遍，但是却是很有可能造成工作的被动。

燕山石化的苯乙烯装置，实现安全预案“点对点”的做法很好地解决了这一问题，见表3-6。苯乙烯装置以前将预案责任具体到岗位，现在具体到个人。车间采用挂牌制，从一接班开始就明确了每个人在紧急情况，如装置泄漏、着火、爆炸，停水、电、气、风等情况发生时每个人应当承担的责任。员工在每天上岗接班时，先将自己的名牌挂在相应的应急任务栏里，把当班期间自己在应急处理过程中承担的责任接过来。

表 3-6　苯乙烯安全预案“点对点”(装置停电应急人员安排)

<table>
<tr><th>单元</th><th>处理过程</th><th>一班</th><th>二班</th><th>三班</th><th>四班</th><th>五班</th></tr>
<tr><td>公用</td><td>1. 停 DC-300 氧气
2. 查看系统(氧气、蒸汽…)
3. 指挥处理</td><td>吉颖</td><td>张学军</td><td>刘银辉
沈林
王建海</td><td>李京朝</td><td>李风宣</td></tr>
<tr><td>烃化及
乙烯精馏</td><td>1. 切 200#产品及机泵，GB-101 系统
2. GA-201 \ 202 \ 204 \ 206 \ 208 \ 209
3. 检查火炬系统</td><td>纪建军</td><td>张宪庚</td><td>刘卫东</td><td>池万成</td><td>徐雪松</td></tr>
<tr><td rowspan="3">乙苯脱氢</td><td>1. BA-301 蒸汽过热炉系统
2. GB-303、GA-310、GA-311
3. 处理 300#后系统及凝液系统</td><td>魏宁</td><td>韩燕云
郭五权</td><td>杨志友</td><td rowspan="3">吴江
陈昆庆</td><td rowspan="2">李会来
刘新</td></tr>
<tr><td>1. EC-301 空冷 3GA-301
2. 检查 B-301 \ 401</td><td>阎洪利</td><td>张明</td><td>赵国利</td></tr>
<tr><td>1. 蒸汽系统、凝液系统
2. GA-518 \ 512 \ 517 \ 527 \ 525</td><td>孙志勇
吉颖</td><td>张明
张学军</td><td>王晓光
赵国利</td><td>李风宣</td></tr>
<tr><td>苯乙烯
精馏</td><td>1. 切 400#产品及机泵
2. 检查 GA401 \ 402 \ 40 \ 3404</td><td>杜春
魏宁</td><td>赵广兵</td><td>王立忠</td><td>鲁立国</td><td>崔建华</td></tr>
</table>

第四章　行为安全管理

国内外安全生产的研究与实践均表明，人的不安全行为是最主要的事故原因。在我国，80%以上的事故均与人为因素有关。为了解决“人因”问题，发挥人在劳动生产和事故预防中的重要性，需要研究人的行为安全性的问题。进入20世纪90年代中期以来，安全行为科学被逐步地重视起来，即从80年代当时的一种现代安全理论，发展成为90年代中的一个独立的学科。安全行为科学是建立在社会学、心理学、生理学、人类工效学、管理学、人机学、文化学、经济学、语言学、法律学等学科基础之上，是分析、认识、研究人的安全行为因素及模式，掌握人的安全行为和不安全行为的规律，实现激励安全行为、防止行为失误和抑制不安全行为的应用性学科。安全行为科学的研究对象主要是以安全为内涵的个体行为、群体行为和领导行为。企业安全管理的一个重要的支点就是基于行为的安全管理，特别强调直接作业环节的、生产现场的、现场操作人员的安全管理，我们就现场操作人员的行为安全进行探讨。

第一节　行为安全管理基本概念

一、行为安全管理的基本原理

“行为安全”从20世纪80年代逐渐被人们重视，行为安全管理理论也得到了快速的发展和应用。行为安全管理过程就是应用行为分析模式来识别关键的安全行为，观察和统计这些行为发生的概率，制定整改措施，以实现安全管理绩效的持续改进。

国际上推行行为安全管理工具的企业有很多，如美国杜邦公司的STOP工具、英国BP石油公司的ASA、美国道氏化学公司的BBP活动、德国巴斯夫公司的AHA工具、德国拜耳公司的BO工具、丰田汽车公司的STOP6活动。

行为安全管理的基本原理是“得到负面回报的行为趋向于降低或者停止；得到正面回报的行为趋于持续和增加”。其关键在于：

① 强化具体的行为是最有效的。让员工意识到他的什么行为是您赞扬的，比简单的说“干得好”或“你做的对”要有效的多。

② 后果是关键。强化理论认为，我们所做的一切造成的后果或结果，将会影响我们以后是否会重复。

③ 惩罚通常会产生不可取的侧面影响。行为管理的重点是将正面行为强化手段作为一种方法来获得我们期望的结果。

④ 积极的、立即的、确定的后果将是最有效的。

⑤ 强化的有效性依赖于接受者如何理解它们，而不是执行者如何预期它们。

二、瑟利事故模型

瑟利事故模型指出，人是构成事故的主要因素。1969 年，瑟利(J. Surry)根据行为主义心理学的"刺激→反应"公式提出一个事故模型，把事故的发生过程分为是否产生迫近的危险(危险出现)和是否造成伤害或损坏(危险释放)两个阶段，每个阶段都各包含一组类似的心理-生理成分，即对事件信息的感觉、认识以及行为响应的过程。

在危险出现阶段，如果人的信息处理的每个环节都是正确的，危险就能被消除或得到控制；反之，只要任何环节出现问题，就会使操作者直接面临危险。

在危险释放阶段，如果人的信息处理的每个环节都是正确的，则虽然面临着已经出现的危险，但依然可以避免危险释放出来，就不会发生伤害和损坏；反之，只要任何一个环节出错，危险就会转化成伤害和损害。瑟利模型见图 4-1。

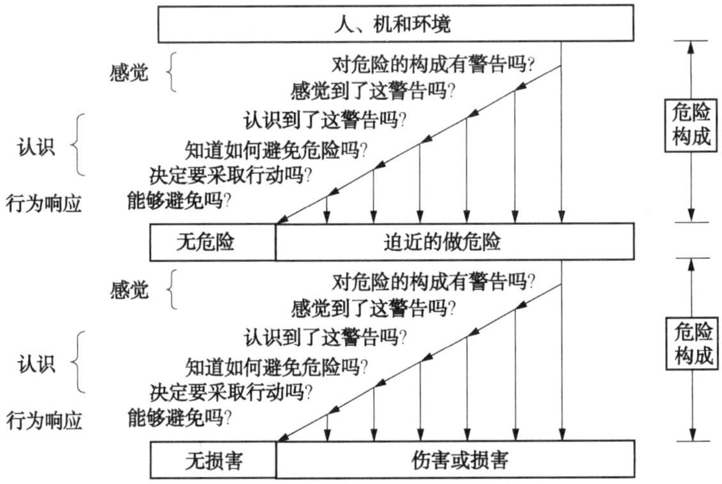

图 4-1　瑟利模型图

由瑟利模型图可以看出，两个阶段的信息处理过程是一样的，每个过程均可以分解为 6 个方面的问题：①对危险的构成有警告吗？②感觉到了这种警告了吗？③认识到了这种警告了吗？④知道如何避免危险了吗？⑤决定要采取行动了吗？⑥能够避免危险吗？其中每个过程的①、②两个问题都是关于感觉成份的，是人对信息的感觉；每个过程的③、④、⑤三个问题是与人的认识有关；每个过程的⑥问题是与人的行为响应有关。

表 4-1　瑟利模型应用表

问　题	内　容	启　发
问题①对危险的构成有警告吗？(感觉)	是问的环境的瞬时状态，即环境对危险的构成(显现)是否客观存在警告信号。这个问题可以再被问成：环境中是否存在两种运行状态(安全和危险)的可感觉到的差异？这个问题含蓄地表示出危险可以没有可感觉到的线索。这样，事故将是不可避免的	在系统运行期间应该密切观察环境的状况

续表

<table>
<tr><th>问题</th><th>内容</th><th>启发</th></tr>
<tr><td>问题②感觉到了警告吗?(感觉)</td><td>问的是如果环境有警告信号，能被操作者察觉吗?这个问题有两方面含义：一是人的感觉能力(如视力、听力、动觉性)如何。如果人的感觉能力差，或者过度集中精力于工作，那么即使客观有警告信号，也可能未被察觉。另一是“干扰”(环境中影响人感知危险信号的各种因素，如噪声等)的影响如何。如果干扰严重，则可能妨碍对危险线索的发现</td><td>如果存在上述情况，则应安装便于操作者发现危险信号的仪器(譬如能将危险信号加以放大的仪器)</td></tr>
<tr><td>问题③认识到了警告吗?(认识)</td><td>问的是操作者是否知道危险线索都是什么，并且知道每个线索都意味着什么危险。即操作者是否能接收客观存在的危险信号(一声尖叫，一种运动，或者常见的物体不见了，对操作者而言都可能是一种已知的或未知的危险信号)，并经过大脑的分析后变成了主观的认识，意识到了危险</td><td rowspan="2">这两个问题是紧密相连的。认识危险是避免危险的前提，如果操作者不认识、不理解危险线索，则即使有了危险的知识和技能也是无济于事的</td></tr>
<tr><td>问题④知道如何避免危险吗?(认识)</td><td>问的是操作者是否具备避免危险的行为响应的知识和技能。由此得到的启示是：为了具备这种知识应使操作者受到训练</td></tr>
<tr><td>问题⑤决定要采取避免危险的行动吗?(认识)</td><td colspan="2">就第二阶段的这个问题而言，如果不采取行动，就会造成伤害或损坏，因此必须做出肯定回答。这是无疑的。然而，第一阶段的这个问题却是耐人寻味的。它表明操作者在察觉危险之后不一定必须立即采取行动。这是因为危险由潜在状态变为现实状态，不是绝对的，而是存在某种概率的关系。潜在危险不一-定将要导致事故，造成伤害或损坏。这里存在一个危险的可接受性的问题。在察觉潜在危险之后，立即采取行动，故然可以消除危险，然而却要付出代价。譬如要停产减产，影响效益。反之，如果不立即行动，尽管要冒显现危险的风险(事故过程进入第二阶段)，然而却可以减少花费和利益损失。究竟是否立即行动，应该考虑两方面的问题：一是正确估计危险由潜在变为显现的可能性；二是正确估价自己避免危险显现的技能</td></tr>
<tr><td>问题⑥能够避免吗?(行动响应)</td><td colspan="2">譬如能否迅速、敏捷、准确地做出反应．由于人的行动，以及危险出现的时间具有随机变异性(不稳定性)。这将导致即使行为响应正确，有时也不能避免危险。就人而言，其反应速度和准确性不是稳定不变的。譬如人的反应时间平均为900毫秒，因此1秒或更短的反应时间在多数情况下都允许人能够避免危险；然而人的反应时间有时也会超过；临界时间(如1.05秒)，这时就无法避免危险了。而危险出现的时间也并非稳定不变的。正常情况下危险由潜在变为显现的时间可能足够容许人们采取行动来避免危险。然而有时危险显现可能提前，人们再按正常速度行动就无法避免危险了。上述随机变异性可以通过机械的改进，维护的改进，人避免危险技能的改进而减小。然而要完全加以消除是困难的。因此，由于这种随机变异性而导致事故的可能性是难以完全消除的</td></tr>
</table>

案例：胜利油田承包商“7.25”中毒淹溺事故，死亡4人

7月25日14时30分左右，胜利油田承包商——山东鲁宜建安有限公司于某等5名员工，来到胜利油田仙河社区2号污水泵房污水沉淀池(池深8m，池底水深约1m)进行清污作业。社区质检员王某到现场检查。因安全措施未到位，要求暂缓施工。王某离开后，15时30分左右，施工人员擅自开始施工，于某下池清理杂物，还没有下到池底就喊“不行，要上

去”，随即坠落池中。另外3人见状先后下去施救，均中毒昏迷、跌入水中。4人均抢救无效死亡。

事故直接原因：作业人员违章进入受限空间作业，吸入高含硫化氢气体，导致中毒、淹溺死亡。事后模拟当时作业场景，污水池内空气中的硫化氢浓度达到147mg/m^3(98ppm)，接近立即致死浓度。后续人员盲目冒险施救，导致事故进一步扩大。

事故暴露出企业对承包商管理存在严重漏洞。对承包商施工方案中的安全措施审查把关不严，没有按照进入受限空间作业管理制度提出明确要求；现场监护不到位，发现风险后没有盯在现场，失去了制止违章作业的机会；没有吸取中原油田承包商“2008.10.27”中毒、淹溺死亡事故教训，没有识别出硫化氢中毒风险，没有督促承包商落实防止硫化氢中毒措施。

事故反映出企业对社区等非生产环节的安全监管存在盲点和死角，应急救援能力也存在严重不足。社区的安全监管必须引起我们的高度重视。

应用瑟利模型分析事故：

(1) 对危险的构成有警告吗?

有：施工社区技术质量监督中心质检员王某到现场检查。因安全措施未到位，要求暂缓施工。

(2) 感觉到了这种警告了吗?

否：施工人员擅自开始施工

(3) 认识到了这种警告了吗?

否：于某下池清理杂物，还没下到池底，就喊“不行，要上去”。

(4) 知道如何避免危险了吗?

否：另外三人见状先后下去施救，跌入池中造成窒息。

反思：

① 社区技术质量监督中心质检员王某到现场检查。因安全措施未到位，要求暂缓施工。是否采取对井口采取LOTO(上锁挂牌)方式禁止人员进入?

② 施工人员安全意识、安全知识、安全技能的欠缺。

③ 第一个人的第一反应不正确，从众心理造成盲目施救造成事故扩大。

从以上的分析可以看出，要想控制事故，首先是要通过一定的技术手段，如报警装置、LOTO(上锁挂牌)方法、可视化(管理)方法等，通过某种信息交流方式告知操作者危险的存在或发生；其次是要求人们在感知到有关信息后，正确理解信息的意义，即何种危险发生或存在，该危险对人会有何种伤害，以及有无必要采取措施，应采取何种措施等。而上述过程中有关人对信息的理解认识和反应，取决于现场操作者的安全意识、安全知识和安全技能。

三、有关事故统计规律

1. 年轻员工、普工易发生事故

统计某石化公司2013—2015年36个月的事故，有如下规律。

(1) 按伤亡人员年龄统计

伤亡人员年龄统计见图4-2。从图中可以看出，20~29岁年龄段事故伤亡人员人员最多，年轻员工更易发生事故；20~29岁年龄段工人经验相对较少，易走捷径，易发生违章事故；30~39岁年龄段工人经验丰富，体力充沛，发生事故的可能性最小；40~49岁年龄段工人容易过分相信自己的经验，发生事故的可能性增大。

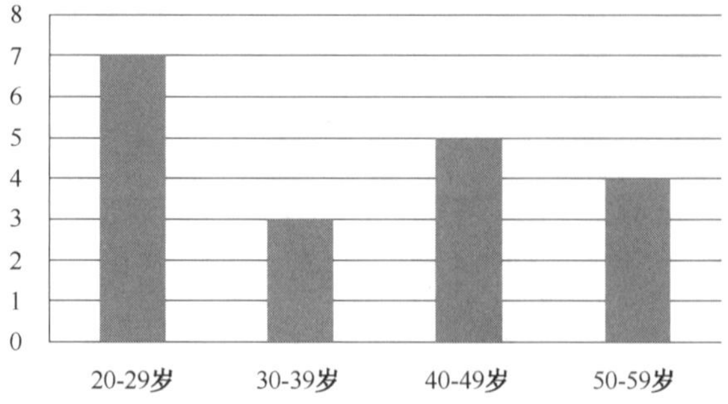

图4-2 伤亡人员年龄统计

（2）按伤亡人员工种统计

普工最易发生事故，占33.3%，远超其他工种。原因：文化水平低；技能不足；安全意识淡薄。见图4-3。

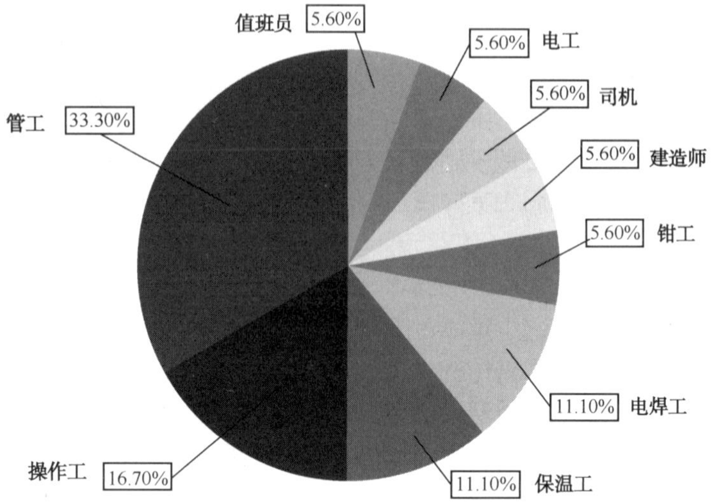

图4-3 按伤亡人员工种统计

2. 习惯性违章是事故的主因

以国家安监总局2010年的调查统计数据为例。2010年全国共发生各类事故363383起，死亡79552人，其中：每年因事故造成70多万人伤残，近百万个家庭遭受不幸，每天将近300人因事故丧生．这些事故中90%以上发生在班组。其中80%以上的事故是违章造成的，而违章事故中有95%是习惯性违章，而90%的员工伤亡正是由于习惯性违章造成的。

中石化2013—2015年36个月间按事故原因统计：违反操作规程（即三违）导致的事故最多，共22起，缺乏保护措施（高处作业未系安全带等）导致的事故次之，共11起，见图4-4。

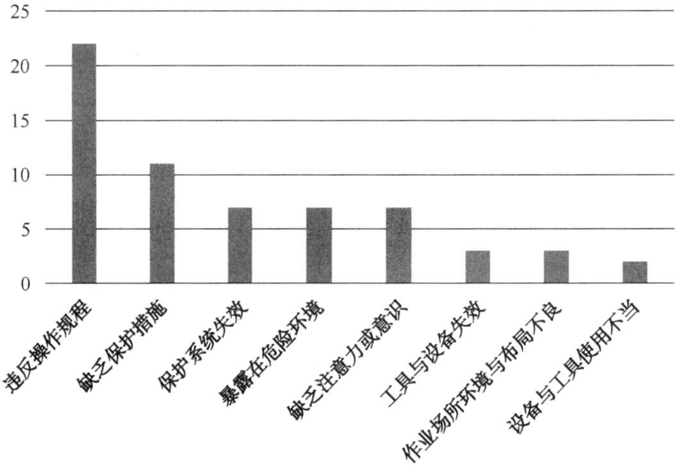

图 4-4　按事故原因统计

第二节　墨菲定律与安全行为

一、墨菲定律

墨菲定律主要内容是：事情如果有变坏的可能，不管这种可能性有多小，它总会发生。根据墨菲定理可知：任何事都没有表面看起来那么简单；所有的事都会比你预计的时间长；会出错的事总会出错；如果你担心某种情况发生，那么它就更有可能发生。

二、墨菲定律与安全行为

正确认识墨菲定律，对待这个定律，安全管理者存在着两种截然不同的态度：一种是消极的态度，认为既然差错是不可避免的，事故迟早会发生，那么，管理者就难有作为；另一种是积极的态度，认为差错虽不可避免，事故迟早要发生的，那么安全管理者就不能有丝毫放松的思想，要时刻提高警觉，防止事故发生，保证安全。正确的思维方式是后者。根据墨菲定律可得到如下两点启示：

1. 不能忽视小概率危险事件

由于小概率事件在一次实验或活动中发生的可能性很小，因此，就给人们一种错误的理解，即在一次活动中不会发生。与事实相反，正是由于这种错觉，麻痹了人们的安全意识，加大了事故发生的可能性，其结果是事故可能频繁发生。譬如，中国运载火箭每个零件的可靠度均在 0.9999 以上，即发生故障的可能性均在万分之一以下，可是在 1996、1997 两年中却频繁地出现发射失败，虽然原因是复杂的，但这不能不说明小概率事件也会常发生的客观事实。而在 2003 年，美国“哥伦比亚”号航天飞机失事同样也印证了“墨菲定律”。人永远也不可能成为上帝，当你妄自尊大时，“墨菲定律”会叫你知道厉害；相反，如果你承认自己的无知，“墨菲定律”会帮助你做得更严密些。

纵观无数的大小事故原因，可以得出结论：“认为小概率事件不会发生”是导致侥幸心理和麻痹大意思想的根本原因。墨菲定律正是从强调小概率事件的重要性的角度明确指出：虽然危险事件发生的概率很小，但在一次实验（或活动）中仍可能发生，因此，不能忽视必须引起高度重视。

2. 墨菲定律是安全管理中的长鸣警钟

安全管理的目标是杜绝事故的发生，而事故是一种不经常发生和不希望有的意外事件，这些意外事件发生的概率一般比较小，就是人们所称的小概率事件。由于这些小概率事件在大多数情况下不发生，所以，往往被人们忽视，产生侥幸心理和麻痹大意思想，这恰恰是事故发生的主观原因。墨菲定律告诫人们，安全意识时刻不能放松。要想保证安全，必须从现在做起，从我做起，采取积极的预防方法、手段和措施，消除人们不希望有的和意外的事件。

3. 安全管理的核心是预防事故的发生

任何管理都具有控制职能。由于不安全状态具有突发性的特点，使安全管理不得不在人们活动之前采取一定的控制措施、方法和手段，防止事故发生。这说明安全管理控制职能的实质内核是预防，坚持预防为主是安全管理的一条重要原则。墨菲定律指出：只要客观上存在危险，那么危险迟早会变成为不安全的现实状态。所以，预防和控制的前提是要预知人们活动领域里固有的或潜在的危险，并告诫人们预防什么，并如何去控制。为此，要求人们不仅要重视已有的危险，还要主动地去识别新的危险，变事后管理为事前与事后管理相结合，变被动管理为主动管理，牢牢掌握安全管理的主动权。

4. 发挥警示职能促进全员参与

安全状态如何，是各级各类人员活动行为的综合反映，个体的不安全行为往往祸及全体，即“100-1=0”。因此，安全管理不仅仅是领导者的事，更与全体人员的参与密切相关。根据心理学原理，调动全体人员参加安全管理积极性的途径通常有两条：正面激励：即调动积极性的正诱因，如奖励、改善工作环境等正面刺激；负面激励：即调动积极性的负诱因，如惩罚、警告等负面刺激。对于安全问题，负面刺激比正面刺激更重要，这是因为安全是人类生存的基本需要，如果安全，则被认为是正常的；若不安全，一旦发生事故会更加引起人们的高度重视。因此，不安全比安全更能引起人们的注意。墨菲定律正是从此意义上揭示了在安全问题上要时刻提高警惕，人人都必须关注安全问题的科学道理。这对于提高全员参加安全管理的自觉性，将产生积极的影响。

第三节　习惯性违章

有资料研究表明，企业生产现场所发生事故，有85%是由违章造成的，其中80%的事故又是由于习惯性违章造成的。鲜血和生命换来的教训表明，习惯性违章成为企业事故的第一大杀手。

一、习惯

1. 习惯及其形成

（1）习惯的定义

习惯是一种重复性的、通常为无意识的日常行为规律，它往往通过对某种行为的不断重复而获得。一个人一天的行为中大约只有5%是属于非习惯性的，而剩下的95%的行为都是习惯性的。即便是创新，最终也可以演变成习惯性的创新，足见习惯的力量。一切的想法，一切的做法，最终都必须归结为一种习惯，这样才会对人的成功产生持续的力量。

心理学21天定律另一个研究结论是：21天以上的重复会形成习惯；90天的重复，会形成稳定的习惯。即同一个动作，重复21天就会 形成习惯性动作。同理，同一个想法，重复21天，或重复验证21次，就会变成习惯性想法。

（2）习惯的形成

习惯的形成大致分三个阶段：第一阶段：1-7天左右。此阶段的特征是：刻意，不自然。你需要十分刻意提醒自己改变，而你可能也会觉得有些不自然，不舒服。第二阶段：7-21天左右。不要放弃第一阶段的努力，继续重复，跨入第二阶段。此阶段的特征是：刻意，自然。你已经觉得比较自然，比较舒服了，但是一不留意，你还会回复到从前。因此，你还需要刻意地提醒自己改变。第三阶段：21-90天左右。此阶段的特征是：不经意，自然。其实这就是习惯。这一阶段被称为“习惯的稳定期”。一旦跨入此阶段，你已经完成了自我改造。这项习惯就已成为你生命中的一个有机组成部分，它会自然而然地不停地为你“效劳”。

习惯构成性格，性格决定命运。没有改变不了的习惯，只有你想改变的习惯，没有改变不了的性格；只有你想改变的性格，没有改变不了的命运；只有你想要做好的事情，做一个计划成功者，去有计划地为自己塑造好习惯。成功是因为习惯。一旦你养成了成功者身上所有的好习惯，你会发现自己“不成功都很难”。

同样，在工作和生活之中，不好的习惯“想成功只是妄想”，并会在关键时刻造成最大的损失。在现实生活中，我们每个人不知不觉会有一些与现实不谐调的动作或习惯。比如，我们在任何一条街或路上都会见到逆行的车辆或行人，顶着红灯穿越斑马线，这也是大家多年来养成的习惯。难道大家不知道逆行是错误的吗？不知道逆行会存在安全隐患吗？不知道闯红灯危险吗？不知道酒后开车会出事故吗？相信大家都知道这样做的危险性，可我们大多数人却仍然自觉或不自觉地继续做着这样危险的事，一旦悲剧发生，悔之晚矣！

2. 人群的行为习惯

人们都带有各自的行为习性，当成为集体，则以人群的习性表现出来。日本学者户川喜久二研究了作为行为特征的习性问题，认为有以下几个方面的特点，这种共性的特点给我们做好现场安全管理以启发：

（1）左侧通行

在需要有交通规则的地方，人们大都采用右侧通行，而没有交通规则的地方，人的行走就自然而然地采取左侧通行。一般的人流，在路面密度达到0.5人/平方米以上的时候，常采取左侧通行，而单独步行的时候，沿道路左侧通行的例子则更多。从安全的角度出发，在疏导人流设计时，必须考虑左侧通行的习惯。

（2）左转弯

从一些公共场所的行为轨迹来看，很明显地会看到左转弯的情况比右转弯的要多，一般左转弯是右转弯的3倍左右，在一些体育运动中，几乎都是左转弯。这种情况对于安全疏散楼梯来说，当下楼时构成左向回转的方式，则具有安全感并感到方便，从实际比较来看，比右向回转楼梯下楼速度要快得多。

（3）抄近路

人们在清楚地知道目的地所在的位置时，或者有目的地移动时，总有选择最短路程的倾向。

人们对在工作场所的人行安全天桥、在生活中的过街天桥，总感觉是被迫绕道到指定的位置，一旦没有严格的管理措施，人们宁可冒险也不愿意走天桥。

（4）识途性

一般情况下，人和动物在感到危险时，会立即折返，具有沿着原来的出入口返回的习性，这种本领叫识途性。利用日常经常使用的道路便于安全脱险。

（5）非常情况下的行为特性

日本学者安信北夫研究认为，人在非常情况下的行为特性通常有：

① 人在火灾发生时，取通往避难口的最短路线、远离烟火方向、选择障碍最小的路线、顺墙前进、向左转、向明亮方向走、从进来的方向折返、沿着习惯的路和出口走、随人流走、由高处向低处走、由地下向地上走。

② 当受到前方飞来物打击时，约有80%的人会发生躲避行为，20%的人不动。

③ 当有危险物落下时，不做防御行为的占42%，41%的人由于条件反射采取一些防御措施，如抱住头或弯腰；只有17%的人离开危险物的落下地点，向后方及旁边躲避。

④ 向光本能。发生火灾时黑烟弥漫，人们具有向着稍微亮的方向移动的倾向，所以，许多安全通道都设有避难方向指示灯。

⑤ 追随本能。在非常状态下，人们会产生追随带头人、追随多数人的倾向，所以带头人的冷静判断十分必要。

二、习惯性违章

习惯性违章是指那些固守旧有的不良作业传统和工作习惯，违反安全工作规程的行为。习惯性违章大多属行为性违章的范畴。

1. 习惯性违章分类

习惯性违章的表现形式有多种，按照违章的性质来划分，可分为以下三种：

（1）习惯性违章指挥

主要是指生产经营单位的生产经营管理人员违反安全生产方针、政策、法律、条例、规程、制度和有关规定指挥生产的行为。违章指挥具体包括：生产经营管理人员不遵守安全生产规程、制度和安全技术措施或擅自变更安全工艺和操作程序，指挥者使用未经安全培训的劳动者或无专门资质认证的人员；生产经营管理人员指挥工人在安全防护设施或设备有缺陷、隐患未解决的条件下冒险作业；生产经营管理人员发现违章不制止等。

（2）习惯性违章作业

主要是指工人违反劳动生产岗位的安全规章和制度（如安全生产责任制、安全操作规程、工作交接制度等）的作业行为。违章作业具体包括：不正确使用个人劳动保护用品、不遵守工作场所的安全操作规程和不执行安全生产指令。

（3）违反劳动纪律

主要是指工人违反生产经营单位的劳动纪律的行为。违反劳动纪律具体包括：不履行劳动合同及违约承担的责任，不遵守考勤与休假纪律、生产与工作纪律、奖惩制度及其他纪律等。

2. 习惯性违章的基本特点

（1）顽固性

习惯性违章是由一定的心理定势支配的，并且是一种习惯性的动作方式，因而它具有顽固性、多发性的特点，往往不易纠正。

（2）潜在性

一些习惯性违章行为往往不是行为者有意所为，而是习惯成自然的结果，而对习惯性违章行为，由于人们看得多了，习以为常，所以根本没把它当回事，“身在险中不知险”，容易使人对违章现象丧失警惕性；

（3）传染性

据对现有一些职工存在的习惯性违章行为的分析，他们身上的一些“不良习惯行为方式”，不是他们自己“发明”的，而是从老员工身上“学来”的，看到老员工违章操作“既省力、又没出事”，自己也盲目的仿效，而且又用自己的习惯性行为方式去影响新的职工。以至于这些不良的习惯性行为方式如不彻底根除，必然导致一脉相传，代代如此。

（4）排他性

有些习惯性违章的工人，对安全规程根本学不进，不遵守，总以为自己的习惯性方式“最管用”，而安全规程是“可有可无的东西”。其结果必然严重地妨碍安全规程的贯彻执行。

习惯性违章与事故之间已经构成了因果关系，换句话说，习惯性违章是造成事故的一大根源，一些事故是习惯性违章的必然结果。由于习惯性违章的存在造成了一些类同事故的重复出现，事故成因几乎也大同小异。

三、习惯性违章的心理分析

1. 人的行为是心理机制与环境相互作用的结果

行为的产生首先需要心理机制的存在才能接受环境的输入，经过一系列的决策或计算对输入进行加工，而后产生明显的行为。行为安全研究主要是指对生产过程与事故关联的人的行为进行研究。根据本章中表述的统计，事故与违章强相关、违章的发生与人的心理行为因素强相关，研究人的心理特征和行为规律，激励和克服不安全行为，对预防事故有重要意义。生产中的习惯性违章是典型的不安全行为，其构成的原因也是非常复杂的，不能停留在“行为”这一外观表现层次上，应该进行更为深入的研究。多数事故致因理论都把人的不安全行为作为事故引发因素之一。如博德事故因果连锁理论认为：事故的直接原因是人的不安全行为、物的不安全状态；间接原因包括个人因素及与工作有关的因素。根本原因是管理的缺陷，即管理上存在的问题或缺陷是导致间接原因存在的原因，间接原因的存在又导致直接原因存在，最终导致事故发生。

心理学理论指出，人的行为是由动机支配，而动机是由于需要引起的。动机和行为具有复杂的关系，在进行习惯性违章的行为分析时，要从分析行为与动机的复杂关系入手，要分析个人因素与环境因素相互作用的情况，任何行为都是个人因素与环境因素相互作用的结果，是一种“综合效应”。分析个人因素时，要同时分析外在表现与内在动机。动机和行为不是简单的线性关系，而是存在着复杂的联系。

同一动机可引起不同的行为。例如，为了多拿奖金尽可能多完成生产任务，这种动机可表现为努力工作、提高效率；也可表现为蛮干违章，不顾规程。

同一行为可出自不同的动机。例如“三违”这类不安全行为，有的是有意为之，明知故犯；也有无意为之的情况。

合理的动机也可能引起不合理甚至错误的行为。例如要提高工效。可能会忽视了劳逸结合，造成疲劳工作，从而引发事故。因此，在分析人的习惯性违章时，要透过现象看本质，从人的动机入手，实事求是地进行分析处理，这样才能既符合实际，又切中要害。

分析人的习惯性违章，应分清是生理还是心理的原因，是客观原因还是主观原因，是个别员工的行为还是群体行为。习惯性违章在企业往往表现为心理的、主观的和群体性行为，因而是非常可怕的，表现在典型的违章行为始终是大多数事故的主要原因。

Brent Churchill 是美国缅因州电力公司 30 岁的线路保养工，它没有戴上绝缘手套就接近 7200V 的电缆，结果死于这次事故。他的雇主说这是他的过错，因为他没有使用安全作业所需的防护用具。Brent Churchill 先生既接受过足够的培训又配备了绝缘手套，那么是什么原因使他违反操作程序呢：深入调查发现，在 Brent Churchill 先生活着的最后 60 小时中，他总共才睡了 5 小时，其余时间一直在工作。这起事故，表面上是工人没有使用防护用具，但其根本原因是管理层的强制工人加班(案例来自 www. aqquan. com. cn).

思想麻痹是最大的隐患，违章是事故的根源。安全事故的起因往往是由于思想麻痹所带来的行为瘫痪。比起隐藏于形形色色表象之下的隐患，潜藏更深的思想麻痹是最大的安全隐患。隐患有两种：即有形隐患和无形隐患，有形隐患容易发现，摸得着、看得见。无形隐患是安全意识淡薄、思想麻痹大意，故称之为思想“隐患”，因为隐蔽性高，不易发现，常埋在人们心底。所以，它的存在给安全工作带来威胁，增加了难度，埋下了定时炸弹，稍有不慎，将铸成大祸，后果不堪设想。

2. 违章操作者的心理状态

违章操作人员一般存在以下几种心理状态，而且这些心理状态是造成事故的重要隐患。

(1) 侥幸心理

侥幸心理是许多违章人员在行动前的一种重要心态。有这种心态的人，不是不懂安全操作规程，缺乏安全知识，也不是技术水平低，而多数是“明知故犯”。在他们看来，“违章不一定出事，出事不一定伤人，伤人不一定伤我”。这实际上是把出事的偶然性绝对化了。尽管事故的发生常带有偶然性，但偶然性里包含改变必然性的因素。一次违章不一定就发生事故，但多次违章显然就增加了产生事故的概率，而且，一次违章侥幸没出事故，往往给人的违章行为带来一种强化作用，容易使这种行为发展成为习惯，而一旦成为习惯，要改就困难了。在日常生活中，在车间作业现场，以侥幸心理对待安全操作的人时有所见。例如，干某件活应该采取的安全防范措施而不采取，需要持证作业的而无证上岗，如此等等都属于心存侥幸、故意违章之列。

（2）惰性心理

惰性心理又称“节能心理”，它是指在作业中尽量减少能量支出，能省力便省力，能将就凑合就将就凑合的一种心理状态，它是懒惰行为的心理依据。

人在同大自然的长期斗争和生活中养成了一种心理习惯，总是希望以最小的能量（或者说付出）获取最大的效果。这当然有其积极的一面，鼓励人们在生产、生活各方面以最小的投入获取最大的收获，如经济学家中的“投资—效益最大化原理"。这里的最小，是在社会、经济、环境等条件许可范围内。选择“最小"又能获取目标的”较好"，但“最小”，如果超过了可能范围，目标将发生偏离和变化，就会产生从量变到质变的飞跃。

惰性心理对安全的影响很大，特别是这种心理存在比较普遍，几乎每个人都或多或少存在这种心理。惰性心理和侥幸心理密切关联着，认为省点事不至于出问题，孰知恰恰是这种心理，常常成为致祸的根苗。

（3）麻痹心理

麻痹大意是造成违章的主要心理因素之一。有这种心理的人，在行为上多表现为马马虎虎，大大咧咧，操作时缺乏认真严肃的精神，对安全虽明知重要，但往往只是挂在嘴上，而在心里却觉得无所谓，缺乏应有的警惕性。

造成麻痹心理的因素很多：一是盲目相信自己的以往经验，认为自己的技术过硬，保准出不了问题；二是以往成功经验或习惯的强化，认为多次这么做，也没出过事；三是高度紧张后精神疲劳，例如刚搞过安全工作大检查后，思想放松，产生麻痹心理；四是个性思想因素，如有的人一贯松松垮垮，具有不求甚解的性格；五是因循守旧，缺乏创新意识。

（4）逆反心理

逆反心理是一种无视社会规范或管理制度的对抗心理状态，一般在行为上表现为“你让我这样，我偏那样”，“越不允许，我越要干”等特征。逆反心理产生的行为是一种与正常行为相反的对抗性行为，它受好奇心、好胜心、思想偏见、虚荣心、对抗情绪等心理活动所驱使。这种心理和行为一般发生在青年工人身上，但在其他工人身上也会发生。在生产活动中，具有逆反心理的人对安全规章制度也容易产生对抗行为，故意不遵守规章制度、不按安全操作规程操作而发生事故的事例也时有发生。由逆反心理造成的对抗行为通常表现为两种方式：其一是显性对抗，例如当安全检查人员指出他违章操作时，他不但不加以改正，反而会大发脾气，甚至骂骂咧咧，当面顶撞，并继续违章；其二是隐性对抗，例如，当受到领导批评后，表面上表示要立即改正，但当领导一走，仍旧我行我素，这就是我们常说的“阳奉阴违”。逆反心理很强的人，往往缺乏理智，不辩是非，对自己认为“讨厌”的人和事盲目地一概加以拒绝或否定，因此容易导致事故。

（5）逞能心理

争强好胜本来是一种积极的心理品质，但如果它和炫耀心理结合起来，且发展到不恰当的地步，就会走向反面。逞能心理就是二者的混合物。在逞能（或逞强）心理的支配下，为了显示自己的能耐，往往会头脑发热，干出一些冒险的愚蠢事情来。

（6）凑趣心理

凑趣心理又称凑兴心理。它是社会群体成员之间人际关系融洽而在个体心理上的反映。个体为了获得心理上的满足和温暖，同时也为了对同伴表示友爱或激励，和其他个体凑在一起开开玩笑说些幽默的话，交换些马路新闻等等，如果掌握适度，不失为改进团体气氛、松弛紧张情绪、增强团体内各成员间的情感沟通的一种方法。但是，如果掌握不适度，不但不会起到调节情感、增进团结的积极作用，相反还会伤害一些群体成员的感情，产生出一些误会或无理智的行为。例如，一些安全意识不强、安全经验不足的职工凑在一起互相取笑、寻穷开心，甚至在工作时也打闹嬉笑、乱掷东西、相互设赌、鼓励冒险违章等等，常常成为引发事故的隐患。

（7）冒险心理

冒险心理也是引起违章操作的重要心理原因之一。冒险有两种情况：一种是理智性冒险，这种冒险心理通常发生在明知有危险，但又必须去干的情况下。例如由于某些本身带有危险性的特殊作业的要求，或是由于突发事件，必须立即采取措施，而安全保障条件又不具备的情况下，不得不违章作业。这种理智冒险心理导致的是一种无畏的勇气和不怕牺牲的精神，是一种高尚的行为。另一种是非理智性冒险，这种心理往往受到激情的驱使，或者本人有强烈的虚荣心。例如有的人本来比较胆小，害怕登高，但为了不使自己在众人面前“露怯”，硬充大胆，做出一些非理智的行为。这种非理智性冒险常是惹祸的根苗。

（8）从众心理

从众心理是指个人在群体中由于实际存在的或头脑中想象到的社会压力与群体压力，而在知觉、判断、信念以及行为上表现出与群体中大多数人一致的现象。从众心理是从众行为内在的驱动力和根据。

（9）无所谓心理

无所谓心理常表现为遵章或违章心不在焉，满不在乎。这里也有几种情况：一是本来根本没有意识到危险的存在，认为什么章程不章程，章程都是领导用来卡人的。这种问题出在对安全、对章程缺乏正确的认识上。二是对安全问题谈起来重要，干起来次要，忙起来不要，在行为中根本不把安全条例等放在眼里。三是认为违章是必要的，不违章就干不成活。无所谓心理对安全的影响极大，因为他心里根本没有安全这根弦，因此在行为上常表现为频繁违章，有这种心理的人常是事故多发者。

（10）好奇心理

好奇心人皆有之。它是人对外界新异刺激的一种反应。有的人违章，就是好奇心所致。例如新进厂的工人来到厂里，看到什么都新鲜，于是乱动乱摸，造成一些机器设备处于不安全状态，其结果或者直接危及本人、或者殃及他人。有的人好奇心很重，周围发生什么事都会引起他的注意，结果影响正常操作，造成违章甚至事故。

3. 习惯性违章的外部因素分析

前文着重对违章人员的行为动机和心理因素进行了分析，然而在实际工作中，有一部分违章行为是由于外界条件的影响或限制，导致直接诱发员工违章行为的发生，这些原因也是习惯性违章发生的原因之一。要彻底消除习惯性违章，需要技术手段，防止人们违章操作的可能，杜绝人为失误。

（1）人机界面设计不合理

作业人员使用的工作器具，由于人机界面设计不符合操作安全、高效、方便、宜人等要求是引发人员违章操作的一个重要原因。如员工在使用安全工器具过程中感到别扭难受，导致不愿意佩戴和使用安全工器具；有的巡检线路需要频繁低头、弯腰，而导致员工不安全巡检线路巡检等。

（2）作业环境不适应

作业环境不适应员工操作也是引发员工违章违纪的一个重要原因，例如工作现场的噪音、高温、高湿度、臭气等使人难以忍受，导致员工急于避开那个环境。或者作业面空间过于狭小，难以按规程作业等。

（3）管理不善

任何事故都可以追溯到管理原因，管理不善是产生违章、造成事故的重要原因。我们常常认为产生事故的间接原因是管理不到位，其实它也是事故产生的直接原因，管理上存在的缺陷或不善，是根本性的隐患。

① 生产组织不当。管理人员在组织生产，安排工作不当，使班组人员相互配合不顺、信息不畅或工作时间过长造成工人疲倦等。这些都容易引发事故。

2008 年 5 月 30 日零时 23 分发生在沪东中华造船公司龙门吊倒塌事故，就是一起典型的配合不当而发生的事故。事发在沪东中华造船公司的一船坞区域内，两台龙门吊在吊运过程中发生倒塌事故，造成 3 人死亡，2 人重伤，直接损失 4766 万元。经事故调查组的调查，这是一起因现场操作协调配合不当、企业安全管理不到位而引发的生产安全责任事故。事故的直接原因是现场指挥与司机操作协调、配合不当。事故的间接原因是沪东中华造船公司指挥分工不明、职责不清、未按规定统一指挥；施工组织不合理。没有安排专门人员进行现场的统一协调和严格管理；龙门吊岗位人员配备不足，无专人监护；编制的吊装方案不规范、不齐全，对吊装物外延尺寸过大可能引发的安全问题没有予以充分的重视，也没有采用相应的安全技术措施。

② 生产管理不当。管理人员的职责就是管理，不仅要管理好人员，还应该处理好安全工器具，否则，当员工使用了因质量存在问题或因检验过期而失效的工器具，就容易造成人身伤亡。管理人员的管理不当，还表现在对设备的超限运行，缺乏管理手段；缺乏用技术手段防止人们误操作、违章操作。

③ 违章指挥。管理人员不熟悉安全规定，冒险让员工作业或违章作业、无证上岗等。

四、习惯性违章的危害

习惯性违章是安全意识淡薄的表现。在生活中，闯红灯的人、不走天桥的人，不是不知道红绿灯的含义、不是不知道天桥的用途，就是安全意识淡薄的表现。在工作中，安全意识淡薄最突出的表现是习惯性违章。据国家安全监督管理总局的调查数据显示，90%的安全事故发生在班组，其中却有 80%以上的事故是违章造成的，而违章事故中又有 95%是习惯性违章。有高达 90%以上的员工伤亡是由习惯性违章引起，95%以上的财产损失是习惯性违章造成的。

1. 习惯性违章是最大的安全隐患

这种已经养成习惯的违章行为，是指在生产作业中没有严格按照安全规程操作、并在长期的工作中形成的不安全的坏习惯。这种违章操作的不安全习惯就像一颗颗“炸弹”，随时随地都有可能诱发安全事故的发生，引起人员伤亡和财产损失。习惯性违章在企业的更具体的表述是“三违”（违章作业、违章指挥、违反劳动纪律）。从中石化的近几年的事故统计中可以看出，“三违”是事故的主要原因，见表4-2。

表4-2　中石化2008~2014年事故统计分析表

年份	事故总数			企业级上报事故			承包商事故			“三违”导致事故	企业“三违”	承包商“三违”	直接作业环节
	起	死亡	重伤	起	死亡	重伤	起	死亡	重伤				
2008	40	40	3	18	15	3	22	25	0	85%	67%	100%	85.82%
2009	32	30	3	16	13	2	16	17	1	96.80%	93.80%	100%	96.80%
2010	26	23	0	12	6	0	14	17	0	76.90%			80.80%
2011	19	17	10	11	7	8	8	9	2	75.00%	81.82%	66.67%	78.90%
2012	14	14	0	3	3	0	11	11	0	71.43%	67%	72.73%	100%
2013	10	14	2	2	2	0	8	12	2	72.73%	50%	78%	90.91%
2014	19	27	1	5	8	0	14	19	1	95%	80%	100%	95%

回顾一次次惨痛的安全事故，血的教训告诉我们，一次事故就是一个违章的过程、一次事故就是一个放纵思想隐患的必然结果，一次事故就是一场人生的悲剧。每一次事故的发生，都是因为头脑里以人为本、生命至上的观念在淡化，是因为心存侥幸、投机取巧片刻的快感，是因为安全责任、道德义务的极度缺失，是因为思想上失去了对生命的最基本的敬畏。

习惯性违章构成事故发生的基础。由于当事人一点一滴地应付，一次一次地漠视，而致聚少成多、积重难返，终于像瓦斯一样，累积到临界值时，一触即发。有些员工思想懒惰、怕麻烦、图省事，有的事故隐患整改较简单，有的处理起来比较困难。因此，有的现场管理人员就以此为借口，或者对隐患睁只眼闭只眼，或者听之任之，致使隐患继续存在，导致事故发生。很多人在事故发生后，推脱责任，找理由找借口，麻木不仁，依然意识不到事故的根源，事实上这也从反面告诫我们：人命关天，你的一点麻痹就是一条“祸根”，很可能就把自己甚至大家当作了牺牲品。量变最终会引起质变。尤其是单位的各级管理人员，思想千万不可麻痹。牵一发而动全身，也许在你眼中不起眼的小问题，由此带来的后果可能就会不可估量，付出惨重的代价。

2. 习惯性违章禁锢了企业进步

习惯性违章的发生是多方面因素引起的，但“经验主义、自由主义、形式主义”是习惯性违章的思想根源。

（1）经验主义

喜欢强调过去都是怎么干，不去想这样干对不对、符不符合规则、现在还让不让这么干。殊不知，随着新技术、新设备的不断应用，企业的现代化管理水平的不断提高，原有的那一套工作方式方法已经不能适应新形势、新任务的需要。但有的人惯性思维严重，坚持固有的工作习惯和所谓的“经验”，打“擦边球”“踩红线”；自认为经验丰富，就有“我干了多少年都没事儿”的麻痹思想，工作中存在侥幸心理，置规章制度于不顾。以前违章未出事，不过是侥幸而已，现在仍旧违章作业，就有可能栽跟头，出大事。

要转变观念，反对经验主义要坚持转变因循守旧、固步自封的惰性思维，加强思想政治学习和胜任岗位能力学习，不断提升用新思路、新方法解决新问题的能力，主动适应新形势、新任务的需要；要反对经验主义，树立“如履薄冰、如临深渊”的敬畏思想，克服“我干了多少年都没事”的错误思想，摒弃旧的不良工作习惯；要与时俱进地学习新的规章制度标准，要坚持标准作业程序。

（2）自由主义

当前，一些人注重“自我感受”，以致无组织、无纪律、自由散漫，对企业的规章制度和决策部署敷衍应付，想执行的就执行，不想执行的就不执行，完全凭个人兴趣和好恶工作；一些人对企业的决策部署阳奉阴违，“上有政策、下有对策”；有的人认为严格按照规章制度太过于繁琐，效率低下，办事不讲程序，无视工作流程，一味追求“方便”，热衷于投机取巧、走捷径。

要坚持纪律约束，反对自由主义。要树立“加强纪律性，革命无不胜”的理念，坚持严格的组织纪律和工作纪律约束，培养员工遵章守纪的好习惯，切实提高各级人员执行力。各级领导干部和管理人员要养成在监督下工作的习惯。坚持铁的标准、铁的面孔、铁的纪律，严格制度执行和工作落实；要反对自由主义，强化“遵章守纪、爱岗敬业”的意识，树纪律严明的正气，反自由散漫的歪风；要把始终和公司保持一致作为员工成熟的标志。

（3）形式主义

形式主义的产生，思想理论基础是唯心主义形而上学；社会历史根源是习惯势力和传统文化的负面影响，以至于工作中脱离实际，养成片面的注重形式而不管实质的工作作风，或只看事物的现象而不分析其本质的思想方法。形式主义是一种潜移默化的影响，危害极大，其表现为一些人讲起来头头是道，做起来我行我素，长此以往，就为习惯性违章提供了滋生的温床。

要坚持求真务实，反对形式主义要一如既往、坚定不移地坚持求真务实的原则，倡导“三老四严”(当老实人、说老实话、办老实事；严格的要求、严密的组织、严肃的态度、严明的纪律)作风，把全部心思用在抓工作、干事业上，营造“一日无为，三日不安”、紧张快干抓落实的良好氛围；要反对形式主义，坚持形式与内容相统一，做到形式为内容和效果服务，将重点放在提高工作实效上，切实将企业各项管控措施和规章制度落到实处，切忌搞敷衍、走过场。

3. 习惯性违章削弱队伍的战斗力

习惯性违章是队伍作风建设的大敌，削弱了队伍的战斗力，使组织执行力降低，这样的企业也谈不上具有核心竞争力。“有令不行、有禁不止”不仅是事故的根源，也表明队伍缺乏战斗力和执行力，增加了企业的管理成本，更无法保证其产品质量。从办企业就是培养人的角度出发，这种习惯性违章的普遍存在，极大影响员工职业化素养的提升。对企业管理层面来讲，领导者的态度往往“失之与宽、失之与软”，缺乏从培养人的高度抓习惯性违章的狠劲、韧劲。

习惯性违章是“思想隐患”，它是指在安全生产工作中，人的思想意识存在着不安全的思维和趋向。思想上的隐患让人放松安全第一意识，让安全措施得不到真正落实，让人不能举一反三接受事故教训。在生产现场中，我们经常会发现各种各样的不起眼的小隐患，这里缺个螺栓，那里的阀门不严等等，很多人都置若罔闻，保持一种事不关己高高挂起的态度。或者是漠不关心，小觑这些不起眼的小地方。事实上有些事故隐患并不是发现不了，而是没有及时去检查发现和及时整改。为什么会出现这种现象呢？究其原因，主要是一些企业管理者和生产一线职工在思想上存有“隐患”。他们对身边或自己生产岗位上的隐患熟视无睹，采取消极态度，满不在乎，认为这些隐患暂时对安全生产不会构成威胁，心存侥幸，放松警惕，将安检人员的忠告和整改意见当成耳边风，殊不知，就是他们这种侥幸心里会酿成大祸。环境的隐患并不可怕，而可怕的是人思想上的“隐患”。思想上的“隐患”不消除，环境上的隐患很难得到排除。由此可见，人思想上的“隐患”是企业安全生产中最大的隐患。

分析各类安全事故就会发现，这些事故很大部分是责任事故，自然灾害造成的事故仅占少数。安全事故的发生，归于一点，就是“安全第一”的思想不牢固。安全责任制不落实也好，安全管理松懈也好，安全投入不足也好，千隐患万隐患，思想上的隐患是最大的隐患。思想麻痹的最大危害还在于其传染性，原本的清醒者逐步在周围的麻痹中丧失警觉，成为习惯性违章中的一员。

五、怎么解决习惯性违章

产生习惯性违章是多方面的，表现形式也是多种多样，既有个人的习惯性违章，如低、老、坏，又表现在现场的脏、乱、差，这些都构成事故的基本条件。怎样解决习惯性违章，需要在管理上下苦功夫、笨功夫，需要系统思考(图4-5)。

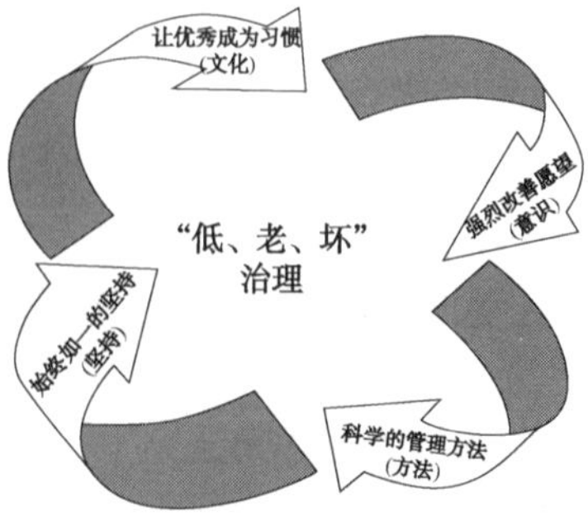

图4-5 习惯性违章、“低、老、坏”治理

1. 强烈的改善愿望

作为管理者，对习惯性违章要始终保持敏感，抓反复，反复抓，对发现的问题要紧盯不放，而不能有布置没检查，检查时紧时松，前紧后松，致使问题反弹，要善于抓小事，不能眼高手低，通过抓小事，抓出一个成功的模式，带动一批事的好转。一个时期只关注一件事情，专注就是力量，专注就是成功，特别要深入到一线现场中去，以身作则，亲力亲为。总之，作为管理者对“习惯性违章”问题要有强烈的改善意识。特别要把清除思想的“习惯性违章”摆在首位。

习惯性违章惯是企业管理中的“顽疾”，它侵蚀企业的执行力，阻碍企业员工素质提高，危害企业长远发展。对于我们从事石油化工生产这样的高危行业的企业来说，“习惯性违章”就像“定时炸弹”一样，是威胁装置安、稳、长、满、优运行的最大隐患。开展“习惯性违章”专项治理工作，是公司顺利完成繁重的生产检修任务的一贯做法，也是一项卓有成效的做法。

要治理习惯性违章问题，首先要发现和查找，明白什么是低标准、老毛病和坏习惯。但是，我们还要明白，治理“习惯性违章”，不能就“见物不见人”，不能拘泥于个别事情的处理而忽视了对人的思想认识和心智模式的改造。

(1) 清除不正确的思想认识

思想是行为的先导，认识不清，执行力必然不强；管理行为是表象，思维方式是根源。心智模式不改变，必然会“按了葫芦起了瓢”，事故不断，让我们疲于应付。因此，最大的“习惯性违章”存在于干部职工的思想认识中。治理习惯性违章，要从治理人的思想开始。

要清除以下思想认识：

① 抱残守缺，悲观消极。认为"习惯性违章问题是怎么抓都有，是消除不完的。"缺乏精品意识，也没有量变到质变的思维方式，看不到进步和希望，没有积跬步以至千里的气势。

② 固步自封，经验主义。认为很多工作"早就是这么干的"，"没有发现有什么不对啊?"不能做到勇于否定自我。缺乏创新意识，不能多角度思考问题，缺乏发现问题的能力。

③ 心浮气躁，急功近利。只求问题一时的解决，不能从长远考虑问题。不脚踏实地，喜欢做表面文章，为善而急人知，解决问题一阵风，缺乏耐心、恒心，打不了"持久战"。

④ 逃避责任，归罪于外。喜欢找借口，不能勇于承担责任。不是致力于问题的解决，而是急于推卸责任，保全自我。解决问题归罪于客观条件和困难，忽视自身努力。

⑤ 就事论事，各自为战。认为生产中有"习惯性违章"，忽视机关部室；重视具体事情，忽视机制上的"习惯性违章"；重视管理问题，忽视作风问题。不能系统思考问题，对兄弟单位采取"各家自扫门前雪"，采取"不发现、不提醒、不要求、少协助"的态度。

（2）抓大放小，眼不视物

认为领导就是要过问生产上的大事情，不屑于过问日常的管理细节。缺乏精细意识，对细节问题视而不见，认为不重要。"低老坏"问题之所以"年年治理年年有"，屡禁不止，层出不穷，不是因为我们存在的问题真的到了数不胜数的地步，而是因为我们的工作治标不治本，没有从思想上清除产生"习惯性违章"的根源。要把干部职工思想认识和心智模式的转变摆在专项治理工作的首位，清除思想认识的"习惯性违章"。只有这样，才能真正实现长治久安。

2. 科学的管理方法

不要眉毛胡子一把抓；不要就事论事，看不清事情的本质是什么；发动群众不够，依靠少数人管理多数人，不明白让员工参与管理本身就是最好的激励，解决习惯性违章不能寄希望于一两个人就能力挽狂澜，要制定好一个完整的考核体系，用制度管好人，用标准化管好事。坚持干什么事都不是随时，都有明确的标准要求。要坚持用"5S"管理方法，解决现场问题，坚持执行标准作业程序(SOP)；要采用行为安全观察与沟通的方法，随时纠正员工的习惯性违章，并能从原因分析入手，深挖习惯性违章产生的根源。

3. 始终如一的坚持

解决"习惯性违章"问题，就需要几年甚至十几年的坚持，形成一个企业的稳定习惯。口号式管理不可取，而抓一阵子感到成绩不小而飘飘然，危害更大。有时，我们的企业真的是"只能远看，不能近瞧，经得起参观，经不起检查"。始终如一，严格执行，就会形成竞争力，反之只是走个过场，就是一种形式、一种负担。

4. 让优秀成为习惯

要抓事育人，通过抓具体小事的改善，抓更高的改善，形成持续改善的氛围。通过抓具体的事，抓出员工思想观念的转变。海尔张瑞敏砸掉 76 台质量不合格的冰箱，强调的是"有不合格品是不正常的"质量观念；要抓典型案例，用事实说话，用数据说话；要从培养人的角度出发，坚持不懈、始终如一地抓员工的养成教育。使"马上做、快执行"成为习惯，要先从 1% 干起，干起来后也会丰富我们的工作思路。不能慢吞吞坐而论道。走路也要比别人快 30%，学会跑着干活；拒绝平庸，拒绝"习惯性违章"需要快、准、狠，这里的准就是标准、准确；而狠就是追求卓越，追求最好，追求更好，也是从培养人的角度出发，把技术人员用的狠一点，让“始终如一把细节做好”成为习惯。

第四节　行为安全观察与沟通

世界 500 强企业安全管理的手段，主要可以归为三类：一是安全管理系统，如英荷壳牌公司 HSE 健康安全环境管理系统、埃克森美孚 QIMS 完整性运作管理系统、通用电气 SHE 安全健康环境管理模式、埃克森和道氏 SQAS 安全质量评定体系；二是基于行为安全的管理活动，如杜邦公司 STOP 安全培训观察计划、住友公司 KYT 伤害预知预警活动、拜耳公司 BO 行为观察活动、道氏公司 BBP 基于行为的绩效活动、丰田公司防呆法和零事故六程序、巴斯夫公司 AHA 审计帮助行动、久保田公司五大现原手法；三是政府或非官方机构确定的被企业采用的安全策略，如日本劳动协会 5S 运动、英国(澳大利亚、新西兰、挪威等 13 国际组织)制定的 OHSAS18001 体系、国际劳工组织 OSHMS 系统、南非 NOSA 安全五星管理评价系统、各国职业安全管理机构制定的规章。

其中杜邦公司 STOP 安全培训观察计划被广泛采用。事故调查证明，在工作场所发生一次伤害事故之前，其实已经发生了数百次的不安全行为，大量的不安全行为增加了重大事故发生的概率。而要避免伤害事故发生的最有效途径就是控制、避免和消除所有的不安全行为。行为安全观察由于管理方法较为简单、容易推行，并且成效显著，成为当今国际上比较推崇的人本安全管理方法。

一、行为安全观察与沟通的基本概念

美国杜邦公司自 20 世纪 80 年代在公司内部推行安全观察项目，18 个月内将工伤事故率降低了 75%，这种方法在国外跨国公司也得到了广泛应用。

行为安全管理(Behavior-Based Safety Program)操作简单、容易执行，且成效显著。美国杜邦公司的安全训练观察计划 STOP(Safety Training Observation Program)和英国 BP 石油公司的 ASA(Advanced Safety Auditing)，美国陶氏化学公司的 BBP(Behavior-Based Performance)等行为安全管理都是非常成功的案例。

1. HSE 观察与沟通的定义

通过管理者对员工的行为进行安全观察，以及与员工的平等沟通，让员工真正体会到企业对 HSE 工作的重视，进而提高企业的 HSE 工作业绩。

所谓 HSE 观察，是指对一名正在工作的人员观察 30s 以上，以确认有关工作是否在安全地执行，即为 HSE 观察。HSE 观察包括对员工健康状况、作业行为和作业环境的观察(如是否满足个人防护装备要求、许可证是否完备等)。这种观察与沟通的方法，主要是针对各级管理者如何到基层与作业人员就作业行为、环境、规程、工器具等方面 HSE 事项进行探讨、交流而建立的一套实施程序和方法。改变目前由管理人员进行的集中式、权威式、警察式的 HSE 安全检查现状。在管理者和员工之间建立一种请教、咨询、互动式的平等、双向沟通机制，落实有感领导的载体，真正体现“以人为本”。根据统计结果，建立以 HSE 观察和沟通分析统计结果为主的预警系统。

HSE观察与沟通重点强调的内容：强调员工行为的关键作用、强调领导正向激励的作用、强调员工与领导的平等地位、强调双向沟通可增强执行力。传统的安全检查和HSE观察与沟通是不同的，如表4-3所示。

表4-3 传统的安全检查和HSE观察与沟通的区别

	传统检查	观察与沟通
目的	通过检查发现问题，整改隐患	通过观察和讨论员工行为及后果，统计对比分析原因，为HSE决策提供依据和参考
对角	人的不安全行为和物的不安全状态	以人的不安全行为为主，以物的不安全状态为辅
方式	员工与检查者是对立的，员工处于被动	员工与检查者是互动和平等的(表扬、感谢、反思)
内容	人、物、环境、管理等	以观察人的行为为主
范围	全面(多场所)	局部(一个场所、或一个人)
结果	以挑错、处罚为主	观察结果不作为处罚依据

2. 杜邦公司安全训练观察计划

杜邦公司安全训练观察计划简称为STOP，是一种以行为为基准的观察计划。STOP是以行动为中心的观察程序。通过观察和交流，立即纠正不安全行为，表扬安全行为，营造安全的作业环境和方法，达到事故和伤害预防的目的。

（1）STOP的主要观点

第一，不安全行为导致伤害，几乎所有的不安全状态都可以追溯到不安全行为上；

第二，安全责任由一线管理者负责；

第三，管理者的安全标准决定安全成果。

第四，沉默就是承认；

第五，行为代表态度；

第六，有了作业者的理解，才能增强动力；

第七，所有事故都是可以避免的，安全是每一个人的责任；

第八，STOP安全观察程序是非惩罚性的。

（2）运用STOP卡的目的

大幅度减少伤害及意外事件；降低事故赔偿或损失成本，提高员工的安全意识；增进员工和管理者之间感情，形成相互信赖、信任的关系；通过这种实质性教育，加深对安全规定的理解，传达管理层对安全的承诺；通过现场交流可以挖掘员工在安全管理上的好做法。STOP不是一种检查，是一种管理者和员工一起的深度剖析安全行为是否正确，是由员工参与的管理活动。

（3）STOP观察卡的含义

STOP安全观察循环周：决定→停止→观察→行为→报告。

决定：要注意员工如何遵守程序，准备做一次安全观察。

停止：停止你手中的其他工作，在距员工较近的地点止步。

观察：按照STOP卡所列观察内容和顺序，观察员工是如何工作，并特别注意是否存在不安全行为。

沟通(行动)：与被观察者进行面对面交流，坚持非责备原则，特别注意他们是否知道并了解工作程序和操作规程。

报告：利用安全观察卡来完成报告。

(4) STOP 卡的运用技巧

① 不要当着被观察人写观察报告(STOP 卡)，不要把被观察人的名字写在报告里，因为你的目的是纠正不安全行为、鼓励安全行为，而不是记录下你观察的人；

② 不要让员工感觉到观察卡意味着要找他们的麻烦，要让他们知道卡中不会出现他们的名字，观察的目的是让员工安全地工作。

③ 与员工交流要做到：提出问题并聆听回答；采取询问的态度；先赞扬，后讨论不安全行为；了解他们的想法及自身角色和责任的认知；了解自身原因之外的原因产生不安全行为。

3. 行为安全观察与沟通的基本理念

① 造成事故的原因分为人的不安全行为和物与环境的不安全状态。基于杜邦公司十年的对于可记录事件的统计，表明导致事故的原因具有以下的分布规律，不安全行为占 96%，而不安全条件占 4%，如表 4-4 所示。

表 4-4　导致事故的原因分布规律

与人的不安全行为有关的因素	伤害比率	与人的不安全行为有关的因素	伤害比率
个人防护装备	12%	程序与秩序	12%
人员的姿势	30%	总计	96%
人员的反应	14%	不安全条件	4%
工具和设备	28%		100%

② 控制现场员工的不安全行为是安全管理的关键。在现场直接作业环节，不安全行为的范畴大于违章，因为不能把所有的行为都写入规章制度，也不是只有违章才可能导致事故的发生，海恩法则也告诉我们：“每一起严重事故的背后，必然有 29 次轻微事故和 300 起未遂先兆以及 1000 起事故隐患”，如图 4-6 所示。

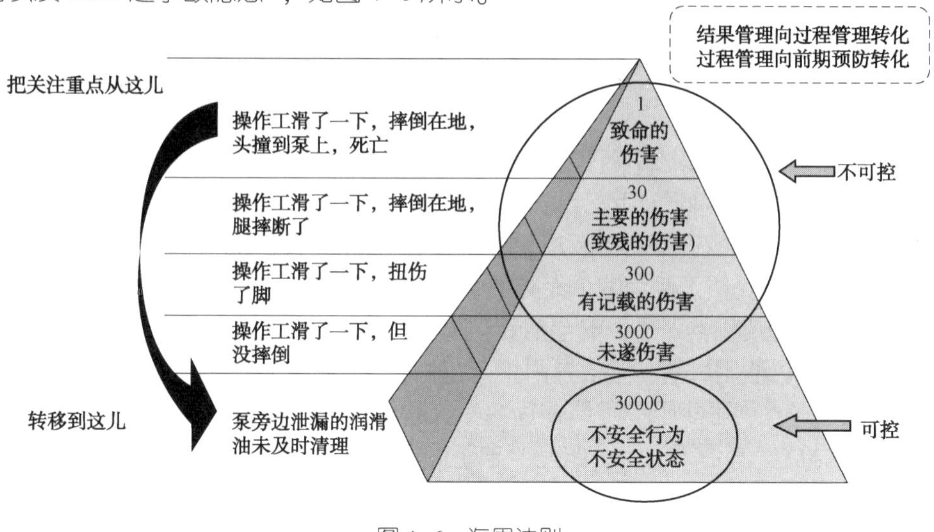

图 4-6　海恩法则

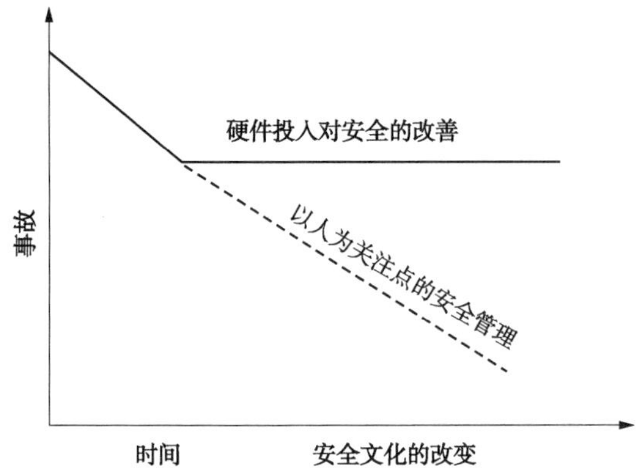

图 4-7　硬件投入对安全文化的改变

③行为背后是文化，持之以恒抓员工不安全行为的控制，是安全文化建设的过程。工作场所本身没有绝对的安全，人员的行为决定了事故是否会安全，而管理又最终决定人的行为，如直接作业环节的不安全行为得到及时的纠正，管理者和操作人员建立良好的沟通，就能有效防止事故的发生。以人为关注点的安全管理，所形成的安全文化，才能实现真正的本质安全，硬件投入对安全的改善是有限度的，如图 4-7 所示。

④ 行为安全观察与沟通成功的关键：第一，必须建立无指责文化；第二，领导必须亲自参加；第三，参与的人员必须经过专业的训练；第四，关键不仅在于能够高质量地观察，更重要的是在观察之后能够有效的与被观察者进行沟通，通过沟通加强好的作业行为，认识到不安全行为的后果，并予以改进。

⑤ 实施安全观察时，观察者要做到：第一，提高警惕，注意进入工作区域时自身不发生任何不安全行为；第二，保持不偏不倚观察工作的所有阶段；第三，用所有的感官来观察（视觉、听觉、嗅觉和触觉）；第四，记住 ABBI 原则，即上面（above）、下面（below）、后面（behind）、里面（inside），四个方面的检查；第五，观察并思考沟通与寻找问题的根因和改进的方法；第六，夸赞良好的表现（congratulation）；第七，让被观察者留住好的行为，知道不好的行为。

4. 行为安全观察和沟通步骤

（1）观察

现场观察员工的行为决定如何接近员工，并安全地制止不安全行为（靠近正在工作的员工，以致你能很清楚地看到员工正在做什么，前 10~30 秒时间，要特别注意“蒸发掉的不安全行为”，要以细致和系统的方式查看员工正在做的每一件事，并回顾安全观察与沟通报告表的观察分类）。观察包括八个方面内容：

① 员工的反应：员工在看到他们所在区域内有观察者时，他们是否改变自己的行为（从不安全到安全）。

② 员工的位置：员工身体位置是否有利于减少伤害发生的几率（有没有物体打击、高处坠落、接触高温物体、接触振动和转动设备、接触和吸入有害物资、被夹住、绊倒或滑倒、触电、落水等危险，是否在吊车臂转动范围内及进入受限空间的防护情况）。

③ 个人防护装备：员工使用的个人防护装备是否合适，是否正确（眼睛和面部、耳部、头部、呼吸系统、四肢和躯干是否安全都受到防护，如护目镜是否符合要求，安全帽带是否系好、高噪声区是否使用耳塞、工衣是否扣全钮扣、工作服是否防静电等）。

④ 工具和设备：员工使用的工具是否合适，是否正确，工具是否处于良好的状态，非标工具是否获得批准（是否不适合该作业、未正确使用、工具和设备本身不安全，是否有检验合格证）。

⑤ 程序：是否有操作程序，员工是否理解并遵守操作程序（作业人员是否清楚作业范

围、步骤、风险及控制措施，是否有作业许可证，是否进行了能量隔离等)。

⑥ 人体工效学：工作环境是否符合人体工效学原则(如是否存在机械性重复性工作，员工动作是否对身体造成伤害)。

⑦ 整洁：作业场所是否整洁有序。(作业区域、工作场所是否整洁，材料及工具摆放是否适当)

⑧ 报告：离开现场，在安全观察与沟通报告上，记录下你的观察结果。

(2) 表扬

对员工的安全行为进行表扬。

(3) 讨论

与员工讨论观察到的不安全行为、状态和可能产生的后果，鼓励员工讨论更为安全的工作方式。

(4) 沟通

就如何安全的工作与员工取得一致意见，并取得员工的承诺。

(5) 启发

引导员工讨论工作地点和其他问题。

(6) 感谢

对员工的配合表示感谢。

行为安全观察，所体现的是企业现场管理的金科玉律，“善于发现现场问题，善于马上解决问题，善于举一反三解决一批问题，善于总结经验，善于从根本上解决一批问题”，正如日本丰田公司所提倡的“三现主义”所表现出来的管理精髓一样，生产现场是管理的第一现场；行为安全观察，所体现的是对管理层的严格要求，变管理干部到现场随便的走走转转为目的性很强的具体要求，真正接地气、发现问题；行为安全观察，所体现的是人本管理的理念，所倡导的无指责的文化，能够了解到员工的真实心理，通过与员工的互动沟通，使居高临下的说教变成真诚的沟通，密切了干群关系，促进了员工成长，如表 4-5 所示。

表 4-5　STOP 的计划、执行、记录、跟踪、分析全过程

STOP 全过程	计划	执行	记录	跟踪	分析
STOP 活动执行过程	企业管理者代表、领导班子成员、各二级单位领导成员以及各基层、站、队业务主管制定年度或月度行为安全审核计划，包括审核频率以及审核范围	根据杜邦 STOP 五步骤按照观察计划对属地进行安全观察活动	在 STOP 卡上对观察结果进行记录	对现场不能立即纠正、整改的不安全行为或不安全条件，属地负责人对后期整改问题进行跟踪，并对整改结果进行验证	对行为安全观察结果进行分类统计分析，发现一段时期内的行为安全审核发展趋势，找出主要矛盾，制定下一步管理措施
STOP 系统应用过程	观察人根据要求在系统中定制自己的安全观察计划，包括观察区域、频次及观察时间分布等		根据 STOP 卡记录内容，在系统记录卡中录入观察结果，由系统自动统计	对问题进行跟踪和任务派发	对观察结果 进行统计分析，辅助制定下一步管理政策

二、燕山石化公司 HSE 观察

1. 定义及目的

HSE 观察是指员工在日常工作中有意识地关注人员行为、作业环境及设施，对安全的行为进行鼓励，对发现可能导致事故的不安全状态和不安全行为进行阻止或处理。HSE 观察是员工主动关注团队安全的表现，可通过统计分析观察结果，改进 HSE 管理，强化 HSE 意识，营造 HSE 文化氛围，预防和减少事故事件的发生。

2. 工作流程与职责分工

HSE 工作流程与职责分工见图 4-8。

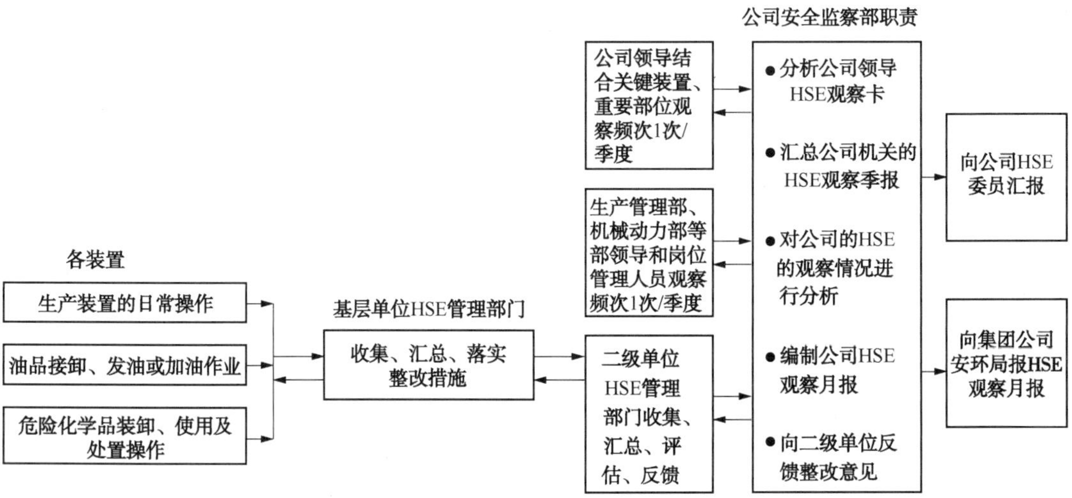

图 4-8 HSE 工作流程与职责分工图

3. 观察的区域范围

观察的区域范围：包括生产区域、施工区域及办公区域，实施 HSE 观察时，应重点关注生产、施工区域内的各种作业活动，包括：生产装置(设备设施)的日常操作；油品接卸、发油或加油作业；危险化学品装卸、使用及处置操作；现场施工作业或检修作业；与直接作业环节相关的作业，如用火作业、进入受限空间作业、临时用电作业、高处作业、破土作业、放射作业和起重作业。

4. 观察方法

实施 HSE 观察时，应采用现场观察与沟通相结合的方法，人的不安全行为、物的不安全状态、未遂事件及值得推荐的安全行为均纳入 HSE 观察内容。

① 观察区域重点是生产、施工区域内的各项作业活动，实施观察人员应熟悉、了解所观察区域内的环境和作业活动。

② 现场观察期间，应重点关注作业人员、作业环境、工具和设备等方面的内容。如发现员工的不安全行为，应以诚恳态度立即阻止该员工的作业，并与作业员工进行交谈，找出不安全行为的根本原因，采取相应的控制措施或提出改进措施建议。

③ 观察结束后，应将观察到的实际内容记录在 HSE 观察卡中。

5. 问题的整改

对 HSE 观察卡中反映的问题，按“谁主管、谁负责”的原则，落实整改责任人、责任部门然后进行整改，并对整改结果进行验证，验证结果应及时向单位安全管理部门进行反馈。

三、人的不安全行为、物的不安全状态危害识别

1.“人的不安全行为”辨识与危险性评价汇总(节选)

生产过程中“人的不安全行为”辨识与危险性评价汇总见表 4-6。

表 4-6　生产过程中“人的不安全行为”辨识与危险性评价汇总表

作业活动	序号	不安全行为	作业条件危险性评价				控制措施
			L	*E*	*C*	*D*	
劳动保护穿戴方面	1	对放射性料位计进行检查、维修和进入射线探伤辐射区域时不穿防护服	1	6	3	18	1. 应用热炉法则，对员工不安全行为进行控制 2. 应用 3E 事故预防原理，从技术、教育、强制三个方面入手，减少人的不安全行为 3. 可视化的安全教育，让员工感受到违章、事故的危害 4. 可视化的安全领导力 5. 开展安全观察与沟通
	2	进入生产、施工现场不按规定穿工作服，工作服不系好衣扣	6	6	1	36	
	3	进入生产、施工现场不按规定戴安全帽，安全帽不系好帽带	6	6	1	36	
	4	进入生产、施工现场不按规定穿劳保鞋	6	6	1	36	
	5	进入粉尘超标作业场所时不戴防尘口罩	6	6	1	36	
	6	高处作业不按规定佩戴和正确系挂安全带	1	3	15	45	
	7	进入有毒有害气体浓度超标场所不按规定佩戴呼吸护具	3	1	15	45	
	8	从事酸碱易腐蚀类生产作业时，不按规定佩戴使用防酸碱防护用品	3	6	3	54	
	9	操纵带有旋转零部件的设备时戴手套，长头发不盘入帽内	3	6	3	54	
	10	进入易产生液体喷溅或蒸汽伤害的作业区域作业，不按规定佩戴防护面具或防护眼镜	3	6	3	54	
	11	使用砂轮机、磨光机等易伤害眼睛的设备时不戴防护眼镜	3	6	3	54	
	12	电气焊作业不按规定戴防护镜和防护罩	3	6	3	54	
	13	进入超标噪声作业场所时不佩戴耳塞或耳罩	6	6	3	108	
	14	采样、切液操作未查看风向，未带防护用品	3	3	15	135	
	15	电气作业不按规定戴绝缘手套、穿绝缘鞋	3	6	15	270	
装置运行维护方面	16	生产现场“水长流，气常冒”不处理	3	6	1	18	1. 实行设备承包、加强责任区考核 2. 可视化的安全教育，让员工感受到违章、事故的危害
	17	机泵盘车后防护罩扣不到位	3	6	1	18	
	18	设备运转时修理、清扫、焊接等作业	1	6	3	18	
	19	操作台上摆放杂物、水杯等	6	6	1	36	

续表

作业活动	序号	不安全行为	作业条件危险性评价				控制措施
			L	E	C	D	
装置运行维护方面	20	现场开关阀门不使用扳手，直接用手或其他工具敲击	6	6	1	36	3. 应用热炉法则，强化制度执行 4. 实行设备承包、加强责任区考核 5. 可视化的安全教育，让员工感受到违章、事故的危害 6. 应用热炉法则，强化制度执行
	21	在工作岗位饮酒或酒后上岗。	1	6	7	42	
	22	在禁烟区内吸烟、携带烟火进入厂区。	1	6	7	42	
	23	在防爆区使用手机及其他非防爆通讯工具。	1	6	7	42	
	24	捆绑连接胶皮管不牢靠	3	6	3	54	
	25	设备启停不按照操作规程进行	3	6	3	54	
	26	现场随意排放物料、污水	3	3	7	63	
	27	对装置存在的隐患不清楚	6	6	3	108	
	28	操作调整速度过快，如温升、提降量等调整速度超过允许值	3	1	40	120	
	29	工作期间违反劳动纪律，脱岗、睡岗、串岗	3	6	7	126	
	30	在防爆区域作业使用非防爆工具	3	6	7	126	
	31	交接班不认真、不预检、内容不全面，随意	3	6	7	126	
	32	装置联锁系统随意摘除	3	6	7	126	
	33	定时排液被随意改为连续排液或不排液	3	6	7	126	
	34	现场切换设备、开关阀门等操作未做好沟通	3	6	7	126	
	35	巡回检查、点检、联检走马观花	6	6	7	252	
	36	操作记录随意，不清楚，不真实	6	6	7	252	
	37	工艺指标随意改动	3	3	40	360	
	38	参数报警或现场报警不予关注、确认、调整	3	3	40	360	
生产现场作业方面	39	将未经安全教育人员带入装置现场	3	3	1	9	1. 落实属地管理责任 2. 可视化的警示教育 3. 强化对危害识别的基本功训练 4. 违章处罚
	40	现场清扫时用水冲洗带电设备。	3	6	1	18	
	41	机动车进入装置现场未装防火帽	3	6	1	18	
	42	行进过程中图省事跨越两个不连续的平台	3	1	15	45	
	43	作业过程中站在不安全位置(如平台护栏、管廊、旋转设备等)	3	6	3	54	
	44	从高处向下投掷物品	3	6	3	54	
	45	工具或零部件存放不当，易坠落或绊倒行人	3	6	3	54	
	46	行进或作业过程中注意力不集中	3	6	3	54	
	47	药剂、物料现场加注使用后未清理或随意处理	3	6	7	126	
	48	受限空间监护人员离开	3	3	15	135	
	49	在起吊物下作业或停留	3	3	15	135	
	50	进入受限空间未对环境确认或定时确认	3	6	15	270	
	51	现场作业过程中环境变化未停止作业	3	3	40	360	
	52	现场用明火防燃、防爆环境未进行确认	3	3	40	360	
	53	设备维修现场隔离措施不到位	3	6	40	720	

续表

作业活动	序号	不安全行为	作业条件危险性评价				控制措施
			L	*E*	*C*	*D*	
其他方面	54	工作时间内在工作场所打闹、嬉戏	3	6	1	18	1. 违章处罚； 2. 可视化典型案例教育警示教育
	55	触摸不熟悉的工装设备及控制开关	1	6	3	18	
	56	停留在通道中间交谈	3	3	3	27	
	57	上下平台、楼梯没有扶扶手，单手上下直爬梯	6	6	1	36	
	58	乘车未系安全带	6	6	1	36	
	59	不停电更换照明	3	1	15	45	
	60	随意放置物件，阻碍防火、逃生通道	3	6	7	126	

注：*L*—事故或危害事件发生的可能性；*E*—暴露于危害事件环境的频率；*C*—事故或危害事件的可能结果；*D*—作业条件危险性大小，$D=L\times E\times C$。

风险级别：超高风险 高风险 中等风险 可能风险 可接受风险

2. “物的不安全状态”辨识与危险性评价汇总（节选）

生产过程中“物的不安全状态”辨识与危险性评价汇总见表 4-7。

表 4-7 生产过程中“物的不安全状态”辨识与危险性评价汇总表

作业活动	序号	不安全状态	作业条件危险性评价				控制措施
			L	*E*	*C*	*D*	
防护保险信号等装置缺乏或有缺陷	1	安全防护装置损坏或缺失，如转动设备对轮罩、地脚螺栓损坏或未固定	3	6	1	18	修理防护装置，形成常态化管理机制
	2	电机无防护罩	1	6	7	42	增加防护罩
	3	防护罩未在适当位置或调整不当	3	6	3	54	调整适当
	4	易燃易爆环境存在非防爆电气运行或无防爆工具	3	3	7	63	停止运行或使用，移走设施
	5	有毒有害环境无隔离设施	1	6	15	90	增加隔离设施
	6	电气设备无超压保护或漏点保护	1	6	15	90	做好超压保护或漏点保护
	7	逃生路线无标识	6	1	15	90	完善标识
	8	作业平台无护栏或护栏损坏	6	6	3	108	护栏修复或增加
	9	梯子踏步无防滑措施或结冰	6	6	3	108	修复踏步
	10	局部无消音系统、噪声大	6	6	3	108	增加消音设施
	11	易燃易爆场所电气接线盒穿线处未用防爆胶泥密封	6	6	3	108	用防爆胶泥密封
	12	厂内道路车辆行驶无交通标识	6	6	3	108	完善标识
	13	压力容器安全设施失效、未投用或无安全保护装置	3	6	7	126	安全设施修复或安装
	14	设备设施运行异常无报警装置	3	6	7	126	梳理并安装报警装置提醒及时调节

续表

作业活动	序号	不安全状态	作业条件危险性评价				控制措施
			L	*E*	*C*	*D*	
防护保险信号等装置缺乏或有缺陷	15	管线膨胀限位设施不当	3	6	7	126	调整限位装置
	16	易燃易爆场所与非防爆场所不密闭不隔爆	1	6	40	240	增加密闭设施
	17	带电导体裸露，绝缘不良	3	6	15	270	做好绝缘处理
	18	电气设施未进行保护接零或接地	3	6	15	270	进行保护接零或接地
	19	施工区域埋地油气、带电设备无警示标识	3	3	40	360	增加提示标识
	20	高危险区域或高危操作无安全警示提示	3	3	40	360	增加提示标识
设备设施工具附件有缺陷	21	设备操作安全间距不够	3	3	1	9	1. 能够改变安全间距的调整安全间距；2. 对于无法改变的要做好防护方案，并做好标示
	22	消防设施挪作他用	3	6	1	18	建立规章制度，保证消防设施的齐全完好
	23	地下消防井积水或被积雪覆盖	3	6	1	18	完善防水、防积雪设施，确保消防设施完好备用
	24	泡沫管线无闷头盖	3	6	1	18	补充，建立规章制度，保证消防设施的齐全完好
	25	消防箱内缺少水带或水枪头	3	6	1	18	补充，建立规章制度，保证消防设施的齐全完好
	26	未建立消防泵盘车及运行记录	3	6	1	18	建立规章制度，保证消防设施的齐全完好
	27	设备、设施、工具强度不够	6	6	1	36	补充强度或更换强度高的工具、设施、设备
	28	设备设施排水、排液点堵塞或未制作	6	6	1	36	制定检查方案，对存在问题的点进行修理，并执行常态化检查方案
	29	灭火器胶管老化	6	6	1	36	更换胶管，对所有点进行检查，确保完好
	30	灭火器无箱架平地排放	6	6	1	36	整理放入灭火器箱内
	31	设备设施设计不当，结构不符合安全要求	1	6	7	42	完善结果设施，符合安全要求
	32	维修、调整质量不符合要求	3	6	3	54	落实验收环节，完善修理
	33	通道门遮挡视线	3	6	3	54	改善通道门设置，保证通道畅通
	34	防爆电器失去防爆功能	3	6	3	54	进行修理或更换
	35	旋转部位未设计防护罩	3	6	3	54	增加防护罩
	36	平台上下无梯子或梯子不牢固	3	6	3	54	增加或修缮梯子

续表

作业活动	序号	不安全状态	作业条件危险性评价				控制措施
			L	E	C	D	
设备设施工具附件有缺陷	37	管廊或平台有坠落风险的物品	6	6	3	108	清理物品
	38	平台板翘起或腐蚀减薄	6	6	3	108	平台修复
	39	设施上有锋利倒棱点	6	6	3	108	设施修复
	40	通道内地井盖放置不牢或丢失	3	6	7	126	固定井盖
	41	设备在非正常状态下(带病)运行	3	6	7	126	切除修理，保证安全高效运行
	42	制动装置失灵或有缺陷	3	6	7	126	进行修理，保证验收合格后投入使用
	43	设备存在内外腐蚀	3	6	7	126	制定防腐措施、加大检测频次和做好监护方案和应急预案，存在严重腐蚀更换腐蚀部位或设备
	44	设备铸造有砂眼	3	6	7	126	1. 检查设备铸造工艺，保证工艺符合要求；2. 做好验收环节，对存在问题点的制定修复方案，进行修复
	45	设备设施焊缝有气孔	3	6	7	126	1. 检查设备焊接工艺，保证工艺符合要求；2. 做好验收环节，对存在问题点的制定修复方案，进行修复
	46	起重机械液压系统漏油	3	6	7	126	对液压系统进行修理，消除漏点
	47	易燃易爆场所存放易燃物	3	6	7	126	对易燃物进行清理
	48	库房内易燃物与其他可燃物混放	3	6	7	126	对易燃物进行清理，制定管理规定，日常化检查机制
	49	罐区防火堤有缺口	3	6	7	126	修复缺口，建立常态化查修复机制
个人防护用品用具	50	无个人防护用品用具，如防护服、手套、护目镜及面罩、呼吸器官用具、听力护具、安全带、安全帽、安全鞋等缺少	3	6	3	54	发放防护用品，并建立定期发放机制
	51	所用防护用品用具不符合安全要求或有缺陷	3	6	3	54	更换防护用品
生产（施工）场地工作环境不良	52	照明光线不良、照度不足	3	6	1	18	完善照明设施
	53	通风不良或无通风，通风系统效率低	3	6	1	18	完善通风设施
	54	工具、制品、材料码放阻挡通道	3	6	1	18	清理环境
	55	作业场所狭窄，作业场地杂乱	3	6	3	54	清理环境
	55	地面有油或其他液体，地面湿滑	3	6	3	54	清理环境

续表

作业活动	序号	不安全状态	作业条件危险性评价				控制措施
			L	*E*	*C*	*D*	
生产（施工）场地工作环境不良	56	工作区域有毒有害气体超标	1	6	15	90	环境置换，分析合格后方可进入，建立严格的工作区域进入管理制度
	58	用火等现场作业环境可燃气、爆炸气超标	1	6	40	240	环境置换，分析合格后方可进行作业。建立严格的作业管理制度

注：*L*—事故或危害事件发生的可能性；*E*—暴露于危害事件环境的频率；*C*—事故或危害事件的可能结果；*D*—作业条件危险性大小，$D=L\times E\times C$

风险级别：超高风险 高风险 中等风险 可能风险 可接受风险

第五节 人文素养与安全

根据安全行为学的理论，人的行为受心理、生理等内部因素的支配和作用，也受人文环境和物态环境等外部因素影响和作用，因而人的行为表现出其动态性和可塑性，这样，对于行为的控制和管理需要动态、变化的方法，还要艺术、形象、美感的技巧才能达到理想的效果。因此，塑造现场员工的操作行为的安全性，既要为员工打造一个清爽怡人的工作环境，用优美的环境培育人，消除员工习惯性不良工作习惯；也要变简单的监督检查为艺术的激励和美的熏陶，塑造员工美好的心灵，自觉提高工作标准。

一、美感与安全

1. 开展5S管理活动，体现现场之美

5S管理的真谛是“人造环境、环境育人”，在生产现场广泛持久开展5S管理活动，有利于保证安全生产，养成员工良好的工作习惯，是消除员工习惯性违章的重要载体。著名的“破窗理论”也说明了环境与人的行为之间的关系，该理论认为：一个房子如果窗户破了，没有人去修补，隔不久，其他的窗户也会莫名其妙地被人打破；一面墙，如果出现一些涂鸦没有被清洗掉，很快的，墙上就布满了乱七八糟、不堪入目的东西；一个很干净的地方，人们不好意思丢垃圾，但是一旦地上有垃圾出现之后，人就会毫不犹豫地抛，丝毫不觉羞愧。

5S现场管理法起源于日本，是指在生产现场中对人员、机器、材料、方法等生产要素进行有效的管理，因为日语中的整理（SEIRI）、整顿（SEITON）、清扫（SEISO）、清洁（SEIKETSU）、素养（SHITSUKE）等罗马文拼写时的第一个字母都为“S”，所以称为“5S”管理法。它最早来源于日本丰田汽车公司管理实践的宝贵经验，也成为“质量管理体系样本”。

第二次世界大战后，日本制造业的产品品质迅速提升，为日本奠定了经济大国的地位，而在日式产业丰田的倡导推动下，5S对于塑造企业的形象、降低成本、准时交货、安全生产、高度的标准化、创造令人心旷神怡的工作场所、现场改善等方面发挥了巨大作用，逐渐

被世界各国的管理界所认识。

安全是开展 5S 管理活动的目标之一，而 5S 是实现安全生产的重要基础和手段。5S 管理思路非常简单、朴素，是针对企业中每位员工的日常行为方面提出的要求。5S 管理提倡从小事做起，力求方便，每位员工养成事事“讲究”的习惯，从而达到提高整体工作质量，保证安全的目的。从 5S 管理的每个环节，都可以找到安全的保障方法。通过整理、整顿、清扫做到定置定位，储放无误，防止用错；工作场所内保持宽敞、明亮，道路通畅，消除了物的不安全状态，通过制度化建设，使每位员工严格按规程作业，意外事件的发生率一定会大大降低。通过员工素质的提高，消除了人的不安全行为。5S 管理的整理、整顿、清扫、清洁、素养这五个要素之间是从低到高的，这些要素与安全生产都是息息相关的。

劳动者的素质决定企业安全生产水平。德国生产事故较少的一个重要原因就是有一支高素质的产业工人队伍，得益于国家完善的教育培训制度。我国劳动力整体素质相对较低，据有关资料统计，我国高级工仅占从业人员的 7%左右，经济发达国家则占到 35%以上。德国的一些做法值得我们借鉴：国家出资建职业学院，雇主出资为学生职业培训，写入法律强制执行，可称为理论与实践相结合的典范。德国职业培训制度在世界上最具特色，以德国特有的“双轨制”职业教育为基础的，集中体现了雇主、雇员和政府三大社会力量的协商与合作机制。在德国，大多数青年(大约同一年龄的 70%)，能够通过“双轨制”职业教育，在中学毕业后得到一份国家承认的职业证书。职业学校由政府出资设立，与中国不同的是，德国学生毕业先上岗后培训，边培训边工作。学费一般由雇主承担，使德国拥有了一支高素质的产业队伍，从根本上提高了从业人员的安全自我防护意识和防护能力，较好地解决了人的不安全因素。图 4-9 为德国电工布线。

图 4-9 德国电工布线

2. 工作本身是最高的奖赏，工作着是美丽的

美感是人对能激起或满足自己美的需要的一种情感体验。美感是根据一定的审美标准评价事物时所产生的情感体验。美感有两个特点：一是具有愉悦的体验；二是带有倾向性的主观体验。因此，对美的事物往往百看不厌，百听不烦。对美的强烈追求，往往也成为人的工作、生活的一部分。企业要对员工美的表现与心灵不但要善于发现，还要善于挖掘和培育员

工的闪光点。一个企业风清气正、员工具有较强的思想道德和科学文化的素养，那么这个企业的员工队伍就会表现出来一种遵章守纪的工作习惯。

美国心理博士雷米曾作过一项研究，发现世界上最忙碌最紧张的名人们，通常要比普通人的寿命高出2%。雷米还发现，外出工作的妇女要比家庭妇女发病率低。肯德基创始人桑德斯上校是退休之后才开始创业的，靠着不多的退休金生活着。虽然已经是60多岁了，她却不愿意让自己的生命消耗在无所事事当中。在他开始创业，向人推销他的炸鸡手艺，在被拒绝1009次之后，终于有人愿意试试他的秘方。后来，他成功了。他的肯德基开遍了全世界，而他也工作到90岁，工作到他生命的倒数第二天。

工作不仅是谋生，工作中还蕴藏着丰富的宝藏，工作除了获取薪水之外，还获取非物质回报，包括工作经验、人生阅历、交往机会、人脉积累等。这些非物质回报属于谁呢？当然属于你自己。工作，我们还能从实践中获得成长，它还是一种创造活动，人的能力的外现、才能的发挥、存在的证明。否则就不能理解有的人虽有殷富的财产和优裕的生活条件还要努力工作；有的人虽然离退休了，还不要报酬地工作；有的残疾人虽然不缺吃穿，仍然忘我地工作。

在20-50岁这段黄金时间参加工作，我们将人生最美好、最灿烂的年华都奉献在工作上了，我们生命的价值，很大的一部分就体现在我们的工作中，失去了工作，也就失去了展现自我价值的舞台。在我们无从选择工作的时候，我们能够选择的，就是我们对待工作的态度。要想实现人生的价值，要想事业上有成就、要想工作上有成绩，那就需要有一种对待工作高度敬业的精神，有一种认真负责的工作态度，有一种勤劳扎实的工作作风。平凡无奇的工作同样可以变得色彩纷呈，同样可以拥有美丽的人生。意识到工作是美丽的人，会进入到更高的境界，会自觉提高工作标准。每个员工都能这样，就会把自律精神转化为企业的习惯，就会形成企业的安全文化。

3. 陶冶美的情操，做一个完美的员工

加利福尼亚州生产了美国90%左右的葡萄酒产品那里的葡萄酒厂是这样认为的：要把酒做好，人本身要先完美。为此，他们每隔一个月搞一次音乐会陶冶员工的性情，在酒厂内设置一些雕塑增加艺术气息，让大家觉得这是一种陶冶。他们认为，当员工被美的东西熏陶的时候，你做事情就开始完美了。反观我们员工队伍建设，因为对什么事情没有力求完美的思想，所以总是执行的力度不够，所以做事情总是差那么一点点，习惯性违章长期存在我们的工作中，甚至是天长日久、见怪不怪。如图4-10所示的是一家葡萄酒厂的内部艺术装修。

图4-10 加州MERUS葡萄酒厂的内部艺术装修图

而用艺术的手段来展示安全是一种非常受欢迎的模式。它的要旨是在无意识中唤起员工对生命价值的尊重，让员工受到心灵的震撼和艺术的感染，让员工在真与假、善与恶、美与丑中来把握安全的真谛。一些企业培育“安全轻骑兵”，组织“安全文艺巡演”，让员工在喜闻乐见中接受教育，就是有益的尝试。

二、道德感与安全

1. 道德感

道德感是根据一定的社会道德和标准，评价自己和他人的思想、意图及行为产生时的内心体验。当自己和他人的言论和行为符合社会道德规范和标准，就会产生肯定性情感体验，如自豪、幸福、敬佩、欣慰、热爱等；否则就会产生否定性情感体验，如不安、羞愧、内疚、憎恨等。道德感按其内容分为自尊感、荣誉感、义务感、责任感、集体主义、爱国主义、人道主义等。其中责任感对安全的影响较大，许多事故的发生与员工的责任心不强有极大的关系。

2. 责任感

责任感是一个人所体验的自己对社会或他人所负的道德责任的情感。责任感的产生及其强弱，取决于对责任的认识。这包括两方面的内容，一是对责任本身的认识与认可，如责任范围、责任内容是否明确，制约着责任感的产生。责任不明，职责不清，不知道哪些事该管，哪些事不该管，不可能产生强烈的责任感。二是对责任意义的认识或预期，责任本身的意义也重大，对责任的认识就越深刻，对责任的情感体验也就越强烈。

一些人违章操作、上班睡岗、脱岗，领导干部束下不严、疏于监督检查都是责任心不强的表现。事实上，一些重特大事故都是责任事故。

第六节　情绪状态与安全行为

人的情绪对人在安全中的行为具有重要的调节与控制作用，如员工受生活事件的影响与事故强相关，员工的生物规律与安全行为也是相互关联，员工生理状态和身体健康水平决定员工的工作质量。

一、生活事件与事故

生活事件是指在人们的生活过程中，那些对本人产生显著影响或关键性变化的事件称为生活事件。生活事件的实质是人与人之间的一种表现。人际关系不仅影响一个人的身心健康和生活质量，而且还会直接或间接影响工作效率和生产的安全。

不同的生活事件关系其后果的程度是不一样的，有的较高，有的较低。为了表征其影响大小，1967 年美国心理学家霍尔姆斯(T. Holmes)等人通过大量研究设计出一种生活事件转化为应激(stress 或紧张)水平的量表，称为“社会生活再适应评定量表”(SRRS)，量表中列举了 43 件引起某些生活变化的事件，并依其影响大小给予不同分值，用“生活改变单位”(LCU0—100)的数值表示。如家庭密切成员死亡，尤其是配偶死亡，影响最大，需要最大的再适应，因此定为 100LCU，其他事件给予 0—100LCU 之间的分值，见表 4-8。根据量表总得分值，预计危险程度。有研究表明，有 75%以上的癌症患者，在患癌症的前两年内，都有遭遇亲人或好友死亡的不幸。有人观察了 515 例精神分裂症患者，发现 224 例(43.5%)有生活事件刺激。

表 4-8　社会生活再适应评定量表

生活事件	LCU 平均值	生活事件	LCU 平均值
1. 配偶死亡	100	坐牢	63
2. 离婚	73	家庭密切成员死亡	63
夫妻分居	65	个人受伤或患病	53
结婚	50	妻子开始工作或退职	26
被解雇	47	入学或毕业	26
复婚	45	生活环境条件改变	25
退休	45	个人习惯改变	24
家庭成员健康状况改变	44	与领导有矛盾	23
怀孕（夫妻都加分）		工作时数或条件改变	
性功能障碍	40	迁居	20
增加新家庭成员	39	转入新的集体	20
工作遭遇困难	39	娱乐方式改变	19
经济状况改变	39	宗教活动改变	19
密友死亡	38	社交活动改变	19
工作变动	37	借贷少于万元	18
与配偶争执增多	36	睡眠习惯改变	17
抵押借贷逾万元	35	家庭中共同生活人数改变	16
被取消抵押品的赎回权	31	饮食习惯改变	15
子女离家出走		度假	
法律纠纷	29	圣诞节	15
个人取得显著成绩	29	轻微的违法行为	13
	29		12
	28		11

必须指出，霍尔姆斯等人的量表是根据美国社会和美国人的生活、道德、伦理和价值观念制订的，与我国国情有一定有差距。因此有必要根据我国国情、文化背景和社会生活情况制定我国自己的量表。我国于 80 年代初引进 SRRS，根据我国的实际情况对生活事件的某些条目进行了修订或增删。如上海市精神卫生中心等编制的“正常中国人生活事件评定量表”、湖南医科大学精神卫生研究所杨德森、张德森编制的“生活事件量表”等。

有的学者通过研究指出，当某人在过去 18 个月的生活变化单位累计值达 150 时，即表明他很有可能患病或发生事故。因此从安全的角度来说，对在过去一年半中其 LCU 累计值达 150 的人，必须密切加以注意。死于车祸的驾驶员与其他条件相当的一般驾驶员的生活事件与事故的关系参见表 4-9。

表 4-9　车祸组与对照组的生活事件比较表　　%

	人际关系问题	失去亲人	工作问题	经济问题	其他问题
车祸组	36	10	31	16	58
对照组	6	6	5	7	16

美国学者还统计了离婚与当事人驾驶行为的关系。美国法院在接到离婚申请后，一般要过 3 个月才作出裁决，学者们发现若以正式提出离婚日为基准，在基准日前 3～6 个月里，

违章和事故率迅速升高，基准日后第3个月，违章和事故率达到高峰。从而说明生活事件引起的情绪应激状态，使事故危险成倍增加，因而事故率大大上升。

生活中不如意的事情十之八九，需要一种理性的态度。有一种行为叫“前摄行为”，意指遭遇困境时，反过来控制局面，而不被局面所牵制。面对一件不幸的事件，你可以大发雷霆，怨天尤人，甚至责难一干人等，但事情却不会因这些而有丝毫改变。不幸的是，它只会伴着你往后的生活，负着疤痕的活下去。相反的，如果能放下怨恨和惧怕，换一个角度看事情，勇敢的活下来，可能事情的境况原来并不如想象中那么遭，这就是前摄行为的意义。

二、人的生物节律与事故

1. 生物钟现象

（1）生物钟现象

生物节律又称生物钟现象，它是一种普遍存在于一切生物体内的自然规律。在自然界中，植物的开花，昆虫的孵化，候鸟的迁徒，都有一定的时间和规律。许多动植物的生理机能和生活习性都存在着随时间的变化而出现周期性变化的现象，它们似乎是受着某种内在时间的控制，这种现象称为“生物钟”。它反映着生物为适应昼夜、季节的变化而进行自我调节的规律，因而也称为生物节律。

（2）生物钟曲线

20世纪初，德国的一个内科医生威尔赫姆．弗里斯和一位奥地利心理学家赫尔曼．斯瓦波达通过长期临床观察发现病人的症状、情感和行为的起伏变化，存在着以23天为周期的体力变化和以28天为周期的情绪波动规律。大约20年后，奥地利的一个大学教授，研究了几百名高中生和大学生的考试成绩以后，发现人的智力也存在着一个以33天为周期的波动规律。后来的一些学者经过反复试验，认为每个人从他出生那大起，直至命终止，都存在着周期分别为23天、28天、33天的体力、情绪和智力的变化规律，并用正弦曲线绘制出每人的变化周期曲线，如图4-11所示。

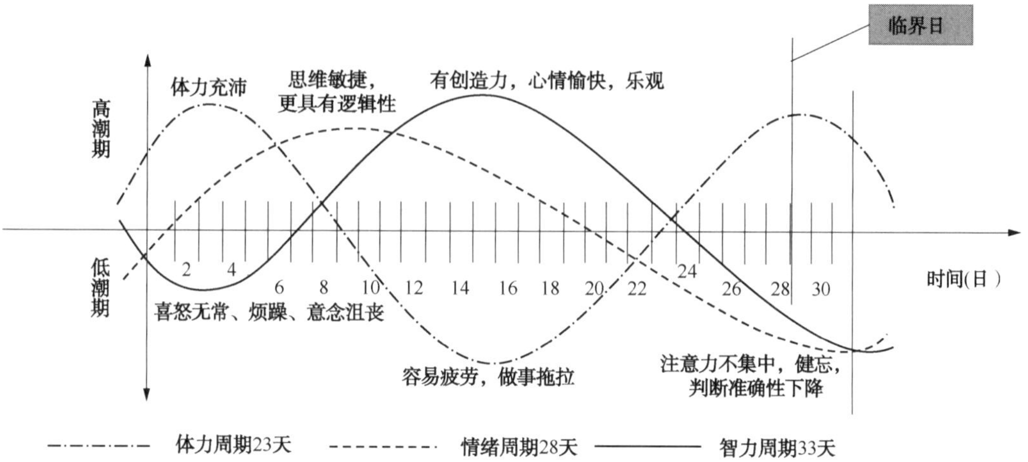

图4-11 人的变化周期曲线

(3) 生物钟对人体的影响

在每一个周期中，上半周期对人的活动起到一个积极、良好的作用，称为高潮期。体力表现为体力充沛，情绪表现为有创造力，心情愉快、乐观，智力表现为思维敏捷，更具有逻辑性和解决复杂问题的能力。下半周期对人活动有一个消极、抑制的作用，称为低潮期。体力表现为容易疲劳、做事拖拉，情绪喜怒无常、烦躁、意念沮丧，智力表现为注意力不集中、健忘、判断准确性下降。在所有三个周期中，由高潮期向低潮期或由低潮期转向高潮期的那一天称为临界日。在体力周期和情绪周期临界日发生事故的可能性很大；而智力周期临界日在安全方面则认为是不重要的，但如果和其他临界日相重，则产生的综合效果增大。在情绪周期与体力周期的临界日相重时，发生事故的概率更大，双重临界日一年中大约有六次。在三重临界日一年中有一次，按生物节律的理论，发生危险的概率将增长到最高程度。表 4-10 是部分国家对临界期与非临界期事故发生状况的对比。

表 4-10 临界期与非临界期事故发生状况的对比

单 位	事故次数/（人次）	临界期所占百分比/%	非临界期所占百分比/%	备注
美国金属加工厂、化工厂、纺织厂	300	70	30	
美国工业部门	1200	70	30	交通事故
美国密苏里州	100	57	43	交通事故
日本治安部	1163	59	41	交通事故
东京警视厅		82	18	交通事故
大阪警察局		70	30	1963~1968 年交通事故
日本沃米公司	331	59	41	
瑞士	700	57	43	
苏黎世城	300	65. 7	34. 3	
联邦德国农业机械部门	497	97. 8	2. 2	
联邦德国环卫部门	100	83	17	交通事故
澳大利亚		79	21	

科学研究证明，生物节律是一种客观存在的自然现象，它和事故发生有着密切的关系。应用生物节律理论可以提示人们，在某一时间人的体力、情绪和智力所处的状态是高潮期、低潮期或临界日，这样就可以充分利用生物节律理论来更有效的指导安全生产，提醒操作者的注意，合理安排工作。

美国一家保险公司在涉及偶然事故所引起的死亡报告中指出，事故的肇事者约有 60% 是发生在“临界期”。例如近年发生的 13 起飞机坠落事故，其中 10 起归咎于驾驶员的差错，而这些驾驶员和他的助手们大都处在“临界期”。美国的一家微型汽车公司，向它在爱达荷州分公司的 60 名司机，提供了生物节奏表格，当司机处于“临界期”时。预先提醒他们多加小心，结果车祸减少 2/3。

2. 每日生物钟与事故

人体生物节律不但每月按一定的周期变化，一个人的每一天其情绪、体力也都遵循一定的规律，人不可能每一天都精力充沛地工作。

（1）交接班之后易发生事故

原因是接班后，需要对生产装置运行参数进行调整，及一些非常规作业。下表反映的是石化行业 2003—2012 年每一天的不同时段事故统计，从中可以看出，下午 15：00-16：00 为事故高发时段，如图 4-12 所示。

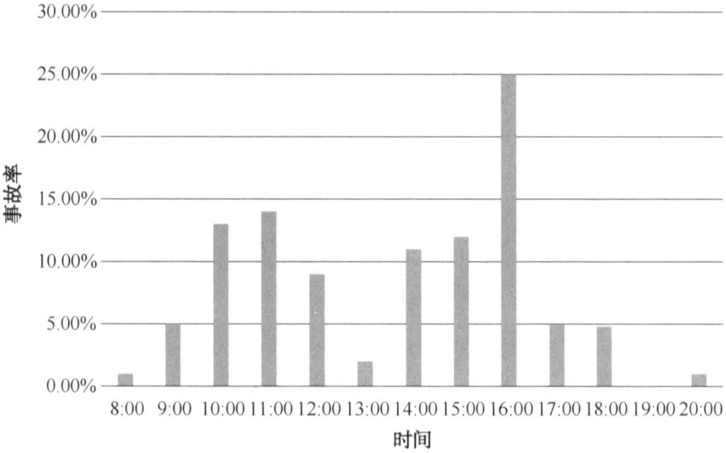

图 4-12 每日事故发生时间规律

（2）午夜前后易发生重大工艺事故

重大工艺事故在任何时刻都有可能发生，不管是白天还是夜晚，然而，受生物钟的影响，在本该睡觉的午夜，倒班员工的判断力就会减弱。所以，倒班员工必须时刻保持警觉，以便能够有效地应对可能发生的工艺事故。倒班会造成生物钟的混乱，特别是午夜前后，是重大工艺事故的高峰期。

1984 年印度博帕尔剧毒气体泄漏事件，导致数千人死亡，就发生在午夜后不久；1986 年前苏联切尔诺贝利核灾难，开始于控制失效，随后在凌晨 1 点左右发生爆炸；1989 年美国埃克森瓦德兹号游轮触礁和原油泄漏事故，也是发生在午夜后不久；2010 年美国深水地平线钻井平台爆炸，导致 11 人死亡，成为历史上最大的海上原油泄漏事故，发生在晚上 10 点钟左右。

“公司倒班制度造成工人生物钟的极大混乱。当雇员在短时间内过多地改变上班时间时，他们的睡眠周期就不能适应。研究表明、有 8%的长期上夜班的工人因睡不好觉而垮掉，而在每个星期都轮班时，有多达 60%的人在班上打盹。倒班给工人造成许多身心危害，还造成许多工业事故，其中包括三里岛核电站和切尔诺贝利核电站这样的事故，这些事故都发生在后半夜。”通过研究，将过去雇员上一周白班(6-14 时)，接着上一周夜班(22-6 时)，然后再上一周晚班(14-22 时)的作息时间，调整为先上白班，接着上晚班，再上夜班，这就符合了生物钟向后推移的自然变化规律，而且每三个星期才变一个班，每两次倒班之间还给几天空闲时间。实验了九个月后，工厂管理人员发现工人生病、缺勤和事故数量大大减少，而生产效率提高了 20%。实验结果表明，人体生物钟每次舒服地改变其时间不能超过 2

小时。”

可见，根据生物钟理论合理安排工作时间是提高工作效率的一种有效的方法。若能结合工作人员月生物节律来安排工作，将会取得更佳果。

三、班组长是企业思想政治工作的主体

有资料研究表明：98%以上的事故发生在生产班组，90%以上的事故是由于违章指挥、违章作业以设备隐患没能及时发现和消除等人为因素造成的，而70%的死亡事故发生时都有同事在场。因此，加强班组安全管理，是企业安全管理的关键。也是减少伤亡事故最切实、最有效的办法。

班组安全管理，班组长是关键。班组长和一线员工一样每天8小时内始终盯着现场；班组长承担着生产安全、质量把关、设备使用、进度监督、规范程序的重任；班组长承担着最后一道防线的把关作用；班组长又是处理紧急情况的第一指挥员，班组长指挥得当可以有效避免事故的发生、扩大和避免二次伤害。

员工心情舒畅是安全生产的重要保障，班组长要努力营造一种积极愉快的工作氛围。班组长不但要在第一时间发现现场问题，班组长也要在第一时间发现员工的思想变化。

1. 抓安全从思想入手、抓思想从安全出发

（1）班组长要做到对员工“十知道”、“三看”、“七讲”“六必访”、“七必谈”

班组长要把思想工作做到员工的心坎上，第一时间发现员工的思想变化、第一时间开展好思想政治工作、第一时间分享他的喜悦、第一时间分担他的苦恼。总之，要幸福着员工的幸福、快乐着员工的快乐。

①“十知道”：员工的年龄和婚姻、政治面貌、个人经历、社会关系、技术高低、健康状况、家庭住址和电话、家庭成员、性格特长、经济状况。

②“三看”：上班看脸色；班中看干劲；班后看效果(吃饭看饭量)。

③“七讲”：上班讲任务；讲安全；讲质量；讲成绩；讲问题；讲措施；讲团结。

④“六必访”：员工婚丧嫁娶必访；家庭发生矛盾必访、生病住院必访、家庭有困难必访、缺勤矿工必访、本人及家庭发生重大事故要必访。

⑤“七必谈”：员工思想波动要必谈、员工受到批评要必谈、员工人际关系紧张要必谈、员工工作变动要必谈、新员工入职要必谈、员工完不成工作任务要必谈、员工发生“三违”要必谈。

（2）抓思想从安全出发，时刻保持警惕

作为班组长要意识到，“思想松一松、事故攻一攻”，“知道谁没在岗、知道谁心没在岗”。抓思想从安全出发，思想政治工作必须融入安全管理的全过程，开展好有针对性的思想工作。

“没有变化就没有事故”，班组长要从变化入手，时刻保持头脑清醒，把握安全生产的关键时期。节假日前后和某些特殊时期、效益下滑生产经营面临困难时候、采用新工艺材料设备新产品新设备时、同一生产区域交叉作业的时候、夜间作业和在单独执行作业任务时候、即将下班或作业收尾阶段、天气变化和设备运行时间较长、时间紧任务重、工作环境艰

苦时候、企业组织机构发生变化时期。

（3）抓安全从思想出发，严格要求是大爱

德鲁克说过，管理不是控制，管理的本质是激发和释放每一个人的善意。班组长在安全管理工作中敢抓敢管就是对员工的最大爱护。在生产现场，对员工的不安全行为，你如果保持沉默就等于认同员工的不安全行为，是一种不道德的渎职行为。

2. 培育团队精神

班组安全管理，要注重培育团队精神。特别是石油化工等高危行业，任何一个人、任何一个局部的微小失误，就可能是灾难性的后果。另一方面，培育班组的团队精神是认同每个人的价值与贡献的过程，激发员工积极性的过程。这样，人人技能得到充分发挥、人人得到成长进步、人人心情愉快是本质安全的人员准备。

团队精神的培育要以员工成长为动力，要形成“我愿意帮助别人、我愿意接受别人的帮助”的氛围。

3. 保持良好的沟通环境

好心情也是生产力，员工心情舒畅是安全生产的必要条件。班组长要营造和谐的工作氛围，要不断增强和员工之间的感情，要和员工心贴心，保持深度沟通是最关键的。

在日常工作中，85%的管理问题都是沟通不当造成的；来自领导层的信息只有20%被下级知道，而反馈的信息不超过10%，平行交流的效率则高达90%以上，所以说，班组长是思想政治工作的主体。

① 班组长要善于发现→不断挖掘→精心培育员工的闪光点，通过典型、样板明确公司主张，让职工感到“榜样就在身边”实现管理可视化。

② 员工在工作之外的出色表现也要给与赞扬和认可。班组长要鼓励员工参加社会公益活动，正如稻盛和夫“六项精进中提到的“积善行、思利他”，善行义举会产生凝聚力。

③ 员工在工作中的出色表现要等到家里亲人的认可，让家人也在第一时间分享班组、班组成员所取得的荣耀。班组长至少每年要组织有家属参加的班组聚会，增进班组成员之间、家属之间的感情。

④ 班组成员之间的工作沟通是保证信息有效传递、通过执行力的基础；班组成员之间的业余活动，是班组成员之间增进感情联系的基础。班组长要定期组织丰富多彩的业余活动，展示班组形象、增强凝聚力。

⑤ 班组长要始终和公司保持一致，总是积极向上的正能量。像稻盛和夫所说的那样“凡事往最好方向去想”。

⑥ 班组长要掌握和员工沟通的技巧。戴尔·卡耐基说过：“专心倾听别人讲话的态度，是我们所能给予别人的最大赞美。”要耐心听员工把话说完避免先入为主，在倾听中取得信任、在倾听中增进和员工的感情。

⑦ 班组长要树立“贵人”意识，始终把培养人放在第一位，要把自己优秀的部下举荐给公司的高阶领导，要把自己的部下努力培养成自己的上级。班组长要鼓励员工努力掌握新的技能、学习新的知识、转岗锻炼系统操作和专业资质的学习。

第七节 行为激励与控制

所谓激励，就是组织通过设计适当的外部奖酬形式和工作环境，以一定的行为规范和惩罚性措施，借助信息沟通，来激发、引导、保持和归化组织成员的行为，以实现组织及其成员个人目标的系统活动。

一、行为激励的原则

1. 物质激励和精神激励相结合的原则

物质激励是基础，精神激励是根本。在两者结合的基础上，逐步过渡到以精神激励为主。

2. 引导性原则

外部激励措施只有转化为被激励者的自觉意愿，才能取得激励效果。因此，引导性原则是激励过程的内在要求。

3. 合理性原则

激励的合理性原则包括两层含义：其一，激励的措施要适度，要根据所实现目标本身的价值大小确定适当的激励量；其二，奖励要公平。

4. 明确性原则

激励的明确性原则包括三层含义：一是，明确激励的目的是需要做什么和怎么做；二是，公开。特别是在处理大多数员工都关注的事情上；三是，可视化；通过可视化的图表、员工都能看到的方式，直观表达组织者希望员工做到的。

5. 实效性原则

要把握激励的时机，时过境迁的年底评选先进作用有限，要“雪中送炭”不要“雨后送伞”。激励越及时，越有利将人们的激情推向高潮，越能体现组织者的希望，越能激发员工的连续创造力。

6. 正激励和负激励相结合的原则

所谓正激励就是对员工的符合组织目标的期望行为进行激励；所谓负激励就是对员工违背组织目的的非期望行为进行惩罚。两种激励手段相辅相成，同样有效，该奖则奖、该罚则罚。

7. 按需激励原则

激励的起点是满足员工的需要，但员工的需要因人而异、因时而变，并且只要满足最迫切需要(主导需要)的措施，其价值才高，其激励的强度才大。

二、激励理论

1. 阿尔德弗的 ERG 理论

美国耶鲁大学的克雷顿·奥尔德弗(Clayton. Alderfer)在马斯洛提出的需要层次理论的基础上，进行了更接近实际经验的研究，提出了一种新的人本主义需要理论。奥尔德弗认为，人们共存在 3 种核心的需要，即生存(Existence)的需要、相互关系(Relatedness)的需要和成长发展（Growth）的需要，这一理论被称为ERG理论，如图4-13所示。

生存的需要与人们基本的物质生存需要有关，它包括马斯洛提出的生理和安全需要。第二种需要是相互关系的需要，即指人们对于保持重要的人际关系的要求。这种社会和地位的需要的满足是在与其他需要相互作用中达成的，它们与马斯洛的社会需要和自尊需要分类中的外在部分是相对应的。最后，奥尔德弗把成长发展的需要独立出来，它表示个人谋求发展的内在愿望，包括马斯洛的自尊需要分类中的内在部分和自我实现层次中所包含的特征。

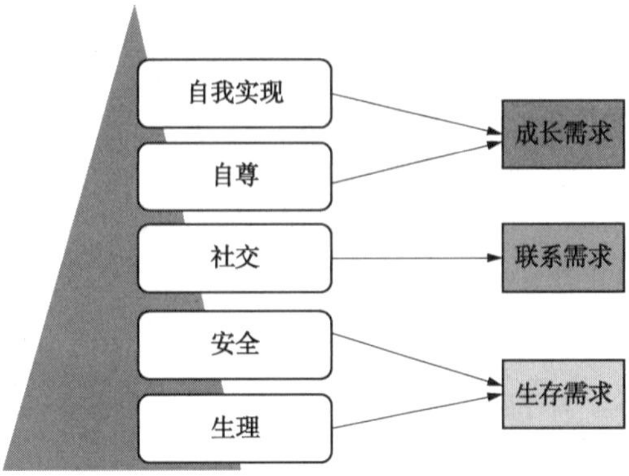

图4-13　阿尔德弗的ERG理论

与马斯洛的需要层次理论不同的是，阿尔德弗的"ERG"理论还表明了：人在同一时间可能有不止一种需要起作用；如果较高层次需要的满足受到抑制的话，那么人们对较低层次的需要的渴望会变得更加强烈。对ERG理论的理解：

① 人的需求不是由低向高递进的，而是多种需求同时存在的。一个人的需求同时发挥作用，每一个需求都需要获得满足。

② 当一个人的需求满足遇到挫折的时候，这个人会选择降低自己的需求，放弃更高的需求，回归到较低一层的需求上。当成长需求无法满足的时候，这个人会选择回归到联系需求中，如果联系的需求也无法满足时，他会选择回归到生存需求。

③ 确定人的需求的影响因素是：他自己的发展水平和他在团队中的经验。这个观点说明，在一个团队里，一个人的发展，取决于他的需求强度，但是每个人的需求强度又取决于他自己的发展水平和他在团队中的经验。如果一个人已经在高管团队中了，继续提升的空间已经很小甚至没有，在这种情况下，这个人的需求强度就会降低。企业要把培养人放在首位，但当一个人放弃成长需求的时候，就是人力资源的浪费。如果一个团队长期没有流动，往往预示着生存满足代替了成长需求。

2. 麦克利兰的成就激励理论

美国哈佛大学教授戴维·麦克利兰（David·C·McClelland）在20世纪50年代，通过对人的需求和动机进行研究，把人的高层次需求归纳为对成就、权力和亲和的需求。他对这三种需求，特别是成就需求做了深入的研究。麦克利兰的三种需要理论如图4-14所示。

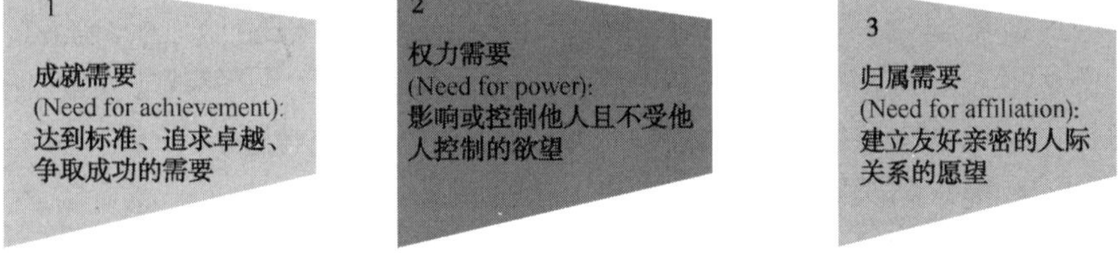

图4-14　麦克利兰的成就激励理论

（1）成就需要（Need for achievement）

争取成功希望做得最好的需要。麦克利兰认为，具有强烈的成就需要的人渴望将事情做得更为完美，提高工作效率，获得更大的成功，他们追求的是在争取成功的过程中克服困难、解决难题、努力奋斗的乐趣，以及成功之后的个人的成就感，他们并不看重成功所带来的物质奖励。高成就需要者事业心强，有进取心，敢冒一定的风险，比较实际，大多是进取的现实主义者。

（2）权力需要（the need for authority and power）

影响或控制他人且不受他人控制的需要。不同人对权力的渴望程度也有所不同。权力需要较高的人喜欢支配、影响他人，喜欢对别人“发号施令”，注重争取地位和影响力。他们喜欢具有竞争性和能体现较高地位的场合或情境，他们也会追求出色的成绩，但他们这样做并不象高成就需要的人那样是为了个人的成就感，而是为了获得地位和权力与自己已具有的权力和地位相称。权力需要是管理成功的基本要素之一。

（3）亲和需要（Need for affiliation）

建立友好亲密的人际关系的需要，即寻求被他人喜爱和接纳的一种愿望。高亲和需要的人更倾向于与他人进行交往，至少是为他人着想，这种交往会给他带来愉快。高亲和需要者渴望友谊，喜欢合作而不是竞争的工作环境，希望彼此之间的沟通与理解，他们对环境中的人际关系更为敏感。有时，亲和需要也表现为对失去某些亲密关系的恐惧和对人际冲突的回避。亲和需要是保持社会交往和人际关系和谐的重要条件。

由 ERG 理论和麦克利兰的成就激励理论对安全管理的启示：第一，安全需求是人类的最基本的需求，是必须重视和满足的需求。但是，ERG 理论对各层次需求的满足顺序并不认为是严格按从低向高的方式发展的，低层次需求可以越级向高层需求发展，高层需求则可能干扰低层需要的满足。如在安全管理制度不严、安全措施不到位的企业中，职工可以为了得到领导的表扬或同事的尊重而单纯追求工作效率。在明知危险的情况下，不顾安全需求，违章冒险作业，导致事故的发生。所以说，要注意职工各种需求的复杂关系，不能仅仅以安全需求作为研究和处理的对象；第二，从 ERG 理论的联系需求和麦克利兰的亲和需求，我们可以看出，职工需要建立友好亲密的人际关系的需要，努力寻求被他人喜爱和接纳的一种愿望。职工需要加入一个组织（正式、非正式）才能得到一种归属感，一个中国人如果发现他不能归属到一个类别里面，他认为他的生存就没有价值。我们通过中国自由职业者很少的现象看出这一点。做好企业安全管理工作，要发挥好团队的力量。

3. 双因素理论

双因素理论（Two Factor Theory）又称激励保健理论（Motivator-Hygiene Theory），是美国的行为科学家弗雷德里克·赫茨伯格（Fredrick Herzberg）提出来的。双因素理论认为引起人们工作动机的因素主要有两个：一是保健因素，二是激励因素。只有激励因素才能够给人们带来满意感，而保健因素只能消除人们的不满，但不会带来满意感。

双因素理论和需求层次理论的联系如图 4-15 所示。

（1）保健因素

赫茨伯格从 1844 个案例调查中发现，造成员工不满的原因，主要是由于公司的政策、行政管理、监督、工作条件、薪水、地位、安全以及各种人事关系的处理不善。这些因素的

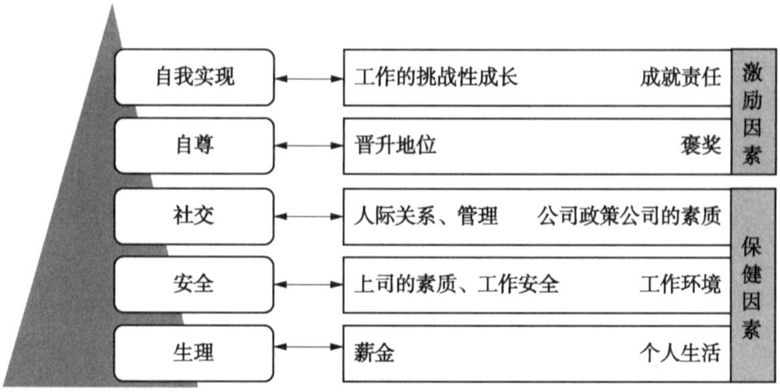

图 4-15　双因素理论和需求层次理论的联系

改善，虽不能使员工变得非常满意，真正地激发员工的积极性，却能解除员工的不满，故这种因素称为保健因素。研究表明，如果保健因素不能得到满足，往往会使员工产生不满情绪、消极怠工，甚至引起罢工等对抗行为。

（2）激励因素

赫茨伯格从另外 1753 个案例的调查中发现，使员工感到非常满意的因素，主要是工作富有成就感，工作本身带有挑战性，工作的成绩能够得到社会的认可，以及职务上的责任感和职业上能够得到发展和成长等等。这些因素的满足，能够极大地激发员工的热情，对于员工的行为动机具有积极的促进作用，它常常是一个管理者调动员工积极性，提高劳动生产效率的好办法。研究表明这类因素解决不好，也会引起员工的不满，它虽无关大局，却能严重影响工作的效率。因此，赫茨伯格把这种因素称为激励因素。

（3）双因素理论在安全管理上的应用

第一，要重视员工有关保健因素的满足问题，例如注重改善劳动生产环境和条件，设置必要的福利设施，开展文明生产，力求最大限度的满足员工的合理需要，以减少或消除员工的不满情绪。第二，要充分利用和发挥激励因素对员工进行安全生产的激励作用。例如，要明确最小作战单元的责任者，增强其责任感，第一次就把事情做对、第一时间发现问题、第一反应是正确的。第三，激励还需要个性化和制度化的配合，如果激励完全是制度化的，那么激励很容易变成保健因素，更糟糕的是制度化会减弱激励的效果。比如很多公司给每个月生日的员工购买蛋糕一起过生日，但是一年之后，如果还是用同样的方式做第二年的安排，所有的员工就不会有好的感觉，生日的安排就没有激励的作用了。因此，在激励中需要个性化和制度化的结合，充分发挥管理者自己的想象力，给员工一些惊喜，就会得到很好的激励效果。

激励不发挥作用的情况：第一，工作超量所造成的疲惫。如果一味让他拼命做工作，最后他会疲劳，这种疲劳已经不是激励可以解决的。第二，角色不清，任务冲突。没有明确的分工，人们就无法体现出自己的工作成效，也无法发挥作用，在这种情况下，无论使用何种激励措施，都无法获得工作绩效。所以对于每一个人来说，清晰的职责和分工，是他们获得工作绩效的前提。第三，不公平的待遇。当人们觉得被不公平对待的时候，任何激励的措施都是没有效的。在人们的心目中，只有公平存在，所有的考核和奖励才会真正有效，如果公平本身已经不存在了。

4. 操作条件反射理论

操作条件反射理论又称为强化理论，是美国的心理学家和行为科学家斯金纳、赫西、布兰查德等人提出的一种理论，也称为行为修正理论或行为矫正理论。认为人或动物为了达到某种目的，会采取一定的行为作用于环境。当这种行为的后果对他有利时，这种行为就会在以后重复出现；不利时，这种行为就减弱或消失。人们可以用这种正强化或负强化的办法来影响行为的后果，从而修正其行为。斯金纳说："操作条件反射的作用能塑造行为，正如一个雕塑师能塑造黏土一样"。

（1）强化理论的基本观点

人的行为受到正强化倾向于重复发生，受到负强化会倾向于减少发生；欲激励一个人按一定要求和方式去工作，奖励比处罚更有效；反馈是强化的一种重要形式，反馈就是使工作者知道结果。管理者对被管理者的积极行为给予评价会使这种行为重复发生；奖赏要及时；对所行为的行为要可视化，要用明确的表述。

（2）强化理论在企业安全管理中的应用

第一，应以正强化方式为主。在企业中设置明确的安全生产目标，是一种正强化方法，但要注意将企业的整体目标和职工个人目标、最终目标和阶段目标等相结合，并对在完成个人目标或阶段目标中做出明显绩效或贡献者，给予及时的物质和精神奖励（强化物），以求充分发挥强化作用。

第二，采用负强化（尤其是惩罚）手段要慎重。负强化应用得当会促进安全生产，应用不当则会带来一些消极影响，可能使人由于不愉快的感受而出现悲观、恐惧等心理反应，甚至发生对抗性消极行为。因此，在运用负强化时，应尊重事实，讲究方式方法，处罚依据准确公正，这样可尽量消除其副作用。将负强化与正强化结合应用一般能取得更好的效果。

第三，注意强化的时效性。采用强化的时间对于强化的效果有较大的影响。一般而论，强化应及时，及时强化可提高安全行为的强化反应程度，但须注意及时强化并不意味着随时都要进行强化。不定期的非预料的间断性强化，往往可取得更好的效果。

第四，因人制宜，采用不同的强化方式。由于人的个性特征及其需要层次不尽相同，不同的强化机制和强化物所产生的效应会因人而异。因此，在运用强化手段时，应采用有效的。强化方式，并随对象和环境的变化而相应调整。

第五，利用信息反馈增强强化的效果。信息反馈是强化人的行为的一种重要手段，尤其是在应用安全目标进行强化时，定期反馈可使职工了解自己参加安全生产活动的绩效及其结果，既可使职工得到鼓励，增强信心，又有利于及时发现问题，分析原因，修正所为。

5. 期望理论

（1）基本观点

期望理论（Expectancy Theory）又称作"效价-手段-期望理论"，是由北美著名心理学家和行为科学家维克托·弗鲁姆（VictorH. Vroom）于 1964 年在《工作与激励》中提出来的激励理论。期望理论是以三个因素反映需要与目标之间的关系的，要激励员工，就必须让员工明确：工作能提供给他们真正需要的东西；他们欲求的东西是和绩效联系在一起的；只要努力工作就能提高他们的绩效。见图 4-16。

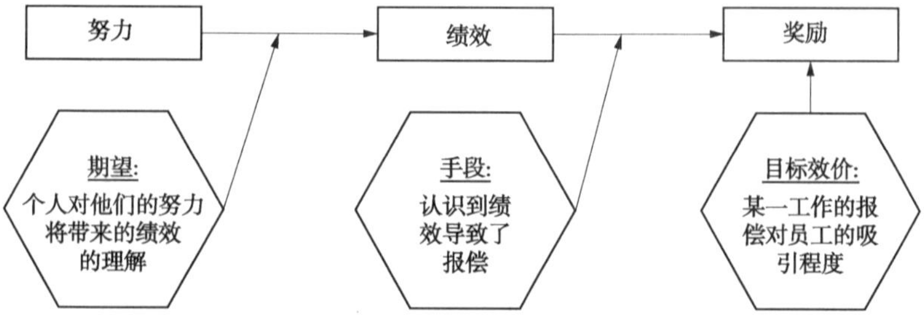

图 4-16　期望理论

（2）期望理论在安全管理上的应用

企业应重视安全生产目标的结果和奖酬对职工的激励作用，既充分考虑设置目标的合理性，增强大多数职工对实现目标的信心，又设立适当的奖金定额，使安全目标对职工有真正的吸引力。其次，要重视目标效价与个人需要的联系，将满足低层次需要（如发奖金、提高福利待遇等）与满足高层次需要（如加强工作的挑战性、给予某些称号等）结合运用；同时，要通过宣传教育引导职工认识安全生产与其切身利益的一致性，提高职工对安全生产目标及其奖酬效价的认识水平。最后，企业应通过各种方式为职工提高个人能力创造条件，以增加职工对目标的期望值。

三、行为激励方法

1. 外部激励和内部激励

（1）外部激励

外部激励就是通过外部力量来激发人的安全行为的积极性和主动性，如设立安全奖、提高福利、改善待遇、表扬等，都是通过外部作用激励人的安全行为，严格科学的安全监察、监督、检查也是一种外部激励的手段。

（2）内部激励

内部激励就是通过增强安全意识、素质、技能、态度来发挥作用。外部激励更能激发人的安全行为、内部激励更具持久力。如更新安全知识、培训安全技能、强化安全观念和情感、智力潜能开发、思想政治工作等。行为激励方法见图 4-17。

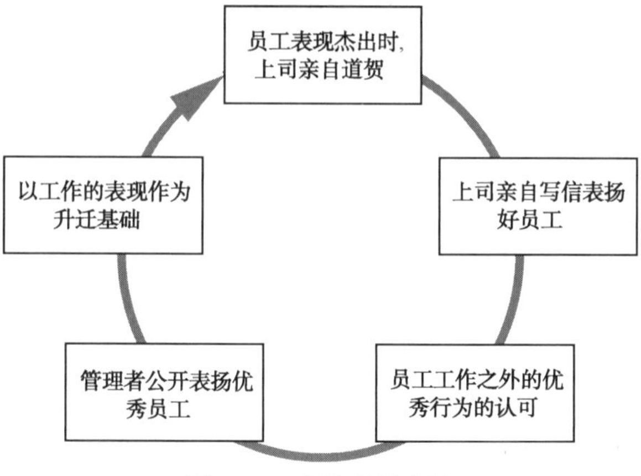

图 4-17　行为激励方法

2. 鼓掌、赞美、鲜花与隆重的仪式

陈春花在《管理的常识》中写到，鼓掌、赞美、鲜花与隆重的仪式是低成本的激励方式。

（1）鼓掌

是一个花费很少但效果极佳的选择。鼓掌要超过 9 下，听者才会感受到，同时被感动，了解到大家对他的肯定和赞赏，他才会因此获得激励并更加努力地工作。因此，只要我们用掌声来做激励，就要长时间、热烈地鼓掌，必要的时候还需要起立，站立起来长时间地鼓掌，这样的激励是非常令人振奋的，可以给人非常明确的肯定和赞赏。

（2）赞美

当众表扬是非常有效的奖励。有些时候，一句赞美和肯定的话，所带来的激励效果是不可估量的。美国的格兰德·格雷厄姆（Gerald H. Graham）博士主持过一个调查，结论是，最有效的激励技巧包括：员工表现杰出时，上司亲自道贺；上司亲自写信表扬好员工；以工作的表现作为升迁的基础；管理者公开表扬优秀员工；管理者召开会议公开奖励部门或个人表现优良者。

（3）鲜花

鲜花在人的生活中有着非常多的象征意义，可见度也很高，管理者需要学会运用这个激励措施。

（4）隆重的仪式

隆重的仪式相对来说需要花费多一些成本，但是隆重并不是豪华，而是要用心赋予仪式一些价值。日常生活中会有很多特殊的时刻，如果我们能够利用好，并给予隆重的仪式，带来的激励效果是显而易见的。

四、“热炉”法则的应用

“热炉”规则是指当你触摸热炉时，你所做出的即时的反应。你在瞬息间感受到灼痛，使大脑毫无疑问地在原因与结果之间形成联系。其次，你得到了充分的警告，使你知道一旦接触热炉会发生什么事情。再次，其结果具有必然性。每次接触热炉，都会得到同样的结果——你被烫灼。最后，其结果不针对某个具体人，无论是谁，只要接触到热炉，都会无一例外的被烫灼，体现公平性。制度就是一只炙热的炉子，在执行制度的过程也应遵循：即时性的原则、事先警告的原则、必然性的原则和公平性的原则。

1. 即时性原则

制度一旦建立，就需要坚定不移地执行，没有雷厉风行的实施，就等于没有制度，有时效性才能体现制度的严肃性。对于破坏制度的人，工作中出现过失后，越迅速地进行处罚，员工越容易将所受的处罚与自己的过失联系在一起，而不是将处罚与管理者联系在一起。而如果处罚拖后，甚至过了数月才进行处罚，员工会感到是因为管理者对自己有成见，而不是考虑是制度的规定。随着事态的危害性减弱，员工的关注度淡化，对制度信任度也大打折扣，出现违反制度时要在第一时间公开处理，在管理中，即时性原则，还表现在问题一露头就把它敲掉，所以小隐患积累为大事故，小毛病酿成大问题，特别要对安全生产中的典型性问题、倾向性问题紧盯不放，对事故苗头露头就打。

同样，肯定性奖励也需要坚持即时性的原则，时过境迁的追加奖励，在员工中的影响也会大打折扣。

“热炉法则”实际上是一个理想状态。如果一个团队缺乏执行氛围，管理者很大一部分精力将会耗费在推动制度的执行上，而且个人的力量，最终是有限的。执行氛围需要铁的纪律来营造，而铁的纪律正是我们缺乏的。纪律是有形的，氛围是无形的，氛围是喊不出来的。我们要通过铁的纪律这种有形打造良好执行氛围这种无形。

真正的热炉是要由完善的制度和铁的纪律共同组成的一个维持秩序的屏障。我们企业制度执行不到位，往往是因为种种借口，没有做到奖惩的及时性，该奖该罚没有做到即时性。一个人或不同的人出现同样的失误，触犯制度才考虑不得不惩罚，破坏了制度的严肃性，甚至，因多人犯同样的错误，而“法不责众”，为今后的严格管理埋下隐患，实质上企业管理中，还要坚持“慎初”的原则，要紧紧抓住第一个犯错误的人和事，及时处罚，给大家一个清楚的提示，这个高压线碰不得。而对避免事故等对企业做出贡献的人，也要及时地给予快奖，而不能等到年终的先进个人的评比。所以，制度执行的即时性是非常重要的。

（1）采用灌输式教育

特别是对于制度刚刚出台、新员工入职和员工转岗交流，掌握制度最快最有效的方法是集中办班学习。由制度的考核部门讲解制度，另外，就是要把制度汇编成册下发到每个员工和最基层的班组，以便员工能时时以制度的要求为对照，查不足，找根源，来规范自己的行为，从而增强员工对制度条款的理解。

（2）采取舆论式教育

在企业要营造一个宣传制度、学习制度、按制度办事、以制度管理的良好氛围，在工作场所，如办公室，班组等处将制度上墙，使员工时时刻刻能看到制度的要求和宣传口号，伴随着员工的各种行为。

（3）采取案例式教育

采取案例教育避免重视理论教育，偏离实际应用的现象，要将本单位和同行业中违反规章制度造成损失事故以及严格执行规章制度避免事故的案例作为培训教育教材，给员工已清晰明确的要求，知道什么可以做，怎么做，什么不能做，为什么不能做，特别是在一些关键环节和容易发生问题的时候给员工以正确的指令。

2. 警告性原则

只有注重教育为先，员工才能自觉规范，热炉摆在那里，威而慑之，通红的炉体让大家知道强触即会被烫，有明显的警示作用。所谓事先警告，要求员工对制度有一个全面的了解，要学习制度。比如，德胜公司规定“员工必须每月学习一次制度”知道制度的准确内涵，才能执行好制度。好多企业往往是遇到员工出了问题后再拿出制度，而员工则一片茫然的说不知道有这制度。同样，好多企业也为员工制定了好多激励措施、福利待遇，员工也不是每个人都清楚，激励效果大打折扣。所以说，企业每一项制度出台后，一定要组织员工学习，特别是对新员工，学习公司的制度应成为他们入职后的第一课，让员工理解制度会对企业产生哪些方面的影响。当每个员工能够认识到制度是在保护自己的利益时，他们会积极地维护制度，制度是对大多数员工的保护，与此同时，如果自己违反了制度，非常明确自己将会受到怎样的惩罚，需要承担怎么样的责任。只有对制度有清晰了解，才能使员工成为即是制度的执行者，又是制度的宣判者，从而达到制度在工心理的透明度和公正性，实现了制度的事先警告功能。

很多企业在出台制度的时候，往往经过总经理办公室会议纪要通过以后，以会议纪要的形式宣布制度的出台。但是，企业往往基于层级划分和信息控制的原因，对于总经理办公会纪要的阅读对象和层级有一定限制，大部分企业只有中层以上的管理人员才能看到总经理办公会纪要，而真正的一线员工都无从知道，而我们的中层只是满足于知道了，在一线员工中宣贯就很少，这样使得信息的传递出现断层和偏差，应该采用办公自动化系统，并将此系统延伸到一线岗位，让一线员工在第一时间掌握公司的决策信息和制度出台情况，要将一线员工掌握信息的情况始终作为管理上的一个控制点。

3. 必然性原则

每当你碰到热炉，肯定会被灼伤，什么时候碰到，结果是一样的。说和做是一致的，说到就会做到。也就是说，只要触犯规章制度，就一定会受到惩处。火炉对人绝对说到做到，不是吓唬人的。执行和落实惩罚制度虽然会使人痛苦一时，但绝对必要，如果我们在执行赏罚时优柔寡断、瞻前顾后，就会使制度成为摆设，失去其应有的作用。违反制度与规定必然要受到处罚。

4. 公平性原则

不管是谁碰到热炉，都会被灼伤，管理者对自己倡导的制度更应该身体力行。如果“刑不上大夫”，那么制度有不如无，甚至比没有更糟糕。

企业即使有了一大堆的制度，如果缺少法制精神，不能实现制度面前人人平等，最终制度只能是形同虚设。在企业内部坚持“规则高于权力”的理念，制度高于权力，大于身份，强于资格，谁在制度面前搞特权，就让谁在公众面前丢面子。同时，管理者以身作则，带头执行制度也是培养员工的过程，使员工养成处处守规则，事事讲程序的习惯，养成言出必行、有诺必果的诚信品格。这样，对内可以造就一支职业化素质高的员工队伍，对外，可以树立企业可以信任、可以协作的诚信品牌。

虽然企业的制度越来越多，越来越完善，然而企业的实际管理水平真的提高了吗？事实上我们更需要的是一项核心制度，一项具有最大威慑力的制度，那就是铁的纪律，这是一切制度的灵魂，是执行力的生命。没有铁的纪律，再完善的制度也只是摆设。

“热炉法则”实质上是一个惩处法则，强调规则面前人人平等。它是将惩罚作为管理的一种基本方法。对“热炉法则”的解释当然可以延伸。当你靠它太近就会感到很烫，甚至被灼伤；当你离它太远，就感受不到它的温暖；执行它能给我们带来益处；当我们违反制度，就必然会给我们带来伤害。怎么理解，不能离制度太远，就是要有主动用制度约束自己的意识，就是要紧紧以核心业务为中心，无论你从事何种工作，都要开展好自己的工作。热炉法则的应用及应用延伸见表 4-11。

表 4-11　热炉法则的应用及应用延伸

	即时性原则	警告性原则	必然性原则	公平性原则
热炉法则	碰到热炉时，立即就被灼伤	热炉外观火红，不能用手摸	用手触摸热炉，不论何时都会被烫伤	用手触摸热炉，不论是谁，都会被烫伤
应用（负激励）	惩处必须在错误行为发生后立即进行，绝不能拖泥带水，绝不能有时间差，以便达到及时改正错误行为的目的。 问题一露头就把它敲掉	规章制度的学习，让员工清楚其具体规定。 正反两面的案例教育警钟长鸣。 应用可视化管理方法，让制度进现场、到岗位。 应用信息化管理手段让员工随时了解企业制度和经营动态	谁若明知企业有相关规定，还要以身试“法”，触犯单位的规章制度，就一定要受到惩处，以明纪律，以儆效尤。 不论何时，何地处罚和标准是一致的	制度面前人人平等，不论是谁触犯企业有关规定，都必然受到处罚。 “规则高于权利”管理者要带头执行规章制度
应用延伸（正激励）	奖励也必须强调及时，对一些重大突出贡献必须快奖，及时向员工表明企业需要什么的强烈信息。 奖励之后，有些甚至等到年底的评优选树，事过境迁效果差	向员工讲清规章制度是对大多数员工利益的保护，让员工清楚怎么干是正确的，干好了有什么好处。 榜样是最好激励，树立正面典型。员工的职业化培训	强调每个员工都是企业的宝贵财富。 强调员工每条建议都有价值。 将员工的发明、创造公示。 干好必受表彰、奖励	全员参与是管理最有效的方式之一。 员工参与管理是对员工的最好激励，每个人都重要，每个人都是管理者

第五章　直接作业环节安全管理

中石化2013~2015年36个月间，发生直接作业环节事故18起，死亡35人，分别占总事故的66.7%和总死亡人数的83.3%。由此可以看出，直接作业环节的安全管理是现场安全管理的重点。

第一节　直接作业环节的基本概念

一、直接作业环节

直接作业，顾名思义就是在生产活动中，由人直接实施和参与的作业活动。在炼化企业生产(辅助生产)装置、储运设施、公用工程系统检修、维修、新建、改扩建施工过程中，经常涉及用火作业、进入受限空间作业、起重吊装作业、脚手架搭设、放射作业、高处作业、临时用电、破土作业等作业方法，这些作业都是由作业人员通过使用专用设备设施、工器具直接操作、实施和参与，很容易发生涉及人身安全的伤害事故，所以统称为直接作业。

直接作业一般都属于《化学品生产单位特殊作业安全规范》中八大作业内容。直接作业环节一般不包括生产过程中工艺、设备、电气、仪表的正常操作。

二、直接作业环节的特点

由于直接作业是由作业人员直接操作、直接接触作业环境、直接与工艺系统、机器设备、施工机械、工器具和材料发生关系，因此，在炼化企业检维修、施工过程中，各种直接作业有许多共同的特点，主要包括：

1. 工艺条件和设备设施对直接作业产生影响

① 炼化企业生产过程使用的原料、辅料、三剂、产品、半成品等本身具有的易燃易爆、有毒有害特性；

② 石油化工生产工艺所要求的高温、高压、超高压、低温(深冷)、低压等生产条件；

③ 生产系统动、静密封点多，设备、管道内的化工物料可能发生跑、冒、滴、漏的几率大；

④ 直接作业所使用的机器设备、施工机械、工器具的本质安全程度。

2. 环境状况对直接作业产生影响

① 直接接触易燃易爆、有毒有害物料；

② 生产过程中产生的静电、噪音、震动、粉尘、热辐射、电离辐射、超声波等；

③ 周围气象条件，如温度、湿度、风力、风向等；

④ 作业现场的其他条件，如强光、照明不足、通风不良、场地窄小等；

⑤ 作业现场的电气设备、电缆电线、传动设备、护栏平台、酸碱设施等；

⑥ 周围其他作业的干扰，如同一工作现场的不同作业、不同工种间的配合、交叉作业等；

⑦ 作业点或作业区域与周围危险环境隔离措施的实用性、有效性等。

3. 作业人员状况对直接作业产生影响

① 作业人员自身的身体条件，如疾病、疲劳、精神状态等；

② 作业人员的技术条件，如是否经过专业培训、特种作业人员是否具有特种作业资格证书、技术水平的高低、施工经验及判断能力、监护人员的业务素质等。2013 年国家安全监督管理总局统计，承包商中文盲+半文盲占 3%。

4. 作业方案的可靠性、合法性对直接作业产生影响

① 方案编制是否完善，操作步骤程序是否正确。编写、审核方案人员的能力、资格、经验以及其认真程度等都可直接影响施工安全。

② 工作协调难度大：检修、施工单位多，信息沟通难；工作现场的不同作业、不同工种间的配合、交叉作业等，作业质量控制；工期与效益矛盾突出。

③ 作业条件多变："没有变化就没有事故"，直接作业环节作业多属于临时作业，上述情况在直接作业过程中始终都在变化之中，随时都可能出现异常，而这些情况的本质安全程度如何，是直接作业安全与否的关键。

三、《化学品生产单位特殊作业安全规范》

2014 年 7 月 24 日，国家质量监督检验检疫总局、国家标准化管理委员会发布 2014 年第 19 号公告：《化学品生产单位特殊作业安全规范》于 2015 年 6 月 1 日正式实施。

1.《化学品生产单位特殊作业安全规范》出台背景

据统计，50%以上的化工和危化品事故都与特殊作业相关。2014 年，全国共发生化工和危险化学品事故 114 起、死亡 166 人。其中，涉及特殊作业的事故 51 起、死亡 82 人，分别占事故总起数的 44. 7%和死亡总人数的 49. 4%；其中，全国 16 起较大事故，9 起与特殊作业相关，占 56%。

当前我国石油和化工行业规模以上企业大概有 3 万家，仅化学品生产企业涉及到的员工就有 800 万-900 万人，加之储存、运输、使用单位则更多。化工行业的特殊作业安全规范从行业标准升级为国家标准，不仅仅是级别升了，尤为重要的是具有了强制性。如果化工企业都能严格贯彻执行，涉及特殊作业的生产安全事故会得到有效控制。

2. 规范中明确了八大作业要求

国家强制性标准是具有法规性质的技术性规范，《化学品生产单位特殊作业安全规范》具有国家强制性，是法律的组成部分。

八大作业分别指：在化学品生产单位设备检修过程中可能涉及的动火、进入受限空间、盲板抽堵、高处作业、吊装、临时用电、动土、断路等，对操作者本人、他人及周围建（构）筑物、设备、设施的安全可能造成危害的作业。

3. 规范中明确的强制性要求

标准第 4 章第 5. 2 条、第 5. 3 条、第 5. 4 条、第 6 章、第 7 章、第 8. 2 条、第 9. 2 条、第 10 章、第 11 章为强制性的，其余为推荐性的。

第 4 章基本要求

第 5. 2 条　动火作业基本要求第 5. 3 条特殊动火作业要求第 5. 4 条动火分析及合格标准

第 6 章　受限空间作业

第 7 章　盲板抽堵作业

第 8. 2 条　高处作业要求

第 9. 2 条　吊装作业要求

第 10 章　临时用电作业

第 11 章　动土作业

4　基本要求

4. 1　作业前，作业单位和生产单位应对作业现场和作业过程中可能存在的危险、有害因素进行辨识，制定相应的安全措施。

4. 2　作业前，应对参加作业的人员进行安全教育，主要内容如下：

a）有关作业的安全规章制度；

b）作业现场和作业过程中可能存在的危险、有害因素及应采取的具体安全措施；

c）作业过程中所使用的个体防护器具的使用方法及使用注意事项；

d）事故的预防、避险、逃生、自救、互救等知识；

e）相关事故案例和经验、教训。

4. 3　作业前，生产单位应进行如下工作：

a）对设备进行隔绝、清洗、置换，并确认满足动火、进入受限空间等作业安全要求；

b）对放射源采取相应的安全处置措施；

c）对作业现场的地下隐蔽工程进行较低；

d）腐蚀性介质的作业场所配备人员应急用冲洗水源；

e）夜间作业的场所应设满足要求的照明装置；

f）会同作业单位组织作业人员到作业现场，了解和熟悉现场环境，进一步核实安全措施的可靠性，熟悉应急救援器材的位置及分布。

4. 4　作业前，作业单位对作业现场及作业涉及的设备、设施、工器具等进行检查，并使之符合如下要求：

a）作业现场消防通道、行车通道应保持畅通；影响作业安全的杂物应清理干净；

b）作业现场的梯子、栏杆、平台、箅子板、盖板等应确保安全；

c）作业现场可能危及安全的坑、井、沟、孔洞等应采取有效防护措施，并设警示标志，夜间应设警示红灯；需要检修的设备上的电器电源应可靠断电，并在电源开关处加锁并加挂安全警示牌；

d）作业使用的个体防护器具、消防器材、通信设备、照明设备等应完好。

e）作业使用的脚手架、起重机械、电气焊用具、手持电动工具等各种工器具应符合作业安全要求；超过安全电压的手持式、移动式电动工器具应逐个配置漏电保护器和电源开关。

4. 5　进入作业现场的人员应正确佩戴符合 GB2811 要求的安全帽，作业时，作业人员应遵守本工种安全技术操作规程，并按规定着装及佩戴相应的个体防护用品，多工种、多层次交叉作业应统一协调。

特种作业和特种设备作业人员应持证上岗。患有职业禁忌证者不应参与相应作业。

注：职业禁忌证依据 GBZ/T 157—2009

作业监护人员应坚守岗位，如确需离开，应有专人替代监护。

4.6　作业前，作业单位应办理作业审批手续，并有相关责任人签名确认，

同一作业涉及动火、进入受限空间、盲板抽堵、高处作业、吊装、临时用电、动土、断路中的两种或两种以上时应同时办理相应的作业审批手续。

作业时审批手续应齐全、安全措施应全部落实、作业环境应符合安全要求。作业审批手续的相关内容参见附录 A 和附录 B。

4.7　当生产装置或作业现场出现异常情况可能危及作业人员安全时，生产单位应立即通知作业人员停止作业，迅速撤离。

当作业现场出现异常，可能危及作业人员安全时，作业人员应停止作业，迅速撤离，作业单位应立即通知生产单位。

4.8　作业完毕，应恢复作业时拆移的盖板、箅子板、扶手、栏杆、防护罩等安全设施的安全使用功能；将作业用的工器具、脚手架、临时电源、临时照明设备等及时撤离现场；将废料、杂物、垃圾、油污等清理干净；尽快恢复正常交通等。

第二节　直接作业环节的基础管理

一、有关禁令

1. 国家安全生产监督管理总局令

（1）第 64 号《化工（危险化学品）企业保障生产安全十条规定》

一、必须依法设立、证照齐全有效。

二、必须建立健全并严格落实全员安全生产责任制，严格执行领导带班值班制度。

三、必须确保从业人员符合录用条件并培训合格，依法持证上岗。

四、必须严格管控重大危险源，严格变更管理，遇险科学施救。

五、必须按照《危险化学品企业事故隐患排查治理实施导则》要求排查治理隐患。

六、严禁设备设施带病运行和未经审批停用报警联锁系统。

七、严禁可燃和有毒气体泄漏等报警系统处于非正常状态。

八、严禁未经审批进行动火、进入受限空间、高处、吊装、临时用电、动土、检维修、盲板抽堵等作业。

九、严禁违章指挥和强令他人冒险作业。

十、严禁违章作业、脱岗和在岗做与工作无关的事。

（2）国家安全生产监督管理总局令第 84 号《油气罐区防火防爆十条规定》

一、严禁油气储罐超温、超压、超液位操作和随意变更储存介质。

二、严禁在油气罐区手动切水、切罐、装卸车时作业人员离开现场。

三、严禁关闭在用油气储罐安全阀切断阀和在泄压排放系统加盲板。

四、严禁停用油气罐区温度、压力、液位、可燃及有毒气体报警和联锁系统。

五、严禁未进行气体检测和办理作业许可证，在油气罐区动火或进入受限空间作业。

六、严禁内浮顶储罐运行中浮盘落底。

七、严禁向油气储罐或与储罐连接管道中直接添加性质不明或能发生剧烈反应的物质。

八、严禁在油气罐区使用非防爆照明、电气设施、工器具和电子器材。

九、严禁培训不合格人员和无相关资质承包商进入油气罐区作业，未经许可机动车辆及外来人员不得进入罐区。

十、严禁油气罐区设备设施不完好或带病运行。

2. 中央企业安全生产禁令

一、严禁在安全生产条件不具备、隐患未排除、安全措施不到位的情况下组织生产。

二、严禁使用不具备国家规定资质和安全生产保障能力的承包商和分包商。

三、严禁超能力、超强度、超定员组织生产。

四、严禁违章指挥、违章作业、违反劳动纪律。

五、严禁违反程序擅自压缩工期、改变技术方案和工艺流程。

六、严禁使用未经检验合格、无安全保障的特种设备。

七、严禁不具备相应资格的人员从事特种作业。

八、严禁未经安全培训教育并考试合格的人员上岗作业。

九、严禁迟报、漏报、谎报、瞒报生产安全事故。

3. 中石化安全生产十大禁令

一、严禁在禁烟区域内吸烟、在岗饮酒，违者予以开除并解除劳动合同。

二、严禁高处作业不系安全带，违者予以开除并解除劳动合同。

三、严禁水上作业不按规定穿戴救生衣，违者予以开除并解除劳动合同。

四、严禁无操作证从事电气、起重、电气焊作业，违者予以开除并解除劳动合同。五、严禁工作中无证或酒后驾驶机动车，违者予以开除并解除劳动合同。

六、严禁未经审批擅自决定钻开高含硫化氢油气层或进行试气作业，违者对直接负责人予以开除并解除劳动合同。

七、严禁违反操作规程进行用火、进入受限空间、临时用电作业，违者给予行政处分并离岗培训；造成后果的，予以开除并解除劳动合同。

八、严禁负责放射源、火工器材、井控坐岗的监护人员擅离岗位，违者给予行政处分并离岗培训；造成后果的，予以开除并解除劳动合同。

九、严禁危险化学品装卸人员擅离岗位，违者给予行政处分并离岗培训；造成后果的，予以开除并解除劳动合同。

十、严禁钻井、测录井、井下作业违反井控安全操作规程，违者给予行政处分并离岗培训；造成后果的，予以开除并解除劳动合同。

4. 其他有关禁令

（1）检维修与施工作业安全生产禁令

一、严禁未按规定办理施工作业手续、未对施工人员进行安全教育并考核合格就进行施工作业。

二、严禁未按规定办理作业许可证和无监护人在现场进行用火、临时用电、进入受限空间、破土和高处作业。

三、严禁在火灾爆炸危险场所未对气体进行检测分析，进行用火和进罐作业。

四、严禁使用不合格的绝缘工具和防护用具进行电气操作及检修作业；严禁未安装漏电保护器使用移动电动工具。

五、严禁油罐清洗、检修后不经验收合格就直接投入使用。

六、严禁在爆炸危险区域内使用非防爆通讯、照明器材和非防爆工具。

（2）施工现场安全十大禁令

一、严禁赤脚、穿拖鞋、高跟鞋及不戴安全帽人员进入施工现场作业。

二、严禁一切人员在提升架、吊机的吊篮上落及要提升架井口或吊物下操作、站立、行走。

三、严禁非专业人员私自开动任何施工机械及驳接、拆除电线、电器。

四、严禁在操作现场（包括在车间、工场）玩耍、吵闹和从高空抛掷材料、工具、砖石及一切物资。

五、严禁土方工程的凿岩取土及不按规定放坡或不加支撑的深基坑开挖施工。

六、严禁在不设栏杆或其他安全措施的高空作业和单表墙、砖墙上面行走。

七、严禁在未设安全措施的同一部位同时进行上下交叉作业。

八、严禁带小孩进入施工现场（包括车间、工场）作业。

九、严禁在高压电源的危险区域进行冒险作业，不穿绝缘鞋进行机械操作，严禁用手直接提拿灯头及电线移动照明。

十、严禁在有危险品、易燃品、木工棚场及现场仓库吸烟、生火。

（3）防火防爆十大禁令

一、严禁在厂内吸烟及携带火柴、打火机易燃易爆物品入厂。

二、严禁不办用火手续，在厂内进行施工用火或生活用火。

三、严禁穿易产生静电服装进入油气区工作。

四、严禁穿带铁钉的鞋进入油区及易燃易爆场所。

五、严禁用汽油、溶剂擦洗各种设备、衣物、工具及地面。

六、严禁未经批准的各种机动车辆进入生产装置、罐区及易燃易爆区。

七、严禁就地排放易燃易爆物料及化学危险品。

八、严禁在油气区用黑色金属或易产生火花的工具敲打、撞击和作业。

九、严禁损坏生产区内的防爆设施及设备。

十、严禁堵塞消防通道，随意挪用或损坏消防工具和设备。

（4）防止中毒窒息十条规定

一、有毒作业，有窒息危险岗位人员，必须进行防毒急救安全知识教育。

二、工作环境（设备、容器、井下、地沟）氧含量必须达到20%以上，毒害物质浓度符合国家安全规定时，方能进行工作。

三、在有毒场所作业时，必须佩带防护用具必须有专人监护。

四、进入缺氧或有毒气体设备内作业时，应将与其相通的管道加盲板隔绝。

五、在有毒或有窒息危险的岗位，要制订防救措施和设置相应的防护用(器)具。

六、对有毒有害场所的浓度情况，要定期检测，使它符合国家标准。源：

七、对各类有毒物品和防毒器具必须有专人管理，并定期检查。

八、对生产和散发有毒物质的工艺设备、机动设备，监护仪器(如易燃、易爆气体的报警器)要加强维护，定期检查。

九、发生人员中毒、窒息时，处理及救护要及时正确。

十、健全有毒有害物质管理制度并严格执行，长期达不到规定卫生标准的作业场所，应停止作业。

(5) 人身安全十大禁令

一、安全教育和岗位技术考核不合格者，严禁独立顶岗操作。

二、不按规定着装或班前饮酒者，严禁进入生产岗位和施工现场。

三、不戴好安全帽者，严禁进入生产装置和检修、施工现场。

四、未办理安全作业票及不系安全带者，严禁高处作业。

五、未办理安全作业票，严禁进入塔、容器、罐、油舱、反应器、下水井、电缆沟等有毒、有害、缺氧场所作业。

六、未办理维修工作票，严禁拆卸停用的与系统联通的管道、机泵等设备。

七、未办理电气作业“三票”，严禁电气施工作业。

八、未办理施工破土工作票，严禁破土施工。

九、机动设备或受压容器的安全附件、防护装置不齐全好用，严禁启动使用。

十、机动设备的转动部件，在运转中严禁擦洗或拆卸。

(6) 车辆安全十大禁令

一、严禁超速行驶、酒后驾车。

二、严禁无证开车或学习、实习司机单独驾驶。

三、严禁空档放坡或采用直流供油。

四、严禁人货混载、超限装载或驾驶室超员。

五、严禁违反规定装运危险物品。

六、严禁迫使、纵容驾驶员违章开车。

七、严禁车辆带病行驶或私自开车。

八、严禁非机动车辆或行人在机动车临近时，突然横穿马路。

九、严禁吊车、叉车、电瓶车等工程车辆违章载入行驶或作业。

十、严禁撑伞、撒把、带人及超速骑自行车。

二、票证管理

1. 作业票的作用

① 书面沟通和安全交底。因为作业会涉及工艺切断、物料清扫置换、能量隔离、设备维修等多个环节，涉及生产、工艺、设备、电气、施工等专业人员。

② 措施落实。作业票上预先确定了某种作业必须采取的安全措施，对逐条落实措施具有提示作用。

③ 责任落实。作业票中要求各方人员必须签字，确保各专业人员承诺落实了作业票中的工作。没有记录就没有发生。

2. 中石化作业票证管理规定

① 范围：除涉及用火、临时用电、进入受限空间、高处、动土、起重、盲板抽堵等作业必须实行作业许可管理外，承包商在企业生产区域内的其他临时性作业（日常及有程序指导的维修作业除外）必须实行许可管理，通常称为“一般作业许可”。

② 危害识别要求：作业现场负责人在作业许可前，必须组织人员运用 JSA 等方法进行危害识别及风险分析。

③ 过程视频监控要求：作业许可的审批人必须在现场确认和审批，作业过程全程视频监控。

④ 培训资质要求：作业许可审批人、监护人应经过作业许可管理培训合格、取得相应资质。

⑤ 审批人员：一级用火由基层单位领导审批签发，二级用火由基层单位业务管理人员审批签发。

⑥ 安全监督部门角色变化：安全监督部门负责组织业务培训，颁发资格证书；进行制度执行情况的检查与审核。

3. 作业票证管理常见问题及违章案例

（1）作业票证管理常见问题

作业票证管理常见问题有闭门签字、一证多点、超时、超范围、超级别、随意涂改、代签。

（2）违章案例

四川石油分公司成都公司郎家加油站“10・29”承包商中毒/窒息死亡事故中，一级用火作业票、进入受限空间作业票、临时用电作业票办理期间，分公司零售部、安全部及分管经理等审批人员均没有到现场对作业票中的安全技术措施进行确认，作业票上所有审查意见都是在公司办公大楼签署或代签；安排他人代为签署了《施工单位进站施工确认表》；加油站也没有在进入受限空间作业票、临时用电作业票上签字确认。

上海石化“7・25”含油污水罐发生爆燃事故直接原因：罐顶油气沿着新加装的氮气管线溢出，遇焊接火花发生闪燃、回火，造成罐内混合油气闪爆并引燃残存污油。事故间接原因：一是施工方未按方案加装盲板；二是上海石化施工管理人员没有到现场核实是否已加装盲板，就签发了动火作业票。

三、现场与工器具

1. 检修现场布置的安全要求

① 检修用工器具及材料的堆放场所，必须符合防火要求。

② 检修现场的道路必须保持通畅，道路的宽度、转弯半径必须保证行车安全要求。

③ 检修现场内危险地区，如坑、井、电气高压设备等，需设危险标志，夜间要设红灯信号，楼面孔洞应加设盖板或围栏。

④ 检修现场应有足够照明，电气线路架设必须符合电气规程要求，检修照明应符合要求。

⑤ 检修用备品配件、机具、设备的堆放必须整齐稳固。拆除的废旧设备、管件、要及时清除。

⑥ 检修现场的易燃、易爆、有害物质，应有专人保管或清出现场，不能消除的应加强防护。

⑦ 现场应配备必要的消防器材和防毒器材。

2. 机具的准备及检查

① 各种施工机械及电机的传动危险部分，应设安全防护装置。各种起重运输机械，必须有规定的安全装置，常用起重工具，如卷扬机、桅杆、手动葫芦、井子架、千斤顶均应完好，安全可靠。

② 检修用脚手架、跳板应符合安全要求。

③ 检修用电气设备和手提电动工具，导线要绝缘接地良好。外壳必须接地。

④ 电气工具、安全附件要好，焊机外壳需接地，导线绝缘良好。乙炔瓶及氧气瓶距明火大于 10m，两瓶之间应有大于 5m 的距离。

3. 怎样减少现场作业

检修开始后，要按照 5S 的管理要求，对检维修现场实行 5S 管理。由于受检修作业时间的限制，检修现场在一定的时间内，相对集中了大量的人员、检修设备、工机具、车辆，特别是当装置进入全面检修状态，所有设备、塔、罐等都将要打开，在其周围的吊车、脚手架、接受废油、三剂的油桶等会占用大量的空间，若开始解体后，拆下的物料就会使检修现场更加凌乱，如果不加以整理，便会让检修人员的工作磕磕碰碰，降低检修的效率，同时也构成人身安全隐患和对检修质量影响。

检维修作业开始前，按照 5S 的管理观点，对于组织现场检维修作业，首先要控制进入现场的人员、材料和工器具，这样，一方面避免浪费，更重要的是减少事故的发生，降低现场作业的风险。

① 要深度化预制，减少进入现场的施工材料。检修开始，只需要一个模块一个模块的安装，可以有效减少现场的工作量和废料的产生。

② 项目制定详细的现场施工计划，施工材料有步骤进入施工现场。施工计划精确到天，加热炉炉管、设备安装等分体计划详细、准确，现场组织有序、忙而不乱，施工材料分批次有序进入施工现场，避免堆积、占路情况发生。

③ 将需要检修的设备移出检修现场。

第三节 直接作业环节的管理

2013~2015 年炼化企业中毒窒息事故最多，7 起，占 25.9%；其次是火灾爆炸事故，6 起，占 22.2%；第三是高处坠落事故，4 起，占 14.8%。所以，直接作业环节控制的重点是动火、受限空间和高处坠落。

一、直接作业环节的管理重点

1. 动火作业

（1）动火作业

直接或间接产生明火的工艺设备以外的禁火区内可能产生火焰、火花或炽热表面的非常规作业，如使用电焊、气焊(割)、喷灯、电钻、砂轮等进行的作业。

① “三不用火”是指没有经批准的用火作业许可证不用火，用火监护人不在现场不用火，防火措施不落实不用火。

② “两个凡是”在正常运行生产区域内，凡可用可不用的用火一律不用；凡能拆下来的设备、管线，都应拆下来移到安全地方用火，严格控制一级用火。

（2）动火作业分级

① 固定动火区外的动火作业：一般分为特殊动火、一级动火、二级动火。遇节日、假日或其他特殊情况，动火作业应升级管理。注：企业应划规定固定动火区及禁火区。

② 特殊动火作业：在生产运行状态下的易燃易爆上产装置、输送管道、储罐、容器等部位上及其他特殊危险场所进行的动火作业。带压不置换动火作业按特殊动火作业管理。

③ 一级动火作业：在易燃易爆场所进行的除特殊动火作业以外的动火作业。厂区管廊上的动火作业按一级动火作业管理。

④ 二级动火作业：除特殊动火作业和一级动火作业以外的动火作业。凡生产装置或系统全部停车，装置经清洗、置换、取样分析合格并采取安全隔离措施后，可根据其火灾、爆炸危险性大小，经所在单位安全管理部门批准，动火作业可按二级动火作业管理。

（3）用火作业现场检查之重点

① 在正常运行生产区域内，要尽可能减少用火作业。凡是可用可不用的用火一律不用火，凡是能拆下来的设备、管线均应拆下来移到安全地方用火；

② 日常维修用火实行每周 2 天集中用火；

③ 一张用火作业许可证只限一处用火，实行一处(一个用火地点)、一证(用火作业许可证)、一人(用火监护人)，不能用一张许可证进行多处用火；

④ 特级、一级许可证有效时间不超过 8h，二级许可证不超过 48h。固定用火作业区，每半年检查认定 1 次；

⑤ 凡在生产、储存、输送可燃物料的设备、容器及管道上用火，应首先切断物料来源并进行可靠封堵隔离；经彻底吹扫、清洗、置换后，打开人孔，通风换气；打开人孔时，应自上而下依次打开，经分析合格方可用火。若间隔时间超过 1 小时继续用火，应再次进行用火分析或在管线、容器中充满水后，方可用火。

⑥ 焊接作业有焊接作业“十不焊”：不是焊工不焊、要害部位和重要场所、不了解周围情况不焊、不了解焊接物内部情况不焊、装过易燃易爆物品的容器不焊、用可燃材料作保温隔音的部位不焊、密闭或有压力的容器管道不焊、焊接部位旁有易燃易爆品不焊、附近有与明火作业相抵触的作业不焊、禁火区内未办理动火审批手续不焊。

⑦ 从事气焊、气割应遵守的安全规定：焊接场所 10 米内不得存放易燃易爆物品；禁止在输电线路下放置乙炔瓶、氧气瓶等气焊设备；操作者在焊接过程中，所使用的各种气瓶都

应该立放稳固或装在胶轮车上使用，而且不得剧烈振动及受阳光曝晒，开启时要使用专用扳手；电焊和气焊在同一场所时，氧气瓶必须采取绝缘措施，乙炔气瓶要有接地措施；焊接所使用的氧气瓶要远离明火或热源10米以上，乙炔瓶与明火距离保持3米以上；严禁将正在燃烧的焊割炬随意放置；气焊设备严禁沾染油污和搭设各种电缆。

⑧ 使用气瓶安全要求：使用气瓶前要进行检查，如发现气瓶颜色、钢印等辨别不清，检验超期，气瓶损伤（变形、划伤、腐蚀等），气瓶质量与标准不符等现象，应拒绝使用，并做妥善处理；使用气瓶时，一般应立放，不得靠近火源。气瓶与明火距离、可燃与助燃气体气瓶之间的距离，不得小于10米；气瓶要防止曝晒、雨淋、水浸；禁止敲击、碰撞气瓶。严禁在气瓶上焊接、引弧，不准用气瓶做支架和铁砧；注意操作顺序。开启瓶阀应轻缓，操作者应站在瓶阀出口的侧面，关闭瓶阀应轻而严，不能用力过大，以免关得太紧、太死；注意保持气瓶及附件清洁、干燥，防止沾染油脂、腐蚀性介质、灰尘等；气瓶阀结霜、冻结时，不得用火烤。可将气瓶移入室内或气温较高的地方，或用40℃以下的温水冲浇，再缓慢地打开瓶阀。

⑨ 焊割作业“十不准”：焊工无特殊工种证不准焊割；无措施、无许可证者，不准焊割；容器内无安全电压照明、通风不良、无人监护，不准焊割；不了解构件使用情况和构造情况，不准焊割；盛装过易燃、易爆气体（固体）的容器管道，未经清洗和处理，不准焊割；用可燃材料充作保温层、隔热、隔音设备的部位，未采取安全措施，不准焊割；有压力的管道或密闭容器，不能焊割；未清除易燃物或未采取安全措施，不准焊割；在禁火区内未采取严格隔离措施，不准焊割；在一定距离内，有与焊割明火操作相抵触的工种（如汽油擦洗、喷漆、灌装汽油等），不准焊割。

⑩ 高处用火四注意：在高处用火作业时，应把下面的可燃易爆物移至安全地点，防止火花、熔热金属引起燃烧爆炸事故。如有可燃气体管道，应用湿麻袋、石棉板等隔热材料覆盖。高处用火作业落下的熔热金属要妥善处理，即采取防止火花飞溅的措施。电焊机与高处用火作业点的距离要大于10M，焊机应有专人看管，以备紧急情况时立即拉闸断电。

⑪ 受限空间用火五注意：一是要同时办理进入受限空间和动火作业两类许可证；二是在受限空间内进行用火、临时用电作业时，不允许同时进行刷漆、喷漆作业；三是如确需刷漆、喷漆作业，必须使用防爆电器和照明四是必须强制通风；五是使用可燃气体报警仪进行监测。

⑫ 用火作业后要四查：一是及时发现并排除焊接质量问题，对漏焊、假焊等毛病应及时予以补焊，切不可设备进料后再发现上述质量问题，造成重复用火，带来隐患。二是用火作业结束后，必须及时彻底清理现场，消除遗留下来的火种，并及时关闭电源、气源，把焊割工具放在安全地方。现场清理完成后，还应及时封票，留存备查。三是应向当班人员交待清楚，对用火部位加强巡检，以便及时发现问题，及时处理。四是对工装不要“一脱一扔”了事，要进行彻底检查，发现有焦糊味等异常现象必须及时采取措施，防止“阴燃”引发火灾事故。

（4）事故案例

① 未办理火票：1991年2月27日，某公司炼油实验厂气焊工焊完临时管线后，应装油车间有关人员的要求，在未办理用火票的情况下，便到罐顶用火焊割法兰螺栓。当割完法兰

上 8 个螺栓中的最后一个螺帽时，该罐发生爆燃。消防队出动 3 辆消防车灭火。在油罐与护墙的夹层中将气焊工找到，已死亡。装运车间看火人被气浪推倒，烧伤面积 12%。这是一起严重的有章不循，违章指挥，违章作业引起的爆炸死亡事故。

② 不与生产系统隔绝，未加盲板：上海石化 2014 年“7・25”含油污水罐发生爆燃 7 月 25 日上午，聚盛公司施工人员先将含油污水罐的透光孔盖板回装，并与预制好的一段管线进行法兰连接(方案要求此处加装盲板)。上午 10 时 36 分，施工人员在对此段管道与下游管道进行焊接作业时，罐内发生闪爆，罐顶撕裂并飞出，罐内残存污油起火燃烧。事故事故直接原因：罐顶油气沿着新加装的氮气管线溢出，遇焊接火花发生闪燃、回火，造成罐内混合油气闪爆并引燃残存污油。事故间接原因：一是施工方未按方案加装盲板；二是上海石化施工管理人员没有到现场核实是否已加装盲板，就签发了动火作业票。

③ 随意变更动火地点：青岛炼化承包商“2・4”人身伤亡事故。青岛炼化委托其维保单位北京燕华进行蒸汽凝液回收项目施工。2 月 4 日下午 13：30，北京燕华施工人员陈××(电焊工)、陈××(普工)、胡××(普工)、陈××(监护人)4 人，在储运单元 9 号路与 18 号路交叉路口南侧工艺管廊下方进行储运蒸汽凝液回收项目施工作业。14：00 左右，在预制安装完蒸汽凝液回收管线后，施工人员电焊工陈××擅自将作业地点转移至 1201 罐区东侧的工艺管廊下方蒸汽伴热阀组附近，在固定地面管托时，违规动火引起旁边的含油污水井闪爆，混凝土井盖板被闪爆的气浪掀开，造成电焊工陈××被混凝土盖板压伤，经抢救无效于 15：20 死亡。事故原因：电焊工陈××未经批准，擅自改变用火地点；现场监护人职责不落实。北京燕化现场监护人没有及时制止现场违章超范围动火；青岛炼化没有派人对动火现场进行全过程监护，从而导致超范围动火发生。

2. 受限空间

（1）受限空间

进出口受限，通风不良，可能存在易燃易爆、有毒有害物质或缺氧，对进入人员的身体健康和生命安全构成威胁的封闭、半封闭设施及场所，如反应器、塔、釜、槽、罐、炉膛、锅筒、管道以及地下室、窨井、坑(池)、下水道等。

（2）受限空间作业现场检查重点

① 已经开口、作业完成的受限空间，必须悬挂危险禁止入内的标识，并采用人孔封闭器及其他锁具，防止人误入的可能；

② 作业单位和设备所属单位不是一个单位，要采取双监护；

③ 进入存有残渣、填料、吸附剂、催化剂、活性炭等有毒有害介质的受限空间作业时，必须佩戴与作业环境相适应的报警仪(包括可燃气、氧含量、硫化氢等报警仪)；作业人员必须使用防爆工具；

④ 受限空间进出口通道，必须保证畅通；

⑤ 带有搅拌器等转动部件的设备，在停机后切断电源办理停电手续后，在电气开关上必须挂有“有人工作、禁止合闸”标识牌、并有合适锁具上锁、专人监护；

⑥ 进入受限空间作业期间，必须停止其他与该设备相关的试车、试压或试验及活动；

《进入受限空间作业许可证》24 小时有效，超过有效期及作业中断 4 小时以上的，必须重新办理作业许可；

⑦ 受限空间作内可燃气、氧含量、有毒有害介质分析不合格，不能进入受限空间作业；

⑧ 进入受限空间作业必须强制通风 30 分钟以上；作业时要使用 12V 以下的照明电源，漏电保护器必须置于入口 2m 之外；井外监护人员不得少于 2 人进行不间断监护，并经常与井内人员通话，时间间隔不得超过 1 分钟；安全绳留在井外不得少于 1. 5m，并固定；

⑨ 佩戴长管防毒面具时，必须进行气密性检查，并采取措施防止长管被挤压，并将长管置于空气新鲜的上风口；

⑩ 所要进入的设备必须切断与所有与之联系的其他设备、管线，必须加装盲板，并对盲板悬挂标识牌；

⑪ 必须明确作业监护人的职责：作业监护人应熟悉作业区域的环境和工艺情况，有判断和处理异常情况的能力，掌握急救知识；作业监护人在作业人员进入受限空间作业前，负责对安全措施落实情况进行检查，发现安全措施不落实或不完善时，有权拒绝作业；作业监护人应清点出入受限空间作业人数，在出入口处保持与作业人员的联系，严禁离岗。当发现异常情况时，应及时制止作业，并立即采取救护措施；作业监护人应随身携带进入受限空间作业许可证，并负责保管；作业监护人员在作业期间，不得离开现场或做与监护无关的事。

（3）事故案例

① 非防爆电器+受限空间内环境变化：2006 年 10 月 28 日 19 时 20 分，安徽一公司在其总包的中石油新疆一 10 万立原油储罐罐顶浮船进行防腐作业时，造成 13 人死亡、6 人受伤。事故的直接原因是：非防爆电器产生火花引爆了达到爆炸极限的油漆稀料。

② 能量隔离问题、没加盲板：2011 年 3 月 29 日下午 13 点 24 分许，14 名北京法耳迈特科技有限公司工作人员对安泰集团电厂 9 号锅炉进行检修，由于煤气持续进入炉前管道，炉膛周围断口处向外泄漏，在炉膛负压作用下，被吸入炉内，现场共导致 17 人发生一氧化碳中毒。经抢救，事故造成 10 人死亡，7 人中毒。

③ 电力管井：北京昌平区“1・11”中毒溺水事故。2014 年 1 月 11 日 10 时，北京密云华鑫水电技术开发总公司在昌平区超前路，31 人进入电力管井进行敷设电缆作业，7 人中毒晕倒，5 人经抢救无效死亡，两人受伤。死亡原因为急性混合性气体中毒溺水。

④ 污水井：辽宁灯塔北方化工有限公司“4・24”中毒事故。企业 3 名员工在污水处理站进行检维修工作，需在厌氧池底部安装一台污泥泵。1 名职工从厌氧池出口进入准备安装时跌入厌氧池，另 2 名职工在实施抢救过程中，也跌入厌氧池。事故直接原因：厌氧池底污泥中含有硫化氢，致使硫化氢在厌氧池中聚集，在没有对厌氧池进行完全置换、未对厌氧池内气体含量进行检测、未履行进入受限空间审批程序的情况下，员工进入厌氧池内工作晕倒，其他员工未佩戴任何防护用品盲目施救，导致伤亡扩大。

3. 高处作业

北京市安监局 2012 年的数据显示，一年有 40 人在从事大楼清洗、空调安装等高空作业时死亡。据统计，施工现场 33%的死亡事故是高处坠落。

（1）高处作业定义

在距坠落基准面 2m 及 2m 以上有可能坠落的高处进行的作业直接引起坠落的客观危险因素分为 11 种：阵风风力五级(风速 8. 0m/s)以上；GB/T 4200 规定的Ⅱ级或Ⅱ级以上的高温作业；平均气温等于或低于 5℃的作业环境；接触冷水温度等于或低于 12℃的作业；作业

场地有冰、雪、霜、水、油等易滑物；作业场所光线不足或能见度差；作业活动范围与危险电压带电体距离小于表 5-1 的规定；摆动，立足处不是平面或只有很小的平面，即任一边小于 500mm 的矩形平面、直径小于 500mm 的圆形平面或具有类似尺寸的其他形状的平面，致使作业者无法维持正常姿势；GB 3869 规定的Ⅲ级或Ⅲ级以上的体力劳动强度；存在有毒气体或空气中含氧量低于 19.5%的作业环境；可能会引起各种灾害事故的作业环境和抢救突然发生的各种灾害事故。

表 5-1　作业活动范围与危险电压带电体的距离

危险电压带电体的电压等级/kV	≤10	35	63-110	220	330	500
距离/m	1.7	2.0	2.5	4.0	5.0	6.0

（2）高处作业现场检查重点

① 因事故或灾害需进行的五级以上强风、雨、雪、雷电、大雾等露天高处作业和带电、异温、悬空、抢修的特殊高处作业，必须制定作业方案和安全技术措施；

② 高处作业完成后余下的边角余料和垃圾必须及时清理下来；

③ 在钢结构上、管廊上、电缆槽架上等没有脚手架、又无法系挂安全带的高处作业，要采取安全水平绳措施；

④ 在道路和设备、设施上方或上下交叉作业区域及人和物体有坠落可能的高处作业时，要采取挂设安全网、采取错时错位施工以及搭设跳板等硬隔离措施；

⑤ 高处作业严禁上下投掷工具、材料和杂物等；高处放置的材料、工具等物品要采取固定措施；高处作业的对应地面要设立安全警戒区，并设专人监护；

⑥ 作业人员不得在高处不牢固的结构物上、平台边缘、孔洞边缘、通道、安全网上休息；

⑦ 30m 以上的特级高处作业时，要配备性能良好的通讯设备，保持与地面的联系；夜间高处照明亮度符合要求；

⑧ 高处作业与架空电线的安全距离要符合《施工现场临时用电安全技术规范》；

⑨ 临边作业必须设置临边护栏；

⑩ 攀登作业所使用的移动式梯子的梯脚底部不得垫高使用；使用移动式梯子必须有专人监护；折梯使用要有可靠的拉撑装置；

⑪ 悬空作业处必须设置防护栏杆或其他可靠的安全设施；悬空作业所使用的索具、吊具、料具等设备，必须经过技术鉴定，合格者方可使用；

⑫ 移动式操作平台的面积不得超过 10 平米或高度超过 5M；移动式操作平台的轮子与平台连接要可靠、平台台面铺严盖板；操作平台四周要设置防护栏杆和登高扶梯；

（3）脚手架现场检查重点

1）脚手架的基本要求(不符合项)

① 非架子工从事脚手架改动作业；

② 脚手架投入使用未悬挂合格标识，使用挂有不合格标识或无标识的脚手架；

③ 脚手架在搭设、拆除、改动过程中未悬挂禁止使用标识；

④ 搭设架子使用有严重腐蚀、弯曲、压扁和裂缝的钢管；钢管未进行防腐处理

⑤ 搭设架子使用有脆裂、变形和滑丝等缺陷的扣件和连接件；

⑥ 钢脚手板有严重锈蚀、油污和裂纹，或存在严重变形；钢脚手板缺少筋板；

⑦ 脚手架搭设、拆除、改动过程中，作业区域未设置安全警戒区，并且未设专人监护；

⑧ 脚手架的基点和依附构件(物体)不牢固；从地面搭设时，地基不平整、坚实，或用砖石铺垫脚手架的基点；

⑨ 架子工单人从事脚手架搭设、拆除；

⑩ 在搭设、拆除脚手架过程中，如脚手板、杆未绑扎或已拆开绑扣，中途停止作业，或拆除时未一次性全部拆完；

⑪ 脚手架外观从下而上逐渐扩大，形成倒塔式结构；

⑫ 从地面或操作基础面至脚手架作业面，无上下梯子或通道；通道设置不符合要求；

⑬ 当作业面周围无合适的安全带挂设位置时，未设安全带挂设杆；

⑭ 脚手架立杆的纵距或横距不符合以下要求：

⑮ 脚手架立杆的纵距一般为1.2~1.8m；横距一般为0.9~1.5m；

⑯ 施工现场使用单面脚手架；

⑰ 在脚手架下或近处挖土时，未先加固脚手架；

⑱ 脚手架在使用过程中，随意拆除架杆和脚手板，或局部切割和损坏；

⑲ 拆除时，未按顺序由上而下，采取先搭后拆、后搭先拆的顺序进行拆除，或上下同时作业；整排拉倒脚手架；

⑳ 拆下的架杆、连接件、跳板等材料向下投掷；

㉑ 每次移动脚手架时，未将脚轮解锁；移动脚手架时，人站在脚手架上；

㉒ 移动式脚手架未设置至少2根抛撑，或未与设备做有效拉结；或未设置拦腰杆、踢脚板等安全设施。

2）扣件式钢管脚手架(不符合项)

① 搭设高度超过24m未编制专项施工方案；未进行设计计算或未按规定审核、审批；

② 架体搭设高度超过50m，专项施工方案未按规定组织专家论证或未按专家论证意见组织实施；

③ 立杆基础：未按规范要求设置纵、横向扫地杆；扫地杆的设置和固定不符合规范要求；

④ 架体与建筑结构拉结：架体与建筑结构拉结不符合规范要求、连墙件距主节点距离不符合规范要求、架体底层第一步纵向水平杆 处未按规定设置连墙件、搭设高度超过24m的双排脚手架，未采用刚性连墙件与建筑结构可靠连接；

⑤ 杆件间距与剪刀撑：未按规定设置纵向剪刀撑或横向斜撑、剪刀撑未沿脚手架高度连续设置或角度不符合要求、剪刀撑斜杆的接长或剪刀撑斜杆与架体杆件固定不符合要求；

⑥ 脚手板与防护栏杆：作业面脚手板未满铺或铺设不牢、不稳；捆绑脚手板时，两端未捆绑牢固、探头板不符合要求，未在10~30cm之间；作业层未设置高度不小于180mm的挡脚板、作业层未在高度1.2m和0.6m处设置上、中两道防护栏杆；

⑦ 交底与验收：高度超20米脚手架搭设前未进行交底或交底未留有记录；

⑧ 横向水平杆设置：未在立杆与纵向水平杆交点处设置横向水平杆、未按脚手板铺设

的需要增加设置横向水平杆；

⑨ 杆件连接：纵向水平杆搭接长度小于 1m 或固定不符合要求、立杆除顶层顶步外采用搭接；

⑩ 材质：钢管直径、壁厚、材质不符合要求。

（4）高处作业事故案例

胜利油建“4·28”脚手架坍塌事故：2014 年 4 月 28 日 7 时 03 分，中石化胜利油建承建的一项目现场焊接作业过程中，发生一起分包商脚手架坍塌事故，5 人死亡，6 人伤；

直接原因：施工人员违规搭设脚手架搭设人员无资质；脚手架步距过大、底部立杆无固定支撑点、局部未见扫地杆、跳板固定不合格、缺少水平支撑系统、无一字撑或剪刀撑、立杆接头位置连接不规范、丝扣垫片缺失。

4. 盲板抽堵

（1）盲板抽堵

盲板抽堵是指在设备抢修、检修及设备开停工过程中，设备管道内可能存有物料(气、液、固态)及一定温度、压力情况时的盲板抽堵，或设备、管道内物料经吹扫、置换、清洗后的盲板抽堵。

盲板抽堵管理程序：基层单位提出申请，即施工作业的属地单位提出申请；生产工艺岗位提出需求，绘制盲板位置图，对盲板进行统一编号；设备岗位对每块盲板设标牌标识，标牌编号应与盲板位置图上的盲板编号一致，并负责组织实施；基层单位安排本单位人员专人监护，作业全过程不得离开现场；作业结束后由生产工艺岗位进行确认。

（2）现场安全检查重点

1）盲板缺陷

盲板缺陷是指盲板材质要适宜，厚度应经强度计算，高压盲板应经探伤合格，盲板应有一个或两个手柄，便于辨识、抽堵，应选用与之相配的垫片(表 5-2)。

表 5-2　盲板规格

管径/mm	材质	厚度/mm
DN≤150	A3 钢板	≮3
150<DN≤250	A3 钢板	≮5
250<DN≤300	A3 钢板	≮6
300<DN≤400	A3 钢板	≮8
DN>400	A3 钢板	≮10

2）危险有害物质突出

在拆装盲板前，应将管道压力泄至常压或微正压；严禁在同一管道上同时进行两处及两处以上抽堵盲目板作业；气体温度应小于 60℃；作业人员严禁正对危险有害物质(能量)可能突出的方向，作好个人防护。

3）明火及其他火源

在易燃易爆场所作业时，作业地点 30m 内不得有动火作业；工作照明使用防爆灯具；使用防爆工具，禁止用铁器敲打管线、法兰等。

4）操作失误

抽堵多个盲板时，应按盲板位置图及盲板编号，由作业负责人统一指挥；每个抽堵盲板处应设标牌表明盲板位置。

5）监护不当

作业时应有专人监护，作业结束前监护人不得离开作业现场；监护人应熟悉现场环境和检查确认安全措施落实到位，具备相关安全知识和应急技能，与岗位保持联系，随时掌握工况变化。涉及危险作业组合，未落实相应安全措施：若涉及动火、受限空间、高处等危险作业时，应同时办理相关作业许可证。作业条件发生重大变化：若作业条件发生重大变化，应重新办理《抽堵盲板作业证》。

6）作业过程安全管理

① 盲板抽堵作业点的上下游应有阀门等有效隔断，盲板应加在有物料来源阀门的另一侧，盲板两侧都要安装合格垫片，螺栓紧固到位。

② 有毒介质的管道、设备上进行盲板抽堵作业，应尽可能降低系统压力，作业点应为常压。通风不良作业场所要采取强制通风等措施，防止可燃气体聚集。

③ 作业人员个人防护用品应符合 GB/T 11651 的要求，易燃易爆场所应穿防静电工作服、工作鞋；介质温度较高或较低时，应采取防烫、防冻措施。

④ 作业人员在介质为有毒有害(硫化氢、氨、苯等高毒及含氰剧毒品等)、强腐蚀性的情况下作业，禁止带压操作，且必须佩带便携式气体检测仪，佩带空气呼吸器等个人防护用品，作业现场应备有一套以上符合要求且性能完好的空气呼吸器等防护用品。

⑤ 在易燃易爆场所进行盲板抽堵作业时，必须使用防爆灯具与防爆工具，禁止使用黑色金属工具和非防爆灯具；有可燃气体挥发时，应采用水雾喷淋等措施，消除静电，降低可燃气体危害。

⑥ 作业人员应在上风向作业，不得正对法兰缝隙；在拆除螺栓时，应按对称、夹花拆除，拆除最后两对螺栓前应再次确认管道设备内无压力。如果需拆卸的法兰距管道支架较远，应加临时支架或吊架，防止拆开法兰螺栓后管线下垂。

⑦ 距作业点 30 米内不得用火、采样、放空、排放等其他作业。

⑧ 同一管道一次只允许进行一点的盲板抽堵作业。

⑨ 每块盲板必应按盲板图编号并挂牌标识，并与盲板图编号一致。

⑩ 对审批手续不全、交底不清、安全措施不落实、监护人不在现场、作业环境不符合安全要求的，作业人员有权拒绝作业。

（3）事故案例

案例 1：克拉玛依石化公司液化气车间发生中毒窒息事故 2005 年 2 月 16 日，某炼油厂液化气车间 1500 吨/年硫磺回收装置尾气烟道烧穿，紧急停工处理。停工后车间技术员深入炉内检查。大约 5 分钟后，监护人员发现炉内没动静，立即进入炉中将技术员救出，送往医院抢救无效死亡。

事故间接原因：车间没有指定专人负责盲板封堵工作，未建立盲板抽堵登记表，没有隔断制硫炉顶与二级转化反应器入口管线相连的二级掺合阀。

案例 2：山东省某化肥厂提前拆盲板造成爆炸事故。1986 年 5 月 22 日，山东某化肥厂因供电网停电而检修，凌晨3时，系统停车后，2名操作工根据安全检修的要求，在铜洗氨回收塔出口阀上加堵了盲板，白班铜洗再生器内检修工作一直没有问题，19时检修人员去吃饭，此时，铜洗副工段长不了解再生器内作业情况，带领1名操作工把氨吸收塔出口阀上的盲板拆掉，事后又不向有关人员报告。晚饭后，检修工在再生器内继续进行检修工作，致使22时15分半水煤气气柜充气放水封开车时，半水煤气顺回收管线倒入再生器管道，由于阀门泄漏半水煤气倒入再生器内，它与空气混合达到爆炸范围，通电焊火花而引发化学爆炸。气浪将检修工人从7高的平台上坠落，当场死亡3人，经抢救无效死亡1人另有5人轻伤。

5. 起重吊装作业

（1）起重作业

① 起重作业：是指利用起重机械将设备、工件、器具材料等吊起，使其发生位置变化的作业过程。

② 起重机械：是指用于垂直升降或者垂直升降并水平移动重物的机电设备，其范围规定为额定起重量大于或者等于0.5t的升降机；额定起重量大于或者等于1t，且提升高度大于或者等于2m的起重机和承重形式固定的电动葫芦等。

③ 起重机械的类型：桥式起重机、门式起重机、装卸桥、缆索起重机、汽车起重机、轮胎起重机、履带起重机、铁路起重机、塔式起重机、门座起重机、桅杆起重机、液压提升装置、升降机、电葫芦及简易起重设备和辅助用具(如吊篮)等。

④ 起重作业的分级：按起吊工件重量和长度划分为三个等级：

一级：重量100t及以上或长度60m及以上；

二级：重量40t(含40t)至100t；

三级：重量40t以下。

（2）现场起重吊装作业检查重点(严重不符合项)

① 大中型设备、构件、特殊天气条件下的吊装作业及在开工装置和高压线路周围等进行吊装作业时，未编制施工方案、施工安全措施和未制定应急预案；

② 起重机未安装荷载限制装置或不灵敏；未安装行程限位装置或不灵敏；

③ 起重机制动机构不完整、灵敏可靠；

④ 钢丝绳磨损、断丝、变形、锈蚀达到报废标准；

⑤ 卷筒、滑轮磨损、裂纹达到报废标准；卷筒、滑轮未安装钢丝绳防脱装置；

⑥ 自制、改造和修复的吊具、索具等简易起重设备，没有设计资料；

⑦ 在制动器、安全装置失灵、吊钩螺母防松动装置损坏、钢丝绳损伤达到报废标准等情况下继续起重操作；

⑧ 起重机作业地面承载能力不能满足作业要求；

⑨ 遇5级及以上大风或大雪、大雨、大雾等恶劣天气时，继续从事露天作业；

⑩ 当起重臂、吊钩或吊物下面有人，吊物上有人或浮置物时进行起重作业；

⑪ 卷扬机作业没有专人操作、专人指挥，钢丝绳穿越通道时无专人看管或设置围挡等隔离措施；

⑫ 吊装过程，吊车司机没有指挥令擅自离开岗位；

⑬ 吊车工作、行驶或停放时未与沟渠、基坑保持一定的安全距离；

⑭ 吊车支腿支在地下井、管沟、涵洞、桥面、地下管线、挡土墙等易损建筑物上；

⑮ 作业过程中扳动吊车支腿操纵阀调节支腿；

⑯ 使用起重机运载人员；

⑰ 吊物捆绑、吊挂不牢或不平衡而可能滑动时进行起重操作；

⑱ 绑挂和起吊不明重量或与其他重物相连、埋在地下或与地面和其他物体冻结在一起的重物；超载或斜拉工件；

⑲ 起重机工作时，进行维修和检查，在有载荷的情况下调整起升、变幅机构的制动器；

⑳ 起重机械及其臂架、吊具、辅具、钢丝绳、缆风绳和吊物靠近高低压输电线路。确需在输电线路近旁作业时，必须按规定保持足够的安全距离，否则，应停电进行起重作业。

㉑ 注意起重机械、吊索、吊具及设备与架空输电线路间的最小安全距离，见表 5-3。

表 5-3　输电线安全距离

项目	输电导线电压/kV						
安全距离（米）	<1	10	35	110	220	330	500
	2.0	3.0	4.0	5.0	6.0	7.0	8.5

㉒ 起重作业十不吊：

一、无专人指挥、指挥信号不明不吊；

二、设施有安全缺陷、支撑不安全不吊；

三、吊物固定状态未消除、有附着物不吊；

四、吊物未拴引绳、无人牵引不吊；

五、吊物上站人、危险区域有人不吊；

六、吊物内盛有过多液体不吊；

七、斜拉不平、超载不吊；

八、吊物棱刃未加衬垫不吊；

九、与输电线路无安全距离不吊；

十、环境恶劣、光线不足不吊。

㉓ 起重作业八严禁

一、严禁人员站在起吊区域内或从吊起的货物底下钻过；

二、严禁站在死角或吊车边上；

三、严禁站在起吊物体上；

四、严禁用手校正吊高半米以上的物体；

五、严禁用手脚伸入已吊起的货物下方直接取垫衬物；

六、严禁重物下降时快速重放；

七、严禁用起重机拉动车辆和撞击物；

八、严禁在路基松软的场地起吊。

（3）事故案例

石油工程建设公司“8·11”起重伤害事故。2015 年 8 月 11 日，石油工程建设公司胜利油建广西液化气项目部焊接一机组进行布管作业。上午 7：30 完成吊装准备并进行了平地试吊，8：27，40T 吊管机吊起 6. 5 吨二接一管段，机组长张××在吊管机上方坡道指挥，吊管机倒车上行了 25 米时，尾部翘起，操作手起身观望，吊管机纵向翻滚，将操作室挤压变形并与主机分离，甩至作业带，操作手梁×被挤压致死，吊管机滚落到作业带外冲沟内。

直接原因：项目部现场机组违规在超过 20°的坡道上使用吊管机违章布管作业，同时现场指挥不到位，操作手操作不当，致使吊管机翻滚，操作室被挤压变形甩离主机，操作手梁×被挤压致死。

管理原因：

盲目违章施工。一是施工人员未确认现场施工条件，没有发现作业带坡度超过 20°及其重大作业风险；二是起重指挥在爬坡时，视线脱离运行中的吊管机，未能按规范要求有效地进行全过程指挥；三是安全员对现场存在的风险认识不足，没有对布管作业进行重点监控。

管理混乱、监管不到位。一是施工时未识别出现场环境已较编制方案时的环境发生了变化，没有识别出在实际超过 20°的坡度进行作业的重大风险，没有按施工组织设计批准的文件要求修改施工方案；二是制定的管道安装施工措施针对性不强，在施工前没有编制具体施工方案、安全技术措施上报业主和监理审批；三是施工前没有组织检查和开工条件确认。

作业制度不健全、执行不力。一是作业管理制度不健全，没有根据实际风险制定坡道布管风险分级管理规定；二是对制度落实检查指导不到位，现场安全操作规程中未查见胜利油建公司的吊管机安全操作规程。

广西天然气管道有限责任公司施工监管不到位。天然气公司广西管道公司项目管理分部对大坡度施工作业危害识别、风险评估重视不够，委托的监理单位对大坡度施工重大风险管控不力，在方案审查、巡检过程中没有识别出山区较大坡道施工安全隐患并采取相应的监管措施。

根本原因：领导干部重生产、轻安全，重经营、轻管理，安全意识淡薄，没有把一线作业人员（含承包商人员）的安危当回事，导致一线管理混乱、事故频发。

事故教训：项目部对山区管道施工作业重视程度不够。因同类施工多次，施工人员思想麻痹，凭经验施工，仅依据图纸和 2014 年对坡道测量结果制定施工方案，2015 年 8 月 11 日施工前未对坡道的坡度进行复核，制定的施工方案缺乏针对性。

现场施工人员对岗位职责、操作规程学习不够，安全意识不高、操作技能不强。

风险管理没有落到实处。该起事故仅识别出了侧翻的风险，未能正确识别出吊管机坡道作业时产生纵向翻滚的风险因素，未采取相应的措施。

6. 临时用电

（1）临时用电

① 临时用电定义：是指在正式运行的电源上所接的非永久性用电。

② 临时用电的主要危害：触电、火灾、爆炸、人身伤害、坠落

③ 触电：用电过程中，因设备绝缘或老化损坏，人体裸露部分与带电体接触，人体对地绝缘达不到要求，电流流过人体而受电击伤害。

④ 火灾、爆炸：用电过程中，用电设备、工具产生的火花引燃危险物质而引发火灾、爆炸。

（2）现场临时用电检查要点

① 临时用电线路及设备的绝缘应良好；

② 临时用电的电源线必须采用橡胶护套绝缘电缆；

③ 临时用电架空线应采用绝缘铜芯线，设在专用电杆上，严禁设在树木和脚手架上。架空线最大弧垂与地面距离，在施工现场不小于 2.5m，穿越机动车道不小于 5m；

④ 对需要埋地敷设的电缆线路应设“走向标志”和“安全标志”。电缆埋地深度不应小于 0.7m，穿越公路时应加设防护套管；

⑤ 现场临时用电配电盘、箱应有编号和防雨措施，离地距离不少于 30cm；盘、箱、门牢靠关闭；

⑥ 在开关上接引、拆除临时用电线路时，其上级开关应断电上锁并加挂安全警示标牌；

⑦ 照明变压器必须使用双绕组型安全隔离变压器，一、二次应装熔断器，行灯电压不应超过 36V，在特别潮湿的场所或塔、釜、槽、罐等金属设备作业装设的临时照明行灯电压不应超过 12V；

⑧ 临时用电线路的漏电保护器的选型和安装必须符合《剩余电流动作保护器的一般要求》（GB 6829）和《漏电保护器安装和运行的要求》（GB 13955）的规定。临时用电设施应做到“一机一闸一保护”，开关箱和移动式、手持式电动工具应安装符合规范要求的漏电保护器。

（3）事故案例

2010 年 5 月 31 日，广西石油南宁分公司承包商实施仓库建设项目。因下雨积水影响施工和材料堆放，承包商员工用潜水泵抽水作业，引发触电事故，导致商某死亡。

事故原因：潜水泵呈漏电状态，连接潜水泵的电机没有接地保护线。抽水作业属于设备用电作业，没有办理许可程序，承包商可能办理了许可用电手续，但抽水用电不在工作之内，许可人对用电环节不清楚；工作负责人没有对所用的用电设施进行检查；现场电源要做到一机一闸一保护的漏电保护安全技术措施不到位。

7. 动土作业

（1）动土作业

动土作业是指在生产运行区域（含生活社区）的地下管道、电缆、电信、隐蔽设施等影响范围内，以及在交通道路、消防通道上进行的挖土、打桩、钻探、坑探地锚入土深度在 0.5 米以上的作业；使用推土机、压路机等施工机械进行填土或平整场地等可能对地下隐蔽设施产生影响的作业。

（2）动土作业现场检查要点

1）作业前的安全措施

① 动土前，施工单位应按照施工方案，逐条落实安全措施，并对所有参加作业的人员进行安全教育和安全技术交底，所有作业人员必须了解安全作业规程和应急程序；

② 施工单位应对作业现场及作业涉及的设备设施、现场支撑等情况进行检查，发现问题应及时处理；

③ 动土作业负责人应有地下设施的平面布置图并懂得如何使用。查看动土区域是否有明显的地下设施标记，例如阀盖或路面修补痕迹。如果有，请详细描绘该地下设施，同时在地面做好标记；

④ 确定周边的建筑结构是否需要临时支撑，必要的时候要打钢板桩。确认动土作业不会影响附近脚手架或其他建筑结构的基础。有些墙体的基础可能很浅，即使是很小的挖掘震动也可能破坏它们；

⑤ 作业开始前必须制定抽水或排水方案，如井点降水，准备好相关设备以处理动土期间可能出现的渗水情况。

⑥ 作业过程中需要注意的安全措施：

⑦ 在开挖区域内作业时必须穿戴合适的个人劳动保护用品；

⑧ 人员进出开挖区域，必须提供合适的梯子或其他安全通道；

⑨ 除操作和驾驶人员外，现场其他工作人员应与正在移动的挖掘设备保持足够的安全距离，防止人员被设备碰伤；

⑩ 作业时应由上至下逐层挖掘，严禁采用挖空底脚和挖洞的方法；

⑪ 挖掘过程若遇有地下设施、混凝土或管线时，必须立即停止所有作业，同时向建设单位管理人员汇报处置。待查清情况，采取有效措施后，方可继续施工；

⑫ 开挖过程中，如果出现滑坡、塌方或其他险情时，必须立即停止作业，撤出作业人员及设备，挂出明显标志的警告牌。通知设计、工程建设和安全等有关部门，共同对险情进行调查处理。同时划出警戒区，设置警戒人员。夜间设置警示灯；

⑬ 现场所有的开挖区域必须安放合适的硬防护栏及警示牌，防止人员及车辆进入敞开的开挖区域内；

⑭ 使用的设备应该远离开挖区域边缘，放置于牢靠的位置；

⑮ 为防止坍塌，在开挖区域四周放坡时应用护板或其他支撑系统进行支撑；

⑯ 禁止人员进入没有支撑或放坡的开挖区域；

⑰ 不应在坑、槽、井、沟内休息；

⑱ 不要将废弃物或其他材料堆放在开挖区域附近。因为废弃物可能会落入该区域，而且额外的负荷将更容易使开挖边缘倒塌；

⑲ 挖掘出来的泥土不应堆积在挖掘区域旁边，堆放点离挖掘区域的距离最好大于挖掘深度，至少要超过 0.8 米，而且堆积高度不宜超过 1.5 米；

⑳ 挖掘深度大于 2m 时，应设置应急逃生通道；

㉑ 进行夜间挖掘作业必须保证有足够的照明。如果作业区域的人员全部撤离且现场存在照明不良的情况，应设立警示灯；

㉒ 在化工危险场所动土时，应与有关操作人员建立联系，当生产装置发生突然排放有害物质时，操作人员应立即通知动土作业人员停止作业，迅速撤离现场；

㉓ 在消防主干道上的动土作业，必须分步施工，确保消防车顺利通行。如影响消防通道，或者中断交通，必须向上级主管部门与消防主管部门报告。

㉔ 根据国标《化学品生产单位特殊作业安全规范》中的断路作业规定执行，应在断路的路口和相关道路上设置交通警示标志，在作业区附近设置路栏、道路作业警示灯、导向标等交通警示设施；

2）进行人工挖掘需要注意的安全措施

① 当进入深度超过 1.2 米的开挖区域时，应进行受限空间作业风险分析，同时办理受

限空间作业许可证；

② 当开挖区域内可能存在有害气体时，必须检测这些有害气体，并确保有足够的氧气含量；

③ 开挖时，施工单位应指定专职监护员一直在现场负责；

④ 开挖区域四周必须有合适的支撑或放坡；

⑤ 两个以上作业人员同时挖土时应相距 2m 以上，防止工具伤人。

⑥ 使用机械或大型设备动土需要注意的安全措施：

⑦ 大型挖掘设备的操作人员应具备资质，并持有效证件；

⑧ 机械或设备工作时要有合格的监护员监护；

⑨ 当动土作业点离地下设施不足 0.5 米时应停止工作。使用手动工具进行人工动土直到地下设施被识别；

⑩ 要在挖掘机配重回转路径的周围设置警戒区域。严禁在离电缆 1 米距离内作业；

⑪ 除指定的专业人员外，不允许任何人进入机械或设备的作业区域；

⑫ 施工结束时应及时回填土石，并恢复地面设施。

（3）事故案例

在青岛大炼油工地坍塌死亡事故。10 月 16 日 13 时 34 分左右，宁波工程公司分包商——北京友安盛防火技术公司在青岛大炼油工地柴油罐区南侧防护堤外与 7#道路之间，进行消防管线碰头焊接作业。开挖沟土方突然发生坍塌（开挖沟尺寸：长 4 米、宽 1.2 米、深 1.8 米，坍塌范围：长 3 米、宽 0.6 米、深 1.8 米），正在沟内作业的电焊工张新怀（男，39 岁）被土方掩埋。13 时 50 分救出后送医院抢救，经抢救无效死亡。

事故直接原因是施工过程中没有采取放坡处理，也没有采取有效的支护措施，再加上开挖区域为回填土，上部为沙土、1.5 米以下为粉煤灰，开挖后粉煤灰遇水流失，导致塌方。施工作业前没有执行安全措施交底，没有落实施工方案；现场封闭化管理存在漏洞，当事人没有办理入厂手续，也没有进行入场安全教育等，也是事故发生的主要原因。

8. 断路作业

（1）断路作业

断路作业是指在化学品生产单位内交通主、支路与车间引道上进行工程施工、吊装、吊运等各种影响正常交通的作业。

（2）断路作业现场检查要点

① 作业前，作业申请单位应会同本单位相关主管部门制定交通组织方案，方案应能保证消防车和其他重要车辆的通行，并满足应急救援要求。

② 作业单位应根据需要在断路的路口和相关道路上设置交通警示标志，在作业区附近设置路栏、道路作业警示灯、导向标等交通警示设施。

③ 在道路上进行定点作业，白天不超过 2h、夜间不超过 1h 即可完工的，在有现场交通指挥人员指挥交通的情况下，只要作业区设置了相应的交通警示设施，即白天设置了锥形交通路标或路栏，夜间设置了锥形交通路标或路栏及道路作业警示灯，可不设标志牌。

④ 在夜间或雨、雪、雾天进行作业应设置道路作业警示灯，警示灯设置要求如下：采用安全电压；设置高度应离地面 1.5m，不低于 1.0m；其设置应能反映作业区的轮廓；应能

发出至少自 150m 以外清晰可见的连续、闪烁或旋转的红光。

⑤ 断路作业结束后，作业单位应清理现场，撤除作业区、路口设置的路栏、道路作业警示灯、导向标等交通警示设施。申请断路单位应检查核实，并报告有关部门恢复交通。

（3）案例

2009 年 4 月 28 日上午 10 时，23 岁孙某骑车经过西潼高速涵洞通道时，不慎连人带车滑落进深坑，后送镇卫生院，经抢救无效身亡。

事发现场为西潼高速涵洞通道一处施工点，事发前现场缺少安全警示和防护设施。

9. 射线作业

（1）射线作业

射线作业是对工艺管道、设备、容器的焊缝进行无损探伤，检验焊缝质量的一项技术手段。射线是电离辐射一部分，电离辐射的能量很高，能导致人体组织器官系统功能紊乱，如出现白内障、皮肤烧伤、脱发、骨髓内细胞的减少而引发造血障碍、白细胞低下，生理功能低下，大剂量的辐射，可造成组织细胞的集体损伤，导致残疾和死亡。

（2）射线作业基本要求

1）射线作业单位资质要求

射线作业单位必须依法取得有效的《辐射安全许可证》，射线作业人员取得《放射工作人员证》、《放射性同位素与射线装置安全知识培训合格证书》等；禁止无证或者不按照规定的种类和范围进行射线作业。

2）射线作业人员安全培训

探伤作业人员上岗前要进行必要的放射性知识培训并经考试合格以及属地的二级安全教育方可进行作业。监护人与其他作业监护资质相同，须持公司规定监护证件上岗监护。

3）射线作业许可证

① 任何单位在进行射线探伤作业前必须办理《射线作业许可证》，严格按许可范围、时间和安全防护要求进行探伤作业。射线作业必须以网络、书面方式告知受影响的相关单位，告知中须说明作业区域、位置和时间以及射线探伤的类型、防护距离要求等，并通知到各生产装置的相关人员。

② 许可证只限当日、当班、当作业地点有效（X 射线最长为 3 天）。

③ 射线作业时间一般都是夜间 22 时至次日凌晨 6 时，不得擅自提前或推后。

④ 作业工作批准后，射线作业单位在射线作业前一个小时应开始射线作业准备工作，在警戒灯、警戒绳、警戒人员布置到位后，射线作业单位派人通知射线所在单位值班人员进行检查确认。射线所在单位值班人员在接到通知后，必须对射线作业地点进行检查确认。

⑤ 如果进入设备、管道、容器（球罐、塔、釜）内进行探伤作业除应办理射线作业许可证外还要同时办理受限空间作业许可证，落实各项安全措施。

（3）事故案例

1996 年 1 月 5 日吉林市吉化建设公司，在 γ 探伤结束后，由于照明灯发生故障，工作人员麻痹大意，违反操作规程，将源掉在施工现场，后被一民工捡到，带回宿舍致使 10 人受照，1 人得急性放射病，双下肢、一上肢截掉，经济损失达 50 多万元。

10. 管线打开

（1）管线打开

管线打开是指使用任何方式使输送危险物料的管线(含设备)组成部分形体分离，包括通过火焰加热、打磨、切割或钻孔等方式使管线完整性改变的过程。以下情况都属于管线打开：解开法兰；从法兰上去掉一个或多个螺栓；打开阀盖或拆除阀门；调换8字盲板；打开管线连接件；去掉盲板、盲法兰、堵头和管帽；断开仪表、润滑、控制系统管线，如引压管、润滑油管等；——断开加料和卸料临时管线(包括任何连接方式的软管)；用机械方法或其他方法穿透管线；开启检查孔；微小调整(如更换阀门填料)；其他。

中石化2013~2015年(36个月)按设备口径的事故统计：发生火灾爆炸事故最多的设备是工艺管线。其次是储罐、泵、加热炉、长输管道等，如图5-1所示。

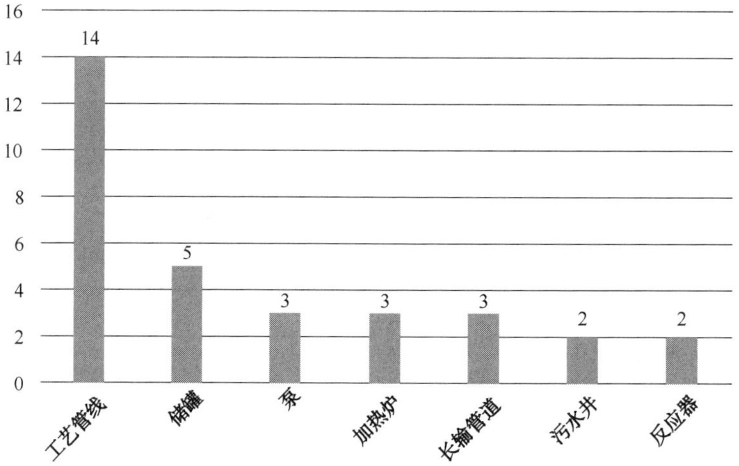

图5-1　按设备口径的事故统计

（2）管线打开作业管理重点

① 需要打开的管线或设备必须与系统隔离，其中的物料应采用排尽、冲洗、置换、吹扫等方法除尽。清理合格应符合以下要求：系统温度介于-10~60℃之间；已达到大气压力；与气体、蒸汽、雾沫、粉尘的毒性、腐蚀性、易燃性有关的风险已降低到可接受的水平，见表5-4。

表5-4　设备吹扫置换时间控制表

设备类型	吹扫时间/h	具体要求
塔	≥60	该时间指总蒸吹时间且阀前的蒸汽压力不得小于0.5MPa，蒸塔与冲洗过程可交替进行
容器	≥24	该时间指容器退净物料后，从容器顶出蒸汽计起
汽油和石脑油贮罐	≥36	该时间指有密封胶囊油罐，对汽油和石脑油贮罐顶蒸罐8小时(从罐顶见汽起计时)，蒸罐时控制罐内温度不起过100℃；加盲板和开人孔后连续蒸罐24小时，拆密封胶囊后再蒸罐4小时(注：非海绵填充物密封可不拆)
柴油、煤油贮罐	≥30	该时间指顶蒸罐6小时，加盲板和开人孔后连续蒸罐24小时，一般要求开人孔自然通风8小时后方进行气体采样

续表

设备类型	吹扫时间/h	具体要求
其他类型油罐	≥48	所有油罐均要求退净罐内存油，通过抽污线等低点把罐内存油尽可能抽空。对罐底低洼、调和喷嘴、脱水槽灯处残余油通过垫水置换方法，残余油处理干净后用蒸汽蒸吹，最后用水冲洗干净，清净罐内残留物
冷换设备	≥24	该时间指用阀前压力不小于 0.5MPa 的蒸汽吹通后的吹扫时间，对多组的冷换设备要调节好蒸汽分配量，有三通调节阀流程的要注意调节仪表，加强检查，防止漏吹或蒸汽走短路
轻油管线	4	
液态烃、瓦斯和重油管线	≥8	所有时间指用阀前压力不小于 0.5MPa 的蒸汽吹通后的吹扫时间。工艺管线吹扫时要注意检查管线的盲肠和闲置部分，防止漏吹或蒸汽走短路
加热记管线	≥24	

② 管线打开前并不能完全确认已无危险，应在管线打开之前做好以下准备：确认管线（设备）清理合格。采用凝固（固化）工艺介质的方法进行隔离时应充分考虑介质可能重新流动；如果不能确保管线（设备）清理合格，如残存压力或介质在死角截留、未隔离所有压力或介质的来源、未在低点排凝和高点排空等，应停止工作，重新制定工作计划，明确控制措施，消除或控制风险。

③ 管线打开作业中的注意事项：管线打开的个人防护，无论系统是否已做好准备，都必须准备好使用个人防护装备；人员应避免站在管内物质可能喷出的位置；从设备/管线最小部分着手，以便有效控制意外发生；打开管线前从情况的最坏角度考虑管线内泄露物质的毒性、体积、温度及压力等；当螺栓严重腐蚀，考虑发生意外时的控制措施；分离两段管道时，应充分考虑管道分离后的弹性势能是否会对作业人员产生伤害，必要时应将管线用外力固定；使用机械设备打开管线时应事先确认是否需要执行动火作业和临时用电管理标准，同时注意避免机械损伤、触电、灼伤。

④ 管线打开许可的终止条件：作业环境和条件发生变化；作业许可证规定的作业内容发生改变；现场作业与工作计划发生重大偏离；发现有可能发生立即危及生命的违章行为；现场作业人员发现重大安全隐患；事故状态下。

⑤ 工作完成后，生产单位与施工单位应对现场进行检查，确认：管线及设备是否可安全操作；环境整洁是否达到标准；所有残留化学品是否被清理干净；围绳/栏是否移除。

（3）事故案例

2015 年 7 月 26 日 6 时 38 分，中石油庆阳石化公司常压蒸馏装置操作工巡检时，发现渣油/原油换热器 E-117/D 浮头丝堵渗漏并伴有冒烟现象。随后，检维修公司派 3 名人员赶赴现场处理泄漏点。7 时 01 分，丝堵在处理过程中突然崩出，热油喷出着火，造成正在换热器上方平台现场进行保温作业的徐州市防腐工程总公司 3 名员工死亡，另有 4 人受伤。这次事故直接原因是：换热器 E-117/D 浮头丝堵泄漏，高温渣油（约 340～360℃）喷出后遇空气自燃着火。该事故曝露出的问题有（1）该公司设备检维修管理不到位，管理不严格；（2）在检修过程中未通知危险区域内的其他人员撤离。

二、直接作业环节常见违章行为

1. 动火现场无消防设备或消防器材。
2. 动火部位与生产系统没有有效断开。
3. 动火部位 5m 以内有易燃物。
4. 没有逃生通道。
5. 逃生通道上有障碍物。
6. 动火监护人离岗，做与监护无关的工作。
7. 5 级(含 5 级)以上风力动火作业。
8. 高空动火作业没有可靠的防焊渣、火花溅落措施。
9. 乙炔瓶卧放使用。
10. 电气焊(气割)作业人员无证操作。
11. 现场动火级别高于动火票的级别。
12. 动火作业内容与火票不符。
13 动火作业中有受限空间、高空、临时用电作业，无相应的作业票。
14. 进入带有转动部件的受限空间作业，其电源线路与开关之间未设置明显的断开点并设警示牌。在开关上未挂“有人检修、禁止合闸”等内容的警示牌，未设专人监护。
15. 作业人员在进入有限空间作业前，监护人员对有限空间进行安全检测少于两次，间隔时间少于 20 分钟。
16. 在有限空间作业过程中，监护人员对有限空间进行安全检测时间间隔超过 20 分钟要求。
17. 作业中断 30 分钟以上，人员再次进入有限空间的，未重新进行安全检测。
18. 进入有限空间场所的(如阀池、地下泵房等)，未执行“先检测，后进入”。
19. 受限空间配置有强制通风设施的(不包括固定检测与通风联动的设施)，进入前，未开启通风。
20. 进入受限空间作业使用的照明灯具的电压大于 24V。
21. 在金属设备内和特别潮湿场所作业，所用灯具电压大于 12V。使用手持电动工具无漏电保护设备。
22. 当作业环境原来盛装爆炸性液体、气体等介质的，使用非防爆电筒，使用电压大于 12V 的非防爆行灯，行灯变压器放在容器内或容器上，使用非防爆工具。
23. 进入特别狭小的空间作业，作业人员未系(带)安全可靠的保护绳。
24. 进入受限空间未设专人监护，监护人未掌握进入受限空间作业人员数量以及联络方式。
25. 作业现场未按照方案配备救护用具。
26. 进入含有硫化氢的场所作业时，不使用硫化氢报警仪进行实时监控。
27. 检修、施工和生产区域井、地沟、池盖不盖好。
28. 高处作业人员身体条件不符合要求。

29. 高处作业人员对现场状况及存在的危害不了解。

30. 在行人道口或人口密集区从事高处作业，工作地点的下面不设围栏、未设专人看守或其他安全措施。

31. 高处作业，架排不牢固，防护栏、平台、爬梯腐蚀严重；材料、器具、设备残缺。

32. 高处作业现场无警戒线、安全警示标志；擅自拆除孔洞盖板、栏杆、隔离层或因工作需要拆除附属设施时不设明显标志并及时恢复。

33. 作业时嬉戏打闹、酒后作业、靠在护栏上打盹。

34. 高处作业未正确栓挂安全带、安全带无挂钩、安全带系挂在直径小于 25mm 以下管线上。

35. 登石棉瓦、瓦楞板等轻型材料作业时，未采取了必要的安全防护措施。

36. 高处作业人员随手上下抛掷器具、材料，把小型工具装在工服兜内上高空作业；进行设备维护时将工具随意放在设备上。

37. 平台上杂物较乱，平台、护栏孔洞未遮盖。

38. 在梯子上作业，人爬梯不注意逐档检查、无人扶梯子或梯子架设在不稳定的支持物上、在底部垫高梯子，或梯子无防滑措施。

39. 无相应起重、指吊、挂钩（架工）等特殊工种操作证，进行起重、指吊、挂钩（架工）等作业。

40. 使用断股、开岔、绳芯外露的钢丝绳进行起重、吊装作业，或者使用麻绳等不符合吊物要求的绳索进行作业。

41. 起吊物、钢丝绳与铅垂面有较大夹角（斜吊），斜拽或试图吊起埋在地下的物体（与地面凝结或有较强粘连、部分埋住等）。

42. 起吊现场无人指挥、指挥人员信号不明确。

43. 起吊物有尖锐棱角，不进行包裹、垫衬就挂钩起吊。

44. 起吊物重量超出起重机负荷能力，仍然进行作业。

45. 起重机限位装置、制动装置、警报装置等安全设施、设备有故障、没安装等进行起重作业。

46. 起重作业现场光线不足、视线受限制等，进行起重作业。

47. 起重作业现场上空有管线、高压输电线路等，而不能保证吊杆与这些线路保持足够距离，进行起重作业。

48 人员在吊物上或吊物下方，进行起重作业。

49. 吊车作业前选择松软地面、或有沉陷地面，而又不进行垫平即开始作业。

50. 挂钩时不戴帆布手套。

51. 起重作业中，起重作业人员精力不集中，看书报、吃东西、吸烟和闲谈。

52. 现场指挥人员不确定，或者不只一个指挥人员指挥。

53. 起吊串联在一起的多个物体或临时连接在一起的多个部件。

54. 安装、维修、拆除临时用电设备及线路作业的人员没有电工资格证。

55. 电缆绝缘破损。

56. 架空临时线路未采用绝缘导线。

57. 室外临时用电配电盘(箱)及开关、插座无防水措施。

58. 固定式配电箱、开关箱的下底与地面的垂直距离<1. 3m，>1. 5m；

59. 移动式分配电箱、开关箱的下底与地面的垂直距离<0. 6m，>1. 5m。

60. 移动工具、手持工具等用电设备无各自的电源开关。

61. 未实行“一机一闸”制，同一开关直接控制二台或二台以上用电设备。

62. 施工现场用电设备无保护接地。

63. 在电源进线处未安装漏电保护装置。

64. 照明用行灯电源未采用安全电压供电，灯泡外部无金属保护网。

65. 在潮湿和易触及带电体场所的照明电源，电压>24V，在特别潮湿场所或金属容器内工作的照明电源，电压>12V。

66. 在易燃易爆场所施工，行灯为非防爆型。

67. 在易燃、易爆生产作业场所使用的电气设备不具有防爆性能。

68. 送电操作顺序不符合：总配电箱—分配电箱—开关箱。

69. 停电操作顺序不符合：开关箱—分配电箱—总配电箱(出现电气故障的紧急情况除外)。

70. 临时电源暂停使用时，未在接入处断开电源。

71. 搬迁或移动用电设备时，未先断开电源。

72. 配电箱未保持整洁、干燥。

73. 对夜间有车辆通行的施工场所，未设置醒目的红色信号灯，其电源未设在施工现场电源总开关的前侧。

74. 临时用电地点与内容与作业票不一致。

75. 盲板的厚度没有经过计算确定，盲板厚度低于管壁厚度。

76. 用铁皮或石棉板代替盲板。

77. 盲板位置不是在来料阀门的后部法兰处，盲板两侧只在一侧加垫片，没用螺栓紧固，保护法兰密封面及严密性。

78. 在同一管道上同时进行两处及两处以上的盲板抽堵作业。

79. 在易燃易爆场所进行盲板抽堵作业时，作业人员没穿防静电工作服、工作鞋；距作业地点 30 米内有动火作业。

80. 盲板抽堵作业没有实行一块盲板一张作业票的管理方式。

81. 动土作业靠近地下管线、电缆、建构筑物和设施基础等处施工时，盲目使用挖掘机、铁棒、镐头施工。

82. 动土作业没有设置护栏、盖板和警告标志，夜间没有悬挂红灯示警。

83. 占道动土施工作业没有在路口设置交通挡杆、安全灯和断路标识。

84. 到与地漏、下水井、阀门相连的动土作业，没有按有限空间、动火作业等落实安全措施。

85. 挖掘土方没有自上而下进行，采用挖底角的办法挖掘。

86. 坑、槽、井、沟壁疏松的情况下挖掘坑深度超过 1.5 米时，没有设置安全边坡或固壁支架；挖出的泥土堆放和材料距离坑、槽、井、沟的边沿不足 0.8 米，高度超过 1.5 米。

87. 使用汽油等易燃液体擦洗设备、工器具等。

88. 酒后、疲劳、无证、超速、超员驾驶，人货混载、超标装载、车辆带病行车，驾驶车辆时接打电话等。

89. 机动车辆进入生产装置区和罐区作业未办理“通行证”，车辆不按规定路线行驶，进入易燃易爆区未安装阻火器。

90. 进入生产和施工检修现场不按规定佩戴和使用劳动防护用品、用具。如：进入生产现场穿钉子鞋、凉鞋、拖鞋、高跟鞋，不穿工服，夏天穿短袖，上衣敞怀，女工长发未盘等。进入生产厂区，不佩戴安全帽或佩戴安全帽不系下颚带，岗位操作时不戴防酸碱手套、防毒面具，不带防酸碱面罩、眼镜，不戴耳塞、耳罩和口罩等。使用超过安全期不合格的劳动防护用品。

91. 在防爆区域和部位作业用用非防爆器材或工具。

92. 不严格执行施工和检修票证管理制度。如动火、临时用电、进入受限空间、高处、其中、动土、断路、危化品、带压堵漏、设备检修等作业不按规定办理相关作业票证。票证办理审批手续不全、越级代签、涂改字迹不规范、不到现场确认，未按时取样分析等现象。票证规定的安全措施没有落实或落实不具体，超限期使用，作业地点、内容、级别与实际不符。

93. 特种作业人员未取得特种作业证上岗，非特种作业人员受上级指派或私自从事特种作业。

94. 特种作业无监护人员，监护人没有确认和落实安全措施或擅离职守，监护人员代替操作人员进行作业。

95. 未经许可私自动用、取消安全消防设施或器材，私自占用防火间距或堵塞消防通道，扇子封闭防火门或者紧急疏散通道门。

96. 作业现场未按要求设置围栏；作业人员擅自穿、跨越安全围栏或超越安全警戒线。

97. 作业人员擅自扩大工作范围、工作内容或擅自改变已设置的安全措施。

98. 安全防护装置未按规定使用。

99. 在工作场所存放易燃物品。

100. 专责监护人不认真履行监护职责，从事与监护无关的工作。

101. 各项操作前不核对设备名称、编号、位置，不执行确认制度。

102. 随意扔、倒或排放易燃、易爆、有毒、有害废弃物。

103. 在易燃易爆区使用铁制工具进行开、关阀门，拆卸螺丝、法兰等作业。

104. 手插衣兜巡检。

105. 检修前，工作负责人未向全体工作成员介绍工作内容，不明确工作范围和危险辨识，安全措施不交代或交代不清，盲目开工。

106. 工作许可人未按工作票所列安全措施及现场条件，布置完善工作现场安全措施。

107. 检修完毕，在封闭风洞盖板、风洞门、罐、塔、压力容器人孔前，未清点人数和工具，未检查确无人员和物件遗留。

108. 工作负责人在工作票所列安全措施未全部实施前允许工作人员作业。

109. 在装置临时抢修或进行动火作业时，使用铁皮、石棉板等代替盲板。

110. 动用不是自己分管的设备、工具。

111. 停机检修后的设备，未经彻底检查确认即启动。

112. 检修完毕，在封闭设备、塔器、水管和压力容器人孔前，未清点人数和工具，未检查确无人员和物件遗留。

113. 不按规定使用合格的安全工器具、使用未经检验合格或超过检测周期的安全工器具进行作业(操作)。

114. 不使用或未正确使用劳动保护用品，如使用砂轮不戴护目眼睛，装卸酸碱时不戴手套等。

115. 巡视或检修作业，工作人员或机具与带电体不能保持规定的安全距离。

116. 起重作业忽视上方高压输电线路。

117. 将运行中转动设备的防护罩打开；将手深入运行中转动设备的遮拦内；戴手套或用抹布对转动部分进行清扫或进行其他工作。

118. 在带电设备周围使用钢卷尺、皮卷尺和线尺(夹有金属丝者)进行测量工作、在带电设备附近使用金属梯子进行作业。

119. 工作中设备突然停电，便认为设备已断电，放弃防触电的保护措施。

120. 管线打开、设备检修等未确认交出条件，带压打开管线、设备。

121. 检修时会引起设备移动而未采取限制、防护措施或不装设遮拦或围栏。

122. 跨越运转中皮带、卷扬机牵引用的钢丝绳。

123. 装置区内管线、设备发生泄漏，需要抢修时，不注意观察风向，不能从上风口接近泄漏点。

124. 进入易燃易爆环境未按规定做消除静电处理、携带火种或接打手机。

125. 使用汽、柴油等有机溶剂擦拭设备、场地或用湿布擦拭带电电气设备。

126. 封闭或阻塞安全通道。

127. 现场高风险作业没有实行属地和承包商双监护。

128. 易燃、易爆物品或各种气瓶不按规定储运、存放、使用。

129. 管线、设备试压用压缩气体代替水进行强度试验。稳压期间，检查受压设备和管道的法兰、盲板、压力表时，禁止站在法兰、盲板的对面，读表时视试验压力确定站位安全距离，水压试验不少于 2 米。

130. 管线打开不是从设备或管线最小部分着手；未能做到松螺栓时由远到近，(如果设备内部有意外的蓄压则可从远离人员的开口处喷出，而不致直接伤及工作人员)；在管线打开时同时拆除所有螺栓，在有意外泄漏时未立即重新锁紧，没有准备防护罩防止喷溅；

(当螺栓全部拆除前，应先松动法兰；当法兰上的螺栓已严重腐蚀时，在打开前必须先将腐蚀螺栓换掉，更换螺栓时，应视同管线打开；打开管接头时，应先松脱一半，然后从避免喷及人员方向分离以确认管内无残留物。)

131. 值班期间脱岗、串岗；上班时间睡觉、干私活、离岗和做与生产无关的事；带小孩进入生产区内；班前、班中饮酒等违反劳动纪律行为。

132. 叉车行车时带货升降、载人行驶或升降、超速行驶和盲目行驶。

133. 叉车叉子停在半空中时停车或前行。

134. 叉车装运物品时超长、超宽、超高、超载、偏载及单叉作业。

135. 叉车在横向斜坡上作业。

136. 叉车推动（不离地）物品行驶或拖带车辆、拉拽物品。

137. 使用大锤前不检查锤头是否松动、有无锤楔。

138. 射线作业，现场未设置警示标志和危害告知。

139. 夜间作业照明不充分，视线不良。

第六章　现场安全管理方法

第一节　5S 管理

海恩里希法则告诉我们，当人的不安全行为、物的不安全状态积累到 30000 次以上，必然发生 1 次员工死亡事故，表明事物的发展规律是一个量变到质变的过程，机泵旁一小块油污没有及时清理、现场杂物没有及时清理等不安全因素积累到一定程度必然是事故，由此可以看出，现场“低标准、老毛病、坏习惯”就是事故的基础，现场“脏、乱、差”就是事故的隐患。消除现场“脏、乱、差”，保持清爽怡人的工作环境，全面推行 5S 管理是行之有效的管理方法，即抓 5S 管理就是抓安全。

一、5S 的基本概念

1. 5S 的由来

5S 现场管理法起源于日本，是指在生产现场中对人员、机器、材料、方法等生产要素进行有效的管理，因为日语中的整理（SEIRI）、整顿（SEITON）、清扫（SEISO）、清洁（SEIKETSU）、素养(SHITSUKE)等罗马文拼写时的第一个字母都为“S”，所以称为“5S”管理法。它最早来源于日本丰田汽车公司管理实践的宝贵经验，也成为“质量管理体系样本”。1955 年，日本的 5S 宣传口号为“安全始于整理、终于整顿”。当时只推行了前两个 S，其目的仅为了确保作业空间和安全。后因生产和品质控制的需要而又逐步提出了后三个 S，也就是清扫、清洁、素养，从而使应用空间及适用范围进一步拓展。就这样，日式产业丰田的倡导推动下，5S 对于塑造企业的形象、降低成本、准时交货、安全生产、高度的标准化、创造令人心旷神怡的工作场所、现场改善等方面发挥了巨大作用，逐渐被世界各国的管理界所认识。由于全面推行 5S 管理，使第二次世界大战后的日本制造业，产品品质得以迅速地提升，为日本奠定了经济大国的地位。

2. 5S 的实施要领

5S 的实施要领见表 6-1。

表 6-1　5S 的实施要领

项目	实施要领	目　　的	核　　心
整理 SEIRI	全面检查工作场所(包括看到与看不到的) 制定“要与不要”判断基准 判定不要物品的处理方法 每月自我检查	清除凌乱根源 腾出空间 防止误用 塑造清爽的工作场所	保留你所需要的东西 清除你不需要的东西

续表

项目	实施要领	目　的	核　心
整顿 SEITON	流程布置，确定放置位置 规定放置方法，确定数量 划线定位，用完后，物归原位 现场标识 整顿三要素：场所、方法、标识 整顿"四定"：定点、定容、定置、定标识 整顿"三易"：易见、易取、易还	工作场所标准、方法一目了然 清除寻找物品的时间 防止现场误操作 创造井井有条的工作程序	定位之后，明确标识 用完之后，物归原位
清扫 SEISO	将生产现场、设备、环境划分责任区 执行例行扫除 建立清扫标准，作业规范如(沟见底、轴见光、设备见本色) 建立清扫检查考核办法，每日进行检查	使岗位变得无垃圾、无灰尘、干净整洁，创造一个一尘不染的环境	达到零故障、零缺陷、零伤害
整洁 SEIKETSU	制定5S实施管理办法 领导带头，定期检查 按办法进行奖惩	成为惯例和制度 养成员工遵守规则的习惯	制度化、定期检查、考核到位
素养 SHITSUKE	长期坚持，才能养成良好习惯 员工共同参与制定行为规范 开展教育培训	提升人的品质 养成良好的工作习惯 树立规则意识 增强员工集体荣誉感 培养团队精神	人造环境 环境育人

实际推行的过程中，很多人却常常混淆了整理、整顿，清扫和清洁等概念，我们可以用图6-1所示几句顺口溜来描述：

整理：要与不要，一留一弃；
整顿：科学布局，取用快捷；
清扫：清除垃圾，美化环境；
清洁：洁净环境，贯彻到底；
修养：形成制度，养成习惯。

图6-1　5S的简洁描述

其实5S就是我们每个人在工作和生活中必须遵守的规则，就是我们自身的行为规范：如我们进行现场的环境清理，一般这样做：首先，清理出现场不要的各种废物、垃圾，并把它们倒掉；其次，把留下来的有用物品进行整齐放置；再次，对现场进行认真的清扫；然后，为保证前一段的工作成果，长期坚持下去，需要划分责任区和确定检查人和检查标准；最后，通过长期的坚持，形成大家随时清洁的习惯。以上的5个阶段就是对应5S管理的整理、整顿、清扫、清洁、素养。

3. 5S与安全

安全是开展5S管理活动的目标之一，而5S是实现安全生产的重要基础和手段。5S管理思路非常简单、朴素，是针对企业中每位员工的日常行为方面提出的要求。5S管理提倡从小事做起，力求方便，每位员工养成事事"讲究"的习惯，从而达到提高整体工作质量，保证安全的目的。从5S管理的每个环节，都可以找到安全的保障方法。通过整理、整顿、清扫做到定置定位，储放无误，防止用错；工作场所内保持宽敞、明亮，道路通畅，消除了物的不安全状态，通过制度化建设，使每位员工严格按规程作业，意外事件的发生率一定会大大降低。通过员工素质的提高，消除了人的不安全行为。5S管理的整理、整顿、清扫、清洁、素养这五个要素之间是从低到高的，这些要素与安全生产都是息息相关的。

（1）整理

日本有的公司提出这样的口号：“效率和安全始于整理”。整理是将人、事、物在空间和时间上进行合理的安排，这是开始改善现场的第一步，也是5S管理的基础，如果整理没做好，以后的4个S便形同沙土上的城堡不可能牢固。要坚决将现场不需要的物品彻底清理出去。现场无不常用物，行道通畅，减少了磕碰和可能错拿错用的状况，这样不仅可以保证工作效果，还可以提高工作效率。在生产现场，不需要的物品，通常包括施工剩余物料、废料、废品，而有些废料、废品对员工健康构成了威胁，有些废料、废品属易燃物资，构成发生火灾爆炸的潜在危险。所谓保证行道通畅，也不能单单理解为某一个检修作业面、一个厂房里、一个库房内，应该是整个装置区、油罐区乃至整个厂区都要保持通道畅通。通道不畅，常犯的错误还表现在半地下、地下设施的另一出口无明显标识，甚至不畅通；举行大型会议时，未向与会人员指明紧急出口位置等。

（2）整顿

在整理的基础上再把需要的人、事、物加以定量、定位，创造一个一目了然的现场环境。将现场物品按照方便取用的原则进行合理摆放后，工作场所宽敞、明亮，“危险！”、“注意！”等警示明确使安全危害一目了然，操作中的对错便能更易于控制和掌握，有利于提高工作效率，保证产品质量，保障安全生产。对作业区域、人员、工器具和设备进行可视化管理，利用地面标识、警戒围栏、安全标牌等对检修作业区进行标识；利用工作服（带有单位和名字）、工作证和安全帽标签区别作业人员的资质；利用色标、色环标志牌等对需要拆除的、更换的、需要重点保护的进行标识；对每一个单元的负责人以标志牌的形式公布，方便了检修、工艺间的联系，保证了检修安全。工作场所消防设施齐全，灭火器放置位置、逃生路线明确，地面上不随意摆放不应摆放的物品，消防通道无阻塞，即使发生火灾事故，也可较好保障员工的生命安全。工作场所和办公工位安排以及库房的物品搬运、放置荷载高度等考虑了安全因素，减少了安全隐患。

（3）清扫

清扫就是点检，清扫的过程就是发现问题的过程。认真进行现场、设备、仪器仪表和管道的卫生清扫，在一个干干净净的环境中，就能发现原来不能发现的问题，并使发现的问题得到及时处理。所以说，清扫是安全隐患得到及早发现和处理的重要方法，也是“安全第一，预防为主”方针的最好贯彻和落实。从安全管理的角度理解清扫工作，因为生产过程中产生的灰尘、油污、废料、垃圾不但使现场变脏，而且会使设备运行不正常，设备精度降低，分析数据失准引发事故；另外，脏乱的工作环境更会影响员工的工作情绪，产生懈怠麻痹思想，导致员工精心程度下降，引起操作失误，引发事故。因此，必须通过清扫活动来清除脏乱，消除事故源；将事故消除在萌芽状态，营造一个明快、舒畅、高效率的工作现场。

（4）清洁

所谓清洁，就是用制度来保持整理、整顿、清扫的成果，使之长期保持下去，所谓清洁，还有公开、透明的含义。让全体员工都清楚制度的规定，共同监督执行。清洁，就是深入进行现场改善，消除发生安全事故的根源，使员工安全体面地工作。清洁需要对员工持续不断的教育，不断强化员工的安全意识。清洁，也需要对安全生产责任制进行定期的维护。

（5）素养

素养是指每个员工养成良好的工作习惯，遵守规则和团队精神。这是5S的管理核心，也是5S管理的落脚点和出发点。“素养”能使员工在生产中养成良好的习惯，从而减少或消除不安全行为的发生。素养是消除习惯性违章的武器，习惯性违章是指固守旧的不良工作习惯和违反安全工作规程的行为，是一种习惯性的动作方式，它具有顽固性、潜在性，一些习惯性违章行为往往不是当事人有意所为，而是习惯成自然的结果。只要操作人员的不良习惯动作不纠正，习惯性违章行为就会反复发生，直到发生事故，习惯性违章的危害性是十分严重的。而5S管理的五个方面是从简单到复杂，从低级到高级的发展过程。5S管理的素养是5S的最高形式，5S管理达到素养这个阶段，良好的习惯就产生了，安全意识提高了一个台阶，习惯性违章也就得到了有效的控制，而素养又强调的团队精神，指的是每个员工素养提升，这样每个员工的良好习惯必将形成优秀的安全文化，也能达到杜邦公司提出的安全管理最高阶段——团队管理阶段。

5S是对员工实施教化，促使员工从内到外理念转变、技能提高的最基础、最实用的办法。企业就像一块磁铁，员工就像其周围的小铁屑，通过不断的培训和沟通的“振动”，最终小铁屑在磁铁的作用下，形成有序排列，形成一个统一有序的磁场。5S是构筑这个磁场最基础的平台，安全就渗透在这磁场的经纬之中，无处不在。

实施5S管理就是要形成一种规矩，培养一种队伍作风，养成一种良好习惯，这是安全管理的重要基础。“5S”管理正是基于规范操作（规范的行为）与营造安全环境的要求，采用整理、整顿、清扫、清洁、素养来发现、控制和消除这些不是技术层面的安全隐患。

4. 5S之间的关系

整理、整顿、清扫、清洁、素养，这五个S并不是各自独立、互不相关的。它们之间是一种相辅相成，缺一不可的关系。整理是整顿的基础，整顿又是整理的巩固，清扫是显现整理、整顿的效果，清洁是维持整理、整顿与清扫无污染的状态，要把以上工作做好，要依靠人的素养。反过来讲，开展整理、整顿、清扫和清洁也是提升素养的过程。

如果把5S管理比喻为企业前进的轮子，整理、整顿、清扫是车轮的骨架，而维持整理、整顿与清扫需要制度做为保障，也就是5S中所说的清洁，意思是把整理、整顿、清扫贯彻到底。这样我们可以把清洁做为轮子的轮胎，车轮能走多远，取决于轮胎是否和骨架相匹配，没有轮胎的车轮是走不快、走不远的。同时，轮胎也使轮子的骨架形成一个有机的整体。而最终推动企业不断进行整理、整顿、清扫、清洁的是人的素养，人的素养是前进的动力，反过来，在推动整理、整顿、清扫、清洁的过程中，人们也被锻炼得很强壮，素养得以很大提升。由图6-2可以看出，5S活动的过程是企业管理不断提升的过程。

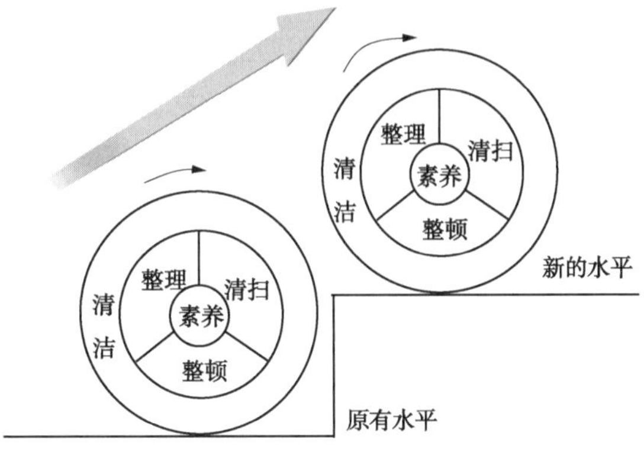

图6-2　5S管理活动的过程

5. 5S 与企业其他管理活动的关系

5S 是现场管理的基础。5S 水平的高低代表着现场管理水平的高低，而现场管理的水平高低则制约着 ISO、TPM、TQM 活动能否顺利地推动或推行。所以只有通过认真控制 5S 活动，为相关活动打下坚实的基础，才能够起到事半功倍的效果。5S 是 TPM、TQM 的零步骤。

（1）TQM 与 5S

TQM 是全面质量管理，全面质量管理以系统观念为指导，它不仅仅要求各方面工作本身的重要性，而且更加强调各方面工作共同发挥作用时的协同效应。它将组织的所有管理职能纳入质量管理的范畴，强调的是以质量为中心、全员参与、全员教育和培训。全面、全过程、全员是 TQM 的核心。

5S 管理可以说是“全面、全过程、全员”的基础工程。首先，5S 管理强调全面实施、没有死角，就是一个水杯都要标识和定位；其次，5S 管理强调定点、定容和定量，而定点、定容和定量就是一个完整的过程；最后，5S 管理强调全员参与，谁的职责谁承担。因此，5S 管理的有效实施，能够为 TQM 的推行带来巨大的帮助和支持。

（2）TPM 与 5S

TPM 是全面生产性管理（Total Productive Maintenance）的英文缩写。它的狭义定义是：包括企业领导、生产现场工人以及办公室人员在内的全体人员参与的生产维修与保养体制。TPM 的目的是达到设备的最高效益，它以小组活动为基础，涉及到设备全系统。

广义 TPM 是以建立健全追求生产系统效率化极限的企业体制为目标，从生产系统的整体出发，构筑能避免所有损耗（灾害、不良、故障等）发生的机制。在包括生产、开发、设计、销售及管理部门在内的所有部门，通过公司上层到第一线员工的全员参与和重复的小集团活动，最终达成零损耗的目的。

真正意义的 TPM 起源于日本丰田公司下属的电装公司。了解 TPM 的人都知道，TPM 的零步骤就是 5S 管理。也就是说，企业要想推行 TPM，就必须先有效地推行 5S 管理。TPM 专家一致认为：如果 5S 管理中要求的细化都不能接受，那就不用考虑推行 TPM 了。5S 管理中的细化、定点、定容、定量是推行 TPM 的前提条件。因此，企业必须将 5S 管理作为 TPM 的第零个步骤加以明确下来。

由此可见，在实施 ISO、TPM、TQM 的企业中推行 5S 的活动，等于为相关活动提供了肥沃的土壤，提供了强而有力的保障。

同时，5S 与其他管理方法不同，5S 只需全员充分理解其行动的目的就可以迅速展开，无需特殊的培训，任何人都可以立即开始。而其他的管理方法需要在理解的前提下才能开始进行。

（3）5S 与 JIT

5S 管理活动的第一步是要与不要。留弃在生产现场和生产中产生的废料、垃圾是不要物，而过早出现在现场的工具及原料也是属于不要物。通过 5S 管理活动的开展，一个企业 50%以上的浪费可以得到消除。

JIT 管理方法指的是将必要的材料，以正确的数量和完美的质量，在必要的时间，送往必要的地点，被称为“精益生产方式”。与大量生产方式相比，其投入大为减少，具体见表 6-2。

表 6-2　精益生产方式与大量生产方式的对比

项　目	大量生产方式	精益生产方式
所需人力资源	1	1/2
在制品库存	1	1/10
工厂占用面积	1	1/2
成品库存	1	1/4
产品质量	1	3

JIT 的中心思想是寻求、消除在生产过程中形成浪费的一切根源和任何不产生附加价值的活动，这种将必要的材料以正确的数量和完美的质量，在必要的时间送往必要的地点，能使库存被减至最小的程度。

5S 与 JIT 的关系：5S 管理的核心内容和开展 5S 管理的第一步是区分要与不要，把现场不需要的物品、原料清除出现场；JIT 的核心是消除浪费，更是把现场中过早出现在生产现场的原料视为浪费的根源。所以说 5S 是 JIT 的基础，JIT 是 5S 的发展。

大型炼化装置如何实施 JIT 的生产方式呢？就是要向物流优化要效益，同时实施 JIT 的生产模式，也是安全的需要。

1984 年 12 月 3 日发生在印度博帕尔的甲基异氰酸酯（MIC）泄漏事故，是迄今为止最严重的工业安全事故。事发后短短的几天内造成 3000 多人死亡，50000 多人双目失明。对剧毒化学品的储存量应以维持正常运转为限，博帕尔农药厂每日使用 MIC 的量为 5 吨，但该厂却储存了 55 吨，这样大的储存量没有必要，还埋有相当大的安全隐患。

二、5S 管理方法

1. 整理

（1）整理的定义

整理是将现场物品区分为必要物与不要物，保留必要物，将不要物清理出工作现场的一种行为。整理是整个 5S 活动的第一步，是基础中的基础，主要工作是将不要物显性化并清理出工作现场，只留下必要物，后面的 4 个 S 只对剩下的必要物进行管理，如果不进行整理，现场充满不要物，那么后面就会做许多无用功。

（2）整理的作用

整理可以增大作业空间（提高工作效率）、简化管理对象（工作场所清爽）、减少作业差错（防止误用）、避免资金浪费（减少库存），如果不进行整理，将会形成安全隐患。

场地狭窄，通道不畅、安全距离可能不够，紧急情况不利疏散，并存在磕碰、跌倒的危险而形成隐患；工作现场不要物与必要物混放，可能误用而形成隐患；现场中用铁桶存放的废润滑油及其他易燃易爆物料，长时间存放、曝晒可能引起爆炸、着火而形成隐患；装置平台上、塔顶、罐顶剩余的检修物资，如保温材料、螺栓、螺母一旦落下（如刮大风）有砸伤人、砸死人的危险而形成隐患。

整理，是在整理我们的心情，清爽的环境，会使我们心情舒畅。想想当我们找不到急需的工具、在电脑上找不到想要的文件时的心情如何？整理，会增加我们的时间和空间，东西少了也就减少了管理它的时间，也减少了存取其他必要物的时间；当场地不够，不要先考虑增加场所，要先整理现有的场地，也许你会发现其实现场还很宽裕。如果不进行整理，将会造成浪费。

（3）整理的方法和程序

整理是区分必要物与不要物，将不要物进行处理的过程。

必要物是指现场所需要的必要物品，不足会影响正常工作。不要物是指一类是物品本身不被需要；另一类是物品本身被需要，但数量太多，或出现得太早、太晚。

整理的推进过程：现场检查→确定不要物判断标准→进行不要物处理。

1）现场检查

① 现场检查的范围：现场检查应该是全面的、立体的、深入的检查。全面不仅指生产现场，还包括检修厂房和分析室；不仅包括操作室，还应包括车间办公室。深入不仅检查目力所及的地方，还应包括设备内部、较大型设备不易清洁的底部、桌子底下、沙发后面、文件柜的顶部、更衣柜和抽屉的里面等。立体不仅检查地面物品、设备，还应检查管廊上、装置平台上、塔顶平台、罐顶、地下设施和电缆沟。

② 现场检查的方法：

拍照：将现场所有问题点，进行拍照，并注明位置、时间和物品名称。

建帐：将现场所有问题点，登记造帐，并在网上和公开栏上公布。

挂牌：将不要物可视化，将在现场寻找到的不要物挂牌。这样，对检查者而言，平时检查可能会不认真，但挂牌是一件严肃的事，不能乱挂，促使相关人员认真检查、判断是不是有、是否属于不要物。对于被检查的生产现场的人员，红牌挂在那里很扎眼，会时时提醒和督促现场人员去解决问题，这样可以防止由于时间的拖延而导致问题被遗漏。挂红牌本身增加了现场人员整改压力，同时还增加了检查者的压力。

2）不要物的判断

① 不要物的辨识（现场检查问题的汇总分析）。检查完现场之后，就要对现场的物品进行区分，区分出必要物和不要物。哪些是我们在日常工作中必需的，哪些是不常用的，哪些是不需要的。一般来讲，对于炼化装置不要物的辨识是不难的，只要将现场检查的问题进行汇总，就可确定哪些是不要物了。需要说明的一点是，不要物的判断应由工艺、电气、仪表、维修几个专业共同确认，同时要反省不要物产生的根源。

② 判断不要物的要点。首先，使用频率低，闲置超过 1 个月的物品，属不要物。其次，有用但多余，属不要物。再次，有用但不急用（根据频率判定原则）属不要物。最后，客观上不需要，而主观上想要的物品，属不要物。

很多现场管理者在库存物品时总是采取“以防万一”的心态，认为有些物品几个月或者几年后可能会用到，用时现找太麻烦，舍不得移到别处，结果导致无用品过多，把工作场所的某些位置变成了“杂物馆”。对于有用但不急用如大检修使用的特殊工器具，如需移出装置现场，要留存去向记录。生产现场不要物见表 6-3。

表 6-3　生产现场不要物

位置	示　　例
地面	废纸、灰尘、杂物、油污、积水 不再使用的破托盘、纸箱、包装箱、抹布
装置区	报废的设备、废弃的管线 检修后剩余物资(包括塔群内、装置平台上) “三剂”包装物、润滑油空桶、垫板 长期不用的工器具 生产不正常时的废品、废料 设备拆除的裸露在地面上的旧基础 破旧的各种指示标牌 悬挂在管廊上的过时标语牌
桌子、文件柜	多余的办公桌椅、私人用品、破玻璃台板 破旧书籍、报纸、 过时无用的文件、报表、账本 停止使用的标准、资料、过期的工艺卡牌、作业指导书
墙壁上	蜘蛛网 过期海报、看板、指示牌、标语、无用的粘贴物及乱涂乱画

3）不要物的处理

制定完“必要物”与“不要物”之后，要对物品尤其是不要物进行处理。

首先，对于容易判断的垃圾类的物品、施工剩余物资、工器具、各种包装物等要马上清走，并防止再次出现在现场。

其次，对于有用但不急用，特殊时期必须用的物品，从现场移走，并将去向登记造册，而仅限一种设备使用的特殊工器具，在现场划定区域存放，如大型压缩机组的专用检修工具，可在现场设专门的工具柜集中存放。

再次，对于现场报废的设备及其他有固定资产账户上的不要物，清理前应办理相关固定资产报废手续。

第四，对于现场发现不要物，无法判断时去向时，应马上放到暂存区，不必马上考虑如何处理，未想好如何处理前，要放在暂存区。

第五，车间或厂要设立再利用区，对于有利用价值的，但在一个车间属于不要物的，要放到再利用区上，全公司都可以领用，做到废物利用。不要物不是废物，也是一种资源，关键是看怎么利用，而对现场而言不要物的放置是浪费资源。

4）不要物处理应注意的问题

首先，不要自欺欺人，有的企业为了现场的整理，而将那些不要物不做区分，统统放到一个房间(或仓库)，将门上锁或用很漂亮的屏风遮住，这是自欺欺人的做法，也是构成不安全状态的隐患。

其次，对于全公司都不能利用的不要物，要坚决废弃和变卖，减少占用资金。有的企业，设备已经更新换代，其原来型号设备的备品备件仍在仓库里长期存放，占用资金，占用空间，浪费很大。

最后，建立制度，每日自我检查，自我清理，防止等领导命令的随时清理不要物的坏习惯，建立全员清理、随时清理的制度，养成随时清理、主动清理的习惯，持之以恒把现场清理工作做下去是整理的关键，也是5S管理成功的关键。

2. 整顿

（1）整顿的定义

将留下来的必要物按科学合理的方式摆放整齐，并加以明确的标识，使这些物品始终处于任何人随时都方便取、放，做到拿取与放回的高效率。

（2）整顿的作用

① 工作现场一目了然，整理之后留在现场的必要物分门别类地放置，排放整齐，得到一个整齐的工作环境；

② 将寻找时间减少为零，作业时，节省寻找物品、文件的时间，提高效率；

③ 异常情况马上能发现，丢失、损坏、缺量、超量能马上发现；

④ 标准化存放，不同的人去做，其结果是一样的。

（3）整顿的原则

三要素：
- 放置场所
  - 物品的放置场所原则上要100%设定；
  - 物品的保管要定点、定容、定量；
  - 生产线附近，只能放置真正需要的物品。
- 放置方法
  - 易见、易取、易还；
  - 不超过所规定的范围；
  - 在放置方法上下功夫（科学放置）。
- 标识方法
  - 物品的放置与标识一一对应；
  - 物品的标识方法要统一（符合行业规定）；
  - 在表示方法上下功夫（科学标识）。

四定原则：
- 定位置：规定物品摆放、工机具摆放、通道、班组（个人）工作场地位置；
- 定数量：对各区域摆放物品、设备、工具的数量加以限制；
- 定区域：定操作区、交接班区、合格区、不合格区、临时检维修作业区等；
- 定标识：规定区域的物品，每一件都有名称，每一类物品都有清晰、规范的标识（条形码）。

如某修理车间有7个修理小组，未定置时，待修理设备随意摆放。对修理区进行定置后，所有问题都得到了解决。如图6-3和图6-4所示。

（4）整顿步骤

整顿的常用工具起源于日本50年代的定置管理，定置管理是对生产现场中的人、物、场所三者之间的关系进行科学地分析研究，使之达到最佳结合状态的一门科学管理方法，它以物在场所的科学定置为前提，以完整的信息系统为媒介，以实现人和物的有效结合为目的，通过对现场的整理、整顿，把作业过程中不需要的物品清除掉，把需要的物品放在规定位置上，使其随手可得，促进现场管理文明化、科学化，达到高效、安全生产、作业。

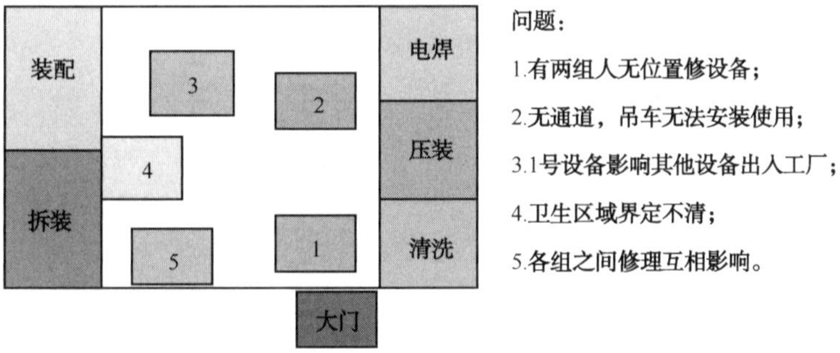

图 6-3 未整顿前的设备摆放

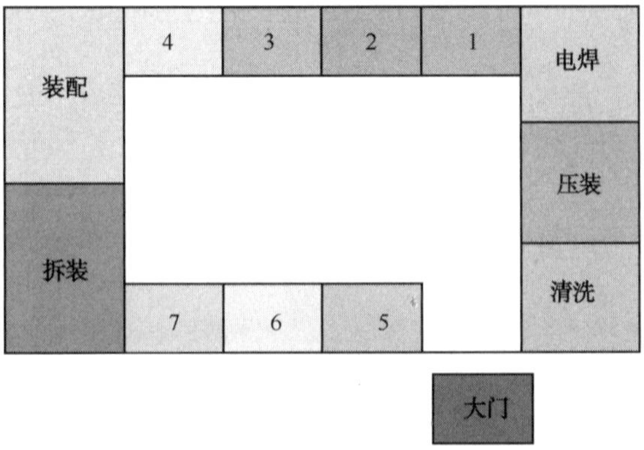

图 6-4 整顿后的设备摆放

① 确定放置场所

第一，彻底地进行整理，只留下必需物品；

第二，放在岗位上的哪一个位置比较方便，进行布局研讨；

第三，将经常使用的物品放在工位的最近处；

第四，特殊物品、危险品设置专门场所进行保管；

第五，物品放置 100%定位。

② 规定摆放方法

第一，摆放方法各种各样，例如：架式、箱内、工具柜、悬吊式；

第二，尽量立体放置，充分利用空间；

第三，便于拿取和先进先出；

第四，平行、直角、在规定区域放置；

第五，堆放高度应有限制，一般不超过 1.2 米。

③ 进行标识

第一，采用不同色的油漆、胶带、地板砖或栅栏划分区域；

第二，通道：绿线为正常通道；红线为禁止区；

第三，现场操作指示标识；

第四，明确正确操作方法。

3. 清扫

(1) 清扫的定义

将工作现场和工作中使用的设备清扫干净，保持工作环境干净、亮丽。清扫是日常工作的一部分，“清扫”就是要使生产现场处于无垃圾、无灰尘的整洁状态。清扫也含有把不良的工作情绪扫除掉的意思，通过美化工作环境，活跃工作氛围，缓解人际关系。

(2) 清扫的作用

清扫可以使环境整洁，心情愉快；保持工机具、设备的完好；消除不利于产品质量的因素；及时发现事故隐患，并防止在作业过程中可能造成的伤害。

(3) 清扫活动应遵循的原则

① 自己清扫，自己使用的物品、操作的设备要自己清扫，而不要依赖他人，不增加专门的清扫工；

② 不能仅限于清扫，对设备的清扫要着眼于对设备的维修保养，清扫设备要同巡检和保养结合起来；

③ 发现问题要及时处理，清扫的目的是为了改善，当清扫过程中发现设备跑、冒、滴、漏及超温、超压、超液位等异常情况发生时，必须查明原因，并采取措施加以排除，不能听之任之。

(4) 清扫的方法

清扫是例行操作，要制定一系列程序和标准，解决好由谁来打扫、何时打扫、打扫哪里、怎么打扫、用什么来打扫、要打扫到什么程度。

① 由谁来打扫：明确责任人、全员参与，每个人都有清扫的工作内容。

② 何时打扫：确定清扫频率，如上班后、下班前 5S 活动表，见表 6-4。

表 6-4　上班后 5S 活动表

活动表	内　容
上班后 5S 活动表	1. 检查你的着装状况和清洁度。 2. 检查是否有物品掉在地上，将掉在地上的物品都捡起来。 3. 整理和彻底清洁桌面。 4. 检查存放文件的位置，将文件放回他们应该放置的地方。 5. 扔掉不需要的物品，包括抽屉内的私人物品。 6. 检查文件柜、书架等，将放得不恰当的物品改正过来
下班前 5S 活动表	1. 实施早上 5S 活动的所有内容。 2. 用抹布擦干净电脑、传真机及其他办公设备。 3. 固定可能脱落的标签。 4. 清洁地面。 5. 倾倒垃圾篓内的垃圾。 6. 检查电源开关、门窗、空调等是否已关上

③ 打扫哪里：确定清扫责任区，明确每个区域、每块玻璃、每台设备的负责人，不能出现空白。

④ 怎么清扫：首先，制定清扫程序。要点是“从大到小，从上到下，从里到外，从角落到中央”。难以清扫的地方，常常是最容易遗漏的地方。如果不是有意识地进行专门的清

扫，习以为常，就永远成为脏、乱、差的死角了。清扫是全面的清扫，含责任区内的上至设备平台、管廊上、塔顶、罐顶，下至电缆沟、地沟等。当然也含室内的更衣室、工具柜、文件柜等。其次，清扫的过程是点检过程。有时现场设备清扫干净，才能发现问题，现场脏乱往往掩盖很多问题。对现场出现的“跑、冒、滴、漏”要查清原因、及时处理，对工艺操作出现异常要查清原因及时调整。清扫过程见图 6-5。

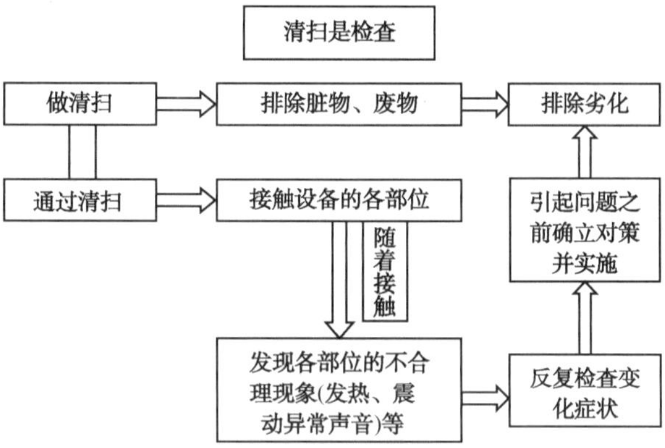

图 6-5　清扫过程演示

查清原因的最有效方法之一，就是持续地问“为什么?”直到找到问题的原因为止。一般连续问 5 次就能发掘到问题的真正原因。5 个为什么的方法见图 6-6。

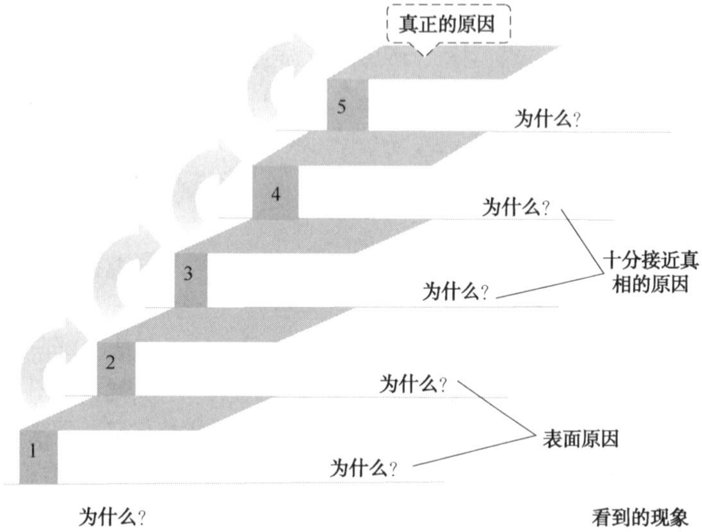

图 6-6　5 个为什么的方法

⑤ 使用什么工具清扫：用棉纱、拖布、吸尘器、清洗剂等，以及专用工具进行清扫。用什么工具清扫需要明确，不要为达到现场、设备清洁而忽视安全，特别注意禁止用汽油等溶剂擦洗设备，正在运行的运转设备也禁止清扫等。

（5）清扫的标准

清扫要明确具体要求，如设备现场要做到“一平、二净、三见、四无、五不缺”，即场地平整，门窗玻璃净、四周墙壁净，沟见底、轴见光、设备见本色，无垃圾、无杂草、无废料、无闲散器材，保温油漆不缺、螺栓手轮不缺、门窗玻璃不缺、灯泡灯罩不缺、地沟盖板不缺。

（6）清扫应注意的问题

1）安全

清扫的过程是发现问题的过程，能够将问题解决在初始、萌芽状态，问题一露头，就把它敲掉。同时清扫过程也是人身伤害的易发期。

① 高空作业防坠落。要求系安全带的系好安全带，同时清除设备平台、罐顶、塔顶上的垃圾、杂物时，不能直接抛下，防止砸伤地面人员和砸坏设备。擦二层楼房以上的玻璃时，要系好安全带(这一点往往被人忽略，特别是擦办公室玻璃时)。

② 受限空间防窒息。清扫地下、半地下等有限空间里的设备和环境，要有监护，必要时办理受限空间作业许可证，防止窒息。

③ 运转设备防夹伤。在生产现场，不要清扫正在运转的设备，绝不能因为清扫造成工艺波动和设备停机。备用设备的清扫要和室内操作人员书面确认，防止突然启动，造成伤害。在检修现场，不能用汽油等溶剂清洗设备、工具，清扫检修剩余物、垃圾要等到所有转动设备完全停止后进行。

2）坚持

素质源自训练。一个训练有素的员工会每天千百次地重复把一件事做好，而有的员工，却在执行中，慢慢自我降低标准，甚至到最后不了了之了。这也是我们有的企业执行力差的原因，更是5S管理活动推行不下去的原因。解决办法为通过不断训练养成员工好的习惯。通过强化习惯形成本能，通过长期坚持，改变员工思维，培养职业化员工。一方面，要坚持标准执行不走样。同一个岗位，不同员工清扫的执行检查的标准是相同的；另一方面，是坚持检查考核，检查者(领导)要坚持标准，常抓不懈，每天对每个人进行检查，并依据检查结果进行考核。

3）细节

清扫是全员的，要确保清扫的效果，全员都参与其中，这很重要。每个人都有自己的责任区、责任设备。清扫是全过程的，它涵盖工作全过程，多数情况，需要我们随手清扫时时保持工作环境的整洁。办公室人员下班前将桌上文件彻底分类存放，能归档的归档，而每天上班前将需要的工具准备好，工装换好也是非常必要的，一上班就马上进入工作状态。清扫是全面的，不管生产现场还是检修现场，不管是办公室还是操作室、更衣室，不管是管廊上还是地沟里，都需要清扫。既要注意消除脏、乱、差死角，又要通过清扫发现安全隐患。对问题点不能放过蛛丝马迹。事实上如果看不到小问题，大问题也看不到，如果无视于小的行动(发现与改善)，大的行动更做不到。如果无视小的不合理、微小的缺陷，那么，小的缺陷、异常的、不合理的问题就会累积长大。根据海恩法则，每一起严重事故的背后，必然有29次轻微事故和300次未遂先兆以及1000次事故隐患，同样，300次轻微缺陷，隐藏着29件中等的不合理事项。29件中等的不合理事项中，隐藏着1件重大停机、重伤等事故。

4）样板

清扫不仅需要文字书面标准，也要有干到什么程度是好的图例，更要有现场的实物样板。注意刻画设备清扫完好的样板、区域环境清扫完好样板，如完好机泵房、完好分析室等。选定样板区要有一定代表性，太容易了，起不到促进和鼓舞的作用；太难了，又让大家失去了信心。在进行刻画样板过程中，要注意保留直接的数据作资料。如改善前后状况的照片等，以及整个改善、保持过程的思路、结果。

星级润滑油站检查评分标准见表 6-5。

表 6-5　星级润滑油站检查评分标准

类别	考核项目	评分标准	备注
区域管理 20 分	分区	润滑油站内墙面及地面进行分区，并设置标识线。分区标识不清扣 2 分/处	例：油桶区、过滤油区、器具摆放区、消防器具区、清洁区等
	区域划分	区域布局合理。布局不合理扣 2 分/处	
标识管理（30 分）	铭牌	油站铭牌标示醒目、整洁、规范，不合格扣 1 分/处	
	制度	将润滑涉及的规章制度进行上墙，缺 1 项扣 1 分	包括：设备润滑管理细则，设备润滑三级过滤示意图，装置润滑油脂对照表，润滑管理网络，润滑巡检路线，设备五定表
	标识	在润滑器具上设置统一规格标识。规格不统一扣 1 分/处	例：润滑油牌号标识，在相同的润滑器具上标识尺寸设置相同，同一标识规格内涉及的文字样式、标注等完全相同
	油品色标	在润滑油对照表中为每一油种都设置一种或多种颜色代表该润滑油脂，对润滑油桶、相关润滑油器具都采用同样的润滑油颜色标识。同种油品色标不统一扣 0.5 分/处	
设施配套（20 分）	器具齐全	装置需要各种润滑器具齐全，并保证每油种一套。缺少 1 件扣 0.5 分	包括：手摇油泵、一二级过滤桶、过滤漏斗、接油设施、油杯、注脂枪
	防爆设施	润滑油站内设置相应的防爆设施，缺一项扣 1 分	包括防爆照明灯具、防爆排风扇、消防器具及相应的防爆开关等
	防挥发器具	为保证油站内油气较少，在各个润滑油桶、油壶嘴部位加装防尘防挥发盖，有效控制润滑油的挥发。缺一件扣 0.5 分	
	器具规格	润滑器具外形规格尺寸统一，不统一扣 1 分/处	
器具管理（20 分）	器具摆放	1. 润滑油站各器具按种类规格标识分组摆放整齐，器具摆放不整齐扣 0.5 分/处	
		2. 各个润滑器具的摆放严格执行各在其区，实行标注化管理。未摆在规定区域内扣 0.5 分/件	
	器具使用	三级过滤器具完好。器具损坏扣 1 分/处	
		器具清洁，不清洁扣 1 分/处	
		三级过滤所用滤网符合要求，滤网目数错误扣 2 分/次	

续表

类别	考核项目	评分标准	备注
日常管理（10分）	责任人	将润滑油站管理落实到人，责任人不明确扣1分	
	定期检查	1. 在润滑油站醒目位置设置润滑油站管理或卫生标准，没有标准扣3分	
		2. 设置定期检查表，定期检查，检查不及时扣1分/次	

注：综合评分达到85分且排名前6位的润滑油站可授予"星级润滑油站称号"，最高可累积至五星。

4. 清洁

（1）清洁的定义

清洁是指维持和巩固整理、整顿、清扫而获得的成果，如为机器、设备清除污垢、尘埃，谓之"清扫"，而"长期保持"这种状态就是"清洁"；发现设备"漏油、漏水"现象，并设法找出原因，加以解决，谓之"清扫"，而从根本上解决问题，杜绝设备的"漏油、漏水"谓之为"清洁"。从制度建设入手，使5S活动常态化、标准化，谓之"清洁"。

（2）清洁的作用

① 维持作用：维持和巩固整理、整顿、清扫的成果，用制度保持生产现场在任何时候都整齐、干净；

② 改善作用：5S管理常态化，不断进行现场改善，使之成为形成企业文化的基础。

③ 清洁的"三不"原则：不制造脏乱；不扩散脏乱；不恢复脏乱。

（3）清洁活动的要点

① 实施了就不能半途而废，否则又回到原来的混乱状态，重新再抓，就要花十倍的时间。

② 清洁的推行，靠制度的严格执行，并将工作过程标准化，将检查过程标准化，并将考核结果公开，这样把企业的要求变成企业的操作细节，长期坚持形成现场操作人员更良好的习惯，每个人都有了良好的习惯，最终形成企业文化。

③ 清洁不仅是环境、设备的清洁，现场的员工也需要清洁。不但身体清洁，而且要做到精神清洁。

（4）清洁的方法和程序

"整理、整顿、清扫"做一时并不难，但长期坚持下去却是非常的不容易。这种看起来简单，做起来不难，但缺乏坚持到底的韧性，是我们管理上的通病，实行不下去了，推倒重来，或者另起炉灶，导入其他的管理方法，却又坚持不下去，如此循环，企业何谈核心竞争力。

① 宣传发动。开始导入5S理念，实行5S管理时，造声势、发动群众，让大家都动起来，人人参与是必须的。短期内可以迅速改变工作现场的面貌，但工作现场的良好状态需要保持，要将好的做法长期贯彻，就应当将5S要求和实际作法总结出来，形成规范和制度。所以5S管理中的"清洁"就是要将5S管理活动常态化，将好的方法总结出来，进行标准化，长期贯彻实施，并不断检查改进，对长时间养成的坏习惯，只有花长时间来改正。

持续不断的宣传教育。在实施过程中，要不断发现在实施过程中的问题，对不足之处进行纠正，并不断对前3S（整理、整顿、清扫）的意义进行再认识，使员工认识不断深化。所以，要采取多种形式真正保持3S。如典型的选树与宣传、举行相互间的观摩学习、举办5S研讨会等，强化员工5S意识。经验产生于最基层，要不断挖掘一线员工在5S工作中的智慧，畅通交流渠道，加强5S活动报道，用宣传栏和成果冠名等方式肯定员工的贡献。同时也要注意放宽眼界，走出去到其他企业、行业进行学习，丰富自己。

② 要制定专门的5S管理手册。清洁的目的是维护和巩固前3S（整理、整顿、清扫）的成果，形成“清洁的工作环境”。这就需要将5S工作内容文本化、制度化。要做到这一点，动员全体员工参加整理、整顿、清扫的过程之中，所有人都清楚应该干什么，怎么干，什么时间干，用什么工具干，应该干到什么程度。在此基础上，将大家都认可的各项应做工作和应保持的状态汇编成册，从而达到确认的目的。

如果一个员工知道工作的最佳方法，却没有将此知识分享出来，他的知识也将随之流失或者不能与他人共享而造成浪费，这种浪费是最大的浪费，要通过5S管理手册的形式，将他的智慧加以固化，放大为整个组织行为，这本身也是一种导向，对员工是最大的激励。

③ 制定推进标准和检查标准。推进标准是指整理、整顿、清扫活动中的各种标准，如不要物判定标准、不要物处理规程、物品放置规范、工具箱整顿规范、标准化作业指导书、安全操作规程、可视化标识标准等。检查标准是指为了落实推进标准，就要进行检查，要想进行检查，就要制定检查标准。

④ 加强检查。清洁检查主要是检查清洁的状态，它包含三个要素，第一是“干净”；第二是“高效”；第三是“安全”。所以清洁的检查不单单指“清洁度”，而且是要检查“高效的程度”，效率是定期检查的要点。检查要求现场的图表和指示牌设置位置合适；指示的内容合适；安置的位置和方法有利于现场高效率运作；现场的物品数量合适，没有不需要的。

检查包括：

一是自我检查，简称自检，就是现场员工定时、不定时的依照检查表中的内容自我检查、整改。

二是巡视检查。巡视，是指主管人员定期或不定期到现场巡查，通过巡视能在现场发现问题、督促整改，并掌握第一手材料。巡视检查可以按一定的巡视路线进行，也可不按巡视路线进行。高级管理者到现场的巡查是非常重要的，这种越级检查会带动全员重视，上级关心，下级才有责任心。同时，高级管理者到现场本身也是重视一线，鼓励员工的过程，把巡查当做推广经验，发动群众的过程。高级管理者现场巡查时态度要认真，不能敷衍了事，走马观花。巡查时，对于发现的问题，要记录在巡查记录中，并填写《5S问题整改台账》。

三是评比检查。评比检查是5S活动主管部门组织有关人员进行检查，对各个单位进行5S活动状况打分、评比，并将检查评比结果与奖惩制度挂钩，以推动5S管理活动的健康开展。检查标准主要包括检查表和打分标准：检查表越详细效果越好，如果5S检查表的检查项目足够详细，那么平时容易忽略的细微之处和角落就不容易被落下；检查表要简明，尽可能用数字进行记录，避免使用大量文字；检查标准的描述要容易界定、有可操作性；检查标准既要保持相对固定，又要根据5S活动的不断推进，及时修定检查表的内容。

评比检查的注意要点：要有规范的检查表格，并根据检查的实况填写；查时要 2 人一组，防止误查误判；充分利用照片等形式，留下资料，记录问题，总结经验；检查人员尽量选用专家，并要相对固定，避免在一个检查周期内，因检查人员的更换，造成把握尺度的不一致，影响公平；检查的重点，应把注意力集中在人们容易忽视的角落；根据检查打分标准，计算出各单位得分，并在一定范围内公开；根据 5S 检查得分情况进行奖罚。

5. 素养

曾经有一篇文章："……一个班组刚刚干完一个批次的生产，准备换模具，干下一个批次的工作。一个机床四五个人，没有谁分配谁去干什么，一个人在认真的翻看工位信息栏板上的 SOP。一个人用拖布认真的擦拭着机床床面，两个人在吊模具，一个人用抹布认真地擦拭着模具。没有语言，只有动作。一切都是那样的认真且安静，井然有序。"他们自觉地遵守了整理、整顿、清扫、清洁，并将这种良好的工作习惯持之以恒地坚持下去，进而形成一种习惯，最终达到 5S 的最高境界——素养。

（1）素养的定义

对于规定了的事情，大家都按要求去执行，并养成一种习惯。素养是 5S 的最高阶段，企业必须始终坚持把培养人放在第一位，5S 活动也正是始终着眼于人的素质提升。通过 5S 活动提升人的素质，通过人的素质提升保证 5S 管理不断迈上新的台阶。

（2）素养的作用

① 让员工自觉遵守规则："许多人做事的最大毛病是不认真，做事不到位，每天工作欠缺一点，天长日久就成为落后的顽症，而如果让一个训练有素的人每天擦六遍桌子，他一定会这样做，但一个散漫成性的人开始会擦六遍，慢慢觉得五遍、四遍也可以，最后索性不擦了。"通过开展 5S，就是要我们坚持每天"擦六遍"，遵守规则，提升职工素养。

② 让员工养成良好的工作习惯：养成不需要经过他人的督导、不需要经过他人检查，严守规则、按标准作业、自动自发的敬业精神，员工良好习惯的养成对企业和个人来说都是一笔巨大的财富。

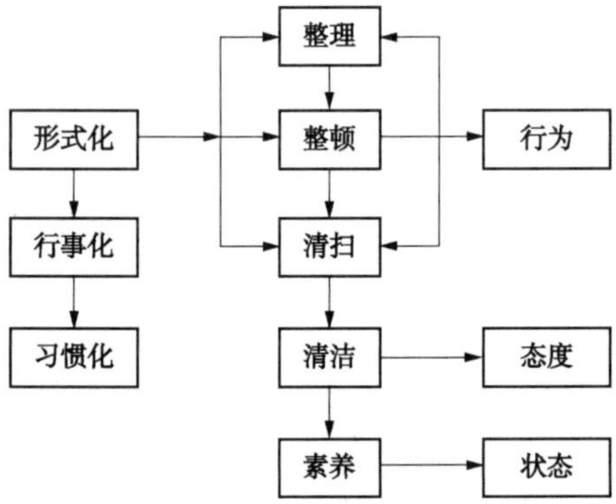

图 6-7　5S 关系图

③ 铸造团队精神：开展 5S 活动，需要每个员工的共同努力。通过 5S 素养的实施，不仅能使个人对工作更加精益求精，同时还能让员工感受到强烈的团队合作气息，不知不觉强化团队合作意识，使企业文化得到提升，企业核心竞争力得到加强。

（3）提升素养的方法和程序

素养形成分为三阶段：形式化、行事化、习惯化，见图 6-7。

1）第一阶段：形式化

这是 5S 推行的初级阶段。企业在开始推行 5S 时，需要造势。比如通过卫生大清扫，清扫脏、乱、差、死角等活动，用一些形式的东西去改变环境，让人们感到与原先就是不一样，这一过程必须是强制性的，要想达到目的，必要的形式不可缺少，但绝非为"形式而形式"（针对的是整理、整顿、清扫阶段）

2）第二阶段：行事化

这个阶段，5S 会成为日常例行工作的第一部分，不再被看成是额外的负担，员工认识到坚持 5S 活动是一件份内的工作。行事化把要求的行为制定成标准，让所有人都按一个标准做事，每时、每刻、每个人在任何环境都要按标准做事。行事化意味着"到了某一天、某个时段必须做什么"。通过不断重复的例行工作，逐渐使员工认为做这些事是工作的一部分，是理所当然的，因此，行事化是培养员工习惯的重要过程。（针对的是清洁阶段）

3）第三阶段：习惯化

到了习惯化阶段，做 5S 活动时，感觉非常自然。当例行工作得到长期坚持时，它就会变成员工的习惯，习惯是行为的自动化，不需要特别的意志努力，在无人监控的情况下，无论什么情况都能按规则办事。

5S 的本质和终极目标就是让人们的良好行为从"形式化"开始，走向"行事化"，最后向"习惯化"演变（针对的是素养阶段）。

（4）素养的训练方法

① 领导干部要实行走动式管理，深入生产第一线，随时发现问题，不断强化员工的"5S"管理意识。这种经常性的、深入的越级检查，是提高员工素质的关键。提升员工的素养，首先要提高领导者的素养。5S 管理的要义是现场，一流的现场是干出来的。领导干部要有深厚的抓现场的功力，现场是生机勃勃的，每天都在变化，都有异常发生，不到现场，就没法去感觉它的变化、它的异常。面对现场变化了的或有问题的实物，要"以事实为依据"的决策，注意听取不同方面的意见，观察不易看到的方面；要具备"透过现象看本质"的观察力，发现其变化的内在原因，找到解决问题的办法，并用制度加以固化。

② 新入职员工和转岗员工必须经过强化的 5S 培训。

③ 坚持抓事育人，通过严格执行 5S 操作的具体环节，抓员工思想观念的转变，一旦从思想上接受了，他就会转变成员工的自觉行动和工作习惯，进而提升员工的整体素质。5S 管理精髓是"人造环境、环境育人"，通过一尘不染的环境，塑造一尘不染的心灵。通过在整理、整顿中发现问题；在清扫、清洁中消除问题，通过管理和员工循序渐进、持之以恒的日常规范管理，从行为上清扫、心灵上清扫，形成自我约束的习惯，提升人的品质。

④ 制定员工行为规范，从最基本的按规则办事和自我约束行为的良好习惯开始，进而延伸到仪表、行为，并延伸到社会和家庭生活中。

三、检修现场 5S 管理

1. 装置检修现场 5S 管理的必要性

（1）炼化企业装置的特点

高温、高压、深冷、大型化；专业跨度大，技术复杂，技术密集；设备种类多、数量大；工艺复杂、流程长；介质易燃、易爆、有毒、有害和具有腐蚀性；停机影响大、如果发生设备事故造成的损失大，甚至是巨大的。设备管理是企业特别是炼化企业的一项最基本的工作。因而，对设备日常维护和检修就十分重要。特别是装置停车大检修，关系到下一个周期装置的安、稳、长、满、优运行，所以对装置大检修工作的要求就更加细致、严格。

（2）装置检修管理的特点

装置运行时间长。如近几年大型乙烯装置检修都在装置连续运转四年后进行，因而，需要解决的问题多，如处理设备隐患、消除装置缺陷和生产瓶颈。同时，由于下一个运行周期也将在四年以上，因而，需要深度、全面的设备检修；装置检修需要上一大批技改项目，以实现优化产品结构，提升技术经济指标的目标，提升装置的安全管理水平；施工单位多、交叉作业多、检修现场环境复杂多变、施工作业面小。如中石化燕燕山分公司化工系统 2011 年大检修单日最高进出人流量突破 6 万人次，出入车流量单日达 3000 辆次，对施工组织和现场管理形成严峻的考验；装置运行时间长，操作人员缺乏系统的停开工训练，检修人员的检修缺乏经验；装置大检修不仅需要装置严格执行停开工方案，而且需要公用工程系统的通力配合，以及物资供应提供优质检修设备、材料。所以说，装置大检修的实施和管理最为复杂，也最重要，其潜在的安全风险，也远高于正常的装置运行。因此，引入 5S 管理方法进行装置大检修是十分必要的。

（3）炼化企业大检修的 5S 管理特点

一方面，检修现场一般分为大属地和小属地，把每个厂、装置、厂房、单元和每个机组、塔、罐组等按区域的大小、设备的性质相对地分为大属地和小属地，而所谓大小属地是指管理权限的明确。一个企业的检修是由多个检修现场——小属地组成的。而每一个检修现场都需要用 5S 管理方法进行管理，从而保证整个大属地实现 5 管理目标。

另一方面，在相对狭窄的空间、极其有限的时间，集中大量的人员、工机具，完成许多工作。只有通过实行 5S 管理才能保证检修正常进行，而检修的 5S 管理又不能局限于检修现场，特别是对整理而言，更多的功夫在场外、在事前准备。

2. 检修现场的 5S 管理

（1）整理

整理工作的重点是检修前提前做好物品摆放方案，现场物品的留、弃要有专人负责并做好标识。

1）现场如何整理

整理的目的是节约现场空间、简化现场管理对象、保证检修安全、减少作业差错。装置检修大属地管理厂区道路，设置检修物资、工业垃圾、大型设备路线指示；各种机动车辆、自行车停放区；吊车占位区；工业、生活垃圾堆放区；废料物资摆放区；休息、医疗、饮水、卫生间等区域。每个区域要有明显标识，设置指示标识牌。

由于受检修作业时间的限制，检修现场在一定的时间内，相对集中了大量的人员、检修设备、工机具、车辆，特别是当装置进入全面检修状态，所有设备、塔、罐等都将要打开，在其周围的吊车、脚手架、接收废油和三剂的油桶等会占用大量的空间，若开始解体后，拆下的物料就会使检修现场更加凌乱，如果不加以整理，便会让检修人员的工作磕磕碰碰，降低检修的效率，同时也会构成人身安全隐患和对检修质量的影响。

2）整理工作需要提前做好准备

① 检修设备、工机具的管理：统一规划、合理布局：按照检修对象、检修时间的要求，明确进场检修设备的种类和数量、进场时间和摆放位置。根据检修总体网络进度安排正点到达、按时撤出。

② 车辆管理：机动车进入检修现场，装卸完货物后要马上离开，不准在装置内停留。施工单位车辆需随时调用的，应停放在装置外指定的机动车停放区。机动车停放区应有明显的标识。

③ 吊车：在吊装作业前必须设置作业警戒区域、拉警戒彩旗，无关人员不得进入警戒线内，起重臂下禁止人员停留或经过。吊装作业时起重吊装作业的吊车每个支腿必须垫枕木。

④ 自行车：自行车只能停放在装置外指定的摆放区域，不得进入装置或随意停放。自行车停放区应有明显的标识。

3）检修物资的管理

检修物质管理要工作在检修现场之外。确定必要物和不要物：必要物是检修作业所需的设备、工机具、需要安装的机械设备、备品备件等材料；不要物是指装置倒空的物料、施工的边角废料、工业垃圾、生活垃圾。对不要物要随时清出现场。

4）减少检修现场物资

首先，要深度化预制，减少进入现场的施工材料。检修初期，结合现场条件，为减少高空作业难度和现场装配劳动强度、减少交叉作业、提高工作效率、缩短工期，只需要一个模块一个模块地安装，最大限度地实现了深度化预制，装配化施工。

其次，项目要制定详细的现场施工计划，施工材料有步骤进入施工现场。施工计划精确到天，加热炉炉管、设备安装等分体计划详细、准确，现场组织有序、忙而不乱，施工材料分批次有序进入施工现场，避免堆积、占路情况发生。

再次，要将需要检修的设备移出检修现场。

中石化燕山分公司 2011 年大检修，生产运行保障中心设备总成保障基地在改善检修环境、提高工作效率、保证检修质量和安全等方面充分发挥优势，共有 118 台机泵、126 台电机、121 台调节阀整体拆卸并运至总成保障基地，在干净整洁的厂房内进行解体检修，既避免了现场交叉作业的安全隐患，又确保了装配精度，将安全体面地工作、高效优质地检修落到实处。

最后，确定功能区：按不同用途和不同性质的物品分别摆放在预先指定区域内分类、整齐放置。分类堆放，如换热器堆放区、阀门堆放区、管件堆放区，做到材料和拆卸的设备、零部件分类堆放。

5）人员的管理

实行装置检修门禁系统，进入装置检修的人员全部受控，杜绝了无资质人员和没有受到安全教育的人员进入检修现场，也防止了检修物资的丢失，便于工时统计。并利用门禁系统对现场作业人员班前饮酒行为进行检查，禁止饮酒者进入检修现场。

（2）整顿

整顿的具体方法是定置管理。检修现场要按“取用方便、兼顾美观”的原则，对现场人、事、物的摆放进行合理布置。

1）区域分工网格化

① 明确检修小属地责任人、装置区小属地布置：装置区的机组检修，如某罐、塔及某区域的某个项目检修为小属地检修。要把作业区域用黄色警戒线划成临时的检修属地，交检

修单位使用，并划出人员行走通道。

② 实行“区域分工网格化”，就是把一个大的装置检修区划分成若干网格，比如乙烯装置分成炉区、压缩区、冷区等 11 个网格，在重点和难点区域，设置 2 名专职区域检修负责人，负责检修区域的现场施工安全，检修施工地点确认，以及协调施工、纠正违章行为等工作，使该区域的安全系数得到了相应提高，也方便了检修方和工艺方之间的联系。如图 6-8 所示。

苯乙烯联合装置网格化管理示意图

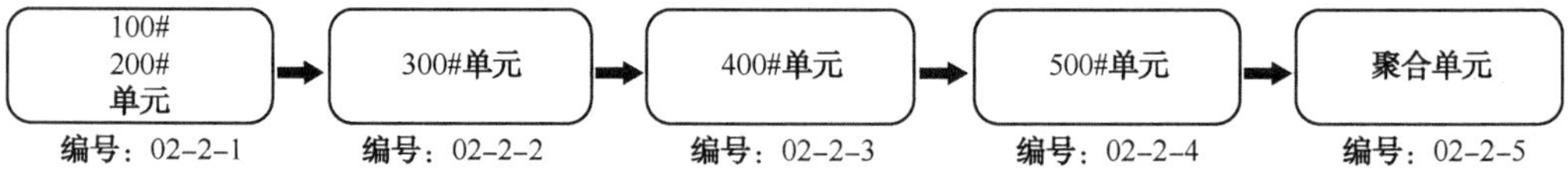

装置检修网格化管理统计表

装置名称：苯乙烯联合装置

序号	网格区域	网格代码	本区域内检修项目	作业内容	主要危害	管线吹扫情况	盲板情况	区域负责人	装置总负责人
1	100#、200#	02-2-1	精馏塔检修 过滤器检修 换热器检修	用火作业 吊装作业 高处作业 受限空间作业	窒息、高处坠落、物体打击、火灾、中毒			杨大亮	
2	300#	02-2-2	精馏塔检修、加热炉检修 过滤器检修、压缩机检修 换热器检修、空冷检修	用火作业 吊装作业 高处作业 受限空间作业	窒息、高处坠落、物体打击、火灾、中毒			闫卓刚	
3	400#	02-2-3	精馏塔检修 过滤器检修 换热器检修	用火作业 吊装作业 高处作业 受限空间作业	窒息、高处坠落、物体打击、火灾、中毒			王刚	王强 孙国胜
4	500#、装置停、送电	02-2-4	过滤器检修 零散活	用火作业 吊装作业 高处作业 受限空间作业	窒息、高处坠落、物体打击、火灾、中毒			郑兴庆	
5	聚合	02-2-5	过滤器检修、切粒机检修 导生炉检修、换热器检修 反应器更换材料	用火作业 吊装作业 高处作业 受限空间作业	窒息、高处坠落、物体打击、火灾、中毒			罗洋	

图 6-8　装置网格化管理示意图

③对将进入检修现场的人、事、物加以定量、定位。通过整理后，工作现场留下的都是当日工作即将使用的物品和工器具，如果这些物品和工器具随意摆放，没有固定的位置，就会降低工作的效率，构成安全隐患。所以，要对生产现场需要留下的物品进行科学合理的布置和摆放。要让每一个检修人员都能知道物件存放的具体地点，以便让检修人员能快速取得所需要的物品，在最简捷、有效的流程下完成工作。

2）施工机具摆放

① 大件工机具、设备、工机具箱要在指定的区域整齐、有序摆放。氧气瓶、乙炔瓶要摆放合理，不得混放，胶管、接口完好，胶管摆放整齐，过长的胶管要盘起。要设置机具摆放区、材料摆放区、零部件摆放区、检修资料摆放区，做到“三条线”：设备零件摆放一条线、材料物资摆放一条线、工具、机具摆放一条线。

② 施工用材料、预制件、配件、设备、阀门等，在定置画线区域分类摆放，整齐、有序，各类标志清楚。

③ 检修拆下的要回装的换热器管束、封头、浮头、容器内件、塔内件、阀门等，在定置划线区域分类摆放整齐，管束、封头、阀门要朝向一致。

④ 检修拆下需要回装的动设备、电仪设备零部件，要按不落地的要求，定置、整齐摆放在接盘或垫布上。

⑤ 检修拆下需要回装的螺栓，除锈泡油后用盘、桶等分类装好。不可再用的螺栓、螺母按小件废旧金属料处理。施工现场不准有散落的螺栓、螺母。

3）人员管理

属地主管对属地内作业的人员进行管理，对其作业内容、安全措施、行为规范等进行过程监督，做到每一项作业、每一个作业人员在作业过程中均受控。

（3）清扫

① 制定清扫制度。清扫就是把工作场所打扫干净，保持工作现场的整齐洁净。机组检修工作现场会产生许多的油污、废物垃圾，在装置区的塔、罐、换热器等设备检修过程中也会产生大量的废旧设备、废保温、保冷材料。脏乱的现场不仅会降低设备检修的精度，影响检修质量，更会影响人们的工作情绪，同时也会降低安全系数，构成发生检修事故的潜在因素。因此，必须制定现场检修的清扫规定，通过清扫活动来创建一个明快、舒适的工作环境，以保证检修人员能安全、优质、高效地完成检修任务。

② 坚持随时随地清扫。清扫就是随时随地的清扫，而不是半日或整个工作日的清扫。清扫要做到"三净"：停工场地净、检修场地净、开工场地净；检修结束后要做到"工完、料净、场地清"；做到"三不落地"：使用的工具和量具不落地、拆下的零件不落地、污油脏物不落地。工业垃圾和生活垃圾分类放置。油污等污染物及时包装，防止污染。施工车辆清洁要求：保证运输车辆车轮和车体不得附着泥土等对施工道路和环境污染的附着物。装载的散体物料不能超过车厢，保证厂区内路面的整洁。

③ 施工现场要做到"三净"、"三条线"、"三不见天"、"三不落地"。

（4）清洁

清洁就是认真维护，保持检修现场可以达到的最佳状态。清洁是对整理、整顿、清扫三项活动的坚持与深入。对经整理后，长时间闲置的与检修无关的设备、工具等不能再带入现场。工作中产生的杂物要随时清理和清扫，对于检修工器具要经常检查，保持完好。

清洁是保持检修现场的最佳状态，首先是在检修前做好检修制度的制定工作，并广泛宣传以达到透明化、公开化的目的。其次是确保进入现场的检修材料和物资的质量符合要求，保证设备、备品备件合格上岗，避免安装使用前才发现质量缺陷而延误工期。重要的检修材料、物资的质量检查与验收要贯穿从检修现场到供应商制造的全过程。确保检修现场所用的吊车等大型工器具、设备完好，做好进场前的检验，保证检修设备、工器具合格上岗。确保进入检修现场的所有检修人员100%进行了安全教育、培训，并具备相应资质，保证人员的合格上岗。

1）大检修前要制定《停工检修指导手册》

其内容有检修项目概况、检修组织机构、成立检修指挥部、设置安全环保组、检修协调组、停开工组、技改技措组、质量管理组、物资供应组、治安保卫组、生活后勤组、宣传组、文明检修组、检修HSE管理规定、安全管理规定、用火作业安全管理规定、临时用电安全管理规定、进入受限空间作业安全管理规定、高处作业安全管理规定、土石方作业安全管理规定、起重作业安全管理规定、脚手架的搭放使用安全管理规定、交叉作业安全管理规定、射线作业安全管理规定、检修危害、危险辨识和风险评价管理规定、开停工环保管理规定、安全例会及HSE教育管理程序、检修期间作业垃圾和生活垃圾弃置管理规定、检修现场治安保卫及交通安全工作方案、检修现场文明施工及现场标识管理规定、生活后勤管理规定、检修管理规定、检修交底管理要求、大型机组检修管理与质量控制要求、压力容器、压力管道检验管理与质量控制要求、锅炉、加热炉检修检验管理与质量控制要求、绝热施工及验收管理与质量控制要求、阀门、垫片检修管理与质量控制要求、设备、管线防腐蚀管理与质量控制要求、静设备检修管理与质量控制要求、电气设备检修(试验)管理与质量控制要求、仪表管理及质量控制要求、检修交工资料管理与归档要求、拆除废旧物资管理规定、检修物资质量控制管理规定、承包商管理及考核方法、设备检修及更新管理规定、修理费使用管理规定、检修指挥部联系人联系方式、施工单位联系人及联系方式。

2）风险管理与危险识别

在检修现场设置“检修作业信息牌”。施工项目、施工单位、作业人员、可能存在的风险、应对风险措施以及监护人姓名等标得清清楚楚。细致、具体的危险识别是网格化监管有效的基础。危险识别由生产厂的工艺、设备技术人员和安全管理人员承担，他们要将网格内每项作业可能产生的危险都识别出来，同时根据危险程度的不同，由不同层级人员分别进行风险控制。比如对于大型吊装和动火作业这种风险程度较大的危险作业，要由厂长、副厂长直接负责风险控制，而一般性、风险小的作业则由班组长和普通职工进行控制。

采用人孔封闭器和便携式报警仪。所有设备只要倒空置换完成，人孔一打开安监人员就立即将人孔上锁封闭，直到容器内部工况分析检验合格后才打开。这种人孔封闭器可随人孔大小任意调节，实现人孔的完全封闭，可防止施工人员误入其中造成伤害。而施工人员随身携带便携式报警仪，当容器内工况稍有变化，比如一氧化碳、硫化氢或可燃爆炸气等介质有轻微串入及缺氧时，灵敏的报警仪就会及时报警，施工人员可以安全撤离，实现了施工作业的全过程监控，同时，按制度规定，每 4 小时就要进行一次工况分析。

3）要运用图表和数据指导检修

一般设置的图表有：施工项目表；施工现场平面布置图；重点项目施工负责人员表；重点项目施工进度表；检修进度统计日报表；系统大修、开停车、检修、开车网络图；设盲板司令和氮气司令，装置拆、加盲板统计表。

4）检修可视化管理

利用其具有提示、提醒、及时发现问题和指导大修工作规范、有序开展等作用，不断强化对现场检修人员的要求，如设立 HSE 管理栏、质量警示栏、盲板图(表)、施工现场违章曝光及文明施工讲评等。

为进一步确保垫片、螺栓、阀门的正确使用，检修前设备管理单位根据不同材质对垫片外定位环和螺栓端头进行刷漆，用不同颜色加以区分，同时对所有设备检修需拆卸的法兰口，列出详细垫片和螺栓清单，垫片和螺栓回装时由质量负责人确认签字，通过颜色识别可以轻松判断材质是否正确，垫片尺寸可通过外定位环与螺栓的距离识别垫片大小是否正确。

5）检修标准化管理

施工作业环节的管理是保证检修质量及设备本质安全的关键。为了规范施工作业环节的管理，脚手架的搭设、大型机具作业、零部件的摆放、高空作业环节等都必须严格按照相关规定进行作业、摆放。

“现场管理标准化”，对检修现场进行统一的标识、挂牌，明确检修内容和各方责任。

做到事前有宣贯，要求明确；实施有检查，监管到位；违章有曝光，严格考核，有效杜绝检修现场“脏、乱、差”现象的发生，使检修现场规范有序、面貌一新。

（5）素养

素养是指每个员工养成良好的工作习惯，遵守安全规则和团队精神，这是5S管理的核心。检修现场既是对员工素质的检验，同时又是提高员工素质的最佳现场。通过检修，让专业技术人员利用这个难得的机会锤炼、学习、成长。特别是运用知识管理的方法，努力提升员工的素质，同时，大检修也是对队伍作风的一次难得的训练。

① 检修前，要抓好全员培训。首先是安全教育，要组织员工从事故中学习，将本厂在检修前所发生的事故作为教材，通过分析事故原因，举一反三地制定预防措施，要组织应急预案的演练，要组织员工学习大检修制度。

大检修前要开展事故反思活动，重复发生的事故是不能容忍的。动员全体员工参与到反思活动中，牢牢记住事故教训。要将国内外同类装置、本厂和本装置和检修过程中所发生的事故进行整理，并由专人进行讲课，让大家温故而知新，唤起人们对安全的重视。反思过程也是知识管理的过程，要开展检修制度、规定的学习活动，树立一切按规则办事的意识，保证检修的安全、质量。要开展应急预案的学习和演练活动，对安全技能进行再培训，熟练掌握消防器材、气防器材的使用方法，经考核合格后上岗参加检修。

② 大检修是实践机会，大检修使设备构造、工艺流程触手可及，现场拆卸、解体的设备，打开的塔、罐给员工提供了难得的学习实践、快速成长的机会，大检修是工艺技术不断演绎进步的过程，要把大检修当作“人才工程”，把大检修作为人才培养的舞台，同时教育技术人员把大检修作为成长的舞台，在大检修中学习、在大检修中锤炼、在大检修中成长。要以师徒结对子等方式让年轻的技术人员参与检修项目，同时加强对检修期间技术人员的考核，促使年轻一代如饥似渴地学习，体会到成长的快乐。

③ 大检修是系统工程，需要工艺及设备、电气与仪表、专业生产厂和施工单位的密切配合；需要上下游生产厂和公用工程的通力合作。不能着眼于一个项目、某套装置的检修进度，而是全厂一盘棋，相互支持，从系统思考的角度出发，工作主动向前一步，主动沟通协作。

④ 大检修之后，要及时做好总结。经验的浪费是最大的浪费，做好相关资料及时归档、总结分析工作，以《大检修指导手册》为蓝本，将相关修改内容加进去，作为下一次检修的重要参考。这样将检修中好的经验做法以制度形式固化，并放大为整个组织行为。

“在大检修中学习”，丰富我们的知识存量。知识经济时代企业的战略资源是知识资源。然而，知识资源是无形的，创造知识、分享知识的过程更是一种无形的活动。如果我们不能对其进行有意识的掌握和利用，必然造成管理成本的大幅上升和资源的极大浪费。从知识管理的角度来讲，检修的过程，就是知识的形成和流通的过程。每次检修都将有很多新技术在检修中得以应用，很多装置也将被打开内部结构，让人一睹其“庐山真面目”。采用“工作写实”、项目带徒有助于年轻员工成长。同时，大检修是开展行动学习，解决现场问题的最好机会。

“在大检修中锤炼”，提高我们的操作技能。装置能够安稳长周期运行，需要真功夫。而现场操作人员却可能没有得到的第一个训练就是装置的停开工和装置检修。四年及四年以上的长周期运行，很可能使一些在装置担当重任的技术人员头一次参加大检修，检修经验相对不足，所以说要在检修过程中，有计划、有针对性地锤炼提高自身业务能力，尤其是对广大技术人员，要通过大检修锤炼和提高自己对装置的管理认知能力和动手操作能力。

“在大检修中成长”，促进我们的职业发展。在检修中发现和培养人才。要把大检修的过程作为考核选拔领导干部的过程。通过大检修考察领导干部是否具有服务全局、服从指挥的政治素质；考察领导干部是否具有驾驭全局、快速执行的组织协调能力；考察领导干部是否有相互帮助、甘于奉献的团结协作精神；考察领导干部是否具有发动群众、服务群众的群众意识。

第二节　可视化安全管理

可视化管理是将可视化技术运用到管理的过程中，利用形象直观的各种视觉信息来宣传公司企业文化、经营目标、企业形象，让任何人都可以及时掌握管理现状和必要的情报，有效组织现场生产活动，实现管理上的透明化与可视化。这种管理效果可以渗透到企业人力资源、供应链、客户管理、成本管理、设备管理、安全管理、现场管理、物料管理、质量管理等各个环节。概括而言，它是指让企业的各种经营管理活动变得“看得见”的各种举措。

一、了解可视化管理

大家都知道，在日常生活和工作中，人们通过“五感”(视觉、听觉、触觉、嗅觉、味觉)来感知事物，其中60%以上的感知是从视觉开始的。而人们对色彩和图形的感知又远远高于对表格和文字的感知。人类感知信息的来源中，视觉占到60%，听觉20%，触觉15%，嗅觉3%，味觉2%，可见视觉是人类最主要的信息来源。视觉、听觉、触觉、嗅觉和味觉感知事物比例见图6-9。

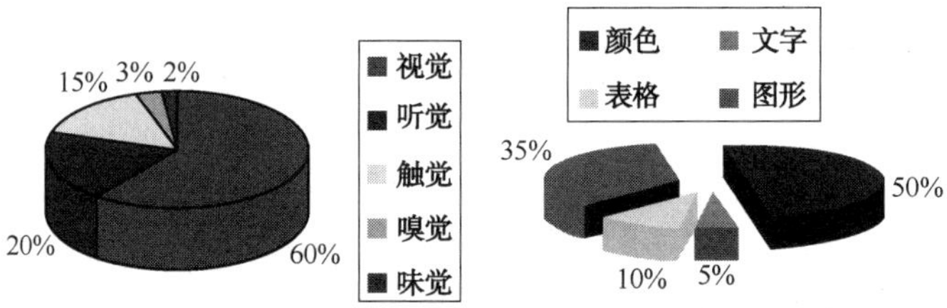

图6-9　视觉、听觉、触觉、嗅觉和味觉感知事物比例

1. “跳进眼睛里”的环境

可视化管理的基础是，不管对方有没有自己去看的意识，都要创造出各种实施手段和使问题“跳到眼睛里”的环境，即不依赖于人的意识，这才是可视化管理的本质。

可视化管理应用于方方面面，在阿姆斯特丹，史基浦(Schiphol)机场的男士的洗手间每个小便池里，都印着一个苍蝇的图案。它位于排水口附近偏左一点地方。设计者的意图在于，有意刺激男士只对准一个方向”射击”，”将苍蝇活活冲死”，从而避免尿液四处横流。由于这只蚀刻苍蝇，飞溅出来的小便减少了80%。它让男人若有所思，是过程控制的经典案例。

《参考消息》曾报道：在美国，每年有1500人因挑衅性驾驶行为而受伤或死亡。如果你一路开着车，突然有人抢道，你开始揿喇叭或打挑衅手势。这时，你的挡风玻璃上闪出一条虚拟消息："赶着去医院。"你消了气，同情之心油然而生。这是荷兰艾恩德霍芬理工大学开发的一款增强现实应用程序，旨在通过加强司机间的交流来减少路怒症。这种可视化的沟通方式，快速、直接地建立起双方的联系，有效避免了事故的发生。事实上，我们普遍实行这种方式，长时间坚持这种做法，以至于成为大多数人的习惯，对提高民众素质大有裨益。

壳牌卡塔尔珍珠天然气项目施工现场，工人们会定期停下手中的活儿。干什么？观看项目方精心准备的"工业戏剧"（Industrial Theatre）。烈阳下，一个一个真人般大小的人体模型从12米高的脚手架上跌落，假人撞击地面的声音被音响放大，令人惊心动魄，围观的工人都倒吸了口冷气。尽管这些工人分别来自印度、泰国等60多个国家，彼此语言不通，但这一刻，所有人都再清楚不过地懂得了高空作业不系安全带的严重后果。

2. 避免人们可能出现的错误

一台普通的惠普打印机，在细节处却体现了设计者的巧思。为了保证用户方便快捷的安装墨盒，惠普打印机用不同的颜色和形状来帮助用户，即用可视化的方法作为使用说明。以一台HPJ2700打印机为例，共有6种墨盒，其中有5种彩色墨盒，每个墨盒的颜色与打印机墨盒架上的颜色一一对应，同时每个墨盒的卡槽的形状也不相同，但都和打印机墨盒架上的卡槽形状一一对应，这样就不可能将墨盒装错了。

3. 明确每个人的责任

"物勒工名，以考其诚。工有不当，比行其罪，以穷其情"，在工程建造上终身追究个人责任即物勒工名，这在中国是一个渊远流长的优良传统和优秀管理制度，对保证工程建筑质量起到了至关重要的作用，造就了一大批享誉全球的高质量工程，如赵州桥。在秦朝，所有兵器上都刻有的铭文，其实就是代表了一种终身责任制和质量管理方式。每个铭文代表这把兵器的制作者是哪个兵器厂、制作者的名字。如果在作战的时候，这把兵器出现问题，制作者会被问责，轻者被罚，重者砍头，就是这种追责制度，把秦朝的青铜工艺推到了连现在人都无法达到的极致。

当前，造成中国建筑和器物质量普遍低下的一个重要原因就是没有实施终身追责的制度，通过可视化管理方式，通过信息化建设可明确每个级别、每个人的责任，是一种提升产品质量的有效措施。

二、理解可视化管理

可视化管理作为一种重要的管理方法，能够将企业的所有问题都放到砧板上，能够将现场问题可视化，能够将员工智慧可视化，它所体现的是精细化的管理思想。

1. 可视化管理是鱼缸式管理

可视化管理是一种以公开化和视觉显示为主要特征的管理方式，是一种看得见的管理，也称为鱼缸式管理。所谓"看得见"，主要是强调视觉效应；同时，也含有管理上的透明公开之意，将企业的所有问题都放到砧板上，这样才可以切开来看，找到解决问题的实质。如公司的管理体制、工作职责、工作内容、社会责任报告等用文字和网上披露信息即属于可视化管理的内容，作为一个负责任的企业有义务让员工和社会知道他们所应该知道的一切，变得“看不见”的企业将走向崩溃的边缘。当前社会已进入物联网时代，而物联网的典型特征是“合作与开放”，信息不能公开、不能共享，企业也将失去外部支持，孤家寡人怎么能走远？同时，企业所发生的诸如投诉、事故、失败等即使这次让别人看不见，也会成为下一次投诉、事故、失败的积累，久而久之，必将失信于员工和社会。

对鱼缸式管理的理解不仅限于公开透明，其对于企业外部而言，更多地意味着合作与开放。开放与合作是一种思维方式，是企业生存的基础，把企业建成一个“土围子”，最终只能走向死亡。

2. 可视化管理的核心是现场问题的可视化

企业的日常活动就是与各种问题进行斗争的过程。善于发现问题、善于马上解决问题、善于举一反三解决一批问题，善于总结经验，从根本上解决问题，善于将解决问题的过程和应吸取的经验教训标准化，这是现场管理的金科玉律。所以说，现场管理是以发现问题为起点的，怎么样发现现场问题、第一时间发现现场问题，就需要可视化管理手段。让标准、制度以可视化的方式进现场，使任何员工、工程师和车间主任都能看得见异常之处，以便能立即采取矫正行动。企业的日常活动是“发现问题、解决问题”的过程，及时察觉到日常发现的问题、挖掘出不容易被发现的问题，迅速解决，解决相关问题，从根本上解决问题和标准化，这些是决定企业竞争力的关键。

“答案就在现场”，企业的异常情况与问题的发生总是在现场，也就是生产经营的第一线，非现场问题也是现场问题的反映。所以，“看见”现场的问题是可视化活动的出发点和源泉。一个企业现场层次的可视化若没有实现，没有若干个更微观的可视化作为基础，企业整体的可视化是无法实现的。在企业的经营活动中，在能看见的大的异变发生之前，一定会有一些不起眼的征兆表现出来，关键是怎么把这些征兆找出来，让人看见。

著名的奥巴量尺管理方法就是可视化的管理方法。奥巴量尺是由一位身高四英尺(约1.3米)名叫奥巴的日本精益专家，他以坚持目视化工厂中的任何物品不能比他的视线高而闻名。其思路是在你的工厂尽可能防止产生视野阻隔。这又被称为“4英尺法则”或“1.3米法则”。现场目视化程度越高，越多的问题可以得到解决，流程也就越稳定。

事故是问题积累的结果。海恩法则指出：每一起严重事故的背后，必然有29次轻微事故和300起未遂先兆以及1000起事故隐患。它强调两点：一是事故的发生是量的积累的结果；二是再好的技术，再完美的规章，在实际操作层面，也无法取代人自身的素质和责任心。一些特别重大事故的发生，往往是很长时间、甚至是多年积累的低标准、老毛病和坏习惯构成了事故发生的基本条件。而事故发生又是 *N* 个环节没有把住关，形成导火索效应，引发事故。所以说，事故的发生是我们平时对异常情况“看不见了”的缘故，是否是“用心去看”，现场是否“想让更多的人看得见”，能否通过别人的事故、问题“看清楚自己的现场”。抓住这些问题，就抓住了现场管理的根本。

3. 可视化管理体现精细化管理思想

可视化管理体现的是精细化的管理思想。一图胜过千言，通过图形、图表可以准确传达管理信息；可以丰富企业组织的知识存量；可以让标准、制度进现场；可以准确记录工作过程、强化过程控制、明确管理责任。。

可视化管理体现的精细化管理思想还在于，将积累的数据、分析的数据用图形来表达，一方面图形来自于数据，另一方面数据图形化可以准确、清晰地表达要传达的信息。将来自于现场的数据、经营的数据、现在的数据、历史的数据，通过堆积柱形图、瀑布图、柏拉图、甘特图、雷达图、气泡图、地图气泡图等进行分析、表达，可以使分析更给力、表达更形象、信息传达更准确。一图胜过千言，单纯的语言描述可能会存在因语种、文化、环境的不同而造成误会，图形会建立我们不同背景的人的准确理解。

例如，我们用地图气泡图来描述世界主要页岩气储量分布：福布斯中文网站上刊登了全球页岩气盆地及储量最多的 11 个国家”的气泡图，可以看出可视化图形的作用。事实上，美国能源信息署（ EIA ）在调查了全美的页岩气储备后，又委托 Advanced Resources 国际有限公司（ARI）开展美国以外 32 个国家的页岩气资源评价，并联合英国石油公司共同发布了“全球页岩气盆地及储量最多的 11 个国家”的气泡图，图中用圆圈的大小代表各国页岩气储量的多少，并在旁边标明数量，将各储有页岩气的国家标注在地图上，使得全球页岩气的储量多少、地理位置及分布情况一目了然。见图 6-10。

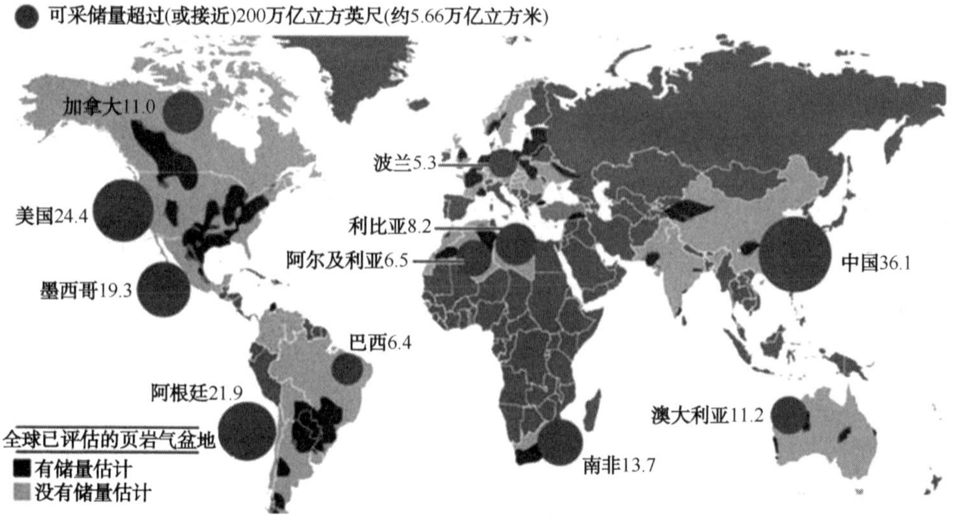

图 6-10　全球页岩气盆地及储量最多的 11 个国家

（资料来源：美国能源信息署（ EIA ）根据 ARI 公司及英国石油公司公司（BP）的统计数据编制）

4. 可视化管理要将员工智慧可视化

可视化实现的主体只能是“人”，装置、设备、信息系统不会有可视化的意识。可视化管理同样需要以人为本，重视人、尊重人，激发人的无限潜能。人的意志和智慧是可视化能够付诸实现和得以维持的关键。反过来，若人的主动性降低了，那么即使是现在“看得见”的东西也会变得看不见。所以说，“我要看见”是可视化管理的根本条件，员工的责任心永远是第一位的。

没有“我要看”的意志，会使我们不能始终如一地看；会使我们只看见好消息，而看不见问题，不能在问题发生的早期阶段及时被发现；会使我们不能在组织层面看见问题，对待一个问题，只有参与解决问题的人都能够同样地“看见”问题，才能说是实现了可视化。

因此，可视化管理的过程是人才培养的过程，在“看到”各种事实与信息之后，通过自己动脑筋想办法，与其他人交流想法促进问题的解决，培养了能够发现问题、解决问题的人才。可视化管理是一种精细化的管理方法，强调的是发现问题收集数据的意识和“用数据说话”的素养；可视化管理可以使情况像鱼缸那样清晰，有助于消除部门之间的隔阂，依靠团队的力量解决问题，有效促进组织的团结，有助于培育团队精神；可视化管理强调公开透明，有助于养成我们在被监督下工作的习惯，防止违反职业道德的行为和腐败的滋生；可视化管理是知识管理的过程，将员工智慧可视化，放大了员工的智慧，将员工偶尔为之的好做法放大到整个组织层面，使员工更加关注现场、更加关注市场。在可视化管理的过程中，磨练了每一个员工的“感受度”，从而培养出员工对细微变化的敏感度；培养出主动寻找“一般人看不见的问题”的员工，这是可视化的终极目的，实现努力让人们去看和人努力去看的相互促进。

可视化管理是造就人的过程。使用数据，用数据说话是可视化管理的基本手段，这样能够培养人们“用数据说话的素养”。有人说，中国的落后，根源之一正是缺乏以数据为基础的精确管理。中国的语言表达方式中“重定性、轻定量”的特点非常明显，如“大概”、“差不多”、“少许”、“若干”等，还有我们是“好厨师一把盐”做饭凭个人感觉，“盐少许”、“醋一勺”、“糖适量”……而德国人的厨房有天平、量杯，宛如一个实验室。反映到我们的管理上，我们缺乏收集数据的意识，也没有用数据思考、说话的习惯，更谈不上通过数据发现问题背后的真正原因。我们缺乏的“数据精神”是企业事故、经济技术指标上不去的重要原因。比如我们建立设备及零部件全生命周期管理，达到使用年限前信息化平台就会自动提醒更换，这样就实现了设备及零部件使用周期的可视化管理，可以有效减少设备事故的发生。数据的真实性、及时性是企业的生命，我们对企业基础数据的漠视表现在：物料数据不平衡了，找理由说服自己，而不求整个系统的平衡，甚至是人为的平衡数据，掩盖管理问题，造成重大损失。不能通过数据管理使企业深层次的问题可视化。培养员工“用数据说话的素养”，通过对数据进行可视化，提升缜密逻辑思维能力，把数字、文字转换成形象生动的图形、图表，掌握用图形、图表清晰的表达建议，这不仅是再创造的过程，也能够取得更加直观的效果。

三、应用可视化管理

将可视化应用到管理中，在很多跨国企业得到了很好的效果，对企业进行可视化管理已经是现代化管理的一种趋势。那么在企业当中，可视化管理的具体应用有哪些呢？

1. 可视化管理的分类

可视化管理是一种以公开化和视觉化显示为特征的管理方式，它作用于企业生产经营管理的全过程。可视化管理主要分为三个层面：

第一层，企业宏观层面。将企业的核心价值观、发展目标、经营方针、社会责任等属于企业文化层次的内容让企业内部员工看得见，也应该让社会看得见，不但对企业内部的工作体制、各岗位的职责要求可视化，也要将脑袋中的东西“可视化”，即将个人文件夹中或头脑中的别人看不见的内容，以看得见的形式展现出来，这是企业文化可视化。

第二层，体现管理者的要求。将管理者的管理目标、要求、执行速度等管理内容让大家在第一时间、以通俗的、醒目的方式看见，并迅速理解，比如生产任务、经济技术指标、现场管理要求等。这样，管理者通过各种可视化管理技术将生产管理要求直观的显现出来，一切都很透明，便于工作人员互相监督、互相鼓励，从而提高工作效率。它是将现场信息的再加工，这是管理过程可视化。

第三层，在生产现场，将发生问题立刻以让大家看得见的方式显现出来，也是可视化管理的第三个层面——现场可视化。现场可视化管理的目的就是让问题看得出来，前面提到，现场问题是一切管理问题的集中体现，通过让标准、制度进现场，将一切深藏的问题都尽可能的表面化，因此现场可视化管理也是全部可视化管理的核心。

企业文化可视化是从宏观层面作用于企业内外，对外宣传树立企业形象，对内固化加强企业理念，它着重于将企业文化和愿景通过动态和静态的可视化形式释放出来，使得企业自上而下形成一致的价值目标。管理过程可视化主要针对企业的管理人员，将管理的过程和阶段性的结果通过可视化的方式反映出来，使得管理人员能够随时清楚地了解"我们做到了什么"。生产现场可视化则是从微观的角度为参与生产人员将生产过程中的各种问题可视化的展现，起到指引员工"该如何去做才能够解决问题"的作用。可视化管理的分类见表 6-6。

表 6-6　可视化管理的分类

分类	作用层次	对象	重点内容	目的	形式
企业文化可视化	宏观	企业内外	管理理念可视化	我会怎么去做	动态+静态
管理过程可视化	中观	企业内管理人员	管理要求可视化	我们做到了什么	动态
生产现场可视化	微观	企业内现场人员	现场问题可视化	应该如何去做	静态

2. 企业文化可视化

企业是一种以人与人的组合为基础的经营活动主体，其经营行为必然最终都要人格化，因为企业的所有活动最终都要依靠人来执行。正因为如此，企业所有的制度安排、经营战略的选择，最终都必然会体现在人的价值理念中，也就是以企业文化的形式表现出来。

对企业文化进行可视化管理，其内容可以涵盖企业的行为文化、物质文化以及视觉文化。具体而言，从可视化的角度对企业文化进行管理，包括两个层面的内容，一是企业文化的可视化，二是可视化的企业文化，虽然用词相近，但两者所包含的内容有很大不同。

（1）企业文化的可视化

企业文化的可视化是指借助图形、图片、色彩、构造以及文字等方式，向企业内外展示本企业的经营方针、目标、宗旨、企业精神、企业历史、典型人物、社会责任等，属于企业"精神层面"的外化。通过企业文化的可视化，使得企业对外能够树立良好形象，帮助宣传企业发展愿景和阐述企业的核心价值理念。对企业内部而言，可以使员工深入了解企业，增强对企业的归属感和认同感，更好地凝聚力量。企业文化的可视化是一种管理手段，其所追求的目标是简单易懂，准确无误。

企业的核心理念也可以用图形和色彩形象的展示。三星公司创造的适合自己的五大核心理念形象地展现了其明确的运行目标和价值理念。这样的表达是"跳进人们眼睛里"的可视化。三星公司善于将企业文化"虚"的东西可视化和触手可及。

人才第一	人的形状，象征“企业即人”的理念和思想。（紫色）
最高志向	塔的形状象征追求尖端和最高代表不断挑战的意志。（天蓝色）
引领变革	大小箭头的同一个方向，象征公司上下都要朝着同一方向前进。（红色）
正道经营	天平的形状，象征从良心上要保持平衡，不贪多也不可缺损。（绿色）
合作共赢	两人对从的形状，象征所有的人都是共存的伙伴关系。（橘黄色）

图 6-11　三星公司五大核心理念

（2）可视化的企业文化

可视化的企业文化，是将可视化管理作为企业文化的内涵之一，其所代表的是以开放、合作、对等、共享为特征的、一种“可视化”的企业文化。可视化管理在这一层面中，不再代表一种管理手段，而是一种经营思想，即一种以追求公开透明为己任的企业文化，这也是可视化管理作为鱼缸式管理的核心价值追求。

把可视化管理作为一种经营思想，就是要让企业的各种经营管理活动变得“看得见”、“透明化”。销售产品是企业的首要目标，怎么样销售自己的产品？营销学大师菲利普·科特勒额所著的《营销革命 3.0》一书中，把当今时代正处于被称为“价值观驱动的营销”的时代，消费者要寻求的产品和服务不但要满足自己在功能和情感上需要，还要满足在精神方面的需求。营销革命 3.0 把营销理念提升到了一个关注人类期望、价值和精神的新高度，它认为消费者是具有独立意识和感情的完整的人，他们的任何需求和希望都不能忽视。企业要有从月球看地球的宏观视野，要看到只有当企业努力为全人类的福祉做出贡献时，消费者才会追随你，利润才会滚滚而来。越来越多的人除了关注企业的产品外，更多地关注企业用什么人来组织生产？是否雇佣童工？单位产品的温室气体排放量是多少？履行企业社会责任情况如何？企业的愿景、使命和核心价值观是什么？这些，就需要用形象直观的方式，用多种渠道让整个社会所了解。

把可视化管理作为一种经营思想，不仅要让企业内部变得公开透明，还要能够站在企业外面也能“看得见”企业内部信息。如让客户参与产品生产和服务输出，把原来生产商对客户的单向输出，变为生产者与客户之间的双向交流，使得原来处于产业链终端的消费群体，能够站在产业链起点表达自己的需求，这样不仅能够让自己获得更好的产品和服务，也能帮助生产者改善产品和服务的品质，集众家之所长，从而确立更加针对市场的产业流程。

把可视化管理作为一种经营思想，就是要让企业所有的工作可视化，做到上情下达、下情上达，防止“大企业病”的产生。有学者统计，每经过一个管理层级，信息的衰减量是30%，这正是“大企业病”突出特征之一的信息不畅。得了“大企业病”的企业常常表现为经营者因为“看不见”现场而忧心忡忡，中层干部也总是在抱怨“看不见”决策层的意图，同时位于基层的现场“看不见”日常发生的问题与解决方法、“看不见”客户的需求与变化。

企业文化的可视化追求的是要在企业内部形成一种透明公开的氛围，重要的是上至公司经营层下至基层员工的企业所有人员都要真正理解企业的核心价值观，每个员工必须和公司的核心价值观保持一致。企业的经营层要直面生产经营的第一线，基层员工要“为发现问题而进装置”。对发现的问题不放过，而不是遮遮掩掩。

企业文化的可视化强调的是领导与员工的关系是服务与被服务的关系，领导就是服务、管理就是沟通。领导要服务于员工的成长，培养员工现场发现问题、解决问题的能力；要将员工个人智慧可视化、将集体经验可视化。

企业文化的可视化还表现在企业对待事故的态度。很多企业都建有企业博物馆、展览馆以展示从小到大的艰辛过程和取得的成绩和荣誉。这些无疑对外展示了企业的良好形象，对内增强了员工的自豪感、荣誉感。但一个企业要发展，需要有强大的内心，要能够正视在这耀眼光环之下的过去的失败，要将企业的事故作为资源，并与他人分享。

2005 年 3 月 23 日，BP 得克萨斯城炼油厂发生爆炸事故，造成 15 人死亡、170 多人受伤。事故发生后，BP 公司决定 “与社区、公司、监管部门、媒体和业界同仁一起分享我们的教训”，他们想到的不是“内外有别”，或是“说一点、瞒一点”，而是“事故调查没有任何禁区，而且没有任何预想的概念先入为主”，并且主动邀请权威机构介入，共同参与调查，为的是尽快查明原因，尽快把事故真相告诉公众、告诉员工。这份勇气和坦诚，使得 BP 的管理和管理者的责任被提升到了更高的层次。

J. R. 东日本铁路公司于 2002 年在福岛县白河市内的综合培训中心中建立事故历史展览馆。展览馆中陈列着过去事故的照片、报纸报道，事故发生时磨损变形的车轴实物，还用电脑合成影像栩栩如生地再现当时的事故情况。1962 年的三河岛事故、1986 年的余部事故、1988 年的东中野事故、1991 年的信乐高原事故、2000 年的日比线事故等，这些重要事故的有关情况都可以在此看到。在向后人生动地说明了“为什么会有这些规定”、“为什么需要有这个装置”，使人们将事故教训牢牢地记在心里。

J. R. 东日本认为“隐藏事故发生的事实与原因的企业风气是导致事故再发的根源”。只有“看见”以往的事故，从事故中汲取经验教训才能避免事故。这种经营层的“想给员工看”、“想让员工知道”的愿望造就了这个事故历史展览馆。

对待事故的态度，是企业成熟的标志，对事故反思，找到问题背后的问题，是成功企业的共同做法。公开透明的企业文化，是企业堵塞管理漏洞，防止腐败发生的最有效措施。在这里，制度的可视化运行是核心。

3. 管理过程可视化

管理过程可视化就是体现管理者的要求，将管理者的管理目标、要求、执行进度等管理内容让大家在第一时间，以通俗的、醒目的方式看见、并迅速理解，比如生产任务与时间进度的比较、经济技术指标、现场管理的要求等。这样，管理者通过各种可视化管理方式将管理要求直观地显现出来，便于人们互相监督、互相鼓励，从而提高工作效率。其作用主要体现在以下五个方面：

第一是帮助信息传递，形成统一认识。通过管理过程可视化将管理者希望让大家知道的管理项目展示出来，这种信息传递既准确又迅速，还能避免以讹传讹或传递遗漏。通过管理过程可视化宣传公司的主张，引导大家统一认识，朝着共同的目标前进。

第二是帮助管理，防微杜渐。看板上的数据、计划使人们清楚判定工作的进度，进度跟不上时，会形成压力，从而强化管理人员的责任心。

第三是形成强势宣导，提高改善意识。展示改善过程，让大家都学到好的方法及技巧。展示改善成绩，让参与者有成就感和自豪感。

第四是褒优贬劣，营造竞争的氛围。明确管理状况，营造有形及无形的压力，有利于工作的推进。通过看板来揭示工作成绩，起到激励先进、促进他人的作用。

第五是公开透明，便于监督。看板也能让客户全面了解公司，便于监督公司经营。以业绩为尺度，使绩效考核更公正、公开、透明化，公平竞争，防止偏差。

在美国有这样一个公司，公司领导人在办公室中放置一颗小树，员工们每提出一个构想就填写一张希望表，然后用丝带将其绑在小树上。当构想开始被执行的时候，丝带就会被换成一朵小花。当构想实现时，小花会被换成一个果实，这棵小树被员工称为"希望树"。"希望树"使员工可以自由表达自己的愿望和构想，并参与到实现和改善的全过程中。这实际上就是一种管理过程可视化的过程。写着"我希望……"的希望表，用丝带系在树上；当丝带换成花朵时，表明该希望已经付诸执行；当花朵换成果实时，表明该希望已经实现。

（1）管理过程可视化的内容

管理看板是管理过程可视化的一种表现形式，即对数据、情报等的状况一目了然地表现，主要是对于管理项目进行的透明化管理活动。它通过各种形式如标语、现况板、图表、电子屏等把文件上、脑子里或现场等隐藏的情报展示出来，以便任何人都可以及时掌握管理现状和必要的情报，从而能够快速制定并实施应对措施。因此，管理看板是发现问题、解决问题的非常有效且直观的手段，是优秀的现场管理必不可少的工具之一。

随着信息技术的飞速发展，当前的看板方式呈现出逐渐被信息化的技术所取代的趋势。现在最为流行的 MRP 系统（Material Requirement Planning 物料需求计划，是被设计并用于制造业库存管理信息处理的系统），就是将生产中间的看板用电脑来代替，每一道工序之间都进行联网，指令的下达、工序之间的信息沟通都通过电脑来完成。实现制造业库存管理目标，即在正确的时间按正确的数量得到所需的物料。

（2）管理看板想的要求

管理看板想要得到预期的效果，需要满足三方面的要求：

第一，设计合理，便于维护。具体来说，设计合理就是管理看板的版面、栏面采用线条或图文分割，大方而又条理清晰，看板所反映的内容要主次分明，重点突出，便于维护主要体现在更换的方便性上。

第二，动态管理，一目了然。就是要明确看板管理人员和更换的周期，选择员工关心的信息和项目，动态信息以计划进度和实际进度为主线，用量化的数据和图形，形象地说明问题。

第三，内容丰富，引人注目。就是将要让员工知道的内容，以卡通或漫画的形式，跳入员工眼睛里。看板的内容要体现全员参与，既要有让员工知道的内容，又要有员工身边的人和事。体现系统思考，让员工了解本企业的过去和现在的比较，也要让员工了解国内、国外先进企业的情况。把员工的智慧可视化，把员工脑袋里的东西可视化，员工的表现、技能也要可视化。

（3）管理看板所展示的内容

① 管理者要求的。如行为规范、企业的规章制度、经济责任制考核，集体和个人的奖惩信息。

例如燕山石化公司属地安全考核。北京燕山石化公司为提高施工作业现场安全管理水平，促进属地单位对承包商的安全管理，规范承包商施工安全行为，加强“风险作业”的控制，根据《燕山石化公司承包商安全管理规定》以及直接作业环节安全监督管理等制度，制定属地考核风险管理办法。该办法按自然月考核，对“建筑和检(维)修”施工作业现场风险作业及属地管理实行分级管理制度。图中风险度可按量化值分为三级：绿色区域为轻微风险即班组级风险；橙色区域为中等风险即装置(车间)级风险；红色区域为重大风险即厂(中心)级风险。见表6-7。

表6-7　可视化的属地安全考核要求

严重程度	人员伤亡程度	财产损失	延误工期	声誉	行业内从未发生	行业内有发生	本厂有发生	本厂多次发生
1	无伤害	无损失	无影响	无影响				
2	皮外伤	<1万元	≥半天	本厂范围内				
3	轻伤	≥1万元	≥1天	公司范围内				
4	重伤	≥5万元	≥2天	地区性				
5	死亡	≥50万元	≥3天	全国性				

同时将作业管理风险分为四个等级：红色管理风险为高危险；橙色管理风险为中等危险；黄色管理风险为低等危险；绿色为安全无管理危险。不同的颜色等级代表不同风险内容，如红色管理风险就包括了未按要求对施工现场进行监督检查或上级检查无法提供相应检查记录等八种风险内容。即使月考核被定为某种颜色的风险，也不是绝对的，如果连续三次橙色风险作业将升级为一次红色风险作业；连续三次黄色风险作业将升级为一次橙色风险作业。将各个属地管辖单位的定期考核结果制作成看板，使得管理过程一目了然。

表6-8　燕山石化公司属地安全考核结果

单位	情况	单位	情况	单位	情况	单位	情况
化工一厂	■ ■	储运一厂	2■ 2■	化工八厂	2■	储运二厂	2■ ■
化工三厂	■ ■	生产运行保障中心	■ ■	炼油二厂	■ ■	热力厂	■
橡胶一厂	■	橡胶二厂	■	水务气体管理中心	■	化工七厂	■
炼油一厂	■	营销中心	■	以上单位请加强属地安全管理			

续表

单位	情况	单位	情况	单位	情况	单位	情况
化工六厂连续4个月属地安全管理无违章 化工二厂连续3个月属地安全管理无违章				炼油三厂本月属地安全管理无违章			

从表6-8清楚地知道，近期，化工一厂在燕山石化公司属地安全考核中表现最差，表现最好的是化工六厂（连续4个月无违章），其次是化工二厂（连续3个月无违章）。

② 管理者倡导的。如员工的改善建议、模范员工事迹、员工参加社会公益活动情况。

例如，燕化公司团委利用业余时间组织青年团员到山里捡拾白色垃圾，唤醒人们的环保意识，倡导走绿色低碳之路。

③ 员工想要知道的。如厂务公开、党务公开、班组政务公开、各种福利政策的解读等。

④ 企业安全生产、经营管理信息。

如，安全生产的人数，利润完成情况，生产任务完成情况，主要经济技术指标与国内外同类装置比较情况。

图6-12　聚合车间安全生产15145天

4. 生产现场可视化

生产现场的可视化管理是指通过视觉采集信息后，利用大脑对其进行简单判断（并非逻辑思考）而直接产生"对"或"错"的结论的管理方法。这种方法最大的优点是直接、快捷，广泛应用于现代制造业和公共管理领域。简而言之，生产现场可视化管理就是用眼睛看得懂而非大脑去想的管理方法，从而使生产现场资讯共有化，问题透明化。

（1）JIT与可视化管理

提到对生产现场进行可视化管理就不得不提到日本丰田公司的准时生产制（Just-in-Time，简称JIT）。JIT是指将必要的零件以必要的数量在必要的时间送到生产线，并且只将所需要的零件、只以所需要的数量、只在正好需要的时间送到生产线。无库存生产方式（Stockless Production）、零库存（Zero Inventories）等生产管理思想和运作方法，其中JIT最能够反映企业随着市场需求而做出的改变。随着市场的发展，原有的少品种、大批量生产方式已经变得不适应，与之相反的多品种、小批量的生产方式逐渐成为趋势。新的生产方式要求企业减少浪费，提高生产效率和生产的灵活性，JIT应运而生。

这是为适应20世纪60年代消费需要变得多样化、个性化而建立的一种生产体系及为此生产体系服务的物流体系。JIT是一种生产方式，但其核心是削减库存，直至实现零库存，同时又能使生产过程顺利进行。这种观念本身就是物流功能的一种反应，而 JIT 应用于物流领域，就是指要将正确的商品以正确的数量在正确的时间送到正确地点，这里的“正确”就是“JUST”的意思，既不多也不少、既不早也不晚，刚好按需要送货。这当然是一种理想化的状况，在多品种、小批量、多批次、短周期的消费需求的压力下，生产者、供应商及物流配送中心、零售商都要调整自己的生产、供应、流通流程，按下游的需求时间、数量、结构及其他要求组织好均衡生产、供应和流通，在这些作业内部采用看板管理中的一系列手段来削减库存，合理规划物流作业。

在此过程中，无论是生产者、供应商还是物流配送中心或零售商，均应对各自的下游客户的消费需要作精确的预测，否则就用不好 JIT，因为 JIT 的作业基础是假定下游需求是固定的，即使实际上是变化的，但通过准确的统计预测，能把握下游需求的变化。代替过去大量的生产，丰田 JIT 方式取得了成功，而其核心就是形象直观的看板管理。因为汽车、家用电器等产品一般采用较长的生产线，只要生产线上发生一次加工或者零件不良，马上就会产生许多不良产品。为了迅速区别产品品质状态的好坏，以及识别生产有无延期，就必须制定出用眼睛就能够迅速判断正确与否的方法，即使没有专业知识背景的人员，也能容易了解，出现异常便能马上判断，这就是可视化管理的雏形。

可视化管理这一提法最早是由日本久留米大学的泽田善次郎（SawadaZenjiro）教授在其《工场管理的可视管理》一书中系统性地提出。该理论综合运用了管理学、生理学、心理学和社会学等多学科的研究成果，比较科学地改善同现场人员视觉感知有关的各种环境因素，使之既符合现代技术要求，又适应人们的生理和心理特点，这样，就会产生良好的生理和心理效应，并保护工人的生产积极性。可见，可视化管理提出的初衷，正是针对生产现场的，因此生产现场可视化管理是可视化管理应用最广泛的一部分。

看板管理方法是在同一道工序或者前后工序之间进行物流或信息流的传递。JIT 是一种拉动式的管理方式，它需要从最后一道工序通过信息流向上一道工序传递信息，这种传递信息的载体就是看板。没有看板，JIT 是无法实现的。

① 生产及运送工作指令。生产及运送工作指令是看板最基本的机能。公司总部的生产管理部根据市场预测及订货而制定的生产指令只下达到总装配线，各道前工序的生产都根据看板来进行。看板中记载着生产和运送的数量、时间、目的地、放置场所、搬运工具等信息，从装配工序逐次向前工序追溯。在装配线将所使用的零部件上所带的看板取下，以此再去前一道工序领取。前工序则只生产被这些看板所领走的量，“后工序领取”及“适时适量生产”就是通过这些看板来实现的。

② 防止过量生产和过量运送。看板必须按照既定的运用规则来使用。其中的规则之一是：“没有看板不能生产，也不能运送。”根据这一规则，各工序如果没有看板，就既不进行生产，也不进行运送；看板数量减少，则生产量也相应减少。由于看板所标识的只是必要的量，因此运用看板能够做到自动防止过量生产、过量运送。

③ 进行可视化管理的工具。看板的另一条运用规则是“看板必须附在实物上存放”、“前工序按照看板取下的顺序进行生产”。根据这一规则，作业现场的管理人员对生产的优先顺序能够一目了然，很容易管理。只要通过看板所表示的信息，就可知道后工序的作业进展情况、本工序的生产能力利用情况、库存情况以及人员的配置情况等。

④ 改善的工具。看板的改善功能主要通过减少看板的数量来实现。看板数量的减少意味着工序间在制品库存量的减少。如果在制品存量较高，即使设备出现故障、不良产品数目增加，也不会影响到后工序的生产，所以容易掩盖问题。在 JIT 生产方式中，通过不断减少数量来减少在制品库存，就使得上述问题不可能被无视。这样通过改善活动不仅解决了问题，还使生产线的"体质"得到了加强。

看板方式作为一种进行生产管理的方式，在生产管理史上是非常独特的，看板方式也可以说是 JIT 生产方式最显著的特点。但是严格地讲，这种概念也不正确。日本筑波大学的门田安弘教授曾指出："丰田生产方式是一个完整的生产技术综合体，而看板管理仅仅是实现准时化生产的工具之一。把看板管理等同于丰田生产方式是一种非常错误的认识。"但是可以肯定的是，JIT 把看板方式带入到生产管理中，取得了巨大的成效。可视化管理进一步发挥了看板的优势，将其扩充到企业人力资源、供应链、客户管理、成本管理、设备管理、安全管理、现场管理、物料管理、质量管理等各个环节。

（2）如何理解生产现场可视化管理

可视化管理是 5S 管理的重要内容，准确的现场标识也是构成标准化管理的一个重要环节，两者共同推进使得生产现场更加整洁、规范。它能够有效防止忙中出错，确保生产过程的安全，同时，可以作为汲取相关事故教训的重要一环。

在生产现场中采取可视化管理，容易点检，容易发现异常，一眼望去即知其应有的状态、实际的状态及二者的差异和问题所在，这样使管理透明化，便于现场监督管理人员检查，也容易养成现场操作人员按规则办事的良好习惯。通过对生产现场可视化管理，能够规范营造区域整齐、规范，令人赏心悦目的工作环境，产生良好的生理和心理效应，延伸管理者的能力和范围，宣传公司的企业文化。

（3）生产现场可视化管理检查十个要点

① 在远处也能看得见吗?

② 重要部位、重要设备、重要操作标识清楚了吗?

③ 操作正确与否、好坏状态任何人都能判断吗?

④ 任何人都能看清楚如何使用吗?

⑤ 能用图形表达的都用图形了吗?

⑥ 使用的可视化道具和色彩能增加现场明亮整洁吗?

⑦ 夜间也能看得见吗?

⑧ 所使用的图形、色彩和文字符合行规和公司标准吗?

⑨ 可视化标识是否有破损?

⑩ 有可能产生职业病危害的工作场所、作业岗位、设备设施的醒目位置设置警示标识了吗?

（4）进行生产现场可视化管理要注意的要点

1）善用工具

生产现场可视化管理的常用工具包括信号灯、标志牌、画线、颜色板（杆、条）、操作流程图、样本及警示线等。生产现场可视化管理中，颜色的使用是最常见的，不同的色彩会给人不同的分量感、空间感、冷暖感、软硬感、清洁感和时间感等情感效应。不同色彩有不同的物理指标，如波长、反射系数等。强光照射的设备，多涂成蓝灰色，是因为其反射系数适度，不会过分刺激眼睛。危险信号多用红色，这既是传统习惯，也是因其穿透力强，信号鲜明的缘故。例如，高温车间的涂色应以浅蓝、蓝绿、白色等冷色为基调，可给人以清爽舒心之感；低温车间则相反，适宜用红、橙、黄等暖色，使人感觉温暖。热处理设备多用属冷色的铅灰色，能起到降低"心理温度"的作用。家具厂整天看到的是属暖色的木质颜色，木料加工设备则宜涂浅绿色，可缓解操作者被暖色包围所涌起的烦躁之感。从生理上看，长时间受一种或几种杂乱的颜色刺激，会产生视觉疲劳，因此，就要讲究工人休息室的色彩。如纺织工人的休息室宜用暖色，冶炼工人的休息室宜用冷色。这样，有利于消除职业疲劳。

2）符合行规

生产现场可视化管理要符合行业规定和《企业文化标识手册》的规定，以保证任何人使用都一样方便、一样准确，不会产生歧义：如氮气管线为黑色，氧气管线为蓝色，消防管线为红色，交通红绿灯，全世界都是一样含义。

同时要注意，既要在需要指导、帮助的地方做标识，又要防止标识满天飞，在不要管理的地方做标识会使人摸不着头脑。对生产物品码放和运送实行标准化，可以充分发挥目视管理的长处。例如，各种物品实行"五五码放"，各类工位器具，包括箱、盒、盘、小车等，均应按规定的标准数量盛装，这样，操作、搬运和检验人员点数时既方便又准确。要能从远处就能辨认出来，方便操作人员读取。

图 6-13　进入受限空间的安全要求

图 6-14　进入受限空间警示牌

3）经常检查

经常检查标识是否破损、脏、摆放不正，如果标识不清、脏破，暗示人们可以不按标识去执行。现场标识要经常检查，确认和操作法规定相一致，也不要出现定性提示语，如"谨慎操作"等，要有定量的数值，告诉现场操作人员怎么去做。

4）易纠错

任何人都能遵守并对出错能及时纠正。比如压力、温度是否超过正常值，设备是否运行正常，阀门开度是否正常等。有时需要将触觉、听觉和感觉的要素变成视觉要素，比如在设备难以触摸的地方发生异常强热，很难被及时发现，如果在该处刷上温度变色漆，就可以凭颜色的变化判定设备是否正常。

5）易判断

生产操作正常与否任何人都可以看得出来，新进厂的员工和检查者都能迅速判断对与错、判断执行方法，而且不能出差偏差。

6）及时改善

有不足点时要进行改善，汲取事故教训，并反映到现场标识上，如道路交通安全提示“此处易发生交通事故，已死亡 5 人”。生产现场可视化管理也是企业汲取事故教训、严格管理的重要一环。

如很多装置都出现过用错材料的问题，如何解决这个难题呢？王飞是燕山石化公司化工一厂裂解车间的一名主管设备的技术员。1983 年 8 月参加工作，曾先后参加过裂解装置 45 万吨和 66 万吨扩能改造，并参加过 10 次装置停工大检修。2003 年，为解决金属缠绕垫现场安装后难以检查确认的问题，发明了“常用金属缠绕垫分类及确认方法”，并在燕山石化公司推广应用，获得良好的实施效果。“常用金属缠绕垫分类及确认方法”即通过在金属缠绕垫外定位环刷漆做标记的方法，用不同的刷漆方法和颜色将垫片的材质和镑级加以区分，这样即使不用拆卸垫片，也可以通过装置上的垫片的颜色来分辨它的型号和磅级，以解决垫片的现场确认问题。

由于“常用金属缠绕垫分类及确认方法”采用可视化的方法取得了良好的效果，同时也吸取了一蒸馏装置的事故教训，燕山石化公司在 9 万吨/年丁基橡胶项目施工现场，对施工材料进行色标管理。通过用颜色标识不同施工材料的方法，能够非常简单的对不同种类和型号的施工材料进行辨别，杜绝了材料错用，很大程度避免了因此而导致的事故，这就是现场可视化的威力。

（5）生产现场可视化管理的应用

生产现场可视化管理可以应用在生产现场的各个方面，如现场人员身份的可视化、设备管理的可视化、生产作业要求的可视化、安全管理的可视化、作业区域的可视化、工机具的可视化。

1）设备及工器具管理可视化

设备管理可视化主要应用包括：设备自身信息（铭牌、编码、按钮标识、开关标识、危险提示、螺丝与螺帽结合线，温度表、压力表、差压计等指示计范围，管道、阀门手柄、安全阀、润滑油等色彩标识、阀门开闭、旋转方向标签，内部的可视化、生命周期记录等）、设备管理信息（点检顺序标签、管理架构、润滑管理表、改善因素标签、各种基准书、管理工具、合理化建议数量等）、设备使用（设备分布图、台账、操作规程、运行记录、设备档案、文件夹）、维护保养（设备管理卡、清扫标准、紧固标准、润滑标准、点检标准、责任人、防腐标准等）、备件管理（备品备件货架、货卡、台账、存量控制标识、分类、定位线、形迹线、名称标识、管理要求、使用记录等）、综合分析（设备运转情况、设备参数、维修情况、产出、设备整体效率、故障点及数值等统计分析图表）等，利用各种图表、看板等进行可视化管理。

2）安全管理可视化

主要应用包括：消防器材管理、危险源管理、安全警示警戒线及标识标语、安全责任区域管理、安全责任人员、安全宣传等。

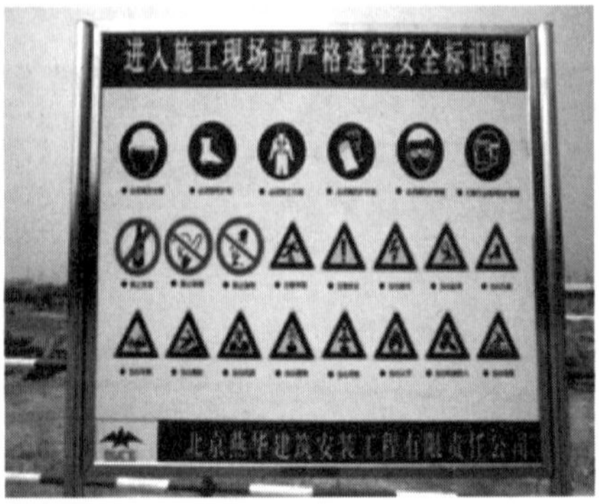

图 6-15　施工现场安全要求

图 6-16　受限区域安全标识

图 6-17　重大危险源安全标识

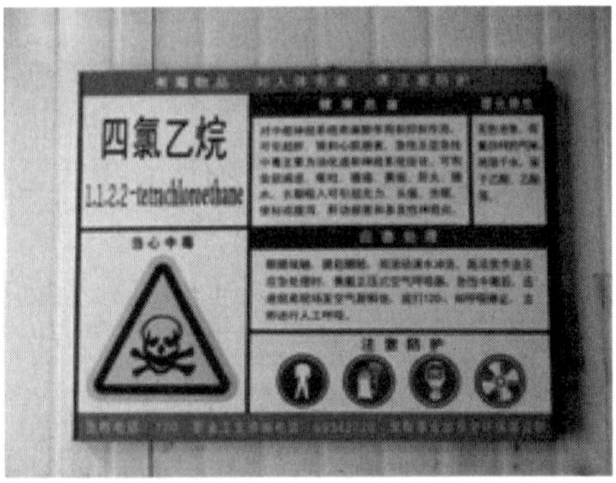

图 6-18　有毒有害气体安全标识

3）生产作业管理可视化

生产作业管理可视化包括作业环境可视化管理、作业过程可视化管理、作业人员可视化管理以及定置管理。如物料信息（标牌、编码、质量等级、有效期、用途等）、仓储信息（仓库布局、物品存放、物品状态、物品转移、物品责任人、存放区域、货架、存量、台账、货卡等）、物流信息（物流路线、物流状态、物流方式、物流人员、物流时间、物流规则等）、生产信息（生产工序、工艺流程图、作业标准、作业人员、设备、作业时间、物流时间等）、检验状态、质量状态、综合分析（投入产出、效率、质量、成本、浪费等）等，利用各种图表、看板等进行可视化管理。

4）作业环境可视化管理

图 6-19　仓库装卸区域可视化

图 6-20　操作区域标识可视化

5）作业过程可视化管理

作业过程可视化管理包括作业流程、作业状态、作业计划及进度的可视化图表及看板等。

案例紧急叫停丰田拉动“安全灯绳”

产品质量曾是丰田汽车的生存之本，也正是这样的原因，丰田汽车才顺利进入了美国、欧洲等市场。从 1980 年开始，麻省理工学院国际汽车项目展开对丰田汽车的研究，并总结出了精益思想等世界范围内认知的研究成果，一时间丰田成为制造业的标尺，世界汽车业也很快进入了丰田时代，并延续至今。但现在这家备受尊崇的汽车制造商却受到了前所未有的挑战。有美国消费者运动之父称号的拉尔夫·奈德说：“丰田最大的声誉在其质量控制……现在，没有人知道事情还会怎样糟糕。”

在“踏板门”事件曝光后，丰田章男亲自拉下“安全灯绳”，中止了 8 款汽车的生产。安灯系统是一个质量控制设备，每个工位的上端垂有一根细细的灯绳，也就是说每个丰田工人如发现工序中存在问题，都可以借此暂停生产，这就是丰田著名的“安灯”装置。

6）作业现场的定置管理

定置管理是对生产现场中的人、物、场所三者之间的关系进行科学的分析研究，使之达到最佳结合状态的一门科学管理方法，是生产现场可视化管理的一种应用。

“定置管理”起源于日本，由青木龟男先生始创，他从 20 世纪 50 年代开始，根据日本企业生产现场管理的实践，经过潜心钻研，提出了“定置管理”这一概念。后来，又由日本的企业管理专家清水千里先生在应用的基础上把定置管理总结、提炼成为一种科学的管理方法，并于 1982 年出版了《定置管理入门》一书。此后，这一科学方法在许多公司得到推广应用，都取得了明显的效果。

定置管理是对物的特定的管理，是研究人、物、场所三者关系的一门科学。它是通过整理，把生产过程中不需要的东西清除掉，不断改善生产现场条件，科学地利用场所，向空间要效益；通过整顿，促进人与物的有效结合，使生产中需要的东西随手可得，向时间要效益，从而实现生产现场管理规范化与科学化。

定置管理中的“定置”不是一般意义上字面理解的“把物品固定地放置”，它的特定含义是：根据生产活动的目的，考虑生产活动的效率、质量等制约条件和物品自身的特殊要求

(如时间、质量、数量、流程等),划分出适当的放置场所,确定物品在场所中的放置状态,作为生产活动主体人与物品联系的信息媒介,从而有利于人、物的结合,有效地进行生产活动。对物品进行有目的、有计划、有方法的科学放置,称为现场物品的“定置”。

检修现场进行定置管理,进行可视化指导见图 6-21。定置管理的工作现场见图 6-22。

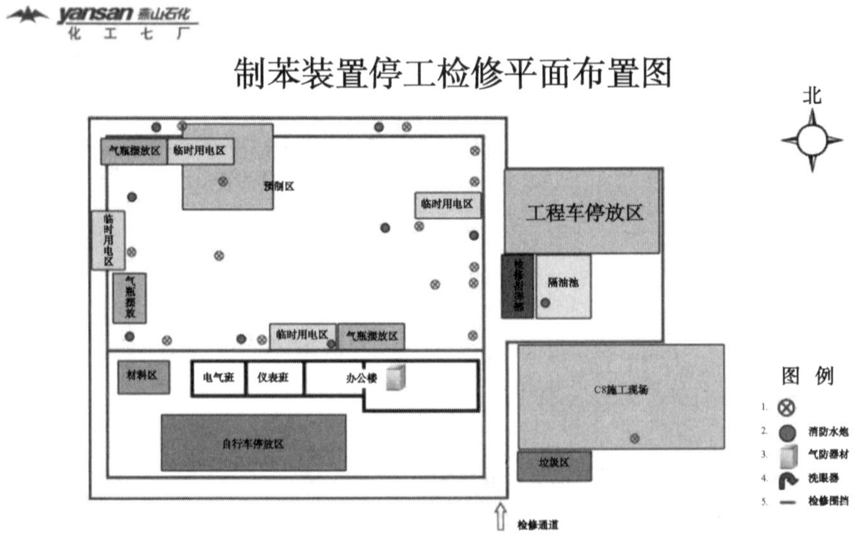

图 6-21 检修现场进行定置管理,进行可视化指导

图 6-22 定置管理的工作现场

定置管理是“5S”活动的一项基本内容,是“5S”活动的深入和发展,它可以分为以下几种类型:

第一类,全系统定置管理,即在整个企业各系统各部门实行定置管理。

第二类,区域定置管理,即按工艺流程把生产现场分为若干定置区域,对每个区域实行定置管理。

第三类,职能部门定置管理,即企业的各职能部门对各种物品和文件资料实行定置管理。

第四类,仓库定置管理,即对仓库内存放物实行定置管理。

第五类，特别定置管理，即对影响质量和安全的薄弱环节包括易燃易爆、易变质的有毒物品等的定置管理。

四、安全色与安全标识

在第二次世界大战期间，美军在向士兵作“这里有危险”、“禁止入内”等指示时，为了简明扼要，便出现了安全色标的最初概念。

在1942年，美国一家著名的颜料公司统一制定了一种安全色彩的规则，广泛地被海洋、杜邦公司和其他单位应用。随着工业、交通的发展，一些工业发达国家相继公布了本国的“安全色”和“安全标志”国家标准。我国GB2893—82和GB2894—82分别颁发了《安全色》和《安全标志》标准，并在工厂和其他劳动现场广泛采用安全色和安全标志。因此，劳动者应熟悉安全和安全标志，趋利避害。

红色的注目性非常高，视认性也很好，适于用作紧急停止和禁止信号。黄色对人能产生比红色高的明度。黄色和黑色织成的条纹是视认性最高的色彩，特别能引起人们的注意，所以用黄色作警告色。绿色的视认性虽不太高，但绿色是年轻、青春的象征，能产生和平、久远、生长、舒适、安全等心理效应，所以用绿色提示安全信息。蓝色只有与几何图形同时使用时，才表示指令。另外，为避免与马路两旁绿树相混淆，交通上的指标标志用蓝色（指标标志应用绿色）。蓝色的注目性和视认性都不太好，但与白色配合使用效果不错。特别是在太阳直射的情况下较为明显。因而适合于交通标志和厂、矿做为指令的标志。

1. 安全色

（1）安全色

是表达安全信息含义的颜色，用来表示禁止、警告、指令、指示等。其作用在于使人们能够迅速发现或分辨安全标志，提醒人们注意，预防事故发生。安全色不包括灯光、萤光颜色和航空、航海、内河航运以及其他目的所使用的颜色。

（2）安全色和对比色的用途

1）安全色用途

安全色规定为红、蓝、黄、绿四种颜色，其用途含义如表6-9所示。

表6-9　安全色用途表

颜色	含义	用途举例
红色	禁止 停止	禁止标志 停止信号：机器、车辆上的紧急停止手柄或按钮，以及禁止人们触动的部位
		红色也表示防火
蓝色	指令必须遵守的规定	指令标志：如必须佩带个人防护用具 道路指引车辆和行人行驶方向的指令
黄色	警告 注意	警告标志 警戒标志：如厂内危险机器和坑池边周围的警戒线 行车道中线

续表

颜色	含义	用 途 举 例
绿色	提示 安全状态 通行	提示标志 车间内的安全通道 行人和车辆通行标志 消防设备和其他安全防护装置的位置

注：①蓝色只有与几何图形同时使用时，才表示指令。②为了不与道路两旁绿色行道树相混淆，道路上的提示标志用蓝色。

2）对比色用途

对比色规定为黑白两种颜色，如安全色需要使用对比色时，应按表 6-10 规定执行。

表 6-10　安全色与对比色的共同应用

安 全 色	相应的对比色	安 全 色	相应的对比色
红色	白色	黄色	黑色
蓝色	白色	绿色	白色

在运用对比色时，黑色用于安全标志的文字，图形符号和警告标志的几何图形。白色即可以用作红、蓝、绿的背景色，也可以用作安全标志的文字和图形符号。另外，红色和白色、黄色和黑色的间隔条纹是两种较醒目的标示，其用途如表 6-11 所示。

表 6-11　间隔条纹标示的含义和用途

颜　色	含　义	用 途 举 例
白色　红色	禁止超过	道路上用的防护栏杆
黄色　黑色	警告 危险	工矿企业内部的防护栏杆 吊车吊钩的滑轮架 铁路和道路交叉道口上的防护栏杆

2. 安全标志

(1) 安全标志的意义和作用

安全标志能够提醒工作人员预防危险，从而避免事故发生；当危险发生时，能够指示人们尽快逃离，或者指示人们采取正确、有效、得力的措施，对危害加以遏制。GB2894-2008《安全标志及其使用导则》规定了传递安全信息的标志及其设置、使用的原则。

安全标志是由安全色、几何图形和图形符号所构成，用以表达特定的安全信息。此外，还有补充标志，它是安全标志的文字说明，必须与安全标志同时使用。

安全标志的作用，主要在于引起人们对不安全因素的注意，预防事故发生。但不能代替安全操作规程和防护措施。航空、海运、内河航运上的安全标志，不属于这个范畴。

(2) 安全标志的类别

安全标志分为禁止标志、警告标志、指令标志和提示标志等四类。

1 禁止标志。含义是不准或制止人们的某种行动。其禁止标志的几何图形是带斜杠的圆环，其中圆环与斜杠相连，用红色，图形符号用黑色，背景用白色。如禁放易燃物，禁止吸烟，禁止通行，禁止烟火，禁带火种，禁止启动，修理时禁止转动，运转时禁止加油，禁止跨越，禁止乘车，禁止攀登等。如图 6-23 所示。

禁止吸烟
禁止烟火
禁止带火种
禁止用水灭火
禁止放置易燃物
禁止堆放
禁止启动
禁止合闸
禁止转动
禁止叉车和厂内机动车辆通行
禁止乘人
禁止靠近
禁止入内
禁止推动
禁止停留
禁止通行
禁止跨越
禁止攀登
禁止跳下
禁止伸出窗外
禁止倚靠
禁止坐卧
禁止蹬踏
禁止触摸
禁止伸入
禁止饮用
禁止抛物
禁止戴手套
禁止穿化纤服装
禁止穿带钉鞋
禁止开启无线移动通讯设备
禁止携带金属物或手表
禁止佩戴心脏起搏器者靠近
禁止植入金属材料者靠近
禁止游泳
禁止滑冰
禁止携带武器及仿真武器
禁止携带托运易燃及易爆物品
禁止携带托运有毒物品及有害液体
禁止携带托运放射性及磁性物品

图 6-23　禁止标志

②警告标志。含义是人们注意可能发生的危险。警告标志的几何图形是黑色的正三角形，黑色符号和黄色背景。如注意安全，当心触电，当心爆炸，当心火灾，当心伤手等，如图 6-24 所示。

图 6-24　警告标识

③ 指令标志。含义是告诉人们必须遵守的意思，强制人们必须做出某种动作或采用防范措施的图形标志。指令标志的几何图形是圆形，蓝色背景，白色图形符号。如必须戴安全帽，必须穿防护鞋，必须系安全带，必须戴防护眼镜、必须戴防护手套等，如图 6-25 所示。

图 6-25　指令标志

④ 指示标志。含义是向人们提示目标的方向。提示标志的几何图形是方形、绿、红色背景，白色图形符号及文字。一般提示标志(绿色背景)：安全通道、太平门等；消防设备提示标志(红色背景)有：消防警铃、火警电话、地下消火栓、灭火器等。(注：消防提示标志的底色为红色，文字、图形为白色)。

用文字、图形及安全色做成的标示牌，又叫安全牌，是标志的一种重要形式，可分为禁止、允许、警告和指令四类。禁止类标示牌如："禁止合闸，有人工作"、"禁止合闸、线路有人工作"等，在停电工作场所悬挂在电源开关设备的操作手柄上，以防止发生误合闸送电事故。允许类标示牌如："在此工作"、"从此上下"等，悬挂在工作场所的临时入口或上下通道处，表示安全和允许。警告类标示牌如"止步、高压危险！""禁止攀登、高压危险"等，悬挂在遮栏、过道等处，告诫人们不得跨越，以免发生危险。标示牌是用电安全警告方式的一种。

3. 石油化工设备、管道、钢结构、气瓶表面色和标志规定

管道表面色和标志色见表 6-12；管道上的阀门、小型设备表面色表见表 6-13；

图 6-26　指示标示

石油化工设备的表面色和标志色应符合表 6-14；电气、仪表设备的表面色和标志色见表 6-15；构架、平台、梯子表面色见表 6-16；气瓶漆色表见表 6-17。

表 6-12　管道表面色和标志色

序号	名称	表面色	标志色
1	物料管道 一般物料 酸、碱	 银 管道紫	 大红 大红
2	公用物料管道 水 污水 蒸汽 空气及氧 氮 氨	 艳绿 黑 银 天酞蓝 淡黄 中黄	 白 白 大红 大红 大红 大红
3	紧急放空管（管口）	大红	淡黄
4	消防管道	大红	白

续表

序号	名称	表面色	标志色
5	电气、仪表保护管	黑	大红
6	仪表管道 仪表风管 气动信号管、导压管	天酞蓝 银	

表 6-13 管道上的阀门、小型设备表面色

序号	名称	表面色	备注
1	阀门阀体 灰铸铁、可锻铸铁 球墨铸铁 碳素钢 耐酸刚 合金钢	黑 银 中灰 海蓝 中酞蓝	或出厂色
2	阀门手轮、手柄 钢阀门 铸铁阀门	海蓝 大红	
3	小型设备	银	或出厂色
4	调节阀 铸铁阀体 铸钢阀体 锻钢阀体 膜头	黑 中灰 银 大红	
5	安全阀	大红	

表 6-14 石油化工设备、机械表面色和标志色

序号	设备类别	表面色	标志色
1	静止设备 一般容器、反应器、换热器 重质物料罐其他	银 中灰 银	大红 大红大红
2	工业炉	银	大红
3	锅炉	银	大红
4	机械设备 泵 电机 压缩机、离心机 风机	出厂色或银 出厂色或苹果绿 出厂色或苹果绿 出厂色或天酞蓝	大红

续表

序号	设备类别	表面色	标志色
5	鹤管	银	大红
6	钢烟囱	银	大红
7	火炬	银	大红
8	联轴器防护罩	淡黄	
9	消防设备	大红	白

表 6-15 电气、仪表设备的表面色和标志色

序号	名称	表面色	标志色	备注
1	开关柜、配电盘	海灰或苹果绿	大红	内表面象牙色
2	变压器	海灰	大红	
3	配电箱	海灰	大红	
4	操作台	海灰或苹果绿		内表面象牙色
5	仪表盘	海灰或苹果绿	大红	内表面象牙色
6	现场仪表箱	海灰或苹果绿	大红	
7	盘装仪表	海灰	大红	
8	就地仪表	海灰	大红	
9	电缆桥架、电缆槽	海灰	白	镀锌或铝合金表面不涂漆

表 6-16 构架、平台、梯子表面色

序号	名称	表面色
1	梁、柱、支撑、吊柱、管架、管道支吊架	蓝灰或中酞蓝
2	铺板、踏板	蓝灰或中酞蓝
3	栏杆(含立柱)、护栏、扶手	淡黄
4	栏杆挡板	蓝灰或中酞蓝

表 6-17 气瓶漆色表

气瓶名称	外表面颜色	字样	字样颜色
氢	深绿	氢	红
氧	天蓝	氧	黑
氨	黄	液氨	黑
氯	草绿	液氯	白
压缩空气	黑	空气	白
氮	黑	氮	黄
二氧化碳	铝白	液化二氧化碳	黑
氩	灰	氩	绿
煤气	灰	煤气	红
石油气	铝白	液化石油	红

4. 危险化学品生产、储存和运输的“一书一签”

“一书”指的是化学品安全技术说明书(SDS)，“一签”是指安全标签。我国《危险化学品安全管理条例》明确规定，危险化学品必须要提供符合 GHS 标准的一书一签。

(1) 危化品的基本概念

化学品指各种化学元素，由元素(单质)组成的化合物及其混合物，包括天然的和人造的。危险化学品是指具有易燃、易爆、毒害、腐蚀、放射性等危险性质，在运输、装卸、生产、使用、储存、保管过程中，在一定条件下能引起燃烧、爆炸，导致人身伤亡和财产损失等事故的化学物品，统称为危险化学品，如原油、LPG、汽油、氮气、硝化甘油。

(2) 危化品的分类

危化品的分类见表 6-18。

表 6-18 危化品分类表

类别	GB 6944—2012	举例
第 1 类	爆炸品	硝化甘油
第 2 类	气体	氧气混合物
第 3 类	易燃液体	柴油
第 4 类	易燃固体、易于自燃的物质、遇水放出易燃气体的物质	红磷、硅粉、硅化镁
第 5 类	氧化性物质和有机过氧化物	丁酸乙酯
第 6 类	毒性物质和感染性物质	苯
第 7 类	放射性物质	钚
第 8 类	腐蚀性物质	硫酸
第 9 类	杂项危险物质和物品	医院废弃物

(3)常见危化品标志

常见危化品标志见图 6-27。

(4)“一书一签”

《危险化学品安全管理条例》中第十五条规定，危险化学品生产企业应当提供与其生产的危险化学品相符的化学品安全技术说明书，并在危险化学品包装(包括外包装件)上粘贴或者拴挂与包装内危险化学品相符的化学品安全标签。化学品安全技术说明书和化学品安全标签所载明的内容应当符合国家标准的要求。

“一书一签”是一种可视化的管理方式，在生产、运输、储存环节建立了主观有效的信息沟通，特别是在应急情况下，任何参与抢险的人都可以阅读“一书一签”，迅速掌握抢险方法，避免造成更大损失。

① 一书。全称“化学品安全技术说明书”。国际上称作化学品安全信息卡，是化学品生产商和经销商按法律要求必须提供的化学品理化特性(如 pH 值、闪点、易燃度、反应活性等)、毒性、环境危害以及对使用者健康(如致癌、致畸等)可能产生危害的一份综合性文件。它包括危险化学品的燃爆性能，毒性和环境危害，以及安全使用、泄漏应急救护处置、主要理化参数、法律法规等方面信息的综合性文件。

“一书”主要包括下列内容：化学品及企业标识、危险性概述、成分/组成信息、急救措

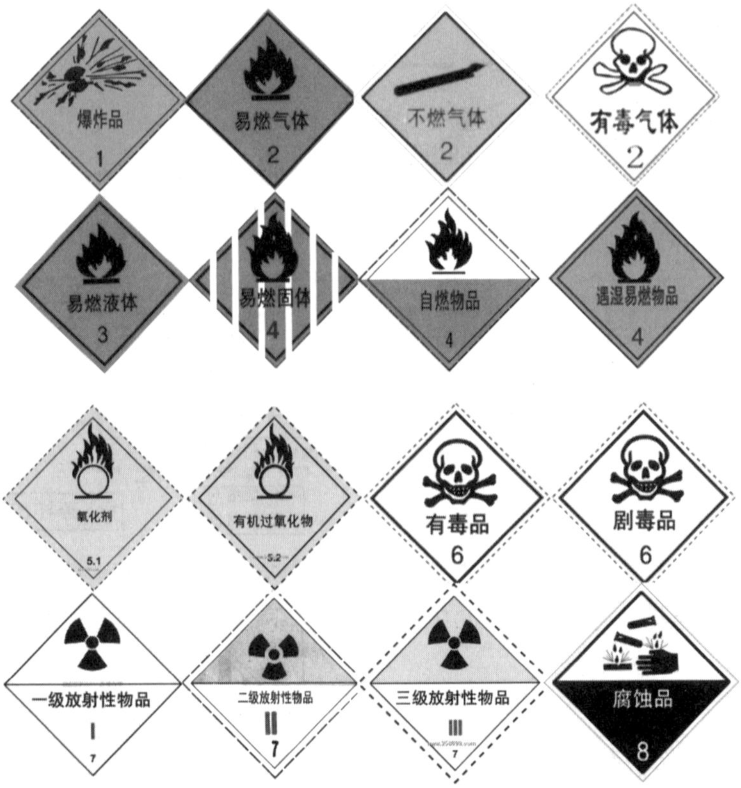

图 6-27　常见危化品标志

施、消防措施、泄露应急处理、操作处置与储存、接触控制和个体防护、理化特性、稳定性和反应活性、毒理学信息、生态学信息、废弃处置、运输信息、法规信息、其他信息。

②一签。危险化学品安全标签是指危险化学品在市场上流通时由生产销售单位提供的附在化学品包装上的标签，是向作业人员传递安全信息的一种载体，它用简单、易于理解的文字和图形表述有关化学品的危险特性及其安全处置的注意事项，警示作业人员进行安全操作和处置。《化学品安全标签编写规定》（GB 15258—1999）规定化学品安全标签应包括物质名称、编号、危险性标志、警示词、危险性概述、安全措施、灭火方法、生产厂家、地址、电话、应急咨询电话、提示参阅安全技术说明书等内容。图 6-28 为苯酚安全标签。

五、可视化管理与有感领导

1. 有感领导

（1）有感领导

顾名思义就是有安全认知的领导，是指企业各级领导通过以身作则的良好个人安全行为，使员工真正感知到安全生产的重要性，感受到领导做好安全的示范性，感知到自身做好安全的必要性。所谓"有感领导"，是指有安全感召力的领导，即要求各级领导通过员工可以"看到、听到、体验到"的方式展现自己对安全的承诺。具体包括承诺与保障、带头与示范、影响与感染等方面。

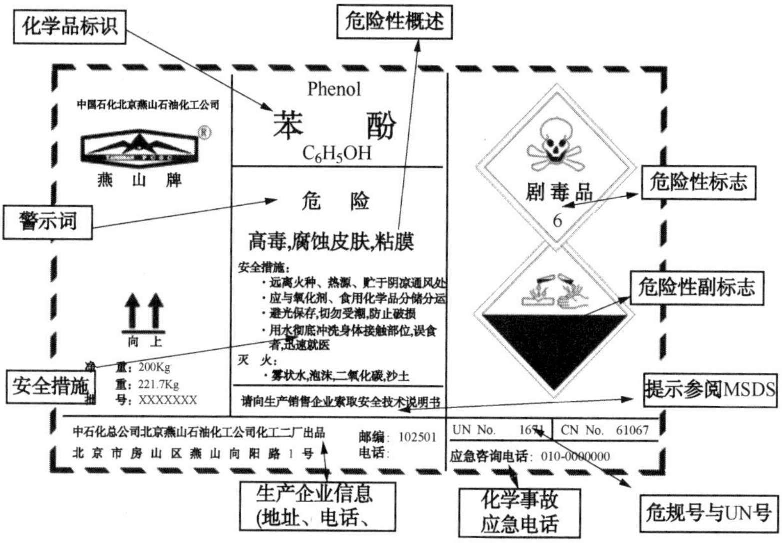

图 6-28 苯酚安全标签

这种让员工“看到、听到、体验到”的方式展现自己对安全的承诺，也是一种可视化的安全管理。

（2）有感领导的由来

美国杜邦公司首创的《有感领导》，诞生于早期杜邦公司严峻的安全生产环境中。杜邦公司早期火药生产过程中的高风险性和安全管理措施的不完善使生产中曾发生过多次严重安全事故。事故使杜邦公司的高层领导意识到，各级管理层对安全负责和员工的参与，是当时能否生存的重要条件。

埃留特·伊雷内·杜邦把自己的家建在车间上面的山坡上，让自己的安全和员工的生命安全联系在一起。特别是在 1818 年杜邦历史上最严重的 40 名工人丧生的爆炸事故发生以后，公司规定在杜邦的家族成员亲自操作之前，任何员工不允许进入一个新的或重建的工厂，并进一步强化高层管理者对安全的负责制。该制度演变为如今杜邦公司管理层的“有感领导”。现在有感领导已经成为安全领导力有代表性的词汇，即领导通过自己言行示范，给予安全工作的人力、物力保障，让员工和下属体会到领导对安全的重视。

（3）有感领导、直线责任、属地管理

“有感领导、直线责任、属地管理”是杜邦安全管理体系的重要组成部分，他们之间是点、线、面关系管理理念，是将领导层的承诺作为一个点，直线责任作为一条线，属地化管理作为一个面，以点带线再到面，构成了安全管理组织的主要框架，体现出安全管理的全员参与，是体系各要素良好运行的先决条件。有感领导”强调的是各级管理者对 HSE 的言、行、管的示范及引导作用，体现在安全生产的各个工作点上。“直线责任”强调的是 HSE 管理责任的指向性，体现在安全责任的各个关联线上。“属地管理”强调的是操作现场的员工对于安全生产的责任和重要性，体现在安全生产的操作层面上。“有感领导，直线责任，属地管理”，通过点、线、面，把安全生产、安全管理、安全责任有机的、立体的、紧密的结合起来，强调了管理者的示范和引导作用，明确了安全责任取向，阐明了基层员工的安全生产责任。

（4）有感领导的实现形式

有感领导就是安全管理可视化，其核心是各级领导的示范和引导。无论是基层管理者还是高层管理者对企业安全运行的重视程度都应该通过自身可视、可感、可悟的安全行为、习惯体现在企业生产运行中的任何时间，任何地点，从而对员工安全操作行为起到了积极的示范和引导作用。

①“榜样是最好的沟通”。领导若能树立好的榜样，则能更深远的影响员工。领导层所树立的榜样应该体现他们的真诚和警觉性，可以承诺：遵守所有的规章制度；按要求穿戴个人防护用品；每天和员工讨论与安全和管理有关的问题；积极关注和管理安全隐患；优先处理有关安全隐患的问题。

② 有感领导的具体表现包括但不限于“七个带头”，即：带头宣贯和践行安全理念；带头学习和遵守安全规章制度；带头制定和实施个人安全行动计划；带头开展行为安全审核；带头讲授安全课；带头开展安全风险识别和隐患治理；带头开展安全经验分享活动。

2. 直线责任

（1）直线责任

落实各项工作的负责人对各自承担工作的 HSE 管理职责，做到“谁主管谁负责、谁组织谁负责、谁执行谁负责”。一是指各级主要负责人要对安全管理全面负责，分管领导对分管工作范围内的安全管理工作直接负责；二是强调“专业安全”，专业部门对自己分管业务范围内的安全工作负责，做到“谁组织谁负责、谁管理谁负责、谁执行谁负责”，即安全工作不只是安全部门的“安全专业”管理，各分管领导、专业部门都要对其分管工作和负责领域的 HSE 工作负责；保证其本专业在企业安全管理的这个大系统中的专业安全；三是直线责任强调的是过程控制，要想时钟的准时，必须控制住分钟准确，每个专业的每一项工作的安全性，决定企业系统安全；四是直线责任强调的是逐级管理，一级管一级，管理者通过逐级下达目标指标实现安全责任的有效传递。

（2）专业部门的专业安全责任

① 规划、计划部门：要对新建、改建、扩建项目和技术改造、技术引进项目工艺路线的安全可行性负责；对制定适合装置安全生产的原料采购、生产计划负责。

② 设计管理部门和设计单位：要对建设项目、所设计装置(设施)的合规性负责；对建设项目、装置(设施)的设计本质安全性终身负责；对所设计的设备(设施)制造技术要求负责。

③ 生产、技术管理部门：要对生产指挥协调的安全负责；对突发事件的应急处置负责；对生产、技术管理制度的制、修订和适宜性负责；对操作规程和开停工方案的有效性负责；对新技术应用的安全负责；对生产隐患的排查和治理负责。

④ 机动设备管理部门：要对机械设备、电气、仪表和建(构)筑物等的安全运行负责；对设备检维修过程的作业安全负责；对设备隐患的排查与整改负责；对租赁和处置资产的安全管理负责；对设备安全管理制度、技术规程的制、修订和适宜性负责；对安全仪表的功能安全负责。

⑤ 工程建设管理部门：要对工程建设项目风险评估和安全措施的落实负责；对工程建

设项目承包商、分包商的资质审查负责；对工程建设项目的施工质量和施工安全负责；对工程建设项目承包商、分包商的安全监管负责；对工程建设项目安全管理制度的制、修订和适宜性负责。

⑥ 采购、销售部门：要对采购设备设施、备品备件、原辅材料的质量负责；对危险化学品、剧毒品、易制毒品、放射性物品采购、销售过程的合规性负责；对承运商的安全资质审查负责；对危险化学品仓库的安全负责。

⑦ 财务管理部门：要对安全生产费用提取、使用的合规性负责；对隐患治理费用的资金落实负责。

⑧ 其他职能部门：要对所管辖业务和区域范围内的安全负责。

⑨ 二级/基层单位（业务单位）：要对区域范围内的生产经营安全负责；对区域范围内的作业活动安全负责；对区域范围内的职业病危害因素防护负责；对规程、方案和管理制度的执行负责。

⑩ 安全监管部门：要对安全管理体系的推进实施负责；对安全制度的有效性负责；对安全综合监管的有效性负责。

（3）中石化安全理念

“安全源于责任；谁的业务谁负责，谁的属地谁负责，谁的岗位谁负责；所有事故都可以追溯到管理原因；尽职免责、失职追责。”

3. 属地管理

（1）属地管理

属地管理就是“谁的区域，谁管理”、“谁的岗位，谁负责”。属地广义上是指主要领导的管理范围、副职领导的分管领域、职能部门的业务领域、基层单位和员工的生产作业区域。属地管理的重点是生产作业现场的每一个员工对自己属地区域内人员（包括自己、同事、承包商和访客）的行为安全、设备设施的完好、作业过程的安全、工作环境的整洁负责。

（2）属地管理的重点

属地管理的对象为班组。“答案就在现场”，班组是安全生产之基，是事故发生之源，是安全生产之本，是安全生产的归宿；班组是企业生产经营活动最基层的单位，班组职工既是企业完成安全生产各项目标的主要承担者和实现者，也是生产事故和职业危害的直接受害者。有资料研究表明：98%以上的事故发生在生产班组，90%以上的事故是由于违章指挥、违章作业以设备隐患没能及时发现和消除等人为因素造成的，而70%的死亡事故发生时都有同事在场。因此，加强班组安全管理，是企业安全管理的关键。也是减少伤亡事故最切实、最有效的办法。加强班组安全管理，首先就是要强调属地管理的概念，按照“家”的概念理解属地，“我的岗位，我负责”，班组长做为一家之长，要树立“我是最后一道防线”的把关意识。

属地管理管理可以有效改变传统的 HSE 管理靠“警察抓小偷”的方式。HSE 需要全员参与，HSE 职责必须明确，必须落实到全员，尤其是基层的员工。员工的主动参与是 HSE 管理成败的关键；属地管理是落实安全职责的有效方法，使员工从被动执行转变为主动履行 HSE 职责，是传统岗位责任制的继承和延伸；实施属地管理，可以树立员工“安全是我的责任”的意识，实现从“要我安全”到“我要安全”的转变，真正提高员工 HSE 执行力。

属地的划分主要以工作区域为主，以岗位为依据，把工作区域、设备设施及工器具细划到每一个人身上。公司所属的每一片区域、每一个设备(设施)、每个工(器)具、每一块绿地等在任何时间均有人负责管理，可在基层现场设立标示牌，标明属地主管和管理职责。

(3) 班组属地管理的“四个负责”

即生产作业现场的每一个员工对自己属地区域内人员(包括自己、同事、承包商和访客)的行为安全负责、对设备设施的完好负责、对作业过程的安全负责、对工作环境的整洁负责。

① 班组属地管理 HSE 职责：进行安全检查，辨识危害因素，削减和控制风险；对外来人员进行安全提示，告知风险；监督外来人员安全操作作业；为外来人员施工提供相关的技术支持；发生突发事件按应急处置程序处置并报告。

② 班组属地管理权力：有制止本属地内违章作业的权力；有阻止未经允许外来人员进入本属地的权力；有要求进入本属地人员遵守规章制度的权力；有检查进入属地内的外来施工队伍安全资质、劳动防护、施工作业机具、器具、作业许可票证办理的权力；有考核属地内承包商的现场安全表现的权力。

第三节 安全检查

检查是检验和考查之意，安全检查就是要对生产过程中影响正常生产的各种因素，如机械、电气、工艺、仪表、设备等物的因素与人的因素进行深人细致的调查研究，发现不安全因素，消除事故隐患。也就是把可能发生事故的各种因素消灭在萌芽状态，做到防患于未然。“员工只做你检查的，不做你希望的”安全检查是发动群众共同搞好安全生产的一种有效形式。在企业安全生产管理中，安全检查占有非常重要的地位。

一、安全检查的基本概念

1. 安全检查

安全检查：是指对生产经营过程及安全管理中可能存在的隐患、有害和危险因素、缺陷等进行查证，以确定隐患或有害和危险因素、缺陷的存在状态，以及它们转化为事故的条件，以便制定整改措施，消除隐患、有害和危险因素，确保生产安全。

2. 安全检查的目的和意义

中石化 2013~2015 年 36 个月间的炼化企业事故表明，4 月份、5 月份、7 月份事故高发原因是生产旺季、检维修活动多；而 9 月份、10 月份安全形势最好，原因是中石化总部每年在 9 月开始开展安全大检查。事故起数与月份对应情况见图 6-29。

(1)安全检查是发现现场问题的过程

“答案就在现场”，安全管理工作的所有出发点和落脚点都在生产现场；“发现不了问题是最大问题”，安全管理更要坚持“问题导向”，安全检查就是要发现企业现场的、现在的、现实问题。

① 安全检查要及时发现和纠正人的不安全行为。人的不安全行为是事故的主要原因，

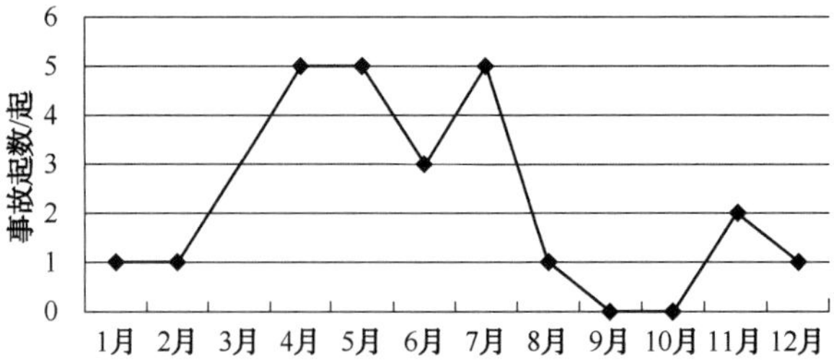

图 6-29　事故起数与月份对应情况

在生产现场员工每天都在熟悉的工作环境中，从事繁重、毒害、单调、重复的作业。在进行安全生产一段时间后，麻痹大意、疏忽侥幸的思想自然增长，形成一些违章行为，这些违章行为不能及时发现、制止就会演变成习惯性违章、群体性习惯性违章，安全检查就是要通过监察、监督、调查、了解、查证及早发现人的不安全行为，并通过提醒、说服、劝告、批评、警告，直至罚款、处分、调离、解除劳动关系等手段，消除不安全行为。

② 安全检查要及时发现物的不安全状态。物的不安全状态往往不是一天形成的，有一个逐步变化的过程，基层管理人员对这些变化，往往身临其中缺乏应有的警觉，检查人员带着冷眼光肯定会发现，在基层管理人员司空见惯的严重问题。例如，设备由于存在着腐蚀、老化、磨损、龟裂等问题，而生产作业环境中温度、湿度、光照、整洁等条件影响安全生产问题，建筑物、构筑物等设施防护材料、防火间距等问题。安全检查就是要及时发现并排除隐患，或采取临时辅助措施、特别防护措施。对于危险性大和毒害严重的劳动条件，应提出改造计划、定出整改措施，督促有关部门尽快执行。

③ 安全检查要及时发现和弥补管理缺陷。“任何事故都可以追溯到管理原因”，不单单是发生事故要追溯管理原因，日常的事件、未遂事故、问题都要反思管理原因，这才是安全管理的最有效的方法。安全检查的过程是发现管理缺陷的过程，整个企业管理是由企业中各项各类专业管理构成的，而各项专业管理所造成的缺陷都能影响企业的安全生产。安全检查就是要直接或通过具体问题发现各项专业管理过程中的缺陷，当然也包括自身安全管理中的缺陷，并及时纠正、弥补。

（2）安全检查是持续改善的过程

安全检查的一项规定动作，是对上一次安全检查出的问题的整改落实情况的检查。这是一种持续改善的过程，符合 PDCA 闭环管理机制要求。对发现问题念念不忘，是一种责任心、是从事安全管理工作所必须具备的基本素质要求，特别是企业一把手对重大隐患要“隐患不除、寝食难安”。

安全管理一方面要坚持把“事故当做管理的重要资源”的观点，既要根据自己所发生的事故痛苦的学经验，还要分析别人出事故的原因，防止类似事故在我们企业重复发生，更要分析别人不出事故的原因，提升本质安全的水平。安全检查的本身就是汲取事故教训的重要环节，要通过检查以事故教训为依据，查找现场问题，持续提升安全管理水平，安全检查更要注意“识别大风险、消除大隐患、杜绝大事故”有些事故是有潜伏性的，但事故的发生也是有规律可循的。按照事故发生的逻辑，观察、研究、分析这些潜在危险能否发生重大事故、发生重大事故的条件、可能波及的范围以及遭受的损失和伤亡，制定出防范措施和应急对策。这就是从系统、全局出发的安全检查，对企业的安全生产具有宏观指导意义。

（3）安全检查是总结经验、深入调研的过程

安全检查是“教学相长”的过程。一方面由上级、主管部门、专家所组成的检查组，具有非常强的专业优势、信息资源；另一方面经验在基层，基层员工的每一项建议都有价值所有的先进的管理理念、方法都可以在生产一线等到印证。所以，安全既是检查组发现现场问题的过程，同时，现场是知识和经验的宝库，更需检查组专家去挖掘。

安全检查既是为了检查发现人的不安全行为、物的不安全状态以及管理上的缺陷和系统中潜在的危险，又可通过深人生产现场实地调查研究、比较分析，发现在安全生产中好的典型、先进的经验，并且树立这些典型、推广这些先进经验，做到以点带面，开创安全生产的新局面。

（4）安全检查是形成全员安全管理氛围的过程

安全检查尤其是全系统的安全大检查，往往是对企业的全面体检，是对全员、全面、全过程的检查，无论是体系、机制、制度，还是人的不安全行为、物的不安全状态、管理缺陷，以及干部员工的思想意识、观念、安全文化等等。所以，安全检查是非常必要的，因为安全检查的过程就是宣传、讲解、运用国家安全生产方针、政策、法规、制度的过程。在安全检查过程中一边提出问题、一边解决问题。一边制定措施、一边宣传政策，易于结合实际，容易被大家理解，极易深人人心，因而能收到实效。

3. 安全检查需要强调的观点.

安全检查是安全管理工作的一项重要内容，是提高全员执行力的必要途径，为安全工作持续改进提供现场依据；企业应转变安全工作理念，尤其应转变安全检查工作的理念，为提高安全工作成果创造条件。

① 员工不会做你希望做的事，只会做你较真检查的事。为此，安全检查应对检查内容逐项较真，对安全工作应高标准、严要求、细检查，对检查中发现的问题应及时配置资源进行综合治理。

② 安全检查应只对事实负责，不讲客观条件。为此，安全检查工作人员对受检对象应进行从严监管，受检对象对自身存在的安全问题应只讲主观不讲客观、只讲做得好不讲说得好，问题面前应充分发挥自身的主观能动性，不找借口及理由来推诿安全责任。

③ 安全检查应以点带面小题大做，不能纵容熟视无睹。为此，在安全检查中发现的安全纰漏应使用放大镜进行问题责任追究，追溯产生问题的本质原因，下发限期整改通知单，对整改情况检查组进行跟踪评价，直到将安全工作问题全面予以解决。

④ 安全检查应见事、见人、见思想。为此，安全检查应先对违章违纪不正常之事，而后对违章违纪的人进行教育及惩戒；对违章违纪的人说明道理，使其从内心知道违章违纪的危害性，进而规范自身的不正当行为。

⑤ 安全检查执法不严后患无穷。安全检查人员必须严格执法，维护安全制度的权威性，制订安全制度不是一件轻松的事，但破坏安全制度有时就在一念之间，不能因检查人员个人失误而影响安全制度的可执行性。

⑥ 安全检查的形式主义等于放纵事故、隐患。为此，安全检查人员不能怕得罪人而使安全检查流于形式，不能因一己私利而影响正常的检查程序，不能因自身的权限而进行暗箱

操作，放纵一次违章就可能引发一起事故，安全检查总得过且过、走马观花。

⑦ 安全检查考核应公正透明，考核不能有亲疏之别。为此，安全检查考核时，应按照安全文件及制度落实相应的责任，应一碗水端平，不能有亲、有疏，考核应透明，员工无异议，惩戒面前、制度面前人人平等。

⑧ 举一反三、持续改进安全检查不符合项应。为此，对安全检查中发现的不符合项应落实专人、集中资源及时改进，并举一反三挖掘全体员工的安全智力资源，完善相应的安全文件及制度，务实实施有效的安全防范措施，防止安全问题的重复发生，最大限度地降低伤害事故的发生概率

二、安全检查的内容、方式和分类

1. 安全检查的内容

（1）查思想

① 检查各级管理人员对安全生产的认识，对安全生产的方针政策、法规和各项规章制度的理解和落实情况；

② 检查“管行业必须管安全、管业务必须管安全、管生产经营必须管安全”执行情况，当利润、产量、进度与成本与安全发生矛盾时，是否让位于安全；

③ 检查全体员工是否牢固树立“安全第一，预防为主，综合治理”的思想；

④ 安全活动与安全文化建设情况。

（2）查管理

管理出现漏洞、制度落实不到位，是酿成事故的主要因素。安全检查就是要直接或通过具体问题发现各项管理过程中的缺陷，当然也包括自身安全管理中的缺陷，并及时纠正、弥补。

1）一是要查教育培训情况

中石化安全管理理念之一“上岗必须接受安全培训，培训不合格不上岗。”检查生产人员安全培训制度落实情况，查安全教育内容、教育形式、员工参与程度；企业必须对新上岗、转岗人员进行安全培训并经考试合格，方可安排上岗、特种作业人员和特种设备作业人员必须接受专门的安全作业培训，取得相应资格后方可上岗作业；采用新工艺、新技术、新材料或者使用新设备，必须对相关生产、作业人员进行专项安全培训；检查承包商教育培训情况，企业应对所有的入场(厂)承包商人员进行安全培训，考试合格后办理入场(厂)证。

安全分享和安全告知：企业应利用会议、网络、简报等多种形式开展安全分享；各操作、作业班组每月至少开展 2 次班组安全活动，活动时应有安全分享内容；各作业班组在接班前应进行安全告知；访客和临时外来人员应有正式的安全告知方式。

2）二是查管理体系、制度落实情况

① 检查安全生产责任制的是否健全，是否覆盖所有岗位、人员；检查安全生产责任制的细化程度，是否明确每个岗位的具体责任，而不是堂而皇之的一概而论；检查每个人是否熟悉其岗位责任。

② 检查安全管理组织体系运行情况，方针目标、计划措施、安全管理人员的配备、资金保证等情况；企业每年至少组织 1 次安全管理体系内部审核，审核安全管理体系是否公司

相关制度的要求，是否得到有效实施，审核的过程和结果应予以记录。

③ 检查企业管理制度的执行情况，所有制度必须识别到岗位，以台账作为执行制度的保证。

④ 检查安全生产管理台账。

3）三是生产过程安全控制情况

① 操作规程的执行情况：企业应建立书面的操作规程，明确装置、设备的操作步骤、工艺控制参数、正常操作范围和异常操作限值，经审核、批准后发布实施；岗位操作应严格执行操作规程，企业应每月对操作规程的执行情况进行检查；设置工艺报警、安全报警的企业应建立报警的报告、分析制度，明确报告处置的流程和责任。

② 开停工管理：企业应在项目开工前或装置开、停车前，组织风险评估，编制和审查项目开工方案或装置开、停车方案；企业应在新改扩建项目开车前组织编制开车前安全检查表，进行开车前的安全检查(PSSR)和整改消缺；企业应在现役装置停工交出前对装置进行处理，达到安全条件后，方可组织检修前的验收并履行交接手续；企业应在现役装置检修全部结束后组织装置开车前的安全验收并履行交接手续。

③ 变更管理：原料、药剂及介质变更、工艺流程变更、操作步骤、操作参数和报警连锁值等发生变更应办理变更手续；设立连锁保护的装置，未经风险评估和审批，不得擅自停用、拆除联锁。

4）四是检维修、工程施工等直接作业环节管理

① 承包商管理：承包商安全资质审查、安全教育培训、承包商的考核情况。

② 作业安全分析(JSA)：所有施工作业都要在作业前运用 JSA 等方法进行危害识别及风险分析；按照谁负责、谁作业谁负责的原则，由现场作业负责人组织作业人员和相关人员进行 JSA 分析。

③ 作业许可及作业过程安全监护和监督情况。

5）五是设备运行安全控制

采购安全控制、建造与安装安全控制、设备运行安全管理、设备变更风险控制

6）六是其他重点内容

按照谁主管谁负责、谁变更谁负责、谁审批谁负责的原则，各变更管理部门应对变更从严控制，杜绝不必要的变更；职业病危害因素识别和防治计划、职业病危害标识与告知、职业病危害检测仪控制、职业健康体检与个体防护；应急预案的编制、应急演练、应急处置情况；事故报告、事故问责、事故整改和教训汲取；建设项目三同时。

（3）查隐患

① 安全风险辨识：企业应按照谁的业务谁负责、谁的属地谁负责的原则，各职能部门和二级/基层单位(因为单元)应采用 HAZOP 和 JSA 等方法组织开展风险识别和评估；企业应根据风险辨识结果进行分级管理，建立各级风险清单，每半年更新 1 次。发生重大变化或变更后应及时更新。

② 安全风险控制措施：针对辨识出的风险，企业应确定所采取的控制措施，包括工程技术措施、管理措施、应急措施和个体防护措施；风险控制措施要向相关人员告知。

③ 安全隐患排查和治理：隐患排查与每月日常检查相结合，分为定期排查和不定期排

查，各专业部门应每季度组织 1 次专业排查，企业至少每半年组织一次 1 次综合排查。

④ 企业应重点排查：构成重大危险源的装置、罐区、库；含硫原油（天然气）处理装置、LNG 装置；国家重点监管的危险化工工艺；油气输送管道等。

⑤ 企业应对排查出的隐患进行评估、分级，列入隐患治理台帐，同时定整治方案、防护措施、资金、整治期限和整治责任人。能够立即治理的隐患必须立即组织治理，不能立即完成治理的必须有强化的管控措施。

⑥ 隐患治理完成后，应组织隐患治理效果后评估，并建立隐患治理档案。

（4）查整改

① 依据对被检查单位上一次查出的问题，按其当时登记的项目、整改措施和期限进行复查；

② 根据近期本系统、本行业所发生的事故，国家和上级要求检查整改的项目；

③ 对已经发现的事故、安全隐患及生产存在的问题进行检查落实：是否已采取防护、改进措施，对发生事故是否及时报告认真处理，有没有采取有效措施，防止类似事故重复发生。对曾经发生过事故的部位，是每次安全检查工作的重点；

④ 对工伤事故如实申报情况等。

2. 安全检查的方式

按照检查的性质，安全检查可分为例行检查、专业性检查、季节性检查和节假日前后的检查等。

（1）例行检查

新《安全生产法》第四十三条：生产经营单位的安全生产管理人员应当根据本单位的生产经营特点，对安全生产状况进行经常性检查；对检查中发现的安全问题，应当立即处理；不能处理的，应当及时报告本单位有关负责人，有关负责人应当及时处理。检查及处理情况应当如实记录在案。

例行检查是一种经常性、普遍性的检查，包括：岗位操作人员每天要做好交接班安全检查和岗位安全巡查；基层单位每周组织 1 次综合性安全检查；二级单位每月组织 1 次综合性安全检查；生产、技术、设备、工程等专业部门每月组织 1 次专业安全检查；督查大队对现场安全管理和作业活动进行全覆盖、全天候安全督查。

很明显，例行的安全检查，特别是岗位操作人员的每 2 小时一次巡检和督查大队的日常作业检查的频次大于其他形式的检查，其目的是“第一时间发现问题”。

1）岗位操作人员的例行检查

岗位操作人员怎么样做到在第一时间发现问题？带着问题去巡检、从变化入手发现问题，包括：

① 装置隐患、十大薄弱环节、本装置及同类装置同期所发生的事故；

② 掌握人员变化、人员的思想变化、天气变化、原料变化、生产牌号变化、助剂和催化剂变化。

③ 千万不可低估时间对装置设备的影响，随着运行时间的延长，一些设备的零部件也越来越接近使用周期，要防止突然发生事故。

④ 要建立发现问题的奖励机制，鼓励更多的人发现更多的问题。把发现问题多与少、

问题的严重程度作为评优选树的依据。在发现问题的奖励上，做到“四个不一样”：发现高处问题和低处问题不一样、发现巡检路线问题和非巡检路线上的问题不一样、发现重大问题和一般性问题不一样、白天发现问题和晚上发现问题不一样。

2）班组长的安全检查

班组长安全检查主要是日常检查，检修过程中还可能对直接作业进行检查。检查可按“四查、三掌握、二抓、一严”的原则进行。

四查：查安全意识，查安全操作规程执行，查危险部位、危险作业、危险源及控制措施，查安全作业环境。

三掌握：掌握员工的心理状态，掌握员工的性格和优缺点，掌握员工的技能。

二抓：抓岗位责任制的落实，抓隐患整改的落实。

一严：严格的安全生产规章制度和操作规程。

表 6-19　班组长安全检查的重点内容

检查内容		检查内容	
人员	是否正确佩戴了劳动防护用品 是否自觉地遵守安全生产规章制度 是否掌握安全操作技能 员是否具有上岗资格 精神状态是否良好 是否会岗位的隐患排查及应急处置 物品的摆放是否符合规定	设备	是否按要求进行了维护、保养 安全防护装置是否良好 工器具是否符合作业要求 消防和应急设施是否配备齐全、有效 临时用电线路、设备是否符合要求 特种设备安全装置是否良好 设备保养记录是否齐全、规范
环境	工作场所是否无杂物、废水、油污 消防和疏散通道是否畅通无阻 安全标志是否齐全，位置是否正确 照明是否符合要求 尘、毒、噪声等指示是否符合要求	管理	设备运转参数是否在控制范围之内 安全教育记录是否齐全、规范 安全检查记录是否齐全、规范 安全会议记录是否齐全、规范 其他安全台长记录是否齐全、规范

3）督查大队例行检查

对现场安全管理和作业活动进行全覆盖、全天候安全督查，其主要目的也是“第一时间发现问题”，特别“第一时间发现”人的不安全行为问题，就对直接作业环节的安全督查而言，应重点检查：

① 动火作业：能量隔离措施落实情况：该加盲板的地方加了吗？盲板的厚度？材质？用火点周围（最小半径 15m）有无可燃物；或未有效覆盖、隔离下水井、管沟、排水沟、地漏、电缆沟。同一动火区域内是否同时进行可燃溶剂清洗和喷漆交叉作业？高处动火是否采取防止火花飞溅措施？电焊作业时站在水中、雪中或下雨时进行露天电焊作业？

② 受限空间作业：能量隔离，所需要进入的设备，是否进行工艺处理，所有与该设备的联系加装了盲板？不具备进入受限空间作业条件时，是否采取上锁挂牌措施？是否采取双监护？是否是分析合格？进入有毒有害介质的受限空间，是否携带报警仪？受限空间的进出口通道，是否畅通？进入受限空间作业时，是否断电？是否停止其他作业活动？作业许可是

否超过 24 小时？中断 4 小时是否重新办理作业许可？

③ 临时用电：露天开关是否装在特别箱闸内或电缆盘、无漏电保护或失灵，插座有缺陷？移动工具、手持式电动工具有没有一机一闸一保护？手持式电动工具外壳、手柄、导线、开关、插座有无破损？额定漏电动作电流不符合要求？电焊机未设置漏电保护器？

④ 高处作业及脚手架："四口、五临边"的防护措施（"四口"：楼梯口、电梯口、预留洞口、通道口；"五临边"：沟、坑，槽和深基础周边；楼层周边；楼梯侧边；平台或阳台边；屋面周边。）高处有杂物坠落的风险？强风、雨雪等恶劣天气继续作业？高处作业与输电线路安全距离不够？脚手架不符合要求？

⑤ 土石方作业：电缆、管线等地下设施两侧 1m 范围内是否由人工开挖？坑槽开挖设置的安全边坡是否符合要求？

⑥ 试压作业：是否用可燃性液体、有毒有害介质、气体进行液压试验？试压过程中如发生泄漏，带压补焊或修理的？压力表安装是否不少于两块？

⑦ 起重吊装作业：起重机未安装荷载限制装置或不灵敏？钢丝绳与地锚不符合要求？没注意起重机上方有输电线路？恶劣天气继续作业？起重臂、吊钩或吊物下面有人？卷扬机作业时没有专人操作、专人指挥？

⑧专职安全人员的日常安全检查的重点内容：人行通道、巡检线路有无障物，有无使人绊倒的危险？临边、井口、平台等高处是否存在跌落的危险？电气设备有无漏电、断路、老化的情况？消防器材是否齐全？在使用期内？生产现场劳动环境是否存在对作业者健康造成危害？装置区照明情况是否符合要求？消防通道、安全通道是否畅通？安全警示牌是否过期、脱落、字迹不清？门禁系统是否正常？

（2）专业性检查

专业性检查是指针对特殊作业、特殊设备、特殊场所进行的检查，包括：

① 安全部门组织的安全、消防专业的检查：重点检查安全消防装备，设施配备、维护的情况，危险化学品及危险特殊作业的管理情况。

② 机动部门组织的设备安全检查：重点检查大型机组特护、锅炉、压力容器、压力管道、起重机械、电气设备、仪表联锁使用、维护管理情况。

③ 生产管理部门组织的工艺纪律检查：重点检查工艺纪律执行情况，技措实施完成情况；检查生产调度令执行情况，公司公用工程系统水、电、汽、风及原材料互供平衡情况，以及安全指挥应急领导的情况。

④ 人事组织的岗位责任制方面的检查：重点检查各单位方针目标的完成情况，劳动纪律、岗位责任制的执行情况。

除了以上专业部门组织本专业综合情况检查外，还有专门争对某项专业管理所组织开展的专项检查，如球罐应急管理专项检查，防雷、防静电的专项检查，起重机械的专项检查等。

（3）季节性检查

季节性安全检查是生产经营单位，根据季节的自然特点，根据事故发展的规律，对易发的潜在危险突出季节性的问题进行检查。"没有变化就没有事故"，主要是防患于未然，消除因季节变化而产生的事故隐患。这种检查是建立在对事故统计规律认识上的检查，包括：

① 春季安全大检查：以防风、防雷、防静电、防解冻跑漏为重点；

② 夏季安全大检查：以防暑降温、防汛为重点；

③ 秋季安全大检查：以防火、防冻保温为重点；

④ 冬季安全大检查：以防火、防爆、防中毒、防冻防凝、防滑为重点。

（4）节假日前后的检查

节假日期间的生产运行是一种非正常的工作状态，需要做好各方面的准备工作，包括员工的思想准备，避免产生“别人休息，我工作”的埋怨情绪，造成精力分散。更要避免紧急情况发生时找不到人、找不到物质的情况发生，包括：

① 生产运行方案的准备：编制节假日生产运行方案，减少停开工装置、检维修项目；

② 生产及物资准备：生产原料、三剂（助剂、催化剂、添加剂）满足节假日需要，应急救援物资准备充足；

③ 设备及备品备件准备：明确备品备件的存放地点、联系方式、存储目录，备用设备完好；

④ 应急抢修准备：明确抢修队伍、联系方式，对可能发生的紧急情况做好预案；

⑤ 应急准备：组织应急预案演练、应急救援器材齐全完好、应急通讯器材完好；保证通讯 24 小时畅通。

⑥ 保卫、消防准备：消防道路畅通、消防设施完好、门禁系统完好；

⑦ 纪律检查：岗位人员无缺勤，岗位员工精神面貌好，明确值班、带班领导，保证通讯畅通。

3. 安全检查的分类

（1）按检查方式分类

按照检查的方式，安全检查可以分为定期检查、连续检查、突击检查、特种检查。

① 定期检查：是一种列入计划的、每隔一段时间进行的检查。检查的间隔时间可以是一个月、一个季度、半年或一年或者是适当的间隔期。定期检查是安全检查的主要方式。

定期检查可以分为一般性定期检查、专业性定期检查、季节性定期检查及防火检查。如炼化企业大型关键机组的特护，就是一种定期检查的方式。生产工艺、设备、电气、仪表等专业按照不同间隔期对机组进行检查。如果，机组运行出现问题，可能就要转入连续检查。

② 连续检查：是对某些设备的运行状况和操作进行长时间观察，通过观察发现设备运转是否不正常，并采取措施的一种安全检查方式。比如，对于存在某种缺陷的设备，制定监护运行方案，进行连续检查。再比如，对于炼化企业大型机组的运行的趋势分析，也属于连续检查，这是预知维修的重要手段。

有时定期检查也会转化为连续检查。现场操作工人、检维修工人每 2 小时巡回检查一次，工艺工程师、设备工程师每天或每周一次，车间主任每周检查一次等等，这些都属于定期检查，但我们通过错开检查时间，就可以实现对运行装置的连续检查。这是一种非常重要的管理方式。

③ 突击检查：是一种无一定间隔时间的检查。突击检查可以看作是领导干部一次走动式管理的实践，领导干部不定期出现在一线，可以了解到最真实的情况，可以看作是可视化的安全行动。突击检查一般是在国内外同类装置发生重大事故后，企业为汲取事故教训而采

取的一种习惯作法。突击检查也是企业根据事故统计分析，发现企业某个部门、装置存在的薄弱环节，对该部门、装置的突击检查。突击检查强调的领导干部的直面一线的越级检查，是对检查者的检查。

④ 特种检查：一般是对新设备、新工艺、新建、改建的工程项目的检查，还有就是对出现新的危险因素所进行的检查。如新建、改建工程的"三同时"检查；新设备、新工艺投用前开工条件确认；对暴露在有职业病危害场所的员工的健康检查；事故调查是由专门的调查组织和安全专业人员进行的一种特殊检查。事故包括未遂事故一经发生就要尽快找到原因，防止重复发生同样的事故。

（2）按检查手段分类

按检查手段，安全检查又可分为仪器测量、照相摄影、肉眼观察、口头询问等。在生产现场主要通过看、听、问、验、练来掌握真实情况。

1）"带着眼睛看"

先看规程制度是否完善、执行是否到位：通过检查台账等管理痕迹，判断企业安全管理制度是否识别到岗位，是否得到有效执行。管理观点：失去台账支撑的制度是假制度，是满足与流程的、不对结果负责的管理。

二看现场是否文明整洁、，职业卫生条件是否符合要求：现场有无"跑、冒、滴、漏"、有无明显气味。安全标识、企业应在可能产生职业病危害的工作场所、作业岗位、设备设施的醒目位置设置警示标识。管理观点：健康清爽的工作环境是安全生产的保证、现场是企业的一面镜子。

三看设备安全情况：生产使用过程中的防火防爆、泄漏泄压措施、管道、电线放置是否规范合理，特种设备有否安全防护措施，重要机组、关键设备是否进行特护管理等等。管理观点：设备管理是安全管理的基础。

四看定置管理：三剂等物料堆放，是否按品种、按特性等分类安全隔离和合理堆放，储存、摆放是否符合防火、防爆、防腐、防潮、防晒、防倒等安全要求，各种物料的标识是否齐全并清晰醒目。管理观点：5S 管理是 TPM、TQM 的零步骤。

五看设备维护保养是否到位：配套的安全装置、电气设备、消防器材、应急器具、防护用品等，运行是否安全正常，有缺陷设备的监护运行情况，润滑油三级过滤情况。

六看厂区、车间的标识是否清楚明显：作业场所各类禁止、警告、指令、指示标志、标识，应急处置卡放于明显之处、工艺卡片上墙。

七看纪律执行情况：在岗职工遵纪守规(包括操作)情况是否良好，有否违反劳动纪律和操作规程的现象，有无串岗、离岗、睡岗等情况，手机管理情况，现场有无违章行为、不安全行为。

八看劳动防护措施是否到位，"台有栏、洞有盖、轴有套、轮有罩"，包括个人防护情况(工作服、鞋、帽、手套、口罩、面具和个人卫生等)。

九看各类记录：如岗位工艺操作记录、交接班记录、设备检修维护保养记录、巡回检查记录等是否按实记录。重点通过检查记录，判断员工发现问题、避免事故了吗？装置平稳率情况？管理观点：发现不了问题是最大问题。员工"在巡回检查时要在第一时间发现问题"。

十看安全培训和应急演练：职工持证上岗情况，应急演练讲评信息。

2）“带着问题走”

一问责任：问各级、各岗位的安全生产责任制是否落实到位，如设备的维护保养责任、危险化学品的安全管理责任、日常安全检查和监督管理责任等；

二问安全知识：问新职工进岗是否都进行了安全生产“三级”教育培训，安全生产知识、消防安全知识、劳动防护技术、岗位设备操作、工艺程序、相关注意事项及万一发生事故后的应急措施等；动火、入受限空间、高处作业的风险在哪里？

三问隐患：你单位、你岗位安全隐患在哪里？

四问岗位设备：运行是否正常，使用过程中有否发现异常现象，平常发生的故障有哪些？

五问生产操作：有否发现工艺规程尚欠完善的地方和作业流程不顺畅的环节等。

3）“带着工具查”

一查采取仪器、仪表及其他测量工具对设备内部缺陷、作业环境条件（噪声）、设备、管线的表面温度进行实测；

二查根据工艺控制卡中的规定，核实 DCS 上数据、现场数据是否在控制范围之内；

管理观点：数据的真实性是企业的生命。

三查安全技能：根据应急预案，对某一项内容进行实地演练或演示，如空气呼吸器的佩带、报火警、初期火灾扑救、人工呼吸等。

管理观点：素质需要千百次训练。

三、安全检查表（SCL）

在安全系统工程学科中，安全检查表是最基础、最简单的一种系统安全分析方法。它不仅是为了事先了解与掌握可能引起系统事故发生的所有原因而实施的安全检查和诊断的一种工具，也是发现潜在危险因素的一个有效手段和用于分析事故的一种方法。

1. 安全检查表的基本概念

（1）安全检查表

所谓安全检查表，就是为系统地辨识和诊断某一系统的安全状况而事先拟好的问题清单。具体地讲，就是为了系统地发现工厂、车间、工艺过程或机械、设备、产品以及各种操作、管理和组织措施中的不安全因素，事先把检查对象加以分解，把大系统分解成小的子系统，找出不安全因素，然后确定检查项目和标准要求，将检查项目按系统的构成顺序编制成表，以便进行检查，避免漏检，这种表就叫安全检查表。

（2）安全检查表的作用

① 根据不同的单位、对象和具体要求编制相应的安全检查表，可以实现安全检查的标准化和规范化，避免随机检查、走走看看；

② 使检查人员能够根据预定的目的去实施检查，避免遗漏和疏忽，以便发现和查明各种问题和隐患；

③ 依据安全检查表检查，是监督各项安全规章制度的实施、制止“三违”的有效方法；

④ 安全检查表是安全教育的一种手段，能够带动广大干部职工认真遵守安全纪律，提高安全意识，掌握安全知识；

⑤ 检查表是主管安全部门和检查人员履行安检职责的凭证，有利于落实安全生产责任制，便于分清责任；

⑥ 检查表的编制依据之一，是依据本企业和其他企业所发生的事故而确定其检查内容，因而，安全检查表是企业知识管理的有效载体；同时，检查表的编制又是一个动态的不断丰富其检查内容的过程，根据国家、行业新的规范，根据本行业、同类装置的最新事故，要将应汲取的事故教训在检查表中明确。

（3）安全检查表编制的依据

① 根据国家法律、行业标准、企业制度、操作规程。将国家和行业的安全法律、规程、规范和制度规定具体化。通过检查表的检查内容明确国家法律、行业规范、标准、企业规程、制度。

② 根据本企业传统做法、管理经验。总结本企业、本行业的经验和行之有效的管理办法。由管理人员、技术人员、操作人员和安技人员一起，凝聚全体员工智慧，共同总结本单位生产操作的实践经验，系统分析本单位各种潜在的危险因素和外界环境条件，从而编制出完美的检查表。

③ 根据事故的统计规律。事故是管理的重要资源。编制时，应根据国内外同类企业、行业、装置所发生的所有事故，把那些能导致发生工伤或损失的各种不安全状态都一一列举出来，列入检查表中。

④ 借鉴其他同类企业、同行业、同类装置的经验做法。行业及企业安全生产的经验，特别是本企业安全生产的实践经验，引发事故的各种潜在不安全因素及成功杜绝或减少事故发生的原因经验。

⑤ 根据系统安全分析的结果，即是为防止重大事故的发生而采用事故树分析方法，对系统进行分析得出能导致引发事故的各种不安全因素的基本事件，作为防止事故的控制点源列入检查表。

⑥ 按系统的功能、结构或因素方法，逐一列出可能影响部件、零件及整机系统安全的因素，并列出清单；针对危险因素清单，从有关法规、标准等安全技术文件中，逐一找出对应安全要求及应达到的安全指标和应采取的安全措施，形成一一对应的系统安全检查表

⑦ 根据有关安全管理专业咨询机构对本企业安全管理的建议，将建议列入安全检查表中。

此外，必须明确安全检查表是一个动态管理过程，当上述情况发生变化时，应及时对安全检查表进行维护。

2. 安全检查表的编制

（1）安全检查表的编制一般采用经验法和系统安全分析法

① 经验法：找熟悉被检查对象的人员和具有实践经验的人员，以三结合的方式（工人、工程技术人员、管理人员）组成一个小组。依据人、物、环境的具体情况，根据以往积累的实践经验以及有关统计数据，按照规程、规章制度等文件的要求，编制安全检查表。

② 系统安全分析法：根据编制的事故树的分析、评价结果来编制安全检查表。通过事故树进行定性分析，求出事故树的最小割集，按最小割集中基本事件的多少，找出系统中的薄弱环节，以这些薄弱环节作为安全检查的重点对象，编制成安全检查表。

还可以通过对事故树的结构重要度分析、概率重要度分析和临界重要度分析，分别按事故树中基本事件的结构重要度系数、概率重要度系数和临界重要度系数的大小，编制安全检查表。

（2）编制安全检查表应注意的问题

安全检查表应用后，要通过实践检验不断修改，使之逐步完善。检查表要力求系统完整、不漏掉任何能引发事故的危险关键因素，因此编制安全检查表应注意如下问题：

① 检查表内容要重点突出、目标明确、简繁适当，要求具体、查之有据；对发现的问题做出简明确切的记录。

② 各类检查表的项目内容、应针对不同被检查对象要有所侧重，分清各自职责内容，尽量避免重复。

③ 检查表的每项内容要定义明确，便于操作。

④ 检查表的项目内容能随工艺的改造、设备的变移（变动）、环境的变化和生产异常情况的出现而不断修订、变更和完善。

⑤ 凡能导致事故的一切不安全因素都应列出，确保各种不安全因素及时被发现或消除。

⑥ 检查表必须包括系统的全部主要检查部位，不能忽略主要的、潜在不安全因素，应从检查部位中引伸和发掘与之有关的其他、潜在危险因素。

⑦ 安全检查表可以按生产系统、车间、工段和岗位编写，也可以按专题编写，如对重要设备和容易出现事故的工艺流程，就应该编制该项工艺的专门的安全检查表。

（3）安全检查表的形式

安全检查表一般分为提问式和对照式两种。提问式一般是定性的判断，对照式检查表一般是定量性分析。

① 提问式：检查项目内容采用提问方式进行。

表 6-20　提问式安全检查表样式

序号	检查项目	检查内容（要点）	是“√” 是“×”	备注

检查人		时间		直接负责人	

②对照式：检查项目内容后面附上合格标准，检查时对比合格标准进行作答。

表 6-21　对照式安全检查表样式

类别	序号	检查项目	合格标准	检查结果	备注
大类分项	编号	检查内容		“合格”打“√” “不合格”打“×”	

（4）安全检查表安全例

① 提问式安全检查案例：提问式安全检查表（定性的）。

表 6-22　节假日安全检查表

<table>
<tr><td colspan="2">检查时间</td><td>年　月　日</td><td>检查部位/部门</td><td></td><td>被检查部门/人员(签字)</td><td colspan="2"></td></tr>
<tr><td colspan="2">检查人员(签字)</td><td colspan="6"></td></tr>
<tr><td>序号</td><td>检查项目</td><td colspan="4">检查内容及依据</td><td>检查结果</td><td>备注</td></tr>
<tr><td>1</td><td rowspan="3">生产物资准备</td><td colspan="4">节假日期间所用原料做好准备，保证生产使用，物品是否分类、分开、分库存放</td><td></td><td></td></tr>
<tr><td>2</td><td colspan="4">节假日期间所用辅料做好准备，保证生产使用，物料摆放是否整齐、合理</td><td></td><td></td></tr>
<tr><td>3</td><td colspan="4">节假日期间公用工程保证生产正常使用</td><td></td><td></td></tr>
<tr><td>4</td><td rowspan="2">备用设备准备</td><td colspan="4">设备检修部门备齐相关零配件(如螺栓、垫片、法兰、阀门、密封垫等)</td><td></td><td></td></tr>
<tr><td>5</td><td colspan="4">安排检维修人员、设备设施，严格落实检维修各项措施</td><td></td><td></td></tr>
<tr><td>6</td><td rowspan="3">应急预案准备</td><td colspan="4">是否相关应急预案或应急程序</td><td></td><td></td></tr>
<tr><td>7</td><td colspan="4">人员是否了解相关应急预案、处置方案内容</td><td></td><td></td></tr>
<tr><td>8</td><td colspan="4">应急救援器材是否完好备用</td><td></td><td></td></tr>
<tr><td>9</td><td rowspan="4">消防</td><td colspan="4">消防设施是否完好备用(包括消防水系统)</td><td></td><td></td></tr>
<tr><td>10</td><td colspan="4">按规定消防器材设置消防器材并保证完好备用</td><td></td><td></td></tr>
<tr><td>11</td><td colspan="4">禁止埋压、圈占、遮挡消火栓或者占用防火间距的</td><td></td><td></td></tr>
<tr><td>12</td><td colspan="4">禁止占用、堵塞、封闭疏散通道、安全出口和消防通道</td><td></td><td></td></tr>
<tr><td>13</td><td rowspan="4">保卫、安全</td><td colspan="4">公司、部门、车间是否安排人员节假日值班</td><td></td><td></td></tr>
<tr><td>14</td><td colspan="4">是否落实节假日期间原辅料、设施设备的防火、防盗、防潮、防毒措施</td><td></td><td></td></tr>
<tr><td>15</td><td colspan="4">是否保证节假日期间通讯联络的畅通</td><td></td><td></td></tr>
<tr><td>16</td><td colspan="4">暂时未整改完的安全隐患是否有保障措施</td><td></td><td></td></tr>
</table>

②对照式安全检查案例：对照式安全检查表(定量的)。

表 6-23　落地扣件式钢管脚手架检查评分表

序号	检查项目		扣分标准	应得分数	扣减分数	实得分数
1	保证项目	施工方案	脚手架无安全技术措施或专项施工方案的扣 10 分 脚手架安全技术措施或专项施工方案未经审批、审查的扣 10 分 安全技术措施或专项施工方案不能指导施工的扣 5~8 分	10		
2		立杆基础	每 10 延长米立杆基础不平、不实、不符合方案设计要求，扣 2 分 每 10 延长米立杆缺少底座、垫木，扣 5 分 每 10 延长米无扫地杆，扣 5 分 每 10 延长米无排水措施，扣 3 分	10		

续表

序号	检查项目		扣分标准	应得分数	扣减分数	实得分数
3	保证项目	架体与建筑结构拉结	脚手架高度在7米以上，架体与建筑结构拉结，按规定要求每少一处，扣2分 拉结不坚固每一处，扣1分	10		
4		杆件间距与剪刀撑	每10延长米立杆、纵向水平杆、横向水平杆间距超过规定要求每一处，扣2分 不按规定设置剪刀撑的每一处，扣5分 剪刀撑未沿脚手架高度、水平方向连续设置或角度不符合要求，扣5分	10		
5		脚手板与防护栏杆	脚手板不满铺，扣7-10分 脚手板材质不符合要求，扣7-10分 脚手板铺设不符合要求，扣2分 脚手架外侧未设置密目式安全网或网间不严实的扣10分 施工层不设1.2m高防护栏杆的扣5分	10		
6		交底与验收	脚手架搭设前无交底，扣5分 脚手架搭设完毕未办理验收手续，扣10分 无量化的验收内容，扣5分	10		
		小计		60		
7	一般项目	横向水平杆设置	主节点缺横向水平杆每有一处，扣2分 横向水平杆只固定一端的每有一处扣1分 单排脚手架子横向水平杆插入墙内小于24cm的每有一处，扣2分	10		
8		杆件搭结	钢管立杆除顶层顶步外采用搭结的每一处，扣2分 钢管对接扣件未交错布置的每一处，扣2分	5		
9		架体内封闭	施工层以下每隔10m未用平网或其他措施封闭的扣5分 施工层脚手架内立杆与建筑物之间未进行封闭的扣5分	5		
10		脚手架材质	钢管弯曲、锈蚀严重的扣4~5分	5		
11		通道	通道设置不符合要求的扣1~3分	5		
12		卸料平台	卸料平台未经设计计算，扣10分 卸料平台搭设不符合设计要求，扣10分 卸料平台支撑系统与脚手架连接的扣8分 卸料平台无限定荷载标牌的扣3分	10		
		小计		40		
检查项目合计				100		

3. 安全检查表的应用

（1）应注意的几个问题

① 各类安全检查表都有适用对象、不宜通用。如专业检查表与日常定期检查表要有区

别。专业检查表应详细、突出专业设备安全参数的定量界限，而日常检查尤其是岗位检查应简明扼要，突出关键和重点部位。

② 应用安全检查表实施检查时，应落实安全检查人员。企业厂级日常安全检查，可由安技部门现场人员和安全监督巡检人员会同有关部门联合进行。车间的安全检查，可由车间主任或指定车间安全员检查。岗位安全一般指定专人进行。检查后应签字并提出处理意见备查。

③ 为保证检查的有效定期实施，应将检查表列入相关安全检查管理制度，或制定安全检查表的实施办法。如把安全检查表，同巡回检查制度结合起来，列入安全例会制度、定期检查工作制或班组交接班制度中。

④ 应用安全检查表检查，必须注意信息的反馈及整改。对查出的问题，凡是检查者当时能督促整改和解决的应立即解决；当时不能整改和解决的应进行反馈登记、汇总分析由有关部门列 入计划安排解决。

⑤ 应用安全检查表检查，必须按编制的内容，逐项逐内容、逐点检查。有问必答、有点必检，按规定的符号填写清楚。为系统分析及安全评价提供可靠准确的依据。

（2）安全检查表应用案例

1）开车(启动)前安全检查(PSSR)

《中石化安全管理手册》关于“开工和停工安全管理”中规定：企业应在项目开工前或装置开、停车前，组织风险评估，编制和审查项目开工方案或装置开、停车方案；企业应在新改扩建项目开车前组织编制开车前安全检查表，进行开车前的安全检查(PSSR)和整改消缺。

PSSR 适用范围：新、改、扩建的工艺设施设备；重大工艺设备变更项目；发生重大事故后开车；装置的停产检修后开车等四个方面。

PSSR 编制小组：为确保启动前安全检查的质量，应根据项目的进度安排，提前组建 PSSR 小组，也可根据项目的实际情况分阶段实施检查。PSSR 组长由企业相关领导或其指定的人员担任，成员由组长确认并明确每个组员的任务分工。根据项目实际情况，PSSR 小组成员可由工艺技术、设备、电气仪表、检维修、主要操作和安全环保等专业人员组成。必要时，可包括承包商、装置制造商、具有特定知识和经验的外部专家。

PSSR 是 OHSA 关于工艺安全管理(PSM)14 个要素之一，如图 6-30 所示。

2）苯乙烯装置安全检查表

苯乙烯车间 HSE 安全系统检查表由十项安全检查表组成，根据季节特点和装置运行规律决定安全检查频次，每一项安全检查表由许多子项组成，例如，节假日安全检查表由 14 个子项组成，适用于“五一”、“十一”、春节长假的节前准备，安全检查表的每一个检查项目都要由负责人检查并签字确认。所有的检查结束后将检查表汇报到技术组，由生产主任最后确定，留档存查。节日长假期间若有问题，倒查责任，分清原因，改进检查项目。确保经过节前检查已发现的问题得到及时整改，消除隐患。做到节日期间装置生产安全平稳，高负荷运转，直至实现节日期间维修零工作量，使装置时时处在安全可控状态。

HSE 安全检查表系统建立和实施后，苯乙烯装置的非计划停工率为零，创下了装置长周期运行的新记录。

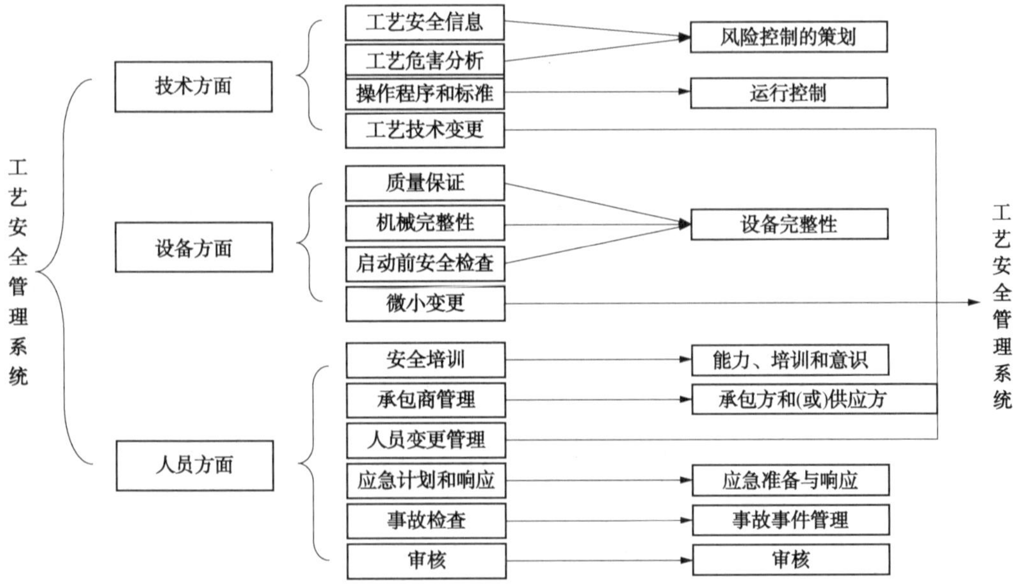

图 6-30 PSSR 是 OHSA 关于工艺安全管理(PSM)14 个要素之一

表 6-24 苯乙烯安全检查频次表

序号	检查项目	适用范围	频次	备注
1	节假日安全检查表 HSE-16-F14-001	适用于元旦、“五一”、“十一”、春节四大假日节前准备。	节前 12 月份、1 月份、4 月份、9 月份	
2	防冻、防凝、防风、防滑安全检查表 HSE-16-F14-002	适用于每年 11 月份-2 月份装置运行最冷季节，重点做好防冻、防凝、防风、防滑、防火工作。	11、2 月份各检查 1 次(常规防冻)，12、1 月份各检查 1 次(深冷防冻)	
3	防雷、防汛、静电接地安全检查表 HSE-16-F14-003	适用于每年 4—5 月苯乙烯装置停伴热后，气温开始回升，春夏之交的过渡期生产，检查装置静电接地、焦油管线伴热、易聚合管线和仪表、安全阀前后阀检查。	4 月份、5 月份、6 月份	
4	防暑、降温、防汛安全检查表 HSE-16-F14-004	适用于苯乙烯 6—8 月份进入夏季生产，主要工作是做好防高温工作，防汛工作。	6、7、8 月每月 1 次，暴雨前后重点检查	
5	防火、防爆、防泄漏安全检查表 HSE-16-F14-005	8—10 月份重点检查地下管线，检查装置切水部位，检查装置排放点。(8 月份曾出现地井爆鸣)	8、9 月份各检查 1 次	
6	防尘、防毒、危险化学品安全检查表 HSE-16-F14-006	适用于日常危险化学品检查	1~12 月份每月 1 次	
7	重点设备压力容器、废热锅炉、机泵安全检查表 HSE-16-F14-007	适用于装置日常设备专项安全检查	1~12 月份每月 1 次，其中重点特护设备每周 1 次	

续表

序号	检查项目	适用范围	频次	备注
8	安全附件、报警装置安全检查表 HSE-16-F14-008	适用于装置日常设备专项安全检查。(12月份曾出现压缩机联锁故障问题)	冬季12月份、夏季7月份检查	
9	消防设施、防护用具安全检查表 HSE-16-F14-009	适用于装置日常消防设施、防护用具安全检查	1~12月份每月1次，重点在每年3月份、11月份检查	
10	HSE安全管理制度检查表 HSE-16-F14-010	适用于装置日常安全管理检查	每月1次，针对不同月份重点检查	

第四节　风险评价

透过青岛“11.22”、天津港“8.12”事故，可以看出国内石油公司与国际石油公司相比，主要差距还是在于风险管理。表现在，风险识别和评价缺乏整体面貌；风险识别主要是围绕临时作业活动进行，没有对全公司、某个运行部、某个作业区的日常作业活动存在哪些风险进行识别；风险没有做到动态管理；隐患治理进展过程中没有及时更新风险识别和评价结果；实施变更后没有及时更新风险识别和评价结果；事故（事件）调查分析后没有对风险评价结果进行复核；风险控制措施笼统；无责任人和具体要求，缺乏可执行性。

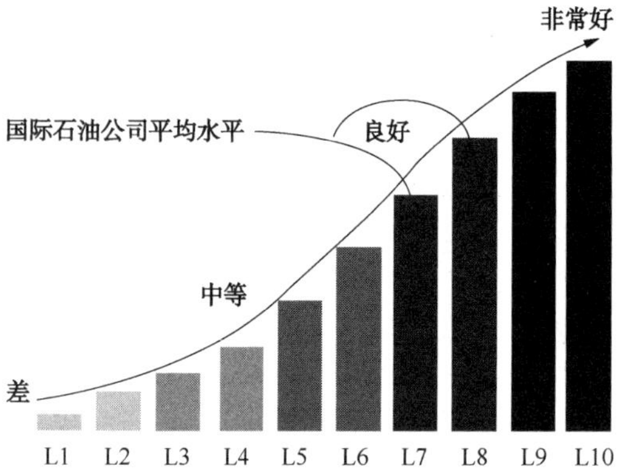

图6-31　安全等级

国际安全评级系统共分10个等级，见图6-31。代表“差-非常好”的安全管理水平，根据评价结果评估一个“安全等级”以表示安全现状。有研究机构称，国际石油公司平均水平在L7-L8，管理好的国内石油公司在L5-L6级水平。

一、风险评价

1. 风险管理

风险管理是与传统的安全管理，风险管理确立了系统安全的观点、开发了事故预测技术。风险管理的目的是“识别大隐患、控制大风险、杜绝大事故”。风险管理包括安全生产风险辨识与分析、风险评价、风险预测与预警、应急管理和风险控制。就现场安全管理而言，风险评价是基础。

2. 风险评价

风险评价是指在风险事件发生之前或之后(但还没有结束)，该事件给人们的生活、生命、财产等各个方面造成的影响和损失的可能性进行量化评价的工作。即，风险评价就是量化测评某一事件或事物带来的影响或损失的可能程度。

《中石化安全管理手册》中明确："所有施工作业都要在作业前运用 JSA 等方法进行危害识别及风险分析；按照谁安排谁负责、谁作业谁负责的原则，由现场作业负责人组织作业人员和相关人员进行 JSA 分析；许可证审批人在许可证签发前应结合 JSA 组织现场安全确认，对交叉作业要指定项目现场协调人。"

3. 风险评价的主要方法

在生产现场风险评价主要有安全检查表(SCL)、作业条件危险性分析法(LEC)、工作危害分析法(JHA)等，见表 6-25。

表 6-25　主要风险评价方法的比较

评价方法	特点	适用范围	应用条件(推荐人员)	优缺点
工作危害分析(JHA)	较细致，将一项作业按步骤分解，识别每一个步骤中的危害和可能的事故，并设法消除	以员工作业过程为主线，分析作业过程中存在的风险。如动火、受限空间、高处作业、吊装、盲板抽堵等特殊作业；停水、停电、停气(汽)、停风、停止进料、设备故障处理开车、停车及交付前的安全条件确认	分析人员熟悉该操作(推荐车间班组长或技术人员参与分析)	简便易行、便于掌握，分析细致；不适用于对装备和工艺的分析
安全检查表(SCL)	基于经验，分析人员列出一些项目，识别与一般工艺设备和操作有关的已知类型的危害，设计缺陷和事故隐患	可用于对现场、设备设施和作业场所的分析。危险有害因素、安全操作规程、安全技术指标、工艺参数偏差、安全设施完好、现场管理、定期检验检测等	需要参考有关法律法规、标准和管理、操作等规程，分析人员需要一定经验	简便、易于掌握，需要提前编写，便于检查，但不够灵活
作业条件危险性(LEC)	一种简单易行的评价人们在具有潜在危险性环境中作业时的危险性的半定量评价方法。按规定对系统事故发生的可能性、人员暴露情况、危险程度赋分，计算后评定危险性等级	各类生产作业条件。事故及潜在的紧急情况及新建、改建、扩建或其他变更	赋分人员熟悉系统、对安全生产有丰富的知识和实践经验	简便、实用、适用范围广；受分析人员主管影响较大
危险与可操作性(HAZOP)	系统详细地对工艺过程和操作进行检查，以确定过程的偏差是否导致不希望的后果。以关键词为引导，找出工艺过程或状态中的变化(即)偏差，然后分析其产生原因，后果及可以采取的措施	该方法可用于连续或间歇过程，还可以对拟定的操作规程进行分析	对于大型复杂的项目，需要设计、工艺、操作、设备、仪表、电气、安全、公用工程等方面的人员共同完成	能够详细地分析工艺过程；需要人员、时间相对较多，适合对关键的工艺过程进行分析

二、安全检查表(SCL)

安全检查表法是将一系列项目列出检查表进行分析，以确定系统、场所的状态是否符合安全要求，通过检查发现系统中存在的安全隐患，提出改进措施的一种方法。安全检查表的本质是“问题清单”。

安全检查表在安全系统工程诸方法中是一种最基础、最初步的方法，如危险性预先分析、事故树分析、事件树分析等，都是在这个基础上发展起来的，它不仅仅是实施安全检查的一种重要手段，也是预测和预防事故潜在危险的一个有效工具。同时，其他的一些分析方法有时也会以检查表的形式表现出来。

安全检查表适用广泛的安全检查，其对象有：危险有害因素、安全操作规程、安全技术指标、工艺参数偏差、安全设施完好、现场管理、定期检验检测等。

安全检查表的编制与应用见上一节论述。

三、作业条件危险性分析法(*LEC*)

1. 基本概念

(1) 作业条件危险性分析法

作业条件危险性分析法是一种半定量的风险评价方法，它用与系统风险有关的三种因素指标值的乘积来评价操作人员伤亡风险大小。三种因素分别是：L(事故发生的可能性)、E(人员暴露于危险环境中的频繁程度)和 C(一旦发生事故可能造成的后果)。给三种因素的不同等级分别确定不同的分值，再以三个分值的乘积 D(危险性)来评价作业条件危险性的大小，即：

$$D=L\times E\times C$$

D 值越大，说明该系统危险性大。

(2) 特点

优点是一种半定量评价方法；简单易行，操作性强，危险程度的级别划分比较清楚、醒目；有利于掌握企业内部危险点的危险情况，有利于促进改措施的实施。

缺点是由于它主要是根据经验来确定 3 个因素的分数值及划定危险程度等级，因此具有一定的局限性，只能作为作业的局部评价，不能普遍适用。

(3) 适用范围

适用于有危险源、人员暴露的危险环境(火灾、爆炸、中毒)。

2. 取值分析

(1) 发生事故的可能性(L)

事故或危险事件发生的可能性与其实际发生的概率相关。若用概率来表示时，绝对不可能发生的概率为 0；而必然发生的事件，其概率为 1。但在考察一个系统的危险性时，绝对不可能发生事故是不确切的，即概率为 0 的情况不确切。所以，将实际上不可能发生的情况作为“打分”的参考点，定其分数值为 0.1。

此外，在实际生产条件中，事故或危险事件发生的可能性范围非常广泛，因而人为地将完全出乎意料之外、极少可能发生的情况规定为 1；能预料将来某个时候会发生事故的分值规定为 10；在这两者之间再根据可能性的大小相应地确定几个中间值，如将“不常见，但仍然可能”的分值定为 3，“相当可能发生”的分值规定为 6。同样，在 0.1 与 1 之间也插入了与某种可能性对应的分值。于是，将事故或危险事件发生可能性的分值从实际上不可能的事件为

0.1，经过完全意外有极少可能的分值 1，确定到完全会被预料到的分值 10 为止，见表 6-26。

表 6-26　事故或危险事件发生可能性分值

分值	事故或危险情况发生可能性	分值	事故或危险情况发生可能性
10①	完全会被预料到	0.5	可以设想，但高度不可能
6	相当可能	0.2	极不可能
3	不经常，但可能	0.1	实际上不可能
1①	完全意外，极少可能		

注：①为“打分”的参考点。

（2）暴露于危险环境的频率

作业人员暴露于危险作业条件的次数越多、时间越长，则受到伤害的可能性也就越大。连续出现在潜在危险环境的暴露频率分值为 10，一年仅出现几次非常稀少的暴露频率分值为 1。以 10 和 1 为参考点，再在其区间根据在潜在危险作业条件中暴露情况进行划分，并对应地确定其分值。例如，每月暴露一次的分定为 2，每周一次或偶然暴露的分值为 3。当然，根本不暴露的分值应为 0，但这种情况实际上是不存在的，是没有意义的，因此毋须列出。暴露于潜在危险环境的分值见表 6-27。

表 6-27　暴露于潜在危险环境的分值

分值	出现于危险环境的情况	分值	出现于危险环境的情况
10①	连续暴露于潜在危险环境	2	每月暴露二次
6	逐日在工作时间内暴露	1①	每年几次出现在潜在危险环境
3	每周一次或偶然地暴露	0.5	非常罕见地暴露

①为“打分”的参考点。

（3）发生事故或危险事件的可能结果

造成事故或危险事故的人身伤害或物质损失可在很大范围内变化，以工伤事故而言，可以从轻微伤害到许多人死亡，其范围非常宽广。需要救护的轻微伤害的可能结果，它值规定为 1，以此为一个基准点；而将造成许多人死亡的可能结果规定为分值 100，作为另一个参考点。在两个参考点 1N 100 之间，插入相应的中间值，表 6-28 为可能结果的分值。

表 6-28　发生事故或危险事件可能结果的分值

分值	可能结果	分值	可能结果
100① 40 15	大灾难，许多入死亡 灾难，数人死亡 非常严重，一人死亡	7 3 1①	严重，严重伤害 重大，致残 引人注目，需要救护

① 为“打分”参考点。

（4）危险性

确定了上述 3 个具有潜在危险性的作业条件的分值，并按公式进行计算，即可得危险性分值。据此，要确定其危险性程度时，则按下述标准进行评定。

由经验可知，危险性分值在 20 以下的环境属低危险性，一般可以被人们接受，这样的危险性比骑自行车通过拥挤的马路去上班之类的日常生活活动的危险性还要低。当危险性分值在 20~70 时，则需要加以注意；危险性分值 70~160 的情况时，则有明显的危险，需要采取措施进行整改；同样，根据经验，当危险性分值在 160~320 的作业条件属高度危险的作业条件，必须立即采取措施进行整改。危险性分值在 320 分以上时，则表示该作业条件极其危险，应该立即停止作业直到作业条件得到改善为止，详见表 6-29。

表 6-29　危险性分值

分值	危险程度	分值	危险程度
>320	极其危险，不能继续作业	20~70	可能危险，需要注意
160~320	高度危险，需要立即整改	<20	稍有危险，或许可以接受
70~160	显著危险，需要整改		

3. 案例

案例 1 生产过程中”人的不安全行为”辨识与危险性评价（见表 6-30）

表 6-30　生产过程中“人的不安全行为”辨识与危险性评价汇总表(局部)

作业活动	序号	不安全行为	作业条件危险性评价				控制措施	备注
			L	E	C	D		
其他方面	54	工作时间内在工作场所大脑、嬉戏	3	6	1	18	1. 树立安全意识高的典型人物，进行评比宣讲；2. 典型案例教育警示，使职工摒弃侥幸和惰性心理	
	55	触摸不熟悉的工装设备及控制开关	1	6	3	18		
	56	停留在通道中间交谈	3	3	3	27		
	57	上下楼梯没有养成扶扶手的习惯	6	6	1	36		
	58	机动车内人员未系安全带	6	6	1	36		
	59	不停电更换照明	3	1	15	45		
	60	随意放置物件，阻碍防火、逃生通道	3	6	7	126		

L—事故或危害实践发生的可能性；E—暴露于危害事件环境的频率；C—事故或危害事件的可能结果；D—作业条件危险性大小，$D=LEC$。

四、工作危害分析法(JHA)

1. JHA 基本概念

（1）工作危害分析法定义

工作危害分析法是一种定性的风险分析辨识方法，它是基于作业活动的一种风险辨识技术，用来进行人的不安全行为、物的不安全状态、环境的不安全因素以及管理缺陷等的有效识别。即先把整个作业活动(任务)划分成多个工作步骤，将作业步骤中的危险源找出来，并判断其在现有安全控制措施条件下可能导致的事故类型及其后果。若现有安全控制措施不能满足安全生产的需要，应制定新的安全控制措施以保证安全生产；危险性仍然较大时，还应将其列为重点对象加强管控，必要时还应制定应急处置措施加以保障，从而将风险降低至可以接受的水平。

（2）适用对象

人员的作业活动，如直接作业环节作业。

2. JHA 分析流程

JHA 分析流程见图 6-32。

① 从作业活动清单中选定一项作业活动，将作业活动分解为若干个相连的工作步骤，识别每个工作步骤地潜在危害因素，然后通过风险评价，判定风险等级，制订控制措施。

② 作业步骤应按实际作业步骤划分，佩戴防护用品、办理作业票等不必作为作业步骤分析。可以将佩戴防护用品和办理作业票等活动列入控制措施。

③ 作业步骤只需说明做什么，而不必描述如何做。作业步骤的划分应建立在对工作观察的基础上，并应与操作者一起讨论研究，运用自己对这一项工作的知识进行分析。

④ 识别每一步骤可能发生的危害，对危害导致的事故发生后可能出现的结果及严重性也应识别。识别现有安全措施，进行风险评估，如果这些控制措施不足以控制此项风险，应提出建议的控制措施。

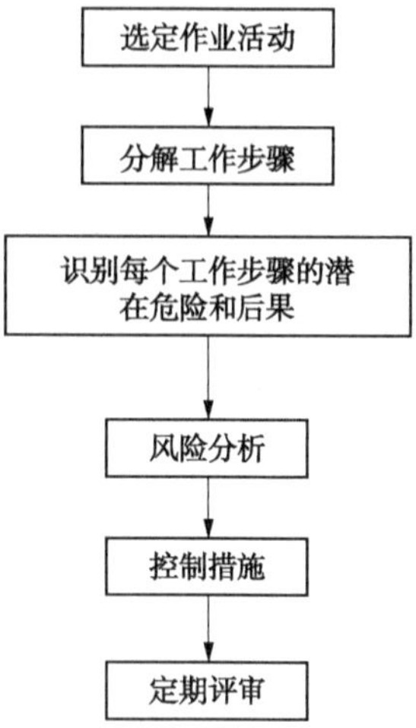

图 6-32　JHA 分析流程

⑤ 如果作业流程长，作业步骤很多，可以按流程将作业活动分为几大块。每一块为一个大步骤，可以再将大步骤分为几个小步骤。

⑥ 对采用工作危害分析的评价单元，其每一步骤均需判定风险等级，控制措施首先针对风险等级最高的步骤加以控制。

⑦ 频繁进行的类似作业，可事先制定标准的工作危害分析记录表。

3. 案例

案例：第一聚丙烯装置聚合釜投料工作危害分析（表 6-31）

表 6-31　聚合釜投料工作危害分析（JHA）记录表

编号：007　　作业活动：聚合釜投料　　分析人员：　　日期：

序号	工作步骤	危害	主要后果	现有安全控制措施	L	S	风险度（R）	建议改正/控制措施
1	投料前的检查	减速机油位不够或集中供油不畅	设备损坏	投料前按操作规程进行检查	2	3	6	
		轴封注油量不足或冷却水未开	轴封泄漏		2	3	6	
		安全阀未投用	超压		1	4	4	
		喷料阀、火炬阀、气柜阀、放空阀未关	丙烯跑损		2	2	4	
		氮气阀未关	丙烯串入氮气中		2	2	4	
2	加氢气	氢气质量差	不反应	首次使用氢气前对氢气纯度进行确认	3	2	6	
		加入量不准	MI 不在规定范围内	严格按规定操作	2	2	4	
		氢气加完后未关阀	升温后丙烯进入氢气系统	按操作规定操作	3	2	6	

续表

序号	工作步骤	危害	主要后果	现有安全控制措施	L	S	风险度（R）	建议改正/控制措施
3	投底料	搅拌未开	造成局部超温结块	按操作规定操作	2	3	6	
		阀门盘根不严	丙烯泄漏	按时巡检	2	2	4	
4	加第三组分	加入量过小或不加	产品等规度不合格	按工艺卡片执行	2	2	4	
5	加活化剂	压活化剂速度过快	反应激烈	观察液位计，控制速度	2	2	4	
6	加催化剂	加入量过多	反应激烈	按内操指令操作	2	2	4	
		加入量过少	反应偏弱或不反应	按内操指令操作	2	2	4	
7	投料结束	投料阀未关	丙烯跑损	按操作规程操作	2	2	4	

单位：第一聚丙烯车间　　　　审核人：________　　　　审核日期：

五、风险矩阵分析法(LS)

1. 风险矩阵分析法

它是一种半定量的风险评价方法，它在进行风险评价时，将风险事件的后果严重程度相对的定性分为若干级，将风险事件发生的可能性也相对定性分为若干级，然后以严重性为表列，以可能性为表行，制成表，在行列的交点上给出定性的加权指数。所有的加权指数构成一个矩阵，而每一个指数代表了一个风险等级。$R=L\times S$；R：风险程度；L：发生事故的可能性，重点考虑事故发生的频次、以及人体暴露在这种危险环境中的频繁程度；S：发生事故的后果严重性，重点考虑伤害程度、持续时间。

2. RLS 取值说明

风险评价是分析评价项目风险程度并且确定其是否在可接受范围的程度，是发生特定危害事件的可能性级后果的结合，即：R(风险度)= L(可能性)×S(后果严重性)。判断准则见表6-32、表6-33。

表6-32　事件发生的可能性(L)判断准则

等级	标准
5	在现场没有采取防范、监测、保护、控制措施，或危险的发生不能被发现，或在正常情况下经常发生此类事故或事件
4	危险的发生不容易被发现，现场没有监测系统，也未做过任何检测，或在现场有控制措施，但未有效执行或控制措施不当，或危险常发生或在预期情况下发生
3	没有保护措施(如没有防护装置、没有个人防护用品等)，或未严格按操作规程执行，或危险的发生容易被发现(现场有检测系统)，或曾经作过监测，或过去曾经发生类似事故或事件，或在异常情况下发生过类似事故或事件
2	危险一旦发生及时发现，并定期进行监测，或现场有防范措施，并能有效执行，或过去偶尔发生危险事故或事件
1	有充分、有效的防范、控制、监测、保护措施，或员工安全卫生意识相当高，严格执行操作规程。极不可能发生事故或事件

表 6-33　事件后果严重性（S）判别准则

等级	法律法规及其他要求	人	财产损失、万元	停工	公司形象
5	违反法律、法规和标准	死亡	大于 50	部分装置 2 或设备停工	重大国际影响
4	潜在违反法规和标准	丧失劳动力	25	2 套装置停工	行业内、省内影响
3	不符合上级公司要求或行业的安全方针、制度、规定等	截肢、骨折、听力丧失、慢性病、重伤	10	2 套装置停工或设备停工	地区影响
2	不符合公司的安全操作规程	轻微受伤、间歇不舒服	10	受影响不大，几乎不停工	公司及周边范围
1	完全符合	无伤亡	无损失	没有停工	形象没有受损

表 6-34　风险等级判定准则及控制措施

风险度	等级	应采取的行动、控制措施	实施期限
20~25	巨大风险	在采取措施降低危害前，不能继续作业，对改进措施进行风险评价	立刻
15~16	重大风险	采取紧急措施降低风险，建立运行控制程序，定期检查、测量及风险评价	立即或近期整改
9~12	中等	可考虑建立目标、建立操作规程，加强培训沟通	2 年内治理
4~8	可接受	可考虑建立操作规程、作业指导书但需要定期检查	有条件、有经费时治理
4	轻微或可忽略的风险	无需采用控制措施，但需保存记录	

3. 风险分级

采用风险矩阵法把风险等级分为 5 级，分别是：1 级（很高）、2 级（高）、3 级（中）、4 级（低）、5 级（较低）。风险分级管控原则如下：

A 级 \ 5 级：稍有危险，需要注意（或可忽略的）。员工应引起注意，各工段、班组负责 A 级危害因素的控制管理，可根据是否在生产场所或实际需要来确定是否制定控制措施及保存记录。需要控制措施的纳入蓝色风险监控。

B 级 \ 4 级：蓝色风险 \ 轻度（一般）危险，可以接受（或可容许的）。车间、科室应引起关注，负责 B 级危害因素的控制管理，所属工段、班组具体落实；不需要另外的控制措施，应考虑投资效果更佳的解决方案或不增加额外成本的改进措施，需要监视来确保控制措施得以维持现状，保留记录。

C 级 \ 3 级：黄色风险 \ 中度（显著）危险，需要控制整改。公司、部室（车间上级单位）应引起关注，负责 C 级危害因素的控制管理，所属车间、科室具体落实；应制定管理制度、规定进行控制，努力降低风险，应仔细测定并限定预防成本，在规定期限内实施降低风险措施。在严重伤害后果相关的场合，必须进一步进行评价，确定伤害的可能性和是否需要改进的控制措施。

D 级 \ 2 级：橙色风险 \ 高度危险（重大风险），必须制定措施进行控制管理。公司对重大及以上风险危害因素应重点控制管理，具体由安全主管部门和各职能部门根据职责分工具体落实。当风险涉及正在进行中的工作时，应采取应急措施，并根据需求为降低风险制定目标、指标、管理方案或配给资源、限期治理，直至风险降低后才能开始工作。

E 级＼1 级：红色风险＼不可容许的(巨大风险)，极其危险，必须立即整改，不能继续作业。只有当风险已降低时，才能开始或继续工作。如果无限的资源投入也不能降低风险，就必须禁止工作，立即采取隐患治理措施。

以下情形应直接确定为 D 级＼2 级风险：开停车作业、非正常工况的操作；同一爆炸危险区域内，现场作业人员 10 人以上的；10 人以上的检维修作业及特殊作业；涉及重点监管化工工艺的主要装置；构成重大危险源的罐区；厂区外公共区域的危险化学品输送管道。

第七章　组织学习与安全管理

第一节　现代安全管理特征及发展阶段

概括的讲，安全管理可分为事故视角的安全管理、传统视角的安全管理和现代管理视角的安全管理三个阶段。现代安全管理是在系统理论指导下的全员、全过程、全时空管理。

一、现代安全管理的特征

1. 全面管理的特点

安全管理的主体由企业管理者发展为企业全体员工；安全管理的客体由生产过程安全管理发展为与企业安全生产相关的所有过程；安全管理的范围由事故管理发展为包括全部隐患的全生产过程；安全管理的阶段由事故后的经验型管理发展为包括事故前的预防性管理；安全管理的理论基础由事故致因理论发展到现代科学管理理论；安全管理的手段由传统的行政手段、经济手段、监督手段发展到法律制度手段、科学手段和文化手段。概括的讲，现代安全管理是在系统理论指导下的全员、全过程、全时空管理。怎么样适应这些变化，需要用新的视角审视安全管理，需要用新的理论指导安全实践。

2. 组织学习的特征

学习型组织专家张声雄认为，学习型组织的真谛可以概括为三句话：第一句话，它是全体成员能全身心投入并创造持续增长的学习力的组织；第二句话，它是能让全体成员活出生命意义组织；第三句话，它是能通过学习创造自我，扩展创造未来能量的组织。

在企业安全管理理论的研究中，很重要的一个内容就是组织学习在安全管理中的应用，它提供了一种新的管理思想。事故的本质是一种组织错误，组织错误可以用组织学习加以克服。安全管理中的组织学习，注重从事故分析中获得经验，以此改变人的不安全行为，组织学习也是不断修正组织错误的过程。学习型组织的安全管理其实质是指组织能够通过不断学习安全知识来对组织本身进行改革，学习是在个人、团队、组织或者组织相互作用的共同体中得以实现，学习又是持续性的并可以战略性地加以运用的一个过程，同时，学习还可以统一到工作中或者组织成员在实际操作中进行学习。使其个人安全意识或安全技能，基于企业组织整体安全环境的提高而提高，从而发挥最大组织效用，提升安全管理绩效。学习型组织建设的核心是系统思考。利用系统思考的方法可以帮助我们看清安全事故复杂状况背后的结构，使人们发现引起事故的关键问题所在，并探明问题解决的杠杆点。

学习型组织不仅仅强调个人、团队和组织的学习能力，更重视将这种能力转化为能量，创造更高的组织绩效，安全绩效。因此，在学习型组织里，不但其组织结构、管理理念、信息流与一般的组织有很大的区别，其整个组织的思维方式、组织及组织成员的价值观、对待组织目标的态度等也与一般的组织有所不同。

二、安全管理发展的阶段

一般的安全管理可分为事故视角的安全管理、传统视角的安全管理和现代管理视角的安全管理等三个阶段。对安全管理的理解，不同的历史阶段、不同类型的企业是不同的。对于一般的普通中小型企业，往往简单地说明安全管理的基本功能，而对于大型高危险企业航天、核电、民航、石油化工等“高可靠性组织”更强调的是系统的安全管理。不同历史阶段是指如罗云认为的，安全管理已经由近代的事故管理，发展为现代的隐患管理。

1. 事故安全管理

海因里希在 20 世纪 20、30 年代总结了当时工业安全的实际经验，在《工业事故预防（Industrial Accident Prevention）》一书中提出了所谓的“工业安全公理（Axioms of Industrial Safety）”。该公理包括 10 项内容，又称为“海因里希 10 条”，内容如下：

① 工业生产过程中人员伤亡的发生，往往是处于一系列因果连锁之末端的事故的结果；而事故常常起因于人的不安全行为或（和）机械、物质（统称为物）的不安全状态。

② 人的不安全行为是大多数工业事故的原因。

③ 由于不安全行为而受到了伤害的人，几乎重复了 300 次以上没有造成伤害的同样事故。换言之，人员在受到伤害之前，已经数百次面临来自物方面的危险。

④ 在工业事故中，人员受到伤害的严重程度具有随机性质。大多数情况下，人员在事故发生时可以免遭伤害。

⑤ 人员产生不安全行为的主要原因有：不正确的态度；缺乏知识或操作不熟练；身体状况不佳；物的不安全状态及不良的物理环境。这些原因是采取措施预防不安全行为的依据。

⑥ 防止工业事故的四种有效的方法是：工程技术方面的改进；对人员进行说服、教育；人员调整；惩戒。

⑦ 防止事故的方法与企业生产管理、成本管理及质量管理的方法类似。

⑧ 企业领导者有进行事故预防工作的能力，并且能把握进行事故预防工作的时机，因而应该承担预防事故工作的责任。

⑨ 专业安全人员及车间干部、班组长是预防事故的关键，他们工作的好坏对能否做好事故预防工作有影响。

⑩ 除了人道主义动机之外，下面两种强有力的经济因素也是促进企业事故预防工作的动力：安全的企业生产效率越高，不安全的企业生产效率越低；事故后用于赔偿及医疗费用的直接经济损失，只不过占事故总经济损失的五分之一。

海因里希在这个公理中阐述了如下内容：事故发生的因果连锁论；作为事故发生原因的人的因素与物的因素之间的关系问题；事故发生频率与伤害严重度之间的关系问题；不安全行为的产生原因及预防措施；事故预防工作与企业其他管理机能之间的关系；进行事故预防工作的基本责任；安全与生产之间的关系等。这些都是工业安全中最重要、最基本的问题。该理论中的许多内容仍然具有强大的生命力，在现今的事故预防工作中仍产生重大影响。但是，海因里希理论也和事故频发倾向理论一样，把大多数工业事故的责任都归因于工人的不注意等，表现出时代的局限性。

2. 传统安全管理

传统安全管理是以企业管理的视角研究安全管理，把企业管理的最新理论引入到安全管理。陈宝智认为，安全管理是为实现安全生产而使用人力、物力和财力等各种物质资源的过程；安全管理要利用计划、组织、指挥、协调、控制等管理机能控制来自自然界、机械、物质的不安全因素及人的不安全行为，以避免事故；安全管理还必须遵循从伤亡事故预防的基本原理和原则。

① 传统的安全管理把安全管理视为企业管理的一部分，主张采用企业管理中的“协调”的观点来对待安全管理。把安全管理视为对“员工”、“设备”、“环境”、“制度”构成的安全生产系统的协调控制。这些安全管理理念强调的是通过安全管理将事故率减到最低水平。

② 传统的安全管理是被动的、紧急处险的，强调的是“四不放过”，安全监察部门的主要职责是紧急处险抢险。

③ 传统的安全管理是经验式的、凭感觉的，经常采用的工作总结的方式，一定程度上忽略数据的总结分析，而是更为侧重在整体安全管理形势和效果的定性描述上。

④ 传统安全管理随意性更大，传统安全管理按约定俗成的节假日前安全检查、专项安全检查和日查周查，也有一些安全检查的重点部位，但是基本是泛泛而查，忽略了检查的标准化，经验化的痕迹比较严重。

⑤ 传统的安全管理更强调安全管理的技术专业性，更加讲究从技术防范的角度来开展工作，缺乏现代管理意识和管理技法

3. 现代安全管理

现代安全管理是以现代安全科学和管理理论为指导，以传统安全管理为基础，以风险管理、事故预防和控制为手段，以不断提升系统整体和全过程安全水平为目标的管理。

现代安全管理呈现的特征如下：

① 系统安全特征。现代安全管理以系统安全思想为指导，强调为追求系统整体上的安全目标，应采取综合化管理技术和方法，实现科学化的安全管理。在生产过程中，导致事故的原因是多方面的。从生产系统的组成要素来看，人、设备、物和环境因素均可能导致各种事故的发生，如人的误判断、误操作，违章作业、违章指挥和违反劳动纪律（“三违”现象）；设备缺陷、安全装置缺失、失效，防护器具缺失、缺陷；原材料、中间体、产品的易燃易爆、毒性等；作业方法和作业环境的缺陷等。安全管理必须从整个系统的方方面面出发，全面地观察、分析和解决问题，才可能实现系统安全的目标。

② 本质化管理特征。本质安全是指设备、设施或技术工艺含有内在的能够从根本上防止发生事故的功能。本质安全可以理解为机器、设备、环境本身所具有的，即使出现人为操作失误也不会发生事故的安全状态。广义的本质安全还包括人的安全行为，指作业人员处处按照标准、规程进行作业，消除人的因素导致的事故风险，和机、物、环境的安全状态一起构成系统的安全。本质安全化是安全管理预防原理的根本体现，也是安全管理的最高境界，是我们努力追求的目标。

③ 预先管理的特征。与传统安全管理注重事故发生后事故调查、原因分析、制定对策、防止类似事故再次发生的“事后模式（Reactive Mode）”不同，现代安全管理强调以事故预防为中心，从系统的角度，预先开展危险性辨识、分析与评价，从而对各种可能的事故原因采

取措施进行预防——“预先模式(Proactive Mode)”。

④ 定量化风险管理的特征　风险管理的产生和发展造成了对传统安全管理体制的冲击，促进了现代安全管理体制的建立，促进了安全技术的发展。在某种意义上说，风险管理是一种创新，它强调安全管理必须以系统危险性的定量化为基础。近年来，随着计算机技术、可靠性分析技术等的发展，尤其随着可接受风险准则的逐步建立，定量风险分析(QRA)技术得到了长足的发展，进入20世纪90年代后期，QRA技术已从单项的定量化事故树分析和连续系统模拟，逐渐发展到针对复杂系统的定量风险数值的大型运算。

⑤ 以人为中心的特征。把安全管理的重点放在激励职工的士气和发挥其能动作用的方面. 实现安全生产必须坚持群众路线，切实做到专业管理与群众管理相结合，在充分发挥专业安全管理人员骨干作用的同时，吸引全体职工参加安全管理，充分调动和发挥广大职工的安全生产积极性。

⑥ 学习型组织的特征。重点是应用组织学习的理论进行安全管理，通过组织学习丰富组织安全知识增量、盘活安全知识存量、克服组织错误。

第二节　人误与组织错误

在安全管理工作中，应用创建学习型组织的方法，会有效提升企业安全管理能力。特别是应用组织学习的方法，能够有效克服组织错误，对安全知识进行有效的管理。

一、人误

人的非故意的失误统称为人误(human error)。人误有两个特征：第一，人误是有意识行为中非故意的动作，如一个电工在检修电路时，为图省事没有事先切断电源与忘记拉下电闸所犯的错误是不同的，前者是有意违章，后者才是人误。第二，做人人难以做到的事而不成功不是人误，如用螺丝刀穿人细小的螺丝孔而不碰带电的孔壁是很难的，就是碰了也算不上人误。

人误是一种小概率事件，同时，人误总是发生在人的意识控制之外，如果意识到要发生人误，那就不叫人误了。研究表明，人误主要与有限的工作记忆和操作过程受到干扰相关联。1977年，西班牙位于大西洋的旅游胜地特纳里费岛机场发生了两架飞机相撞的严重事故，582人在事故中丧生。事故分析显示，该机场空中交通管制员的人误是这起事故的直接诱因。当时一名交通管制员正指挥一架大型客机降落到机场跑道，又听到另一架大型客机要求着陆。该管制员的工作记忆立刻被新任务占据，忘记了继续指挥停在跑道上的飞机转移到停机坪。新降落的飞机呼啸冲向那架飞机，造成了这场灾难。

丹麦瑞索国家实验室著名心理学家Rasmussen根据认知心理学的信息加工理论，将人的操作和决策行为划分为技能基(skill-based)、规则基(rule-based)和知识基(knowledge-based)三类。人误相应地也分为这三类。技能基操作为自动化的执行行为，如走路、骑自行车这种行为占用工作记忆资源最少，前一个操作是启动后一个的信号。但是，自动化的操作如果受到干扰而中断，可能发生遗忘的错误。例如正在上楼梯时听到有人叫自己，也许一走神一脚踏空摔倒。规则基操作为遵循预定程序的执行行为，如果规定程序改变，或者相似的情境却要执行不同的程序，可能发生遗漏或执行错误的程序。例如为了集中安排节假日，将下周五的课调到本周六来上。学生可能会忘记在周六去上课，或者以为要上周一的课而带错教科书，走错教室。知识基操作为处理新任务、解决新问题的判断和决策行为，如选购一台机械设备。知识基的操作需要从知识库中提取已有知识。提取知识错误或无法提取有用的知识，可能作出错误判断和决策。例如记错或想不起设备的规格型号，买回的机械设备就可能无法使用。

人误虽然无法避免，但可以采取许多措施控制其影响。如改善工作环境和人—机界面，合理设计工作程序、工作时间；可以采取可靠性高的技术手段代替人的操作，如在石油化工行业普遍采用的 ESD 紧急停车系统等；在复杂的技术系统中，通过增加系统的冗余性和容错性的“纵深防御(defense-in-depth)”设计，也可以有效控制人误的影响。

二、Reason 模型

20 世纪 90 年代，曼彻斯特大学教授 James Reason 提出的 Reason 模型，把人误研究引向组织因素可能出现的错误。这是国际民航组织推荐的事故调查模型。这一模型的核心创新点在于其系统观的视野，在对不安全事件行为人的行为分析之外，更深层次地剖析出影响行为人的潜在组织因素，从一体化相互作用的分系统、组织权力层级的直接作用到管理者、利益相关者、企业文化的间接影响等角度全方位地拓展了事故分析的视野。并以一个逻辑统一的事故反应链将所有相关因素进行了理论串联。

Reason 模型的内在逻辑是：事故的发生不仅有一个事件本身的反应链，还同时存在一个被穿透的组织缺陷集，事故促发因素和组织各层次的缺陷(或安全风险)是长期存在的并不断自行演化的，但这些事故促因和组织缺陷并不一定造成不安全事件，当多个层次的组织缺陷在一个事故促发因子上同时或次第出现缺陷时，不安全事件就失去多层次的阻断屏障而发生了。

Reason 模型也叫瑞士奶酪模型或航空事故理论模型，主要思想是：组织活动可以分为不动层面，每个层面都有漏洞，不安全因素就像一个不间断的光源，刚好能透过所有这些漏洞时，事故就会发生。这些层面叠在一起，犹如有孔奶酪叠放在一起，所以被称为“瑞士奶酪模型”(图 7-1)。

三、组织错误

人会犯错误，由人组成的组织自然也会犯错误，事故的本质就是组织错误。“Reason 模型”所表述的就是在纵深防御条件下，任何技术失效、人误、违章都只是事故的必要条件而非充分条件，它们只是事故的触发器。只有当这些触发器与纵深防御系统及管理的缺陷机会重合时，才会发生事故。Reason 因此主张将所有威胁系统运行安全的因素统称为事故的“贡献因素”。潜在错误也是贡献因素之一，这种潜在错误是指管理错误。组织失误是指个体在行为决策时，由于知识经验的缺乏而出现的人误没有被及时发现、控制，从而转化成管理制度、规则、程序、政策、战略决策等缺陷或失误。组织错误主要有：不相容的管理目标，组织失效和沟通失效。典型的组织错误包括：管理系统的缺陷、不充分的培训、不良的安全文化、管理者的错误决策。

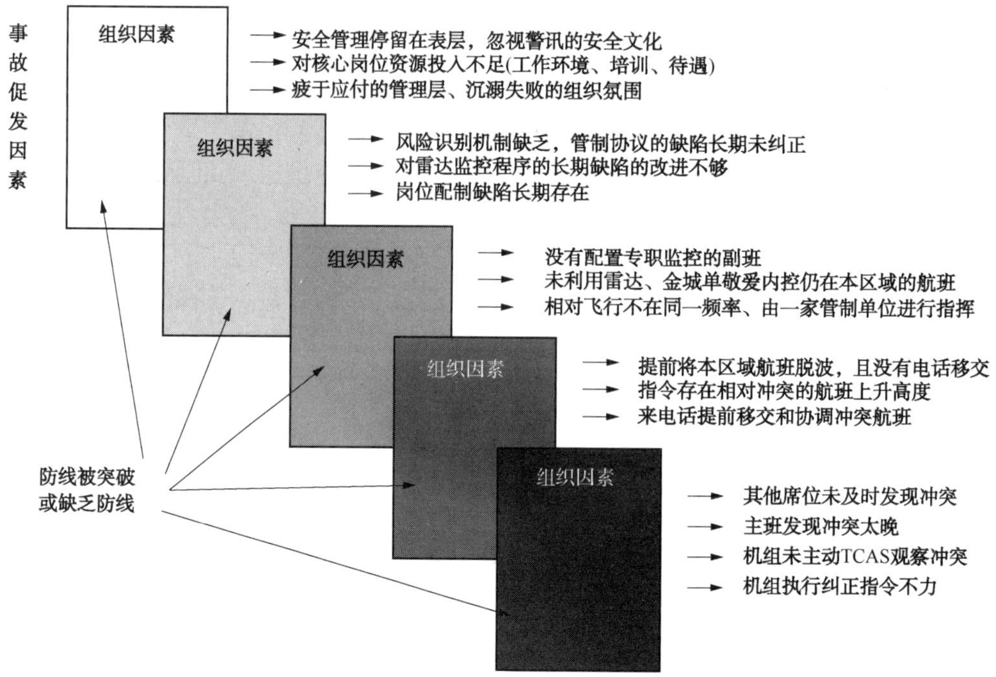

图 7-1　瑞士奶酪模型

组织错误也是人误，而且是知识基人误。那么组织错误为什么会发生？不同的研究者对潜在的组织错误分别从不同领域进行了探讨。尽管有不同的表现，但都可以将其理解为个体在行为决策时由于知识经验的缺乏而出现的人误没有及时发现、控制，从而转化成管理制度、规则、程序、政策、战略决策等缺陷或错误。它们或者威胁着组织的“防御机制”，或者与个体人误或违章等因素成为事故的贡献因素。正如个体人误无法避免一样，组织的错误也同样无法避免，但可以通过各种途径预防或减少组织错误的后果。应用组织学习的方法是控制组织错误的有效手段。早在 50 年代形成的组织学习理论，就把组织中的制度和规则视为组织的记忆。组织通过其制度和规则保存组织获得的知识和经脸。怎么样最大限度地避免组织错误，就需要应用组织学习的方法对安全知识的有效管理。在组织内部，就要从经验中学习，将员工的安全经验放大到整个组织行为，用制度和规则加以固化，具体要做到“三化”即：口头经验文字化、隐性知识显性化、局部知识全局化；就是要从事故中学习，将应汲取的事故教训，也固化到制度和规则之中。同时，要做好组织间的学习，把别人的事故当成自己的事故，反思自己的不足。

第三节　组织学习

学者肖迢认为，关于学习型组织的实践研究主要包括：建立知识的转化机制，建立组织的知识存储与转化规则，知识的存储，知识的管理，知识的创造，组织知识体系的建设，组织的知识运用。

一、组织学习、知识管理与组织创新

1. 组织学习

曾萍等(2009)认为，组织学习是指为了建立竞争优势和提高绩效水平，组织利用信息和知识，连续改变和调整自身以适应小断变化的环境的一种全员学习和创新机制。根据Crossm an提出的组织学习理论框架，组织学习过程包括自觉感知、解释说明、归纳整合以及制度化四个子过程，这四个过程在个体、团队和组织三个层次展开。自觉感知是一种对过去的行为模式的再认识过程；解释说明是通过语言、对话和认知地图来解释个人感知所得；归纳整合是指取得共同的理解、相互调整采取一致行动的过程；制度化是确保来自个人或团队的学习成果在组织内得以传播和发展的过程。

2. 知识管理

Nonaka等人认为，知识创造有两个维度，一个维度是显性知识与隐性知识之间的转化，另一个维度是个体知识与组织知识之间的变换。知识通过在个体、团队和组织这三个层而上的运动，呈螺旋式向上发展。在这个过程中，随着组织学习的“制度化”过程的发生，个人或团队所学到的知识存储在组织中。由此可以看出，知识管理和组织学习是相伴生的，两者有机地结合将促进组织知识存量的增长。

3. 组织创新

组织创新分为渐进性创新和革命性创新。渐进性创新是增量创新，革命性创新是不连续创新。无论哪种组织创新，都离不开知识的获取与整合运用。渐进性创新是经验性知识累积的结果，革命性创新则需要组织吸收外界知识，或组织知识结构发生变化来促成。知识管理通过获取、共享、创新、应用和存储知识的职能帮助组织达到提高创新能力的目的。

根据陈媛媛(2001)的观点，组织学习、知识管理和组织创新三者的关系可以表述为：组织学习与知识管理活动相互伴生，在此过程中，知识呈螺旋式上升，当组织知识存量突破某一阈值时，组织由渐进式创新转变为革命式创新，在组织创新的不同阶段，不同形式的组织学习交替发挥着重要作用。

世界上最杰出的建筑实际上都出自于动物，比如像蜜蜂的蜂巢和蚂蚁的蚁窝。蚂蚁天生就是建筑大师，它们能建造出让人类称奇的居所，那圆型的门拱就像计算机里的三维图形。但这里的蚂蚁指的是一个数量级的群体，而不包括个体，甚至是一小群蚂蚁。生物科学家曾做过这样一个实验：将一小群工蚁放到一个适合筑窝的地方，出于本能，这些小蚂蚁会立刻动手建筑蚁穴。但当蚂蚁的数量小于一定级别的时候，这些忙忙碌碌的蚂蚁只会建造半个门拱，它们会反复建筑许多半个门拱，就是建不起一个完整的门。如果不断地增加蚂蚁的数量，在达到一定数量级别的时候，那些乱哄哄的蚂蚁突然好像得到了完整的建筑图纸，一下子变得有序起来，不一会一个完整的蚁门就会完成。从这个事例中可以看出，蚂蚁的世界也有类似知识管理的机制存在着，推而广之，其实不论是有意还是无意，知识管理都普遍存在于世界的各个角落。组织知识一直是群体存在的基础，而组织的发展、变革也首先体现在知识的发展、变革之中。

在美国“曼哈顿计划(原子弹计划)”之前，原子弹的所有建造技术与理论已经存在于许多人的脑海中，但个体的知识并不能最终形成原子弹这个实体。因此，“曼哈顿计划”本身就是一个知识管理的计划，它将理论、工程、设计、材料……等个体知识组合在一起，最终才换来了那一声惊天动地的巨响。

林勋亮通过实证研究认为，从系统的角度看，组织学习可以看作输入，知识管理是一种过程，而企业创新显示为一种输出；知识管理这个系统的处理器，对组织学习与企业创新之间的输入输出转化效果起着很大的作用。

二、个人学习、团队学习与组织学习

个人学习是细胞、团队学习是人的器官，而组织学习就是整个人体；个人学习是此岸，组织学习是彼岸，团队学习就是桥梁。

1. 个人学习、团队学习与组织学习的概念

（1）个人学习

一般而言，个人学习指的是组织成员借由教育、经验积累和交流或实验获取知识和技能，也就是个人获取知识及技能的过程。这里的知识及技能包括两方面的含义，一是技术和操作性的技能，指实施某种行为的能力；二是理解能力，指对各种经历在概念上的理解进行描述的能力。简单地说，前者是一种行为能力，后者则是一种思维能力。又如科尔布所说："学习指的是经过经历上的变化去产生知识的过程。"学习过程的两个部分都是重要的：人们学到了什么以及人怎样理解和运用客观存在的知识。因此，个人学习包括两个层次，即应用层次上的学习和概念层次上的学习。

（2）团队学习

彼得·圣吉在其第五项修炼中指出：团队学习是指群体中的一种深度汇谈与讨论的对话工具和技巧，是一个发展成员整体搭配与实现共同目标能力的过程。团队学习介于个人学习和组织学习之间，是个人学习和组织学习得以沟通的桥梁，也是企业实现组织学习的途径。圣吉认为，团队学习是组织修炼的最基本形式，也是提升组织学习能力的主要方式。陈国权认为团队学习不同于个人学习的主要特征是其交互作用。这种特性有利于知识的共享。此外，团队作为学习结果的输出是一种共同的输出。学习的成果是团队共同获得，这也同样能促进知识的创造。团队学习的重要性在于把个人心智模式和共享心智模式结合起来，把简单的线性的单环路学习模式转向为互动的双环路学习模式。只有当个人心智模式通过共同心智模式而成为组织的一部分并进一步影响组织行为时，才发生组织的双环路学习。双环路学习有助于寻找组织中潜藏的假设和规范，为持续的改善提供了机会。

（3）组织学习

组织学习并不只是个人学习或团队学习的成果之和。Fiol 与 Lyles 两位学者认为，组织学习指的是在组织中传达给新成员系统、历史的价值规范。另一位学习理论学家 Hedberg 则说：虽然组织学习经由个人学习而产生，但若由此断言组织学习就是个人学习成果的总和，那是不正确的。组织没有大脑，但有认知系统和记忆。个人在培养人格、习惯及信仰的过程当中，组织也在培养着它的世界观与思想体系。组织成员有更迭，领导主管会变换，而某些行为、思路、规范与价值观则会留存在组织的记忆体中。Hedberg 将人类的大脑与组织的信息处理系统进行了比较，认为二者信息处理的过程和方式是不同的。个人的信息处理是在其大脑中进行的，而组织的信息处理除依赖其成员个体的大脑以外，还依赖于其自身的认知系统。组织具有自己的行为方式、心智模式、操作规程和价值观，这些可以独立于组织成员之外而深植于组织的结构、系统、程序和文化之中，成为组织处理日常事务的行为规范，并构成组织的认知系统。

2. 个人学习、团队学习与组织学习的关系

因为组织是由人组成的有机体，它才有了学习能力。从微观看，团队和个人就是这个组织的器官和细胞，宏观的组织学习效果正是各个器官和细胞功能持续改善的结果。因此，在组织内部，团队和个人都是组织学习行为的具体承担者。

（1）个人学习是基础

不论是团队学习，还是组织学习，最终都是组织成员在学习。任何组织的学习最终是通过其中的每个成员来进行学习的。组织学习依赖于其成员的个人学习，如果没有组织成员的个人学习，组织学习就不会发生，个人学习是组织学习的必要和先决条件，个人学习理论是组织学习理论的基石。

（2）团队学习关键是发挥群体效应

群体效应是团队学习与个人学习最大的区别，正是有了群体效应，团队才能发挥相同的个体单独所不具备的威力。团队学习的群体效应以成员分工和个人学习的各个环节的改善为基础。沃特金斯和马席克认为“在现代组织中，是团队而不是个人成为基本的学习单位”，因此团队学习成为不可缺少的，即如果团队不能学习，组织就不能学习。

由于团队是鼓励倾听、积极回应他人观点并提供支持的集体，不同的成员有不同的心智模式，在倾听、交流和日常的学习工作中，不同的行为方式和效果很容易进行对照，通过特定的学习行为更容易检视彼此的心智模式。团队的存在，可使组织成员个人学习过程的各个环节得到优化，从总体上实现 $1+1>2$ 的学习效果，实现由若干个人无法单独完成的目标和绩效，这正是团队存在的必要。

（3）组织学习关键是发挥整合效应

组织学习有善于学习的个人和团队，只是组织高效学习的基础，达到高效学习的效果依赖于个人和团队学习能力的充分发挥和利用。Agyris 和 Schon 1978 年提出的四阶段模型，即组织学习有四个阶段：“发现、创新、执行和推广”。组织作为一个整体进行学习，首先要“发现”组织内部和外部存在的机遇和威胁，然后“创新”解决问题的方法和技术，将这些方法和技术在实践中“执行”，经受检验，把在执行中产生新的操作程序、组织机构或报酬系统等在组织内“推广”。

每个阶段都是组织内一个或多个团队或个人学习的结果，只是组织在不同阶段、根据不同的学习内容和方式选择的主体类型和数量或范围的不同。在发现阶段，往往是组织中善于进行宏观思维的高层管理人员、掌握和分析历史数据的分析人员以及与现场和市场强相关的人员能最先发现危机和机遇。在创新阶段，根据发现的结果，研发人员进行技术创新或管理（研究）人员进行制度创新，这分别是这两个领域人员或团队的学习过程。在执行阶段，是将创新的结果在一定范围内应用，对使用结果进行分析研究，这是所涉及领域内员工掌握、应用新技术或新制度的过程以及相应创新人员分析、比较、改进的学习过程。推广阶段所涉及的学习主体最多，可能几乎涉及组织内的所有成员，推广后带来组织绩效的改善。从组织学习的角度，完成这四个阶段才完成一个学习过程。所以说，组织学习是一个建立在团队学

习和个人学习基础上的系统思考过程。组织可以发挥不同团队和个人的优势进行相应的学习，然后进行整合，形成整体优势。

3. 个人学习、团队学习和组织学习的转化

陈国权等在《个人、团队与组织的跨层级学习转化机制模型与案例研究》中认为，学习的发生可以起始于其中任何一个层面，并引发另外两层面的学习。这种由某一层面学习向其他两层面学习的转化，究其本质是知识和经验在不同组织学习主体之间的传播、演化、扩散和转移。因而，推动组织学习跨层面转化的机制就是促使知识和经验与原主体(个体、团队或组织)的脱离，推动其进行跨原主体的迁移，进而实现在其他层次上(个体、团队或组织)不同主体之间传播和扩散的过程。以上组织学习跨层面转化如图 7-2 所示。其中，任何一个组织(大圆)都由若干团队(小椭圆)组成，而每一个团队则由若干个体成员组成(小圆)，组织学习、团队学习和个人学习三者之间可以相互转化。这里可用形象比喻：组织向团队、团队向个人、组织向个人的学习转化可称为“动脉式学习转化”；团队向组织、个人向团队、个人向组织的学习转化可称为“静脉式学习转化”。就象人只有动脉和静脉血流畅通身体才会健康一样，组织只有动静脉式学习转化畅通(也就是个人、团队和组织三个层面学习转化畅通和高效率)才会健康发展。陈国权等并提出了个人、团队与组织的跨层级学习转化机制模型，如图 7-3 所示。

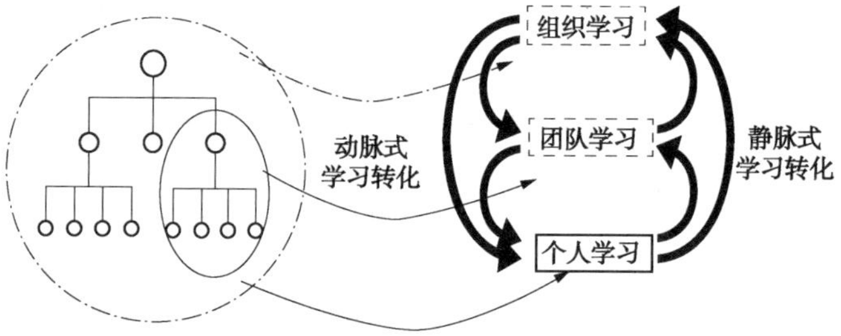

图 7-2　陈国权提出的组织学习跨层面转化示意图

三、企业组织学习的障碍

组织学习是指组织不断获取知识、改善自身行为、优化组织体系，以在不断变化的内外环境中保持可持续生存和健康和谐发展的过程。个人学习是组织学习的基础，个人学习要向组织学习转化。组织学习是一种有意识、系统的行为，包含各方面的学习，尤其是经验、教训的学习，以此促进组织成员理念的转变，丰富组织成员的知识，并最终组织成员将知识转化为行为。企业在组织学习过程中要克服的障碍主要有三点。

1. 隐性知识难以转化为显性知识

个人学习无法转化为组织学习，隐性知识难以转化为显性知识。

① 组织成员中经常会提出一些很好的想法，对这些好的想法缺乏全过程的管理，没有人和机构去记录这些闪光的思想，即便是记录了也没有相应的人和机构去研究和落实。思维模式上是凭经验办事，依靠少数人进行管理。

② 组织在每次处理棘手的问题或者事故时都会产生许多有益的经验，但这些经验并没有形成制度加以固化，也没有变成组织的财富，导致重复发生同类事故。

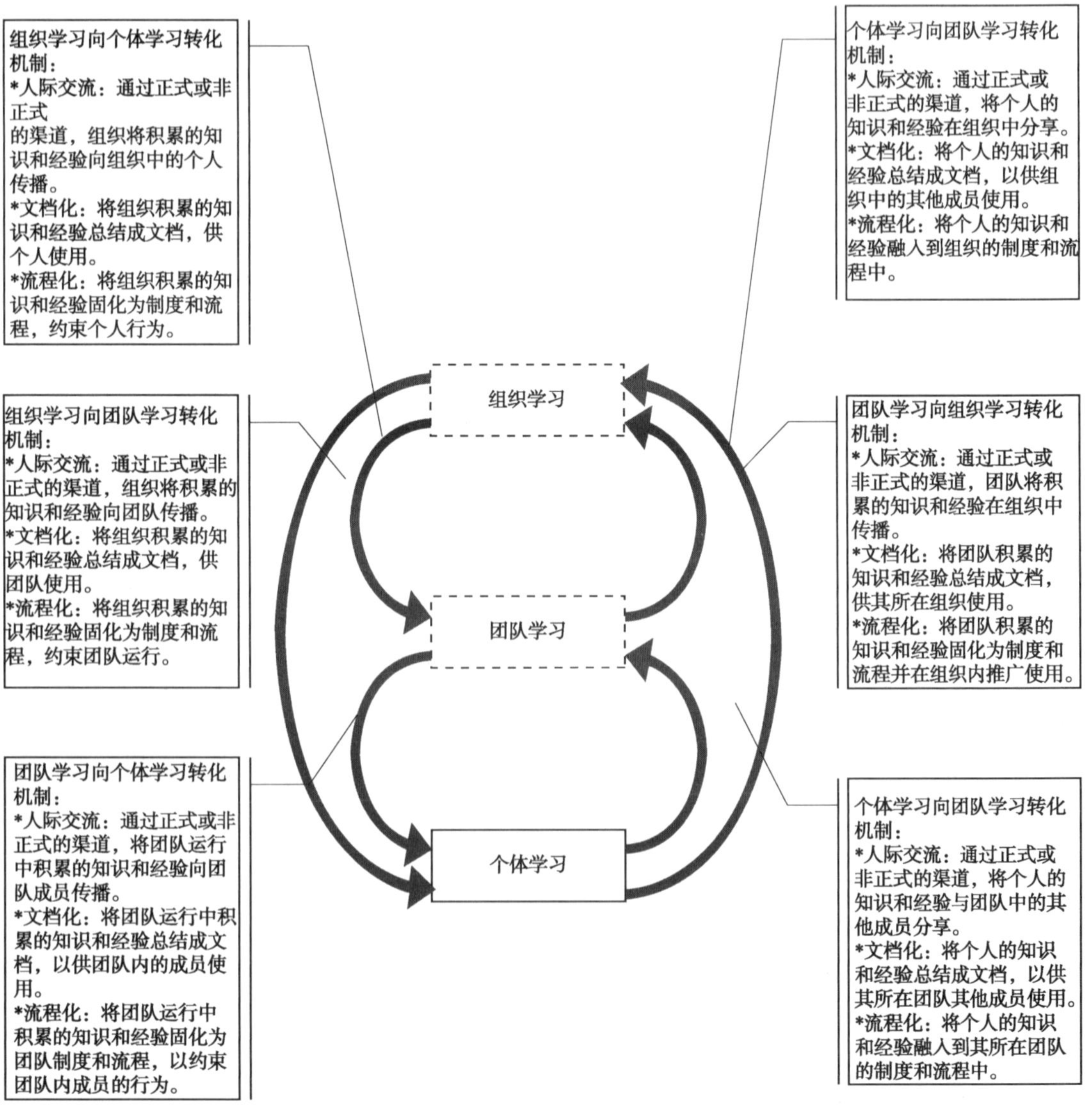

图 7-3　陈国权等提出的组织学习跨层面转化机制图

③ 知识积累停留在个人的层次上，甚至一些重要的资料停留在个人手中，既没有交流的平台，也没有人人愿意贡献自己知识的氛围。当组织中某些比较重要的人离职时，就会给企业带来无法弥补的损失。

2. 显性知识管理不当

显性知识管理不当，表现在真正有价值的知识没有被很好的整理利用。

① 各专业形成的管理经验仅限于本专业部室或仅限于向上级主管部门汇报。如有的企业开展现代化管理成果活动就仅限于评比而忽视了管理成果在全局上的应用。企业内部同级之间缺乏交流，各自为政，画地为牢，更谈不上系统思考，相互启发。

② 员工的创造没有得到充分利用。如在申报技术职称时，员工所精心准备的论文，有的不失为精品之作，有很好的参考价值，而这些论文仅限于评选职称用，专业技术人员外出

参加各种专业会议，其资料也不能共享。

③ 对员工所贡献的知识价值缺乏奖励机制。员工贡献知识后没有给予相应的奖励，这样久而久之员工便不愿意贡献或者不想贡献，没有形成一套鼓励、引导员工共享知识、贡献智慧的奖励机制。

3. 知识挖掘不够

在现代化组织中，是团队而不是个人成为基本的学习单元。团队学习的关键是发挥群体效应。这方面，存在的问题表现在知识挖掘不够，不能形成有效的团队学习，团队学习也不能传递到整个组织，形成不了组织学习。

① 随着企业信息化建设的推进，每天都会发生海量的信息。在工作中，人们往往被淹没在海量的信息中，往往失去自己的判断，更谈不上将海量的信息筛选出有价值的信息，总结归纳并产生知识。更谈不上将这些知识通过可视化来表现。

② 专业管理部室不能形成有效的团队学习。一是没有掌握深度汇谈的这个基本方法。二是团队学习仅仅限于一起工作或学习的集团，致使团队的知识存量不够。三是纵向的专业学习强，横向之间的跨专业交流少。部室之间、各专业厂之间缺少信息共享，深度汇谈。

③ 团队学习不能传递到整个组织。局部的好经验不能放大到整个组织。

4. 事故资源开发利用不够

我们很多企业出现事故或者当同类装置出现事故后，没有深刻反思或者没有全员深刻反思的过程。这样，过一段时间类似的事故会再次发生，这种不进行反思的行为又会重复，几乎形成了一种行为模式。出现事故后大家更多关注的是“谁负责”，而不是弄清事情的真相，不能通过反思将事故信息知识化。这些行为体现在心智模式上：

① 人们总是希望得到赞许，因此“成功为之于己”。

② 人们喜欢将失败合理化，即“失败归咎于外”，出现失败时习惯性的找一些客观理由，甚至回避一些基本事实。

③ 人们的“事后聪明”有时歪曲我们对事故的记忆，这种缺乏对事故深入分析的固执己见，其影响也是非常大的。

第四节 丰富组织安全知识存量

真理最朴素、经验在基层，任何先进的管理理念和管理方法，都可以在基层的实践中得以认证；任何先进的管理理念和管理方法，都可以在基层得以检验其正确与否。基层员工不断获取知识并应用知识的过程，是个人学习的过程，所表现出来的智慧和创造，也是企业的安全存量，个人学习向组织学习转化，就是要将每一名员工的安全存量变成企业的安全增量。

个人学习向组织学习转化，可以通过员工间的个人交流、将员工的经验文档化、将员工的经验纳入到管理制度中使其流程化等三个方式进行。

一、凝聚员工智慧，促使个人学习向组织学习转化

丰田公司管理的两大支柱是持续改善、尊重员工。在尊重员工方面，丰田公司数十年如

一日致力于一线员工智慧的挖掘，也正因为如此成就了丰田公司的伟大。这里的一线员工的智慧当然也包括安全管理的经验、安全设施的改善，如何保证生产现场的安全生产，需要一线员工的参与，作为组织也应该将员工的安全智慧固化并放大到整个组织行为。制度、规程是经验的固化，但制度、规程永远也不能涵盖一线员工所有的应该采取的正确操作行为。在生产实践过程中，有一些属于口口相传的隐性安全知识，并没有被文本化这是对知识的浪费。如果将这些局部的、口头、隐性的安全知识有效的管理起来，也就盘活了企业的安全知识存量，丰富了安全知识增量。同时，在挖掘员工安全智慧的过程中，也体现了安全管理的最重要的全员参与性原则，体现了对员工的充分尊重。

燕化石化公司化工一厂检验中心开展了《安全须知》征集活动，将员工在日常工作中积累的安全要点整理归纳、汇编成册，作为一个基本功训练的基本教材。并在每一条须知的背后都附有提出人的名字，让提出人的名字永远留在车间的历史上，体现了对员工的充分尊重，也充分地满足了员工的成就感。

安全须知是对员工安全管理智慧的固化，这种员工普遍参与的安全管理活动，应该是一项常态化的管理内容，必要时要将这部分知识纳入到《安全操作规程》中。在安全管理实践中，《安全须知》征集活动是自下而上的员工积极参与式的管理，还有一种是自上而下的安全管理要求，这部分内容也应该作为安全知识进行有效的管理，并及时固化到制度、规程中。如燕化公司化工一厂制苯装置针对一段时间内安全管理的重点内容提出了16条要求，部分内容被下一次的《安全操作规程》所采纳。制苯装置还发动员工，编写针对装置特点的安全警句，这些来自于一线员工的创造是安全经验的固化、员工安全智慧的挖掘，是安全管理非常有效的形式。

二、员工个人学习的基本内容

员工个人学习的基本内容，主要是“三个第一”：即：在应急情况下，第一反应是正确的；在现场巡回检查时，第一时间发现问题；在日常操作中，第一次把事情作对。这三个第一也是员工基本功训练的最低要求。

第一反应是正确的：900毫秒也是新生儿从开始吸允到咽部收缩流到口腔里的时间，而正常人的反应时间也是900毫秒，因此，1秒或更短的反应时间，在多数情况下，都允许人能够避免危险。然而，当人的反应时间超过临界时间，就无法避免危险。在生产和生活中，我们不可能完全避免危险，关键是面对危险第一反应必须正确，900毫秒也只能是第一反应的时间，如果第一反应不正确，不可能留给我们第二次反应以应付危险。

第一反应是正确的源自于日常应急培训与演练，主要有以下的内容：报警、呼救和联络电话的掌握；自救、互救、急救知识的掌握，急救药品和用具的使用；各种情况下逃生撤离路线和方法的正确选择；掌握应急程序，熟练操作，并且注重特殊情况下的判断能力和应变能力；报警器材、防护用品用具、救护器具、应急设施等放置地点和熟练使用；紧急状态下，与内部各部门的信息沟通程序；紧急状态下，与外部（包括媒体）信息披露管理程序。

第一反应是正确的，需要每个人亲身的千百次训练。特别是在石油化工行业，这些训练内容很多，不同的操作单元也有不同的要求。而因为基本功训练不够，第一反应不正确所造成的事故、二次伤害更是触目惊心。避免事故的发生和人身伤害，需要基本的安全意识，比如杜邦公司的员工到餐馆就餐，他会永远坐在靠近大门出口位置。避免事故的发生和人身伤害，需要基本的安全知识，比如要对生产装置的工艺路线、物料特性、设备原理有充分的理解，在日常操作中更要从“没有变化就没有事故”的角度，感知变化预测风险，在重大操作活动和变更时，能够进行有效的危险识别、风险评估与控制。避免事故的发生和人身伤害，更需要在应急情况下，当危险发生时员工的第一反应是正确的，这就是我们所要求最基本的安全技能。这些最基本的安全技能，是员工安全学习的最基本内容，这些看似简单的技能，如果没有日常的千百次训练，当危险来临时我们可能手忙脚乱，失去宝贵900毫秒而付出人身伤害甚至是生命的代价。具体见表7-1。

表7-1　第一反应是正确的

序号	现象	正确动作	错误动作
1	身上着火	就地打滚	奔跑
2	设备、管线物料泄漏	从上风口接近泄漏点	从最近路接近泄漏点
3	液体从高处滴下	退后一步再观察	马上仰头观看
4	拆卸法兰	面部侧向法兰口	面部正对法兰口
5	火灾、爆炸时逃生	逆风方向	顺风方向
6	烫伤	马上用大量冷水冲洗	涂抹药膏、药水
7	烟雾区逃生	用拧干的湿毛巾等捂口鼻，低姿势爬行、沿墙面逃生	向高处奔跑、乘电梯
8	他人触电	切断电源、用绝缘体使伤者和电线脱离	直接接触伤者
9	他人进入受限空间遇险昏迷或呼救	报警、穿戴防护用具后施救	盲目施救
10	装卸车、装置区或罐车等取样作业、汽车加油时等	先触摸人体导静电的接地装置，将身体上静电释放	不触摸人体导静电的接地装置

第五节　团队学习向组织学习转化

麻雀还是红襟鸟？在20世纪30年代，英国送奶公司送到订户门口的牛奶，没有盖子也没封口，麻雀和红襟鸟可以很容易的喝到上层的奶皮。后来，牛奶公司把瓶口用锡箔纸封装起来，想防止鸟的偷食。但20年后，英国的麻雀都学会了用嘴把奶瓶的锡箔纸啄开，继续偷吃它们喜欢的奶皮。然而，同样是20年，红襟鸟却一直没学会这种方法。

生物学家对这两种鸟进行了研究，从生理角度看它们没多大区别，但在进化上却如此的不同。后来发现这于它们的生活习性有关，麻雀是群居的鸟类，常常一起行动，当某只发现了啄破锡箔纸的方法，就可以教会别的麻雀。而红襟鸟则喜欢独居，它们圈地为主，沟通仅止于求偶和对侵犯者的驱逐，因此，就是有某只发现了那个方法，别的鸟也无法知晓。

对于人类也是如此，进步需要交流和行动，只有这样，任何一个新的思想、新的技能才可以真正的发扬光大。而人类交流最基本的平台就是团队。

一、团队和团队学习

1. 团队

人类交流最基本的平台就是团队，当然这个团队可以是工作团队，也可以是社会团队；可以是实体团队，也可以是虚拟团队；可以是正式组织，也可以是自发的群众组织。团队不单单是指任何在一起工作或学习的集团，团队代表了一系列鼓励倾听、积极回应他人观点、对他人提供支持并尊重他人兴趣和成就的价值观念。团队的构成不是随机的，其成员要求知识技能互补，分别担任不同角色，承担共同目标，保持负责的相互工作关系。可见团队学习是以个人学习为基础的集体学习，它之所以区别于个人学习，是因为它最大效度地发挥了成员的交互作用和群体效应，在一定情况下，这种交互作用和群体效应使学习行为更有效。

彼得·圣吉在其《第五项修炼》中认为，“团队是学习的最佳单位”；沃特金斯和马席克（Watkins 和 Marsick，2000）认为，“在现代组织中，是团队而不是个人成为基本的学习单位”。由于团队是鼓励倾听、积极回应他人观点并提供支持的集体，不同的成员有不同的心智模式，在倾听、交流和日常的学习工作中，不同的行为方式和效果很容易进行对照，通过特定的学习行为更容易检视彼此的心智模式。

2. 团队学习与团队精神

团队学习能够取得效果和团队能够持续开展学习的关键，是培育团队精神。培育团队精神要以成员成长为动力，努力形成在这个团队里“我愿意帮助别人，我愿意接受别人的帮助”。

3. 深度汇谈

深度汇谈是通过在所有对话者参与的同时，分享所有对话者的意义，从而在群体和个体中获得新的理解和共识的交流活动过程。深度汇谈并不是去分析解剖事物，也不是去赢得争论，或者去交换意见，而是一种集体参与和分享。彼得·圣吉把“深度汇谈”作为团队学习的重要手段，使人们在深度汇谈中成为自己思维的观察者，达到检视和改善心智模式的目的。

深度汇谈有三个必要的基本条件：首先，所有参与者必须将他们的思维假定悬挂在面前，也就是要说出自己对该问题的真实的内心深处的想法，以便不断地接受询问和观察。其次，参与者必须视彼此为学习伙伴。就是说不管身份背景如何，学术面前人人平等，大家都是学习过程中的伙伴，都将为完成某一个学习任务而共同努力。第三，对话的早期阶段必须有一位“辅导者”来掌握深度汇谈的精义与架构。

开展深度汇谈的基本形式之一就是让人们围坐在一起，进行面对面的直接交流。在现实中我们采用“圆桌会议”的形式进行对话，也可以用“世界咖啡屋”的形式，让大家在网络上的虚拟环境中“围坐在一起”进行对话。

二、团队学习与行动学习

团队学习是相对于个人学习的一种集体学习形态。而行动学习从广义上讲是一种工作学习形态，就是透过行动实践学习，即在一个专门以学习为目标的工作环境中，以组织面临的重要问题作载体，学习者通过对实际工作中的问题、任务、项目等进行处理，从而达到开发人力资源和发展组织的目的。目前人们说的行动学习法是特指由英国管理学思想家雷吉京雷文(RegRevans)在1940年发明的，并将其应用于英格兰和威尔士煤矿业的组织培训，它是在工作状态下的一种团队学习的组织形式。

团队学习与行动学习既有区别又有联系。第一，个人学习与团队学习在学习和工作状态下都可以进行；第二，广义上来说，工作状态下的学习就是行动学习，工作状态下的团队行动学习(一般行动学习特指这种学习)是最有效的团队学习；第三，学习状态下，很难有效开展行动学习，因为行动的条件往往不具备；第四，团队行动学习适用在团队成员具有共同的实际问题，有效的团队行动学习一般都是企业的组织行为。由于行动学习是在特定组织中工作状态下的学习，所以在员工集中培训中，受到时间、空间、学习主体和内容等条件限制，不论是广义的行动学习还是特指的行动学习都很难实施。但是，实践证明团队学习在集中培训中是大有可为的，而以坚持问题导向的行动学习，打破了先培训后行动的思维定式。

迈克尔．马奎特是世界著名的培训师和咨询师，并兼任国际行动学习协会(The World Institute for Action Learning，简称WIAL)的董事。他指出：行动学习同时作用于个人、团队和组织三个层面，使组织全面转化成为“一个学习系统”。如果将组织比喻为人体，个人学习是人体中的细胞、团队学习就是人体中的器官，如果不在团队学习上下功夫，组织学习就会如人体器官功能丧失一样，那样的行动学习就是被“腰斩”的行动学习。行动学习的基础是团队学习。

三、采用行动学习法解决现场问题

行动学习是一种工作状态下的团队学习，它有明确的解决问题的工作指向。行动学习需要坚持问题导向，通过团队学习解决现场安全问题，提高安全绩效。做为组织，首先需要明确需要解决什么问题，或者说用什么方法查找问题；其次，确定团队的组成；第三，团队的学习方式；第四，学习成果的应用，解决现场问题；最后通过组织手段用制度固化学习成果。如此循环往复，不断发现问题、不断解决问题、不断固化经验。

行动学习可以用以下公式表示：

$$L=P+Q+I$$

式中，P为专业知识；Q为提出有见地问题的能力；I为实施行动。

由此公式可以看出，缺乏提出问题的能力即不能形成有效的行动学习，缺乏现场感提不出有见地的符合实际的现场、现实问题也不能形成有效的行动学习。怎么样发现现场、现实的问题有四种方法，标杆思维法、外请专家法、对照标准法和事故反思法。

1. 查找现场安全问题的四大方法

(1) 运用标杆思维法，主动向他人学习，找出问题

标杆管理是企业不断寻找和研究一流公司的最佳实践，并以此为基准与本企业进行比较、分析、判断，从而使自己企业得到不断改进，创造优秀业绩的良性循环过程。运用标杆管理要站在全行业、甚至更广阔的全球视野上寻找基准。既要寻找整体最佳实践，也要发掘优秀“片段”，集百家之长，引导企业的安全管理水平和技术水平呈螺旋式上升发展，甚至激发创新变革，向学习型组织迈进。

(2) 要通过比照标准化制度文本的要求，找出问题

科学管理的核心是细节的量化，要对每一个管理环节设定标准值，要建立一套涵盖全业

务范围的标准化制度文本及其执行这些文本相应的标准作业程序(SOP)，如装置停开工确认书等。利用各种专业、专项检查等长效管理措施，对照实际执行与标准值的符合度，找出不符合项，发现日常管理中的问题。同时，要按照可视化管理方法，让标准、制度进现场，让现场操作人员不用逻辑判定，就会正确进行操作；也能让监督者随时发现操作中存在的问题。要坚持对标准化制度文本实行动态管理，根据执行过程中出现的问题，根据同行业所发生的事故应汲取的事故教训，根据一线员工创造的好经验、好作法，及时修订文本文件。

在安全管理工作中，要将组织上所要求的安全规定细化、量化，以便现场操作人员对照标准发现问题进行改进。表 7-2 直接作业环节分级表，可以准确判断直接作业环节的等级，因而采取相应的措施；表 7-3 为直接作业环节检查及考核标准的进入受限空间部分，可以清楚看出不安全行为、不安全状态的风险作业等级。这种把制度变成可执行的量化条款，目的之一就是要发现问题、人人能发现问题、第一时间发现问题。

表 7-2　直接作业环节分级表

级别＼内容＼类别	进入受限空间作业（4）	起重作业（5）	临时用电（6）	构件拉运安装（7）
Ⅰ级	1. 进入炉、塔、釜、烟道作业； 2. 进入油、气等有害介质的罐、管道作业； 3. 进入污水井、管道、池、坑、暗沟作业	1. 重量 100T 以上； 2. 跨度 50M 以上		1. 100T 以上； 2. 跨度 50 M 以上
Ⅱ级	1. 进入水罐、管道作业； 2. 进入隧道、涵洞作业； 3. 进入其他封闭、半封闭通风不畅设施及场所	1. 重量 40T—100T； 2. 跨度 20—50M 作业	1. 工地生产区、沥青搅拌站、桥梁工地、预制构件厂、厂拌设备、砼搅拌设备、临时用电； 2. 基地生活区用电	1. 40T—100T； 2. 跨度 20—50M
Ⅲ级	1. 进入沥青搅拌、砼搅拌、厂拌设备拌缸内清理、维修； 2. 进入其他封闭、半封闭、通风较好的设施及场所	1. 重量 40T 以下； 2. 跨度在 20M 以下	木工机械、焊接设备、机加工设备，和其他小型机具用电	1. 40T 以下； 2. 跨度在 20M 以下

表 7-3　进入受限空间作业考核标准

序号	考核标准	风险作业等级
6.1	已经开口、作业完成的受限空间未悬挂任何标识或未用人孔封闭器封闭的	橙色警示
6.2	施工作业负责人未指派作业监护人；作业单位和设备所属单位不是同一单位时，双方未指派各自的监护人	红色警示
6.3	进入存有残渣、填料、吸附剂、催化剂、活性炭等有毒有害介质的受限空间作业时，未佩戴与作业环境相适应的报警仪(包括可燃气、氧、硫化氢等报警仪)、个体防护用品，作业人员未使用防爆工具	橙色警示

续表

序号	考核标准	风险作业等级
6.4	受限空间进出口通道，有阻碍人员进出的障碍物未及时清理	橙色警示
6.5	带有搅拌器等转动部件的设备，在停机后切断电源办理停电手续后，在开关上未挂“有人检修、禁止合闸”标示牌或未设专人监护	橙色警示
6.6	在进入受限空间作业期间，同时进行其他与该设备相关的试车、试压或试验工作及活动	橙色警示
6.7	《进入受限空间作业许可证》24小时有效，超过有效期继续作业的；作业中断4小时以上时，未重新办理许可证的	红色警示
6.8	受限空间内的可燃气分析不合格进入的	红色警示
6.9	受限空间内的氧含量、有毒有害介质分析不合格，未按照制度进行审批作业的	黄色警示
6.10	佩戴长管面具时，未进行气密性检查，或未采取防止长管被挤压，或未将吸气口置于空气新鲜的上风口	
6.11	所要进入的设备作好工艺处理，所有与设备相连的管线，阀门必须加盲板断开未加的，未对该设备进行吹扫、蒸煮、置换合格的，用关闭阀门代替盲板的，或盲板未挂牌标示	橙色警示
6.12	进入金属容器(炉、塔、釜、罐等)和特别潮湿、工作场地狭窄的非金属容器内作业照明电压大于12V；或需使用电动工具或照明电压大于12V时，未按照规定安装漏电保护器，或其接线箱(板)在容器内使用的	黄色警示
6.13	当作业环境原来盛装爆炸性液体、气体等介质的，未使用防爆电筒或使用电压大于12V的防爆安全行灯，或将行灯变压器放置在易燃易爆受限空间或金属容器内	黄色警示
6.14	作业监护人对出入受限空间作业人数不清楚；作业人员进入受限空间时，未将随身携带的证件放置在作业信息牌相应栏里	黄色警示

(3) 借助外部力量，查找本企业问题

在企业内部，有两个因素影响问题的发现，一是一些人虽然认识了一些问题，但怕得罪人而不愿讲，而其他人由于各种原因又没有察觉到，从而使这些问题难以及时揭示出来。二是大家共同受到特有的企业文化的影响，都形成了一个思维定势，从而导致有些问题难以发现。请对一个专家，就有可能对整个行业有清晰的了解，聘请安全管理专家，能以一个旁观者的身份，对问题进行科学的梳理和客观的分析，提出观点鲜明的建议以及严谨而具体的解决方案，为企业解决问题提供可以借鉴的思路。聘请外部专家，一是利用专家的丰富阅历，用冷眼光和专业视角分析安全管理中的问题，使我们快速进入工作状态；二是配合专家工作的过程是学习的过程；三是专家提出整改建议，马上付诸于实施，这是行动学习的必要阶段。外请专家既可以是安全管理体系的诊断，同时也可以是安全专家以独立第三方的身份采用项目的安全监管。

(4)要积极开发事故资源，对业内外事故进行反思，找出问题

从事故中学习，是组织学习的重要方法，本书中将作为组织学习的一部分内容，另外论述。这里仅仅作为发现安全问题的一种方法。

事故是一种蕴含着大量信息的有待挖掘的宝贵“资源”。通过对这一“资源”的学习和利用，客观地总结导致事故发生的原因和规律，反思自己的不足。一方面要将本企业、本装置

所发生的事故汇编成册，定期开展好事故反思活动，防止重复发生同类事故，不断强化无论是新入厂员工还是工作多年的老员工的危机意识；另一方面也要把国内外同行业历史已发生的事故案例当作一种资源、一种财富，时刻用别人的经验来充实自己的阅历，把别人的教训拿来对照检查、警醒自己，保持清醒的头脑。这样，通过从业内纵多"偶然"的事故中寻找共性，摸索规律性的教训，将导致事故发生的要因对照自己的工作实际，查找问题。

2. 学习团队的确定

行动学习的团队就是指企业内部的具有工作关系的工作团队。不同的团队确定不同活动主题，这个主题必然要和自己的工作密切相关；同时，不同的团队开展活动的侧重点和深度也是不同的。当活动的主题确定后，由谁来担当团队学习的教练呢？只能是相关专业的职能部室，职能部室本身是专业团队，同时是整个组织的大专业团队的核心。职能部室在整个学习型组织建设中，起到十分重要的作用，职能部室一方面要承担起计划、组织、协调、控制的管理职能，另一方面要成为本专业的人才成长中心和技术交流中心，要树立“大团队”的意识，将组织内所用相同专业的人员作为一个学习团队。中石化集团开展的查找身边“十大薄弱”环节活动就是一次大规模的、整个组织层面的行动学习，而中石化燕山石化开展的“最差十台泵”分析则是一个专业团队的行动学习。我们以中石化集团开展的查找身边“十大薄弱”环节活动为例，说明不同的学习团队的形成。

（1）团队意识与查找身边“十大薄弱环节”活动

所谓薄弱环节是指系统中，相互关联的许多事物中最差、最脆弱的那一个，这个事物就是薄弱环节。

抓薄弱环节的管理，就是管理学上的短板管理。薄弱环节就是木桶中的“短板”。木桶理论告诉我们：一只木桶的最大容量，不是由围成木桶的最长木板或平均长度决定的，而在于最短的那块木板。要想最大限度地增加木桶容量，发挥木桶的效用，就必须补齐“短木板”。

以石油化工行业为例。石油石化行业高温高压、易燃易爆、有毒有害，特别是相互关联程度高。任何一个员工的稍微疏忽，每一台设备、每个生产环节出现的小问题，都可能是灾难性的后果。连续化的大生产作业，强调每个环节相互协调一致。而一些传统的加工制造业，每个工种的工人生产的产品有多有少，为了提高生产效率可以让能者多劳，弥补劳动技能差、生产效率低的工人的产量缺口。在连续化大生产的化工作业，在安全管理中，人必须是全员性，物必须是全面性，环节必须是全过程的，缺一不可。企业每一个员工的安全素质、每台设备的安全性能、每个环节的安全措施，都要满足安全生产的要求。而把安全管理比作木桶的话，人的安全行为，物的安全状态、管理水平就是构成木桶的木板。木桶的容量取决于安全素质最低的那个人、取决于那台安全性能最差的设备，或者是那个安全措施最薄弱的环节，他们之间没有互补性。薄弱环节永远会拖整体的后腿，并且“牵一发而动全身”。查找身边“十大薄弱环节”正是补齐短板，提升安全管理水平的最实用的措施之一。

（2）查找身边“十大薄弱环节”就是要查找动态的、现实的、现场的问题，并用定量的表达

查找身边“十大薄弱环节”，强调的是“身边”，所谓身边，就是要每个员工都要从自己的岗位工作特点出发，紧密联系自身专业岗位的实际，认真查找身边 HSE 薄弱环节，找准

具体表现形式，找出具体的改进措施和建议。从“身边”开始，强调现场和现实；强调“实事求是”，才能把工作落到实处；从“身边”开始，强调“谁主管、谁负责”的原则、“我的岗位我负责”的责任意识；而“十大”的含义所强调的是，问题总是客观存在的，只要用心寻找肯定会发现身边的薄弱环节，按规定找出“十大”，强调的是定量的概念，而这“十大”是一个动态的。

查找身边“十大薄弱环节”是一个动态的管理过程，采用的是危害识别和风险评估的理论和方法，强调的是预防为主和止于至善的工作理念。把找出来的问题按照轻重缓急进行排序，然后通过采取改进措施有目的地消除这些缺陷，最后将这些薄弱环节的危害程度降到最低乃至消除，进入到查找的下一个循环，其“十大薄弱环节”的排序和项目都会有变化，这是一个动态的管理过程，是止于至善的过程，要将“十大薄弱环节”查找工作常态化、动态化，消除一项，补充一项，消除 HSE 管理工作的短板。通过循环往复真正实现“一切事故都是可以避免”。

（3）不同的团队及不同的团队查找不同的问题

查找身边“十大薄弱环节”有三个重要因素：一是全员，强调的是每位员工；二是从身边查找，也不是查找其他专业、岗位，就是要结合自己的岗位工作特点、紧密结合自己的专业；三是要从人的不安全行为、物的不安全状态和管理缺陷三方面入手。

① 管理部门应以 HSE 管理的薄弱环节为主要内容，重点以队伍建设、组织管理、制度建设、教育培训、现场监管、隐患治理、应急管理、检查考核、事故管理、技术进步等方面为主要查找内容，通过危害识别和风险评估查出管理方面的缺陷和不足，找出本单位、本专业的“十大薄弱环节”。

管理团队在查找身边的“十大薄弱环节”活动中，主要有三个作用：一是根据本部室的管理职能，查找本专业的“十大薄弱环节”；二是将基层单位、生产装置查找出来的本专业的“十大薄弱环节”汇总分析，提出解决方案并督促实施，对不能解决的制定事故防范措施和应急措施；三是机关部室要成为本专业的技术交流中心，将企业内所有相同专业的人员组成一个大的专业学习团队，分享经验。同时，机关部室要成为行动学习的促进师，促进本企业的本专业的专业学习，承担起培养人的责任。

② 基层单位应以身边(现场)存在的 HSE 薄弱点为主要查找内容，重点以制度推动、风险识别、现场管理、设备管理、教育培训、应急演练、未遂事故管理为主要内容，通过隐患查找、风险分析查出管理上、程序上、流程上的缺陷，找出本单位的“十大薄弱环节”。

基层单位在查找身边的“十大薄弱环节”活动中，主要有三个作用。一是系统思考本单位、所有装置的所有薄弱环节，应用风险矩阵分析法，根据风险矩阵图确定风险等级，列出本单位、装置的“十大薄弱环节”。二是将以班组为单位的“十大薄弱环节”汇总分析，提出解决方案并组织实施，本单位不能解决制定事故防范措施和应急措施并及时上报。三是组织本单位各个班组之间的经验交流。

③ 基层班组和员工要以岗位操作、直接作业环节、设备设施使用和维护、应急反应、安全意识等方面为主要内容，通过隐患排查、风险辨识找出人的不安全行为、物的不安全状态，找出班组和员工身边的“十大薄弱环节”。

3. 激励与行动

（1）激励

行动学习需要全体员工的全过程参与，激励员工行动的动力是员工成长。行动学习就是要聚焦团队真实问题进行能力的培养，在解决问题的过程中提升团队能力；创新连接全体智慧的方法，为组织打造一种群策群力的企业文化。

“平衡积分卡”有四个层面的衡量指标：财务、客户、内部运营、学习和成长。账务指标从数据层面直观地体现了企业制定的战略、绩效成长指标的内部运营实际运行情况。客户指标体现了企业的收入来自于客户满意度、品牌认知度、客户保留度等。如果客户满意了，市场份额提高了，财务指标就会达到。内部运营指标，就是确保订单准时完成、质量指标、新产品开发的内部流程。第四个指标是学习与成长，学习与成长包含了对企业员工有效懂得培养、激励，员工之间的沟通以及建设促进组织不断自我革新的企业文化。企业要想团队绩效获得长期的、稳定的发展，既要坚持问题导向，不断发现问题、不断解决问题，更要在不断发现问题、解决问题中促使团队成员相互学习，共同成长。行动学习培养员工的团队精神，员工以成长为动力的团队精神促使行动学习。在行动学习过程中，作为组织要通过标杆思维法、对照标准法、外请专家法和事故反思法等四种方法查找问题，同时也要将这四种方法具体化，鼓励现场员工多发现现场的、现实的、局部的、微观的问题，查找身边的薄弱环节。

“发现不了问题是最大的问题”企业在安全管理工作中要坚持以问题为导向，要鼓励员工多发现问题。要把发现问题、查找隐患的情况做为评价员工安全能力的一项重要指标。正如中石化镇海炼化公司制定了员工在巡检过程中发现问题“四个不一样”激励措施，“发现高处问题和低处问题不一样、发现非巡检线路上的问题和巡检路线的问题不一样、发现重大安全隐患和一般问题不一样、夜间发现问题和白天发现问题不一样。”

（2）行动

行动学习强调的是“在做中学、在学中做”。在行动学习的过程中，不仅聚焦的问题来自组织的实践，采取行动也是行动学习项目落地的关键。期间，团队小组要针对相关问题进行被反复聚会、研讨、学习、反思和行动，直到问题被聚焦、被解决。在这一过程中，汲取员工的智慧，不仅通过常规的方式，要通过组建安全社区等方式，征询企业内外的智慧。

① 组建安全社区，解决实际问题。发展个人人际学习网络，时时保持知识和经验的更新。一群志同道合的人不断深入交流和探讨就形成了实际意义的团队学习，团队学习是企业组织学习的途径。企业要有意识的创建某个专业的主题会议人群，这样我们的知识就能够时时保持创新。《英国石油公司组织学习最佳实践》中提到当我们遇到问题需要解决时，我们通常会有两种途径：一个途径是看看“其他人知道什么?”，努力找到这些人和他们直接交流；另一个途径是图书馆查资料，作为行动参考。前一种途径常常会使我们自己进入到一个联络起来的人群—学习社区中，一下子和很多人建立起了联系，发展了个人的人际学习网络。后者与前者不同，个人一旦得到相关图书资料，个人这方面的知识就会更新，也就常常局限在图书资料所能提供的范围程度之内。知识和经验的更新，要努力从更多的同行中获取，要利用团队的智慧。企业相同专业的人员要建立联系，通过不断创新的群体会话，新的东西就会源源不断的产生。亚里士多德曾说过“告诉我的我会忘记，给我看的我会记住，让

我参与的我会理解”。参与到同专业人群的活动使我们知识更新加快，作为组织也应鼓励这种团队的存在和发展，打牢组织学习的基础。企业的安全社区应该成为企业团队学习的一个重要内容，比如成立安全工程师学习社区。而在企业针对重点工程组织的项目式安全管理团队，同样可以成长为团队学习的组织，甚至成长为行动学习组织。

② 对发现的问题、查出来的薄弱环节，要比照隐患治理“四定”原则，建立管理台账，明确整改方案、责任人、整改进度等内容。对不能马上整改的，要制定事故防范措施和应急措施，严防死守，防止事故的发生。行动学习最重要的是行动，是解决现场的现实的问题。对待薄弱环节的整改同样遵循现场管理的金科玉律：善于发现问题、善于马上解决问题、善于举一反三解决一批问题、善于及时总结经验，从根本上解决问题(图 7-4)。

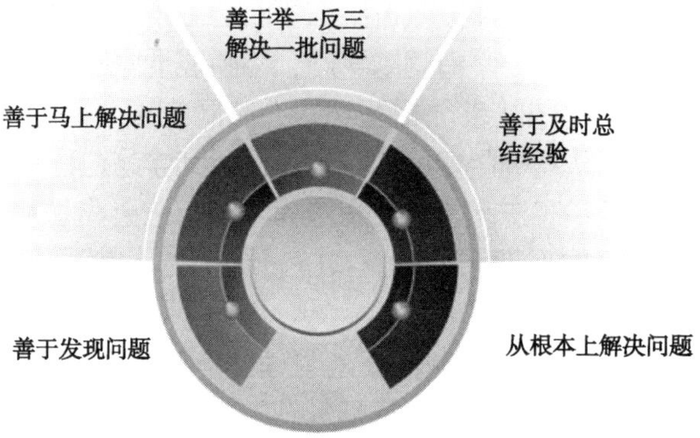

图 7-4　现场管理金科玉律

善于发现问题是学习效果的体现，善于发现问题是基本功，善于发现问题是责任心。善于发现问题的基本观点是“没有变化就没有事故”，只有直接接触变化的人才可能提出问题，因而特别强化现场意识，重点是发现现场的现实的问题。要用系统综合的观点进行安全管理，并不断改进，将静态安全管理转变为安全动态管理。善于马上解决问题、善于举一反三解决一批问题、善于从根本上解决问题是学习、反思后的行动。而所谓行动，是分层次的行动。善于马上解决问题是指现场操作人员在发现安全隐患、异常情况后，能解决的马上解决就是行动；而对于不能解决的问题、其他的专业的问题准确的记录和及时的上报也是行动。

如燕化公司化工六厂二高压装置在压缩机房设立问题看板，操作工人在巡检过程中发现的问题，马上登记在问题看板上，技术人员在巡检时即巡检现场，同时将操作工人所发现的问题“取”走，并在“取”走问题的后面签字。问题不解决，记录内容不能擦掉。如图 7-5 所示。

如燕化公司炼油二厂连续重整等装置建立和运行维保单位——正邦公司，共同建立了巡检问题交流版。操作个人和维保单位现场巡检人员将现场巡检中发现的问题，及时登录到巡检问题交流版上，以便对出现的问题及时采取措施。

善于举一反三解决一批问题，主要是指针对现场出现的异常情况，在经过团队学习、反思后扩大到整个组织的行动。这种行动往往也根据对同类装置或国内外其他装置的异常、事故学习反思后，所进行的行动。这种举一反三解决一批问题的行动，是基于对下一级的、其他装置异常情况的学习、反思后的行动；所谓举一反三是根据一个异常情况，反思一系列的

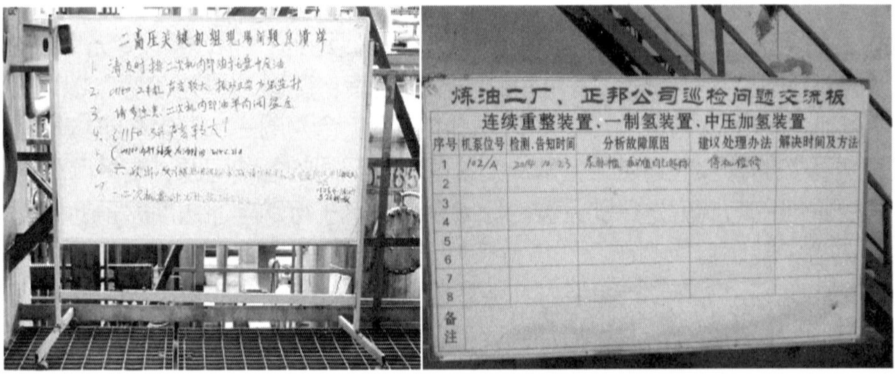

图 7-5　现场发现问题的及时记录

问题和异常，因而是系统思考的过程。

善于发现问题、善于马上解决问题、善于举一反三解决一批问题，是解决现场问题的由点及面的循环。在这个过程中，每个问题的解决过程就是一个学习、反思和行动的过程，是一个行动学习的过程。即要做到对每一个问题解决过程的总结、反思，做到“打一仗、进一步，吃一堑、长一智”；也要做好对解决一批问题的总结、反思，为从根本上解决问题打下基础。马上解决问题的行动学习模式适用于现场的班组层面，而善于举一反三解决一批问题，是指基层单位或整个组织层面的。

善于从根本上解决问题的出发点是按照本质安全的思路，使现场这些影响安全生产的异常根本不能出现，是高一级的解决问题的方案。从根本上解决问题，是以现场的某个问题或异常作为切入点，从技术、教育、组织手段解决问题的一系列措施。在技术上解决问题，就是通过技术手段，防止人们出错的可能，即便是误操作，也不会引发事故，就如同我们在生活中，任何人都不可能将手机的电池装反一样。从组织上采取措施，从根本上解决问题要从三个方面入手：一是要通过建立信息化系统，使问题能够及时反馈到整个组织；二是要建立使问题能够迅速发现的组织机构，使各级管理人员能够轻松直面一线，如扁平化的组织架构；三是要采取先进的管理方法，如在设备管理上采用 LDAR、设备全生命周期管理等先进管理方法。

4. 行动会议、促动师和促动技术

行动学习中行动会议的有效组织，促动师角色的准确把握以及促动技术的积极运用，会使企业的管理模式、领导者的心智模式和工作方法、领导与员工的关系都会有一个较大的改变，为企业及时发现问题、解决问题、全方位的解决问题打下一个坚实的基础，提升企业的组织执行力，从根本上提升企业的核心竞争力。

（1）行动会议

行动学习要将将企业面临的疑难问题作为主题内容；需要促进师（facilitator）的指导和帮助；行动学习的过程以反思和分享为主；行动学习要形成解决方案；行动学习不是一次性活动，而是一个“反思-行动-再反思-再行动”的不断循环过程，要根据上述的行动学习的特征来组织行动会议。

行动会议强调的是问题导向，实事求是的解决现场现实的问题，而不是坐而论道、夸夸其谈；领导与员工的关系有上下级关系变成教练、伙伴的关系，变领导在会议上的发号施令为行动会议上的全员参加，领导成为激发员工智慧的促动师；行动学习变先“学”后“用”为在“用”中“学”；变应用围着理论转为理论围着应用转；变以领导为核心为以员工为核心；变以个人为核心为以团队为核心；变不同主题的机械组合为同一“主题”的连续剧。

管理者大多数时间都在通过开会解决团队间、组织间的各种问题，要将行动学习落实到日常工作中，最佳的方式就是行动会议。行动会议是基于行动学习法而展开的会议，主持人召集利益相关者，聚焦真实问题，聚焦真实问题，展开有步骤的讨论，促进参与者共享信息，达成共识，现场导出行动计划，并在会后跟进行动计划，及时提供相关支持，促进团队能力提升与问题解决的会议形式。行动会议于一般会议的不同点，行动会议的主持人是当然的促动师。

（2）促动师

促动师是行动学习的灵魂人物，是行动学习的设计专家。促动的目标是对过程的改善，使团队的成员建立起共同的愿景，达成共识，群策群力。促动师通过引导，可以促成团队成员达成有效共识，能让团队与组织更有效运作，群策群力，共识愿景、共赢未来。促动师能够帮助一个机构在组织压力下确定清晰的解决方案。通过专业促动，促进不同组合的团队成员合作，从而更节省时间和金钱来有效地达成目标。促动师能帮助团队在企业还没进入混乱的情况之前，厘清问题，运用团队的智慧解决问题，在节省时间和金钱的同时，保证了企业的正常营运。企业中很多案例已经证明：团队通过促动而成的解决方案更能被接受并且能在更短的时间内实施。这就如自己想出的方法自己总是能够更快的去实施，而别人给出的建议往往会招致大脑的质疑与抵抗，从而行动的意愿不强。

谁是企业行动学习的促动师？每个项目的负责人是促动师，每一级领导都要成为促动师，企业内的专业领军人物是促动师。同时，促动师也可以是企业外的专业促动师和某种专业的专家。

好促动师的应具备哪些素质？一是问正确的问题；二是尽可能的不带自身的期望及影响促动结果的想法；三是掌握心理学、组织行为学、组织发展与组织变革知识及哲学思想；四是掌握常用的促动技术，能应组织需求设计合适的促动流程；五是最重要的一点：真诚地与人们相处。

好的促动师在行动学习中，要能够表现出三大智慧，即反馈的智慧、倾听的智慧、提问的智慧：

① 提问的智慧。提问的是行动学习教练关键技术之一，提问也是一种必备技能，好的提问能促进组员澄清界定问题、促进组员沟通、引导他人以崭新的视角看待问题。如何提问，问哪些问题？妙用 A（现状）→B（理想状态、目标）策略法：一是，有助于行动学习教练厘清 A 点（现状）的问题；二是，有助于行动学习教练挖掘员工 B 点（理想状态、目标）的教练问题；三是，有助于领导人引发员工实现目标的教练问题。

② 倾听的智慧。可以通过注意陈述者、延迟自身的反应，来使自己反思陈述者所传达的信息，同时还应在内心检查，自己与陈述者之间的沟通是否是非评价式的。“SOLER”倾听技术：

S（squarely）：以一种积极的方式，向陈述者表示出一种投入、反思的态度，这也表明愿意同陈述者在一起。但这并不是强迫要这么做，而是建议这样做，身体微微向陈述者倾斜，表示愿意与小组成员在一起。这种态度表明没有分心。

O(open)：采取一个开放的态度。如果把胳膊和大腿交叉，这种姿势就会向陈述者传达一种封闭的态度。在何种程度上，身体姿态向陈述者传达某种开放和有效的信息。

L(lean)：身体不时向陈述者前倾以表达对他的关注。

E(eye)：与陈述者保持眼睛的接触。这是对陈述者关注的很有用的指标。

R(relaxed)：行为显得相对放松。这意味着不要表现出体态懒散或坐立不安。这也意味着同陈述者在一起时要保持舒适，身体就能传递出这样的非言语信息。

利用 SOLER 模型，可以使倾听者与陈述者获得一致的理解，并保证倾听的信度。

③ 反馈的智慧。行动学习教练的反馈就像一面镜子，让被反馈者清晰地看到事情真相，发现改善点，从而获得提升。任何暗示批评、缺少关怀或赞同的声调都将是有害的。记住回应的目的是确认陈述者说了些什么——陈述者的话语及其含义、情感、感觉、意愿和情绪。

(3) 促动师三大技术

促动(Facilitate)字面上的意义是“让事情变得容易”。促动技术是鼓励人们积极参与、激发人们归属感与创意的方式，是透过流程引领人们达成共同目标的艺术。广义上的定义是指在一个群体互动过程中，包含通过沟通、会议等多种形式，为群体互动过程提供架构性、步骤化的方法，来帮助群体在有限的时间和财力内，达成清晰的共识决定，形成切实可行的实施计划，以达到“多元角度汲取智慧、达成有效共识，从而自动自发承诺执行”的效果。

① 群策群力。我们首先来看看 GE 的促动会议-群策群力。杰克·韦尔奇在克劳顿与学员的课堂交流方式启发了他自己，他决定在整个 GE 推行“群策群力”计划。“群策群力”的运作方式是员工的一种座谈会，邀请 GE 大约几十名到 100 名员工参加，GE 聘请公司外部的专业人员如大学教授来启发和引导员工进行讨论，而员工的上司并不在场。

在“群策群力”会议开始时，经理可能到场提出一个议题或安排一下议程，然后就离开。由外部促动师启发与引导员工进行自由地讨论，员工可以把自己的问题列成清单，认真地对这些问题进行争论，然后准备好在经理回来时反映。外部的促动师是 GE 高层慎重确定的，在他们的帮助下，员工和经理之间的这种交流变得容易了许多。“群策群力”会议上，GE 要求经理必须对每一项意见都要当场做出决定。大部分问题必须当场给予明确的答复，若有的问题不能当场回答，对该问题的处理也要在约定好的时间内完成。任何经理都不能对员工提出的这些意见或建议置之不理，这对推动企业战略落地起到了巨大的作用。

有了“群策群力”会议，许多技术与管理上的问题可能会在平等而热烈地争论中得以迅速解决。如今，GE 几乎所有的员工都参加过“群策群力”会议。通过“群策群力”计划，GE 从员工那里得到了许多宝贵的意见和建议，通过这种沟通，每一名 GE 员工的想法都会得到重视，每一名员工都能够发挥各自的作用；而经理人员通过对员工教练式的指导，也最终取得了良好的领导效果。

“群策群力”在组织中营造一个全体成员平等、无拘无束、坦诚地沟通与交流的环境，并通过这样的环境来凝聚组织的智慧；“群策群力”能高度有效，快速解决企业中跨部门的扯皮推诿问题。企业一般都按照直线职能的部门组织结构来管理，同时缺乏面向流程的管理方法，造成企业内部时常出现扯皮现象，责任人与所有者不能清楚界定的现象十分普遍。总得来说，“群策群力”方法消除了常见的推诿和议而不决的现象；“群策群力”强调对问题的快速解决，在解决问题的过程中依赖于各个部门与该问题直接相关的人员的参与及贡献，而不依赖于领导者。

② 世界咖啡。著名的“World Cafe”（世界咖啡）会议模式的主要精神就是“跨界（Crossover），不同专业背景、不同职务、不同部门的一群人，针对数个主题，发表各自的见解，互相意见碰撞，激发出意想不到的创新点子。人们很容易被自己过去所学或是经验所限制，一个团体或公司也是很容易被既成文化或价值观所限制，同构型越高，越不容易产生新的点子。

世界咖啡可以在安全、平等、友好的氛围中，营造出令人心动的群体交流方式。通常，汇谈的话题是特定的话题。汇谈可以在组织内部不同人群中展开，也可以在不同部门间展开，还可以在来自不同背景、不同组织的人群中进行。它是通过集体对话产生集体智慧的一种方式。

世界咖啡让参与者从对个人风格、学习方式和情感智商所有这些我们惯用的评判人的方式的关注中解放出来，使人们能够用新的视角来看世界。让人们进行深度的汇谈，并产生更富于远见的洞察力。世界咖啡的主要特质是跨界，让“有差异”的人聚焦主题，真诚对话。世界咖啡倡导的规则为“理解、欣赏、联结、聆听、随手记录和涂鸦”。其主要步骤是：遵循“有意义的主题、跨界的参与者邀请、营造友好氛围、深度交谈、“异花授粉”、成果汇报、集体分享。

世界咖啡的原则：明确会谈内容、创造热情友好的氛围、探索相关问题、鼓励每个人的投入和贡献、吸收多元文化，接受不同观点、共同审议不同的模式、观点和深层次的问题、收获、分享共同成果。

③ 团队共创法。团队共创法（Consensus Workshop Method）是参与的科技（Technology of Participation，ToPTM）方法之一。它是有效形成团队共识的方法，将主题叙述为明确的焦点问题，透过个人的脑力激荡、小组分享、组合意见、最后全体参与共同讨论等方式汇聚成为共识，已经在全球被广泛运用。

团队共创法是一种结构化的征集观点，以达成团队共识的集体研讨方法。因此，适用于以下几个方面：寻找问题的方向，激发团队创意与新能量；在大家都没有明确想法的情况下，建立一种可以达成共识的愿景；大家都不知道如何做的时候，建立一种可执行的具体行动计划；达到一个实际的团体共识，找到最核心的问题。

团队共创法有五大步骤：一是内容介绍：介绍团体所需知道的，关於本次共创会之内容，以准备好开始；二是脑力激荡：个人的脑力激荡以及小组分享，以筛选出有价值之想法；三是组织群组：各小组将想法呈现在众人面前，并依直觉将想法组织成群组；四是命名群组：藉由为群组命名的过程，探讨各群组内卡片之间的关联性，在对话过程产生共识；五是决定群组意义：诠释形成的共识对於团体的意义，以及往后的运用。

团队共创法的主要工具是“智慧墙”，“智慧墙”又称“大墙”，是《第五项修炼》中提到的一种系统思考工具。20 世纪 70 年代后期，系统动力学的前辈米多斯主持一个 3 小时的研讨会，主题为第三世界的营养不良问题。与会者以白纸贴满一面大墙，然后大家就某项正在思考解决的问题，一起绘出所有的因果回馈关系。从而实现系统思考，发现问题的开放性（彼德·圣吉，1995）。现在，我们把"智慧墙"作为开展团队学习的工具，首先针对一定的议题，与会者分别匿名的、独立的写下个人的意见，然后由主持人收集、整理贴到墙上，最后大家交流讨论并由主持人作点评。它是进行信息交流共享的一种新形式，是开展团队学习的一种新方法。

第六节 组织的持续学习方式

创建学习型组织有利于解决传统企业组织的缺陷，给企业注人生命活力，提升企业的核心竞争力。学习型组织通过保持学习的能力，及时铲除发展道路上的障碍，不断突破组织成长的极限，从而保持持续发展的态度。学习型组织的核心和本质特征就是组织要善于不断的学习。主要强调要终身学习、全员学习、全过程学习和团队学习，在组织内部建立完善的"自我学习机制"，使组织成员在工作中学习，在学习中工作，学习成为工作新的形式。在组织内部的"自我学习机制"就是要从组织层面进行及时的总结，以增强组织的学习动力。组织的学习动力不单单是来自于企业内部，也可以来自于企业的外部。采用众包式的学习方式，可以为组织提供新学习动力。

一、从经验中学习

1. 坚持向群众要智慧

经验产生于最基层。有时候，原以为是很难的事，可是我们一走近一线员工之间，把问题和困难交给职工群众，其解决问题和困难的思路马上就会清晰起来。在实际操作环节，安全技术规程永远也不能完全涵盖所有的操作细节，实际工作中操作人员会积累大量的操作经验，这些来自与一线的经验是难能可贵的，要及时将它们文本化。如有的企业，常年坚持在一线职工中控制《操作经验点滴征集》活动，鼓励员工将在日常工作中摸索出来的经验写下来，现场操作经验汇编。这里，所表现出来的一方面是形成员工参与管理的范围，对员工的充分尊重；另一方面将员工的贡献文本化，丰富企业的知识存量。燕山石化公司运行保障中心仪表第二作业部，根据高压装置仪表运行维护经验，由高压仪表维修班全体员工编写了《高压装置仪表专业维护手册》，手册中根据日常积累的故障情况及处理过程分析，形成了故障处理方法、控制系统日常维护、检修等注意要点，将操作经验通过文本进行固化。

2. 总结经验要注意总结正反两方面的经验

日本失败学创始人畑村洋太郎指出："其实每一座桥从设计到建造过程，都是挫折不断。但后继造桥者却经常忽略前人'曲折，绕道而行'的失败经验，而只是把前人建造方式当成'直接、唯一'的正确之道，这是相当危险的"。如燕山石化公司的乙烯改扩建工程，在实施过程中可以说"一步一个坎"，大部分人都记得"28 个亿 28 个月"（投资 28 个亿用了 28 个月的时间完成了我国第一家乙烯装置，由 30 万吨扩建到 40 万吨）的光辉成绩，而过程中出现的问题及如何解决则在光环的照耀下被尘封起来。如乙烯 201 压缩机组在 2007 年大检修开车时遇到了一些困难，启动后的低速运行造成自动停车，后来才意识到只有当转速提高到一定程度后信号才能传出去。像这些内容我们以前并没有知识化的。

3. 在总结中提升

AAR（After Action Review）通常译为事后评估，它最早是美国陆军的标准操作程序。为了在未来的战争中取胜，军队需要在平时进行大量的训练，并及时纠正错误和固化成功的做法。美国陆军从过去的经验中学习（Learning after doing），建立了AAR的标准程序，不仅取得单次训练的成功，而且为整个美军提供最佳的实践经验。AAR同样适用于身处激烈竞争环境的企业组织。军队以最小的成本从AAR的过程中获益，任何公司都可以在不投入大量资金的情况下，快速获取类似的收益。壳牌、摩托罗拉、GE等许多公司都曾研究过美国军队的行动后学习机制。在安全管理中，这种方法也是同样需要，它有助于将企业的局部的或偶尔为之的好做法，固化到企业管理制度中、放大到整个组织行为。

AAR的最终目的是提高未来绩效。它给组织带来不犯重复错误、固化成功经验、发现改进机会、提升人的能力等四个方面的价值。不犯重复错误：聪明人不是不失败，而是不在同一个地方摔两次跟头。有些错误造成的损失是巨大，所以必须要避免重犯。许多组织相同或相似的问题屡次出现，就是因为缺少AAR这个环节。AAR系统能帮助组织找出失败之处，从而采取正确的措施，避免错误的再次发生；固化成功经验：通过AAR，我们能够确定做出了什么成绩，哪些做法是有效的，并需要保持下去，按照已经证明是正确的方法去做，就能够保证未来的重复成功；发现改进机会：工作很难一次做到十全十美，都可能或多或少存在着改进的机会，做完后回头看一下，常常会发现更好的方法。这其中也包含重大的创新机会，有些非预料的意外事件可能就会带来有价值的创造发明，不同观点的碰撞也可能激发新创意的产生；提升人的能力：AAR的过程是一个知识分享的过程，它源于实践，又高于实践，对参与者来说，能有效地提升其专业技术能力、沟通能力、分析与解决问题等多方面的能力，同时丰富自身的知识储量和实践经验。

做好AAR的七个原则：只有评估之后工作才算完成，尽快实施评估，确保完全参与，营造畅所欲言的氛围，使用标准程序，记录经验教训，传播经验教训。

AAR的基本程序：我们开始打算做什么→实际发生了什么→成功之处是什么→不足之处是什么→有什么改进或创新的机会→下次我们将怎么做。其中，我们开始打算做什么和实际发生了什么用25%的时间。成功之处是什么和不足之处是什么用25%的时间。有什么改进或创新的机会和下次我们将怎么做用50%的时间。这样一来，如果这次做得不到位，那么下次再遇到同样的问题就能用正确有效的方法去解决，不会在同一个地方跌倒。美国军队“事后学习法”也是对结果思维的充分运用，对上一次不尽人意甚至失败的结果进行总结分析，汲取教训，找出方法，为下一次解决同类问题、获得满意的结果做出准备。事后学习法是提高执行力、保证下次执行到位非常重要和有效的方法和途径，他能让我们发现执行中的不足反思失败原因，对症下药，找出解决的办法，以做得更好，不再犯同样的错误。

二、众包式学习

人类有画地为牢，把世界拒之门外的弱点，而组织学习普遍存在“学习智障”，组织的自我封闭，导致组织群体反而效率低下。就组织员工个人而言，习惯性防卫是一种来源于心智模式的心理障碍。在中国人的传统观念中，人们害怕“教会徒弟，饿死师傅”，习惯在关键问题上有所保留，这给组织学习带来了巨大的障碍。组织学习中，团队成员之间能否真诚地沟通意愿左右着学习的效果。组织文化和思维定式往往使内部员工缺乏变革动力，一般要引入外部力量强力冲击组织惯性才能实现创新。“众包”则另辟蹊径，不引入“外部领导”，而是引入相当于“外部中层和外部员工”的志愿者大军，巧妙的改变现有组织惯性，并成功的把“学习型组织”由内部学习变成内外一体化学习。

众包指的是一个公司或机构把过去由员工执行的工作任务，以自由自愿的形式外包给非特定的（而且通常是大型的）大众网络的做法。现今众包模式已经对美国的一些产业产生了颠覆性的影响：一个跨国公司耗费几十亿美元也无法解决的研发难题，被一个外行人在两周的时间内圆满完成；过去要数百美元一张的专业水准图片，现在只要一美元就可以买到。

学习型组织的创始人彼德·圣吉在所提出的五项修炼中，重要的一条内容就是“系统思考”。用系统论的观点思考问题，企业组织就不会狭隘地形成各部门、各子公司之间信息、资源互不相连接的孤岛，就会打破部门领地意识，与公司总目标保持一致，这就要求我们要放宽眼界，具有战略思维。

在一个名为“创新中心”（InnoCentive）的网站上，聚集了 9 万多名科研人才，他们共同的名字是“解决者”（Solver），形成了这个研发供求网络用户的“半边天”。与此对应的是“寻求者”（Seeker），成员包括波音、杜邦和宝洁等世界著名的跨国公司，他们把各自最头疼的研发难题抛到“创新中心”上，等待隐藏在网络背后的高手来破译。“创新中心”最早是由医药制造商礼来公司资助，创立于 2001 年，已成为化学和生物领域的重要研发供求网络平台。公司成员（寻求者），除了需要向“创新中心”交付一定的会费，为每个解决方案支付的费用仅为 1 万至 10 万美元。“创新中心”上的难题破解率为 30%，“创新中心”的首席科技官 Jill Panetta 认为，在网上广招贤士的做法“和传统的雇佣研发人员的做法相比，效率要高出 30%”。2000 年以前，宝洁公司的研发成本不断攀升，然而销售业绩平平，股价也下跌了一半多，他放弃了裁减内部研发人员的做法（宝洁目现有研发部门有 9000 多人），而决定从改变他们的工作方式入手。把公司外部的创新比例从原来的 15% 提高到 50%。六年过去了，宝洁的研发能力提高了 60%，股价也逐步回升至新高。“我们对公司组织的定义有了很大的改变”，“我们目前有 9000 多名研发员工，而外围网络的研发人员达到 150 万人，二者的界限很难界定”。

Threadless. com 公司、宝洁公司的创新模式是典型众包式模式。企业在安全管理过程中，同样也可以采取这种方式，征集安全专题的解决方案。特别是在事故原因的分析上，仅仅凭借自身的技术很难分析清楚事故的真正原因，这就需要在企业外征集答案。

第七节 在事故反思中成长

通过事故分析可以增强组织学习．从各种规模事件中学习的思想表明．任何事故都可以提供学习机会，应当充分利用事故中的信息去发掘组织错误因素，并通过适当的方式予以弥补，从而达到提升企业安全管理效能的目的。

一、事故是最重要的管理资源

能够从别人的事故中，反思到自己的不足，是员工企业成熟的标志。我们当然可以嘲笑别人的失败，但如果我们能从别人的失误中提炼机遇，从别人的失败中学习经验，那最好不过了。把别人的失败当成对自己的大声忠告，这非常有利于自己的成长的。

企业的安全管理的初级阶段是痛苦的从自己的事故中学习的阶段，分析自己出事故的原因，避免类似的事故发生，用自己的惨痛教训获取经验；所谓中级阶段是高明学经验的阶段，通过分析别人出事的原因，用别人的惨痛教训为自己的经验；所谓高级阶段是指分析别人不出事的原因，提升自己不出事的能力。实际工作中，我们很难达到中级阶段，以致形成每起事故、特别是重大事故似乎都遵循着一个可怕的剧本。组织学习体现在企业和员工个人行为的改变，如果一个企业重复发生同样的事故，说明这个组织没有进行学习。同样，其他企业的事故在本企业的重复发生，也说明这个企业没有进行组织学习，或者说没有进行组织间的学习。如 2010 年大连 “7. 16” 事故和 1989 年“8. 12” 黄岛油库大爆炸具有高度的相似性。相隔 21 年的两起事故，有着高度的相似性，1989 年黄岛“8. 12” 事故是 2010 年大连“7. 16” 事故的前身，后者是前者的翻版。一是都属于储运系统的大型油库；二是事故都是发生于事故高发月 7、8、9 三个月的 7、8 月份；三是油库区内罐组间、罐组与设施间的安全距离不足；四是事故造成电力系统损坏；五是违规操作是事故的直接原因和间接原因，大连“7. 16” 事故的直接原因是违章操作，1989 年黄岛油库“8. 12” 事故的直接原因是雷击起火；六是管理缺陷。两起事故在时间、地点、管理缺陷上有高度相似性。

二、畑村洋太郎的失败学

畑村洋太郎认为，要把失败转化为成功的关键是正视失败，把失败中隐藏着的发展基因发掘出来，为使失败信息变成知识资源，并使之为全社会所共有，2002 年 7 月他创立日本“失败学会”，并担任会长。

1. 研究失败的重要性

畑村洋太郎研究了世界著名的三大事故，证明研究失败的重要性。

事故一，塔克马索桥的教训

1940 年，美国华盛顿州的塔克马新建成了一座索桥，但建成才 4 个月就被每秒 19 米的横风所摧毁。后来弄清桥梁被毁是横风引起的自感应震动造成的。这一原理弄清以后，带动了索桥技术的飞跃发展。日本明石海峡大桥能承受每秒 80 米的狂风，这其中也包含了塔克马索桥的教训。

事故二，德哈维兰 · 彗星式喷气式飞机的坠落事故

1952 年，德哈维兰 · 彗星式喷气式飞机问世后名噪一时，但在其后不久连续发生坠落事故。后来才知道是当时并不知晓的金属疲劳原理在作怪，波音公司汲取了教训，把高空中的金属疲劳知识应用于新飞机的开发，结果波音公司席卷了世界飞机市场。

事故三，“解放”号万吨运输船连接受到破坏

二战时期美国制造的“解放”号万吨运输船接连受到破坏，调查发现是由于钢在零摄氏度以下失去伸缩性，出现“冷脆”现象造成的，这一失败促进了以后的钢铁利用技术，特别是焊接技术的飞跃提高。

由此可见，把失败转化为成功的关键是正视失败，把失败中隐藏着的发展基因发掘出来。

2. “失败学”三大定律

畑村洋太郎是在 2002 年得到各方帮助从而创立失败学会的。失败学所要研究的是：从过去的失败中总结经验、积累知识，用以指导现在的行动并预测将来，努力不犯同样的错误。

定律 1：进行逆向思维。如果总打“如意算盘”，必定会出现某种“纰漏”。为了预防失败，需要假想具体的失败项目，从反方向推断出导致它出现的环节。

定律 2：使潜在信息公开化。有一条公认的法则认为，每一个重大灾害的背后都有 300 个隐患。希望企业能尽早防患于未然。不过什么是隐患，要给出限定条件还不容易。因此，技术人员意识到“这一点将带来危险”后应该公开提出来。

定律 3：树立人人思考的习惯。如果每个员工不能认识到失败的苗头或不能拿出良好的表现，依靠逆向思维来避免失败的方式就很难发挥作用。因此每个人都需要发挥能动性，并提出具体建议。

3. 失败学的三个问题

面对失败，可以向全体员工询问以下三个问题，并让他们亲口作答来表述自己的观点，这样才能树立人人主动思考的习惯。

问题一：自己的工作与社会有何种关系？这是提醒员工重新认识工作的社会作用。这不是为了公司，其实也不是为了顾客。个人只有发挥了社会作用，其自身意义与存在价值才能被认可。这样，员工对成为社会威胁的生产事故才能有深刻认识。

问题二，从一系列的火灾和爆炸事故中，你想到了什么？这是提醒大家要有看到“失败”的眼光。光靠找到直接原因和对此加以改善，是不能防止再度失败的，需要搞清事情的本质。也就是说，要清楚直接原因的背后还隐藏着什么。

问题三，现在立即要做的事情是什么？这是敦促大家采取紧急行动。没有这一点，员工就不能在实际的日常工作中采取有效行动。

4. “失败学”的六个法则

失败学主要是聚焦当下的失败或困境，如同拿着放大镜仔细检视每一环节，着重“如何抽丝剥茧，正确挑战失败”，进而到达成功的彼岸。而成功学的思维逻辑，则像是拿着望远镜，透过复制前人的成功经验，提高成功几率。

（1）“失败学”法则一：逆向推演，找出失败关键

大部分人面临失败时会问“为什么”，但光这样还不够。在畑村洋太郎的思维里，失败可拆解为要因、关键与结果三部分，逆向探究隐藏在背后的要因与关键，是踏入失败学必修的第一课。

（2）“失败学”法则二：1 件重大失败，有 300 个微小征兆

在畑村洋太郎看来，失败属于或然率现象，是可以事前察觉或预防的。他以 1941 年美国灾害保险公司安全技师海恩里希对意外灾害所做调查而提出的“海恩里希法则”为基础，解释失败的或然率。海因里希说，在一件重大灾害的背后有 29 件轻度灾害，还有 300 件有惊无险、人捏把冷汗的体验。这一法则可完全用于“失败学”上，即在一件重大的失败事故背后必有 29 件“轻度的失败事故”，还有 300 件潜在的隐患。可怕的是对潜在性失败毫无觉察，或是麻木不仁，结果导致无法挽回的失败。海因里希法则中的 300 件可记录事件，乃至

30000 次人的不安全行为、物的不安全状态都属于“潜在失败”，在生产现场“低标准、老毛病、坏习惯”就是事故的基础、“脏、乱、差”就是事故的温床。因此，无论如何都不能忽视在“偶然率”下所隐藏的巨大冰山。若枉顾或隐藏看来无关紧要的小失败或抱怨，甚至假装不存在，重大惨剧迟早会降临。杜邦公司的安全理念“任何事故都是可以避免的”核心之一在于对隐患和小问题保持高度警觉。

（3）“失败学”法则三：三不管地带是失败温床

不论是产品技术或企业组织，生命周期都可区分为萌芽期、发展期、成熟期与衰退期，畑村洋太郎特别强调，成熟期是最容易蕴藏失败种子的阶段，绝对不能轻视成熟期或利润高峰期出现的“质变”。这是因为在成熟阶段，员工已不了解原始规范的意涵，而只会依循制式手册行动。此外，从组织面来说，成熟期也是各部门最容易产生“间隙”（三不管地带）的阶段。

（4）“失败学”法则四：错误示范和正确示范一样重要

畑村洋太郎指出，成熟期的企业经多次尝试错误后，只剩下能提高作业效率与利润的“最好方法”，并为了维持品质稳定，因而把作业流程“手册化”。但必须留意的是，在提高效率的同时，技术人员往往变得只会照本宣科，创造力与观察力都逐渐下降，人的视野都变得狭窄起来！这也是畑村洋太郎为何在教学上舍“正确答案”就“错误示范”的原因。他发现，那些只会“正确方法”的学生，固然可轻易解决过去曾发生过的问题，然而他们在设计领域最重视的创新力上，却显得相对贫乏。因此，他宁可传授“错误的示范”，也就是通过“了解失败基因”，让学生更能深入创新的过程。

强化错误的示范作用。我们的标准化作业程序是员工智慧的凝结，固化于员工的创造，同时也有汲取事故教训的内容，但缺乏背景材料，使人们的应急力下降，视野变窄。增加一些错误示范内容，多一些唠叨会起到预防事故的效果。燕化公司化工六厂高压装置的标准化检修作业指导书中不但提出了 HSE 危害分析和预防措施，而且就以前曾出现的事故、问题都在指导书中明确并配有图片。例如在检修搅拌轴环节，指导书明示“警告！曾出现百分表坠入反应器筒体事故。”详细地将该装置在检修中出现的事故以书面给检修人员以准确的提醒。正如畑村洋太郎的“错误示范”一样，强化组织记忆。

（5）“失败学”法则五：牢记暗号，重视直觉

所谓“暗号”，是指各行各业做事之前一定要想到的“下意识着眼点”，这些着眼点或许一开始只靠口耳相传，但若想降低失败几率，最好把暗号转化成为数据、文字、图像等“形式暗号”，像咒语般默记于心，未来若发生异常状况，就很容易透过暗号先有所感，并找出究竟是哪儿出了问题。

除了“暗号”，畑村洋太郎也认为“直觉”是经验的精华，两者都是防止失败的大功臣。与暗号不同的是，直觉往往无法用数字或图像表达，但它会在头脑中形成“自动避开失败”回路，通常凭经验判断，或曾经承担成败责任的老手，都会有这样的直觉。

将隐性知识显性化，培养员工第一反应是正确的。像畑村洋太郎所说“牢记暗号，重视直觉”。这些“暗号”就是隐性知识，如身上着火马上就地打滚，在装置区内巡检遇到头顶上方落下液体时要退后一步再观察（如下意识抬头，滴下来的腐蚀性物料将灼伤你的脸和眼），要把这些隐性知识文字化，写入安全须知，写入标准化作业程序。要应用可视化管理方法，

将这些暗号写成提示牌，通过图示提醒现场人员重视。所谓“重视直觉”就是要保证直接作业环节的员工第一反应是正确的，这种要求的实现是要将“暗号”知识化后，经过千百次训练才能实现。2008 年汶川大地震时，安县桑枣中学 2300 名教师用了 1 分 36 秒的时间全部撤离，创造了奇迹，这背后是“史上最牛校长”叶志平对他的学生们千百次的训练。

（6）“失败学”法则六：找出代表性案例，将失败过程知识化

看过太多企业在面对失败时的惊慌失措，畑村洋太郎建议，当组织面临重大危机时，当务之急是先稳定心情，以“明天会更好”的态度，避免陷入绝对的失望。他强调，一味地忙着追究责任归属，对于避免重蹈失败覆辙并无助益，最好是让当事人以自然的方式回述当时情境，以建立切实的失败档案，这是传递失败学的重要诀窍。他说，许多意外事故的检讨报告，总是透过客观第三者写成，难免会出现批判性的弹劾论调，而且这种“客观性报告”，往往会流于枯燥无趣。至于如何记录并传递失败教训，更是一门值得深究的学问。畑村洋太郎指出，以一份完整的失败案例报告来说，必须先从背景、经过、原因、处理对策等各层面记述失败内容，并从直接间接原因，组织人员心理、当事人主观想法与感受等不同角度，做一整体总结。除此之外，也要思考如何透过简捷的搜寻方式，让未来员工能在最短时间内，从这些案例中找到前人失败的轨迹，并加以避免。

加强事故知识化管理，形成知识库。企业发展到一定阶段，随着组织机构的调整、人员的更替，有些在岗员工已不了解原始规范的意涵，无法真正理解个中原因。能否生动的说明“为什么会有这条规定”、“为什么需要这个装置”，是能否真正让员工将事故牢牢记在心头的关键所在。

同样研究失败的还有另外一个学者亨利 · 波卓斯基，他是美国杜克大学结构工程师、土木工程学教授。1985 年，波卓斯基出版了《设计：人类的本性》一书，书中集中探讨了跟人为因素无关的工程上的失败。20 多年后，他在《宽恕设计》中集中探讨人与机器的互动。研究金属、玻璃和水泥的意义是有限的，因为用它们建造的东西都是人设计、建造和维护的，因此它们必定会出问题。“你可以阻止失败，但除非你把技术冻结在目前的阶段。一切之后的东西都要设计、制造得跟被证明成功的东西一样。但工程就是要不停地进步，哪怕必然会带来失败。”

波卓斯基认为，一再发生的工程事故表明，经验的积累、技术的进步并没有阻止事故的再次发生。这是为什么呢？他解释说，这不是由于设计师的自大、工程承包商的腐败、工人的粗心、政府部门的削减成本，而是跟我们看待世界、感知历史的方式有关。每当有大型工程垮塌时，我们都会立刻去指责设计缺陷。但波卓斯基说，我们要到设计之外去找原因。被设计的东西会被忽视、被错误使用和错误操作。“我们建造了越来越大以及越来越小的东西。但失败不只是大小造成的。‘二战’中开裂的船不是最大的船；1940 年在风中垮塌的桥不是世界上最长的桥；在我们膝盖上死机的电脑不是最快的电脑。失败无处不在、很平凡，既出乎意料又在意料之中。”

1979 年，墨西哥湾一口油井爆炸，导致原油泄漏。今天几乎没人记得这次事故了，虽然它预示了 2010 年类似事故的发生。在 1979 年的事故之后，采油行业加强了管控，增加了新的预警措施，但随着成功的钻井记录的增加，钻塔和油井运作开始松懈，造成了事故的再次发生。波卓斯基说：“这两起不幸的事故相隔大约 30 年，这并非偶然，因为 30 年刚好是

一代工程师和一个行业的技术记忆的跨度。”我们都会从错误中学习，但问题是我们传给下一代的不是错误本身，只是教训，以及吸取教训的过程。

三、把握事故真相，看清事故背后的深层次原因

企业学习失败学，一是要立体地看待失败，把握失败的真相；二是要发现潜在的失败；三是要将失败的教训制度化，将事故的过程、教训可视化。立体看待失败，看清事故背后的深层次原因体现的是系统思考，根据国家安监总局等事故统计资料进行分析整理，我们可以把事故分为由个人原因引起的直接原因和间接原因；由组织原因引发事故的现场管理原因、管理原因和根本原因；以及社会原因。事故原因分析模型见图 7-6。

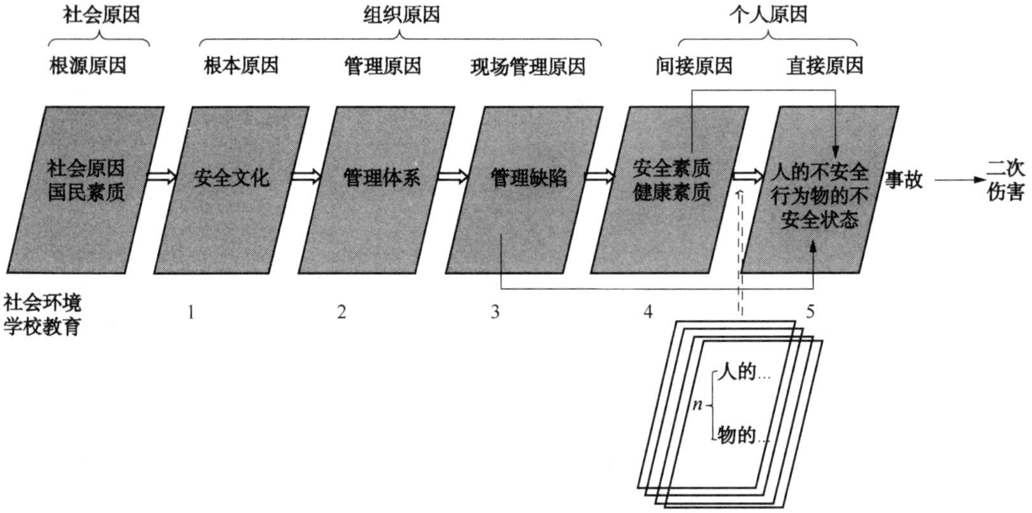

图 7-6　事故原因分析模型

1. 从“人误”的角度出发，分析事故的直接原因

我们把直接导致事故的发生原因分为行为类直接原因（人的不安全行为）和条件类直接原因（物的不安全状态），之所以将条件类直接原因（物的不安全状态）也定义为“人误”，主要是基于物的不安全状态是由于人的不安全状态、人误引起的。

根据事故致因理论中“轨迹交叉理论”，即人的不安全行为和物的不安全状态在一定的时空交叉，就形成了事故。事故的发生有扣动事故发生扳机的最直接原因，以及有 N 个人的不安全行为形成了引发事故的导火索。比如，造成 243 人死亡的重庆开县井喷事故，是由 7 个人的连续不安全行为造成的。物的不安全状态是由于人的行为造成、是由于现场管理缺陷和环境不佳造成的。

事故的发生往往是很容易控制的微小事故，事故之所以发展是由于现场操作人员或指挥人员“第一反应不正确”、不能在第一时间“发现问题”而造成的，也可能是现场操作人员或指挥人员的一系列错误造成的。我们把这种事故的发展叫做“二次事故”。造成严重后果的重特大事故都是二次事故形成的二次伤害。比如盲目施救造成事故扩大带有相当大的普遍性，国务院安委会办公室于 2012 年 5 月 25 日下发了安委办〔2012〕20 号《关于近期盲目施救导致较大事故多发情况的通报》，通报指出：近期，因盲目施救导致事故扩大的较大事故呈

多发态势，5 月份以来已发生 11 起，事发时只有 14 人涉险，最终导致 40 人死亡、8 人受伤，损失惨重，教训十分深刻。造成的 40－14＝26 人死亡都属于二次伤害。

（1）行为类直接原因（人的不安全行为）

主要包括遵守工作程序方面、工具和设备使用方面、保护方法和保护器具使用方面、个人疏忽和意识缺乏。

① 在遵守工作程序方面：未经许可进行操作或作业、违反工作程序或步骤、违反程序进行操作、工作位置或操作姿势违反规程；

② 在工具或设备使用方面：不正确的方法使用设备、不正确的方法使用工具、使用有缺陷设备（明知）、使用有缺陷工具（明知）、工具、设备或材料放置位置不合适或缺乏稳定性、对正在运行的设备进行维修或维护保养；

③ 在保护方法的使用方面：未使用公司提供的个人保护设备、不正确的使用个人保护设备、设备或材料没有固定、保护装置、警示系统或安全装置失效、保护装置、警示系统或安全装置拆除、没有个人保护设备

④ 在疏忽或意识缺乏：决定欠妥或缺乏判断、注意力分散、忽视地面或周围环境、嬉闹、暴力行为、未作警告、使用药物或酒精、无意识地进行常规活动。

（2）条件类直接原因（物的不安全状态）

主要包括人和设备保护系统、工具和设备及车辆工作暴露（暴露在危险能量之下）、工作场所布局不利等方面。

① 在保护系统方面：没有护罩或保护性装置/设施、护罩或保护性装置/设施缺陷、个人保护设备不合适、个人保护设备有缺陷、警示系统不合适 、警示系统有缺陷、工艺或设备未隔离或隔离不合适、安全装置不合适、安全装置有缺陷；

② 在工具、设备及车辆方面：设备有缺陷、设备不合适、工具缺陷、工具不合适、车辆有缺陷、用车准备欠妥；

③ 在工作暴露（暴露在危险能量之下）方面：明火或爆炸性物品、噪音、带电的电力系统、辐射、高温、化学危险品、机械危险物、杂乱的工作环境、风暴或自然现象、地面或过道太滑；

④ 在工作环境危险方面：拥挤或活动受限、照明不适或过度、通风不合适、无保护高度或防护有缺陷、工作场所布局不利、不利员工现场操作、现场标识不清、位置超出视力可及范围、信息相互矛盾。

2. 从“人误”的角度出发，分析事故的间接原因

我们把行为类直接原因和条件类直接原因的背后原因定义为间接原因，它是人为因素类的原因，主要是指由于员工的安全素质（安全意识、知识和技能）、健康素质及状况的问题引发员工在现场操作的不安全行为。员工的安全素质低是造成人的不安全行为的原因之一，安全素质主要是指安全意识、安全知识和安全技能。

（1）在安全意识方面

主要表现为员工存在有侥幸心理、麻痹心理、惰性心理也称为“节能心理”、逞能心理；

（2）健康素质方面

主要是指身体健康、心理健康的水平和工作时的身体、心理状态。

① 在身体健康方面：表现为：视力低下、听力低下等体力方面的问题；和其他感官缺陷、其他永久性身体缺陷、由于药物治疗造成能力下降、阶段性身体缺陷、身体活动范围受限、物质过敏症、身高不够或体力不足和其他原因。

② 在身体状况方面：表现为曾经受伤或得病影响、疲劳、工作量大、缺乏休息、操作能力降低、由于温度变化、缺氧、血糖降低、由于使用药物或酒精使能力削弱和其他原因。

③ 在心理原因方面（精神状态）：表现为判断力差、记忆力丧失、协调不好或反应迟钝、情绪干扰、恐惧、理解能力差、受药物影响、性格缺陷、过分的急功近利和其他原因。

④ 其他原因（精神压力）：表现为全神贯注于其他问题、受到挫折、工作目标及要求不明确、目标或要求相冲突、无意义的活动、情绪不稳定、过激的评价、决定或要求、精力过度集中和其他原因。

3. 从“组织错误”的角度出发，分析事故的组织原因和社会原因

事故的组织原因包括现场管理原因（间接原因）、管理原因、根本原因，分析事故更要从组织原因和社会原因入手，在根源上寻找答案、寻找高一级的解决方案。

事故是由人的不安全行为（行为类直接原因）和物的不安全状态（条件类直接原因）在一定的时空交叉而引发的，而人的不安全行为是由于人的安全素质和健康素质的不足引发的，我们从“人误”的角度出发，把人的安全素质和健康素质的缺乏称之为事故的间接原因。而分析造成人的安全素质和健康素质的缺乏和物的不安全状态，就要从“组织错误”的角度出发来进行分析，我们把造成人的安全素质和健康素质的缺乏和物的不安全状态的原因定义为现场管理原因，现场管理原因也可以看做是管理上的间接原因。而现场管理缺陷的背后是管理体系不足的原因，管理体系不足的原因是企业文化层次的原因。

（1）现场管理原因

① 在标准作业程序（SOP）方面：没有制定涵盖工作全过程的 SOP、所制定的 SOP 不合理、有漏洞（如指令含糊不清、过多的说明、程序和设备及设计不一致、程序中无确认步骤等）、缺乏培训，员工不知道如何执行 SOP、操作人员没有严格执行 SOP、没有制定变更管理的判别指导书、现场无可视化的操作指示牌和其他原因；

② 在直接作业环节方面：作业没有得到许可，没有按标准办理相关票证、票证条款缺乏现场确认、作业缺乏防护措施、现场没有明确“实际控制人”、“实际控制人”的职责不明确、作业监护不利和其他原因；

③ 在风险评估（Risk assessment）方面：未对设备和工艺进行风险评估、未辨识出危害、风险控制不当和其他原因；

④ 在培训方面：制定的培训内容不全、不合理、未提供培训、员工未接受过培训、员工未能理解培训的内容、应急训练不够，员工第一反应不正确和其他原因；

⑤ 在管理、监督方面：属地责任没落实、缺乏检查与考核；束下不严、管理软弱，习惯性违章；管理者缺乏现场感，对现场环境不清楚；变更管理不善；隐患整改不利、不能识别现场危险因素；事故报告和调查机制不完善；安全会议不足；安全业绩考核和评估不完善和其他原因；

⑥ 在承包商的选择与审查方面：雇佣未经审核批准的承包商、承包商资质不够、承包商缺乏相应的工作经验、无工程监管或监管不利、承包商将工程转包和其他原因；

⑦ 在协调与沟通方面：在同伴间水平沟通不完善、在上下级间垂直沟通不完善；不同组织间沟通不完善、倒班班组和工作小组间沟通不完善，没有将发现问题传递下去、通讯方法不完善、通讯工具缺乏、没有使用标准的术语、工作成员间缺乏了解与心理沟通、沟通无痕迹、口头沟通多和其他原因。

（2）管理体系原因

没有建立 QHSE 管理体系；QHSE 管理体系不适合企业实际；QHSE 管理体系缺乏相应的执行细则；“三基”管理薄弱和其他原因。

（3）安全文化原因

① 在思想观念上：“敬畏生命、珍视健康”的理念没有得到普遍认可；“任何事故都是可以避免的”的理念没有得到普遍认可；“任何事故都可以追溯到管理原因”的理念没有得到普遍认可；员工不能够将自己的安全知识和经验分享给其他同事，并把安全作为一项集体荣誉，没有“我们要安全”的安全氛围；缺乏普通员工的普遍参与；

② 在制度上：缺乏严明的纪律；缺乏明确的责任；缺乏规范的管理。

③ 在行为上：容忍任何偏离安全制度和规范的行为；习惯性违章得不到纠正；缺乏对诸如“上下楼梯必须扶扶手”、“乘车必须系安全带”等细节的长期关注；管理层不能体现“有感领导”，缺乏安全大检查。

④ 在物态上：本质安全化不足；人机设计不合理；安全文化可视化不足；安全文化作品质量不高，公式化、概念化东西多和其他。

从“组织错误”的角度出发，可以立体地看待失败、把握失败的真相。虽然对事故管理一直坚持四不放过的原则，但直接原因分析的多、分析的细，间接原因分析往往就不深不透，更谈不上分析事故的根本原因和社会原因。事物的复杂性，决定了失败原因的多重性。畑村先生认为，在金字塔的底层是日常生活中重复着的小失败：无知、不注意、考虑不周、不遵守秩序，这是由个人责任导致的失败；从底层越往上走，越是带有社会性，如因经营者战略失误引起的组织运营上的失败；由于组织结构上的问题，造成上下信息不畅所导致的失败；因行政管理机制、价值观滞后，对新的社会机制不适应所引起的失败；最上层则是“遇到未知之事”，属于“老经验遇到新问题”。值得注意的是，遇到问题时，上面的人因害怕承担责任，常把责任转嫁到下面。如我们分析事故原因时，不能简单的分析事故的直接原因、间接原因，更要分析企业在管理体系、文化、战略等方面的原因；不能把事故简单地归结为人误，更要看到企业的组织失误。

正确对待事故，立体把握事故的真相。不仅要从技术角度，而且还要从心理学、经济、文化、社会等各个侧面全面地把握和分析失败与事故。2005 年 3 月 23 日 BP 德克萨斯州炼油厂发生爆炸，造成 15 人死亡，170 多人受伤。同年 4 月 26 日 BP 发表《BP 公司德克萨斯州炼油厂爆炸事故总结报告》，报告中展示的“大安全”理念值得我们借鉴。BP 公司没有把事故的发生简单归结为操作失误或者有章不循，而是从企业文化、安全管理体系、安全制度、安全标准、企业领导行为、设备的完整性等方面进行系统思考，全面剖析其对事故发生的影响及诱因以及避免事故发生应该改进的地方和采取的措施，这样的反思是全面的。BP 报告中所体现的实事求是作风是值得我们学习的。力求尽快把真相告诉公众、告诉员工，“与社区、公司、监管部门、媒体和业界同仁一起分享我们的教训。”这样的勇气和坦诚，将管理和管理者的责任提升到更高的层次。正确对待事故是将事故知识化的第一条件。

四、事故教训文本化、可视化

企业组织只有不断总结、积累过去的成功经验和失败的教训，有效的从经验中学习、在事故反思中成长，才能不断提升组织的智能，形成知识互补的共享文化和系统思考的反思文化，才能提高企业核心竞争力，推动企业的可持续发展。

1. 分享事故教训是企业的社会责任

① 向事故学习，学习不仅仅指向书本学习，更要向实践学习，向成功的实践学习，更向失败的实践学习；向自己的失败经历学习，更向他人的失败经历学习，倡导把困难当做学习的机会，向事故学习，向问题学习。

在思想上不对事故抱“害羞”的态度。不仅将车间历史上发生的事故都整理成册让员工学习，而且，对事故当事人采用真名。车间通过这种方式，给员工传递一个信息，车间对待事故是坦诚的态度，不会遮遮掩掩，发生事故纵然不是一件好事，但是重要的不是面子问题，关键是要作好事故分析，通过事故吃一堑，长一智，吸取教训，杜绝类似事故重复发生。

② 分享事故教训是企业的社会责任。2005 年 3 月 23 日发生了一起重大安全事故。其位于美国德克萨斯城的炼油厂发生爆炸事故，造成 15 人死亡、170 人受伤。BP 公司处理事故过程中和事故总结报告中展示的“大安全”理念，实事求是的作风，危机公关的方法，细致具体的调查方法，更重要的是通篇凸显的管理和管理者的责任问题意识等，都值得中国的企业学习和借鉴。事故发生后，BP 公司主动邀请权威机构介入，共同参与调查，为的是尽快查明原因，尽快把事故真相告诉公众、告诉员工。这份勇气和坦诚，是管理和管理者的责任的高度体现。

除此外，《BP 报告》中展示的人文关怀也非常值得赞赏。事故发生后，作为 BP 集团主管安全与运营的高级副总裁，约翰 · 摩格福德首先想到的不是为自己开脱一点什么责任，而是为“死者家庭的损伤”，还有“这么多员工承受的伤痛”，“必须负起责任”。这也许是在《BP 报告》中，没有看到哪位操作失误者受到了什么处理的根本原因。《BP 报告》中没有一句责备员工的话，而是从管理角度总结分析了企业对于员工的责任。如“五个主要潜在因素”中有这样的说法，“员工个人感觉没有提建议和进行改进的权力”，“复杂组织内的众多变化——包括组织结构和人员的调整——导致了责任不明和沟通不畅，结果造成员工对角色、职责和优先顺序迷惑不清”。又如“七个教训”中提到，“双向交流很重要。如果员工认为领导者并没有倾听，或是不认真对待他们的担忧，那么很快他们不会再向领导者提及这些隐忧了。我们必须相互信守承诺。这是重建信任的第一步，也是获取尊敬，并培养员工责任感的唯一途径。这就需要保持与员工接触、时刻警醒、保持责任感并注意倾听员工意见”。从中可以看到，员工在 BP 管理层心目中的位置，BP 管理层对于员工的情感。

BP 公司的调查小组认为，这次事故在管理层面有 7 个教训：

① 要确保工厂的领导层有时间专注于日常运转，而不是被过多的竞争需求分心。管理者要了解他们所管辖的区间和工厂中发生了什么情况。

② 有必要寻求正确的、显示进程安全趋势的衡量标准。不要被人身事故衡量标准误导，

这种标准有一定作用，但在这种大规模的事故中起不到警示作用。

③ 在规程缺乏更新或是有章不循的情况下，规程就会失效。

④ 双向交流很重要。如果员工认为领导者并没有倾听，或是不认真对待他们的担忧，那么很快他们不会再向领导者提及这些隐忧了。我们必须相互信守承诺，这是重建信任的第一步，也是获取尊敬，并培养员工责任感的唯一途径。这就需要保持与员工接触、时刻警醒、保持责任感并注意倾听员工意见。

⑤ 调查生产事故很重要，缺乏事故遏制措施同样会造成严重的伤害，调查事故遏制措施缺失也需要同样重视。要全面地记录事故，并且交流经验教训。

⑥ 有效的反馈是很有价值的，它能让我们从事故中汲取教训，获得并形成更好的操作规程。

⑦ 禁止非工作人员停留在加工区域。密切注意可能被爆炸冲击的区域。保证那些加工区域附近必需的临时设施有抗爆能力。保证人员安全最好的办法是不让他们进入易爆炸区域。

2. 将事故案例文本化

将所掌握和经历过的事故进行整理汇编、学习。如燕化公司化工一厂苯乙烯车间将车间历史上发生的 18 个事故汇编，做成幻灯片，内容有事故经过、事故原因分析、事故处理方法以及类似事故隐患等内容；动力车间充分发动员工，尤其是老员工，将他们经历过的，但没有被车间正式记载下来的事故进行整理汇编；保卫武装部将历年员工发生的交通事故进行了汇编。除了向身边的事故学习外，还要积极吸取其他企业的事故教训，做到“别人生病我也吃药”。

3. 应用可视化手段，促进组织成员学习

可视化一般包括数据可视化、信息可视化和知识可视化。可视化是一种使复杂信息能够和快速被人理解的手段，是一种聚焦在信息重要特征的信息压缩语言，是可以放大人类感知的图形化表示方法。可视化过程是对数据、信息和知识深度挖掘、深层次认识、总结归纳、产生知识的过程。当前，信息化建设的推进让企业每天积累了大量的数据，建立充分利用这些数据的意识，从凌乱的数据中挖掘有用的知识，就意味着企业进入了知识管理时代。企业要有专门的部门将企业知识进行有效管理。一方面要通过信息可视化，对海量信息的总结归纳，提取有价值的知识，使每个员工都能感受到信息化建设对工作的便利和有利于员工个人成长。另一方面通过知识的可视化，把知识以图解等手段表示出来，将内隐知识外显化，将外显知识生动化，使内隐的和隐性的个体知识转化成能够直接作用于人的感官系统（能够摸到、看到、听到或操作的）的外显知识。如职工创新创效成果冠名展、企业博物馆以及其他形式的实物展示等。

学习畑村洋太郎的失败学，就是要将失败的教训制度化、可视化。比如通过修改操纵规程、完善标准作业程序强化组织记忆、事故博物馆等方式，不断强化人们对事故的形象记忆。正如亨利．波卓斯基认为的那样“30 年刚好是一代工程师和一个行业的技术记忆的跨度”，我们需要不断的对事故教训的再学习。失败博物馆，即专门陈列失败物品供人观赏的地方。用建造失败博物馆这种正视失败、展览失败，警示人们避免重蹈覆辙再次失败的做法，正在国际上悄然流行。

而通过建立失败(事故)博物馆的方式，一方面这种可视化的教育方式会强化人们的个人记忆，同时这种以实物为主要内容的资料会强化组织记忆。借鉴美国、俄罗斯、瑞典建立失败博物馆的方法，企业建立事故纪念馆所产生的教育作用将是巨大的。J. R. 东日本铁路公司为了从过去的事故中吸取教训、提高员工安全意识，于 2002 年成立了事故历史展览馆。展览馆中陈列着过去事故的照片、报纸报道、事故发生时磨损面的车轴实物，还用电脑合成影像栩栩如生地再现当时的事故情况。这种形式的安全教育传授的不是简单的课本知识，能彻底改变员工的安全意识。丰田公司专门建立了一处模拟汽车事故的场所，让人们体验汽车失控时的危险。在瑞典有一座“瓦萨”号沉船博物馆。博物馆内陈列着十七世纪的木制战舰“瓦萨”号，这艘战舰在海底沉睡了三百年，被打捞起来之后陈列于此。它向世人昭示沉船的教训：违背科学、盲目决策，必将受到惩罚，甚至酿成巨大的灾难！而在美国纽约也有一个失败博物馆，展出了八万多件不受消费者欢迎的商品。美国每年推向市场的新产品有五千四百多种，而真正受到顾客欢迎和青睐的仅占 20%。这些失败产品专门向人们昭示：此举不可仿效。

北京燕化公司的钳工基础工艺实训基地，将有设备事故发生时的设备、零部件实物展示(图 7-7)。这种“想给职工看”、“想让职工知道”的强烈愿望会促进整个组织学习。

热力厂低压蒸汽管线爆管

2012年12月8日9:30，热力厂低压蒸汽线G0151发生爆管，蒸汽大量泄漏.故障原因，锅炉并汽后，局部管段的蒸汽压力流向，发生波动和变化，管道内的凝结水未能及时排出，在弯头处产生水基现象，凝结水其蒸汽流向的反复变化、冲击，造成管道局部瞬间超压，最终导致管道爆管

乙烯装置循环水管线泄漏

2012年4月3日23时，乙烯装置循环水管线地下部分发生泄漏，乙烯装置被迫停车。

故障原因：管线埋地部分0.5米范围内无外防腐层，长期土壤腐蚀形成局部穿孔；泄漏部分管线有焊接错边问题，中间采用异形短节，形成冲刷腐蚀。并导致带压堵漏卡具现场按照困难。泄漏点难易消除。

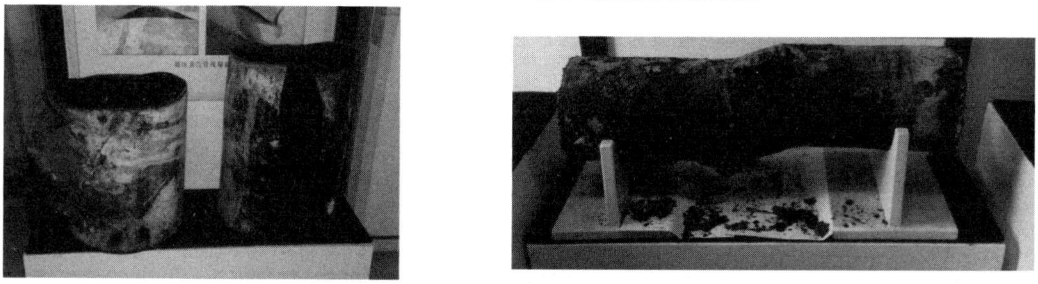

图 7-7　保留并展出肇事者的原件

五、从事故中学习，形成由上至下的事故反思载体

从事故中学习需要系统思考，需要在不同的层级确定不同的事故反思载体，这样才能发挥事故反思的效果。确定事故反思的载体要明确两个基本原则，一是要根据在不同层级确定不同的事故反思载体，越到基层越要细化，活动越要具体；二是要长期坚持，甚至要伴随企业整个寿命周期。以中石化集团公司为例，在不同的组织层面都有不同的事故发生载体。比如，中石化集团公司的“11. 22”安全生产警示日；中石化集团公司北京燕山石化公司的 8 月

份事故反思月；中石化集团公司北京燕山石化公司炼油二厂事故“五问”活动。

1. 中石化集团公司的“11. 22”安全生产警示日

为深刻铭记青岛“11. 22”事故教训、警醒后人，中国石化党组决定11月22日为公司的“安全生产警示日”。安全生产警示日系列活动将围绕“牢记历史，吸取教训，从严管理，保障安全”为主题，在全系统开展安全生产再学习、再检查、再演练活动。在每年的11月22日，全体干部员工向事故遇难者默哀。

中石化通过“安全生产警示日”事故反思活动，要求全体干部员工牢固树立“发展不能以牺牲人的生命为代价”的安全发展理念，用“非常标准”来落实这个要求。同时要在思想上、认识上破除“在现在发展阶段付出生命代价不可避免”的论调，坚决实行安全事故“零容忍”和“一票否决”。提出了“一切风险都可以控制，一切违章都可以杜绝，一切隐患都可以排除，一切事故都可以避免”的理念。

中石化通过“安全生产警示日”反思活动，提出要落实安全生产责任，加大责任追究力度。要建立最严格的安全生产制度，切实完善信息报告制度，明确事故发生后谁来报告、向谁报告；要建立健全事故应急机制，制定有针对性的预案，并进行演练，避免预案形同虚设。要抓好责任落实，按照“党政同责、一岗双责、齐抓共管”的要求，逐级分解责任，做到有岗必有责，把责任落实到岗位，落实到人头，建立起覆盖全员、全过程、全方位的最严格的安全生产责任体系。要落实最严格的安全监管责任，实行谁检查、谁签字、谁负责；要建立最严格的安全生产问责制，突出对领导干部责任的认定和追究，重大事故要实行“一票否决”。

中石化通过“安全生产警示日”反思活动，提出要深入排查治理事故隐患。油田板块要重点检查井控安全管理制度落实和油田企业的管线安全运行管理情况，炼化板块要重点检查装置检维修的安全监督管理情况，销售板块要重点检查油库、码头、管道安全运行和管理情况，天然气分公司要对管道安全运行进行全面检查，同时要对承包商管理进行全面检查。要加强应急管理，切实提高突发事件应对能力。要在全面梳理、认真检视已有应急预案的基础上，按照“切实可行、实战管用”的要求修订完善，增强预案的针对性和时效性；同时要有针对性地加强应急预案的演练，检验预案的可行性、有效性和可操作性。

中石化通过“安全生产警示日”反思活动，提出了安全管理的新思路、新的认识、新的管理办法。在对安全工作的认识上，提出了“三要”：要站在以人为本、安全发展的高度看待安全生产工作；要站在追求人民满意、世界一流的高度看待安全生产工作；要站在带头践行法治的高度看待安全生产工作。在安全文化上，提出了只有安全成为一种习惯，成为一种文化，每一个人都能时时处处讲安全，才能真正实现和保障本质安全；抓安全工作不能仅靠外在逼迫和约束，更要从内在的自我追求着手，要重视培养全体员工的价值认同；只有大家都发自内心地认识到我们的价值追求和管理目标，“安全高于一切，生命最为宝贵”，都对自己、他人的安全负责，各项安全规章制度才能得到自觉遵守和执行；只有坚信“一切风险都可以控制，一切违章都可以杜绝，一切隐患都可以排除，一切事故都可以避免”，我们的安全文化才能扎下根，才能在安全风险评估、彻底整治安全隐患、遵章守纪等方面提高本质安全水平；“零死亡”、“零事故”、“零违章”是我们的价值追求、道德追求。在安全管理措施上提出了，安全技术标准和设计工艺的安全可靠性直接决定本质安全；要追求全生命周期的总成本费用最省，要追求全生命周期的本质安全，不能为了在某一阶段的控制投资而把安全项目砍掉，降低前期安全投入，以后可能会付出更大的代价，甚至是生命的代价；所有新建项目的安全、环保、节能指标必须同时满足规定才能批准新项目，这是一条红线；所有新建管线必须采用工厂防腐，不允许再采用现场防腐；要加强实战演练，检验应急体系和应急预案的合理性、实用性、可操作性，不能使预案停留在纸面上；演习一定要经常进行，要做好记录，要通过演习对应急预案进行分析、修订和完善。

2. 中石化集团公司北京燕山石化公司：8 月份事故反思月

事故概况及经过：1974 年 8 月 21 日，北京石油化工总厂所属的向阳化工厂，苯酚丙酮车间氧化岗位 321 贮罐发生爆炸事故，造成死亡职工 13 人，伤 22 人，化工设备、仪器仪表等直接破坏造成的经济损失达 30 万元。

（1）事故原因分析

① 向阳化工厂苯酚丙酮车间氧化岗位，在生产过程中由于提浓塔开车时，320 冷却器上水阀未开，浓缩过的氧化氢丙苯为有机过氧化物，受热后易分解，由于热分解造成热积累，进而使之加速分解，最终导致 321 浓缩液贮罐发生了大爆炸。

② 在这次 321 贮罐爆炸事故前，321 贮罐曾经发生过几次事故，被迫停过产，但是这些事故均没有引起该厂领导的高度重视，也没有采取相应的防范措施，以致酿成了这次重大爆炸事故，造成了人员的重大伤亡，国家财产的巨大损失。

（2）活动开展情况

“燕山石化事故反思月”，这源于 30 多年前公司的一次严重事故，为了吸取教训，公司从那时起就将发生该事故的 8 月设为“事故反思月”，每年 8 月进行大规模的反违章、保安全的宣传活动，对已发生和可能存在的事故隐患进行深刻反思。

3. 中石化集团公司北京燕山石化公司炼油二厂：“一案五问一反思”活动

中石化集团公司北京燕山石化公司炼油二厂充分挖掘事故资源，收集、整理、归纳了本厂、国内外同类装置典型安全生产事故案例，每月组织员工集中学习两起不同类型的典型事故案例，并围绕事故发生的经过、直接原因、间接原因和事故经验教训，进行深刻反思，撰写观后感和事故警示教育心得体会。对于一线操作员工反思的重点是提升安全意识和事故发生时我会怎么做？对于工程技术人员反思的重点是怎么样采取技术手段防止事故的重复发生？对于经营管理人员反思的重点是如何从风险控制、人的行为管理和体系建设来防止事故的发生？怎么样建设反思文化？

中石化集团公司北京燕山石化公司炼油二厂：“一案五问一反思”活动，是一个很好的事故反思载体。首先，坚持对事故资源的动态管理，要求工程技术人员既要将本装置、本厂、本系统所发生的事故——这部分知识存量文本化形成《事故案例汇编》，又要根据国内外所发生的同类装置的事故收录到《事故案例汇编》，实行动态管理丰富知识增量。其次，“一案五问一反思”活动不是一时的安全活动，做为安全教育的基本形式长期坚持，这样的安全教育活动是有实效的。最后，“一案五问一反思”活动不只是针对技能操作人员，也包括工程技术人员、经营管理人员，每个层级的“五问”的反思内容是不一样的。

（1）对于一线员工的“五问”

一、事故案例对我最深的感触是什么？

二、如果这次事故发生在我身边，我会如何？
三、如果这次事故发生在我身上，我的家庭、亲人会如何？
四、事故对我最深的教训是什么？
五、我此时此刻最想对家人和身边的工友说什么？
（2）对于工程技术人员的“五问”
一、事故的原因分析清楚了吗？
二、导致事故发生的原因还在吗？
三、所采取的防范措施是否有效？
四、怎么样从技术的角度出发防止事故的重复发生？
五、是否将国内外同类事故都列入发生范围？
（3）对于经营管理人员的“五问”
一、事故的原因分析清楚了吗？
二、导致事故发生的原因还在吗？
三、所采取的防范措施是否有效？
四、从管理体系、风险控制、人的不安全行为控制出发，还应该采取哪些措施？
五、这样的反思有效吗？我们形成了反思文化了吗？

参 考 文 献

[1] 刘长伟．我们这样抓现场[M]．北京：化学工业出版社，2013.
[2] 傅贵，杨春，殷文韬，等．行为安全“2-4”模型的扩充版[J]．煤炭学报，2014(6).
[3] 陈国权，孙锐，赵慧群．个人、团队与组织的跨层级学习转化机制模型与案例研究[J]．管理工程学报，2013，27(2)：23-31.
[4] (日)钳村洋太郎．高倩译．失败学[M]．上海：上海科学技术出版社，2002.
[5] (日)远藤功．林琳译．持续力——企业永续经营的八大关键[M]．北京：中信出版社，2007.
[6] (日)细谷功．龙利方译．锻炼“地头力”：打造你的黄金思考力[M]．北京：金城出版社，2011.
[7] 姜汝祥．鱼钩与长矛[M]．北京：中信出版社，2010.
[8] (日)大前研一，斋藤显一．李颖秋译．问题解决力：成为最善于解决问题的优秀员工[M]．北京：中华工商联合出版社，2010.
[9] (日)稻盛和夫．曹岫云译．经营为什么需要哲学[M]．北京：中信出版社，2011.
[10] (日)今井正明．周亮，战凤梅译．改善：日本企业成功的奥秘[M]．周亮，战凤梅译．北京：机械工业出版社，2011.
[11] (美)B. 约瑟夫．派恩．毕崇毅译．体验经济[M]．北京：机械工业出版社，2012.
[12] 邵辉．化工安全[M]．北京：冶金工业出版社，2012.
[13] 景国勋，杨玉中．安全管理学[M]．北京：中国劳动社会保障出版社，2012.
[14] 罗云．现代安全管理[M]．北京：化学工业出版社，2013.
[15] 朱以刚．石油化工厂隐患排查指南[M]．北京：中国石化出版社，2013.
[16] 罗云．企业安全管理诊断与优化技术[M]．北京：化学工业出版社，2101.
[17] (美)Center for Chemical Process Safety. 白永忠译．基于风险的过程安全[M]．北京：中国石化出版社，2013.
[18] 刘强．化工过程安全管理[M]．北京：中国石化出版社，2014.
[19] 罗云．安全行为科学[M]．北京：北京航空航天大学出版社，2012.
[20] 辛晓辉．我们认识失败吗[M]．北京：知识产权出版社，2010.
[21] 陈春花．管理的常识[M]．北京：机械工业出版社，2012.
[22] (日)大前研一．创新者的思考[M]．北京：机械工业出版社，2016.
[23] 中国石化典型生产安全事故案例汇编(1998-2015)[M]．北京：中国石化出版社，2016.
[24] 栗继祖．安全心理学[M]．北京：中国劳动社会保障出版社，2007.
[25] (美)Henny Petroski. 王芊等译．设计，人类的本性[M]．北京：中信出版社，2012.
[26] 赵劲松译．美国化学工程师学会化工过程安全中心[M]北京：化学工业出版社，2013.
[27] 徐志胜等．安全系统工程[M]．北京：机械工业出版社，2012.
[28] 栗继祖．安全行为学[M]．北京：机械工业出版社，2009.
[29] 邵辉等．安全心理与行为管理[M]．北京：化学工业出版社，2011.
[30] 蒋军成．化工安全[M]．北京：机械工业出版社，2009.
[31] (以)Lior Zoref. 赵媛等译．群体的思维[M]．北京：中信出版社，2016.
[32] 王韶伟，柴建设，熊文彬．福岛核事故凸显日本核安全文化软肋[J]．中国核工业，2012.